全国人力资源和社会保障干部培训教材
人力资源和社会保障岗位资格证书考试教材
高等教育自学考试人力资源和社会保障专业本科教材

总主编 尹蔚民

公共部门人力资源开发与管理

GONGGONG BUMEN RENLI ZIYUAN KAIFA YU GUANLI

人力资源和社会保障部 组织编写

主编 何宪
副主编 吴江

中国劳动社会保障出版社

图书在版编目(CIP)数据

公共部门人力资源开发与管理/尹蔚民，何宪主编．—北京：中国劳动社会保障出版社，2013

全国人力资源和社会保障干部培训教材

ISBN 978-7-5167-0197-3

Ⅰ.①公… Ⅱ.①尹…②何… Ⅲ.①人力资源管理-干部培训-教材 Ⅳ.①D035.2

中国版本图书馆CIP数据核字(2013)第235835号

中国劳动社会保障出版社出版发行

(北京市惠新东街1号 邮政编码：100029)

*

中国铁道出版社印刷厂印刷装订 新华书店经销

787毫米×1092毫米 16开本 25.75印张 421千字

2013年10月第1版 2013年10月第1次印刷

定价：58.00元

读者服务部电话：(010) 64929211/64921644/84643933

发行部电话：(010) 64961894

出版社网址：http://www.class.com.cn

全国人力资源和社会保障干部培训教材

编审委员会

编审委员会办公室

主　任　王志明　张梦欣

副主任　张立新

成　员　吴春星　曾令萍　仲艳平　陈晓丽　牛雅娜

审读人员（按姓氏笔画排序）

于　冬　王永生　王国辉　王　婧　王振麒　王　瑞　申　月
左春文　付永生　孙丽平　孙　强　孙博宇　闫志军　闫福震
刘　奕　刘俊昌　刘　梅　刘　馨　李苑琛　李德刚　李　鑫
吴春星　吴　健　吴瑞祥　陈金甫　陆振兴　邵　锐　杨晓林
张义全　张　晗　郑进顺　周　佳　明瑞锋　类成普　荆永胜
侯硕涵　栾　勇　陶奎堂　程艳丹　窦亚美　樊卫东　薄玲玲
魏　卓

序

“十二五”时期是人力资源和社会保障事业发展的重要时期，既面临严峻的挑战，又面临难得的发展机遇。人力资源和社会保障工作要坚持“民生为本、人才优先”的工作主线，实施充分就业的发展战略和人才强国战略，健全覆盖城乡居民的社会保障体系，深化人事制度改革和工资收入分配制度改革，积极构建和谐劳动关系。要完成上述各项目标任务，亟须打造一支高素质的人力资源社会保障干部队伍，以承担历史赋予我们的重要责任，完成党中央和国务院交给我们的光荣使命。

以胡锦涛同志为总书记的党中央历来高度重视干部队伍建设，提出了大规模培训干部、大幅度提高干部素质的战略任务。机构改革后各级人力资源社会保障部门职能增强、业务领域拓宽、人员交流扩大，面对新的形势，加强教育培训，提高干部队伍素质，显得更加重要和紧迫。

加强干部培训教材建设，是增强干部教育培训工作实效的重要途径。编写一套全面反映人力资源社会保障形势任务、政策法规和业务知识的干部培训教材，有利于系统干部认清形势，把握大局，增强责任感、使命感；有利于提高依法行政能力，全面理解和准确把握政策，推动工作落实；有利于加强作风建设，促进系统融合，加快思想上形成共识、工作上形成合力、制度上形成统一、文化上形成风格、服务上形成品牌的进程。

“全国人力资源和社会保障干部培训教材”是新部成立以来组织的第一套综合性干部培训教材（共 19 本），涵盖就业、社会保障、人才队伍建设、人事制度改革、工资收入分配制度改革、劳动关系等六大板块的工作内容，是系统干部学习培训的好帮手。希望各级人力资源社会保障部门认真贯彻中央和部里的要求，结合本部门工作实际，充分运用这套教材组织培训，努力增强学习培训的针对性和时效性，着力建设一支政治靠得住、业务素质高、工作能力强、作风过得硬的干部队伍，为促进人力资源和社会保障事业的科学发展提供强有力的组织保证和智力支持。

尹蔚民

2011 年 10 月 8 日

前　言

“全国人力资源和社会保障干部培训教材”与读者见面了。这套教材是人力资源和社会保障部组建后开发的第一套针对系统干部培训的综合性教材，是系统干部重要的培训教材和学习资料。

一、教材组织编写的背景

新部成立前，原人事部、劳动保障部在干部培训教材建设方面做了大量工作，积累了一些经验。如1998年和2004年，原劳动保障部分别组织编写了第一版和第二版劳动保障系统干部培训教材。原人事部也组织编写了一些干部培训教材。但近些年来，随着我国政治、经济和社会的发展，人力资源和社会保障事业发生了巨大的变化，这些教材已经不适应当前系统干部学习和培训的需要。针对新的形势，部里决定组织全部力量，并吸收部外专家学者，开发一套科学、规范、系统的“全国人力资源和社会保障干部培训教材”。

为此，部人事司组织有关单位于2009年年初起草了干部培训教材组织开发方案初稿。随后，多次召开座谈会，征求人力资源和社会保障部在职和退休干部、地方人力资源和社会保障系统干部的意见和建议，并在这些意见和建议的基础上对方案进行修改完善。2009年11月底，部党组会讨论通过了干部培训教材组织开发方案。

根据方案的要求，为确保教材的针对性和实用性，在作者选择上采取业务司局为主、部内研究机构和部外专家学者为辅的方式。尹蔚民部长担任教材的总主编，分管部领导担任相应专业教材的主编，教材负责司局及参与司局的负责人担任副主编。在部领导高度重视、各司局积极参与下，干部培训教材组织编写工作顺利开展。

二、教材组织编写的指导思想和基本原则

这套教材以邓小平理论和“三个代表”重要思想为指导，深入贯彻落实科学发展观，按照中央有关干部教育培训工作要求，紧紧围绕人力资源和社会保障中心工作和发展大局，以增强工作本领、提高能力素质为核心，以系统各级各类干部基本公共需求为导向，以人力资源和社会保障政策法规、基本业务知识、基本理论和技能训练为内容，准确把握教材开发定位，科学设计教材课程体系，合理组织教材编写内容，力求为人力资源和社会保障干部教育培训工作提供强有力的基础保障。

在教材编写中，始终坚持以下三个基本原则：一是准确把握人力资源和社会保障事业发展的新形势、新任务，确保教材服从并服务于人力资源和社会保障中心工作；二是充分汲取人力资源和社会保障工作理论和实践发展的新成果，确保教材的先进性和科学性；三是切实适应干部教育培训工作的新需求，确保教材的生命力。

为增强教材的针对性和可读性，要求教材的呈现方式生动新颖、内容活泼，通过本章导读、案例研究、关键概念、新闻摘录、阅读参考、阅读链接等多种形式，多层次、多角度地帮助系统干部学习掌握业务知识，提高能力素质。

三、教材的体系设计

教材的体系设计紧紧围绕我部两大基本职能和中心工作，以各司局业务分工为基础，按照业务板块之间的关联，对有关业务进行整合，尽量反映相关业务工作的融合，体现业务工作的整体性和课程设置的科学性，并同时兼顾原劳动和社会保障部与教育部联合开展的劳动保障专业高等教育自学考试及劳动保障岗位资格“双证书”项目教材的要求。全套教材共19种，具体是：《人力资源和社会保障法制》《人力资源和社会保障事业发展统计与信息化建设》《就业促进与职业能力建设》《社会保障概论》《养老保险》《失业保险》《医疗保险和生育保险》《工伤保险》《社会保障基金监管》《劳动人事争议调解仲裁》《劳动保障监察》《社会保险经办管理》《劳动关系》《公共部门人力资源开发与管理》《公务员制度与管理》《事业单位人事管理》《军官转业安置》《专业技术人才队伍建设与管理》《智力引进》。其中《就业促进与职业

能力建设》《养老保险》《失业保险》《医疗保险和生育保险》《工伤保险》《劳动关系》6种教材为劳动保障专业高等教育自学考试教材和劳动保障岗位资格证书考试教材。

四、教材的组织编写

为了保证教材编写工作顺利进行，确保教材质量，我们先后召开动员会布置编写任务；召开编写要求会安排具体编写工作；召开联络员会议布置教材编写日常任务。每本教材都配备了联络员、统稿人和审纲审稿人。确定联络员，便于编审委员会办公室和各书编写参与单位之间的沟通责任到人。统稿人一般为工作经验丰富的司局级干部，以确保教材能够满足适用性、权威性和先进性的要求。审纲审稿人全部是有关领域的权威专家，由他们对教材大纲和成稿进行把关，以确保教材的理论性、系统性和科学性。

人力资源和社会保障制度建设还处于逐步完善阶段，在人力资源和社会保障事业发展过程中还会不断出现新情况、新问题。这套教材的编写也只能是反映人力资源和社会保障事业发展的阶段性成果。希望系统干部和广大读者多提宝贵意见和建议，我们将在今后的修订改版过程中不断更新教材内容，提高教材水平，打造人力资源和社会保障领域的精品教材，为系统干部业务能力和素质提升提供有力支持。

全国人力资源和社会保障干部培训教材
编审委员会办公室

2011年10月

目　录

第一章

人力资源管理体制

本章导读

本章主要介绍分析我国公共部门人力资源管理体制。在概述我国公共部门人力资源管理体制的基本概念、理论基础和历史沿革的基础上，分别阐述了党政机关干部管理体制、事业单位和国有企业人力资源管理体制，并对这三个不同性质公共部门人力资源管理体制进行了比较分析。最后重点从如何完善党管人才工作体制、发挥政府综合管理职能以及发挥市场配置人力资源的基础性作用等角度展望了公共部门人力资源管理体制发展趋势。

第一节　公共部门人力资源管理体制概述

一、基本概念

（一）体制与公共部门人力资源管理体制

1. 体制

美国比较经济体制学家弗雷德里克·普赖尔（Frederic L. Pryor）曾说过："'体制'的概念几乎不可能得到一致的定义"，这是由不同学者的学科背景决定的。《辞海》的解释为："体制"是指"国家机关、企业和事业单位机构设置和管理权限划分的制度。"[①] 依据这一解释，"体制"是机构设置和权限划分的制度统一体。如何把握管理主体的机构设置，怎样把握这些管理主体之间的权限划分，是理解"体制"的两把钥匙，公共部门人力资源管理体制也不例外。

---

① 辞海编辑委员会. 辞海［M］. 上海：上海辞书出版社，1979：521.

2. 公共部门人力资源管理体制

公共部门人力资源管理体制是关于公共部门人力资源管理机构设置、权限划分以及贯穿其中的运作机制的制度统称。公共部门人力资源管理体制的具体内容为：一是权力配置，二是机构设置，三是运行机制。权力配置即权力的分配，主要包括以下几个方面：（1）权力在中央与地方各级政府之间的配置；（2）权力在没有隶属关系的同级政府之间的配置；（3）权力在同一级政府内各部门之间的配置；（4）权力在具体一个部门内各个机构之间的配置。与权力配置直接相关的是机构设置，机构是权力的载体。在从事公共部门人力资源管理活动中，究竟设置哪些机构、多少机构，要受到权力配置要素制约。如同体育比赛需要规范比赛选手的比赛规则一样，各类机构在行使权力时也需要一整套规则来加以规范和制约，这就涉及运行机制命题。在我国计划经济时代，权力运行机制主要是以命令和服从为基础。在市场经济日益成熟的今天，我国公共部门人力资源管理权力运行机制要体现法治精神。权力配置、机构设置和运行机制是公共部门人力资源管理体制中的三个基本内涵。其中，权力配置是核心，机构设置是保障，运行机制是关键。本章所探讨的我国公共部门人力资源管理体制，特指中华人民共和国成立（1949 年）之后形成并发展起来的、狭义上的管理体制。

（二）分类与公共部门人力资源分类管理

1. 分类

分类就是在比较基础上，找到事物的异同，然后按照差异点将事物分门别类。当人们的认识还没有深入事物本质时，人们往往根据事物表面现象或外部联系对事物进行分类，这是一种现象分类。尽管这种分类具有一定的随意性和情境性，不能全面反映事物本质，但仍具有一定的实用价值，尤其是在管理活动中更是如此。只有当人们的认识逐步深入事物本质时，依据事物本质和内在联系进行的分类，才是真正意义上的分类，即本质分类。比如，自然界中物种分类就是这样。现象分类和本质分类的相互关系，说明分类是一个没有止境的过程。

2. 分类管理

就公共部门人力资源管理活动而言，分类管理是公共部门人力资源管理科学化、专业化、现代化的客观要求，是指根据各类政府机关、事业单位和国有企业的工作性质、职业特点及其人才成长的不同规律，对现有“国家干部”合理分解、科学分类，形成基本原则相同、各具特色的管理制度，并依法实行管理。我国公共部门人力资源实行分类管理，必须坚持党管干部、党管人才原则，不是自成体系、各行其是。分类只是手段，方便管理是目标。

二、理论基础

（一）传统体制的理论根源

公共部门人力资源管理被认为缺乏理论基础，但事实并非如此。以传统的公共部门人力资源管理体制为例，其组织形式不尽相同，但其性质特点却有相似之处。这种相似之处，主要是受到某些管理理论和原则的影响，这些理论和原则首推古典管理理论，如德国政治经济学家马克思·韦伯（Max Weber）的官僚制组织理论。而公共部门人力资源管理体制改革的理论依据，主要源于新公共管理理论等。

韦伯认为，在理想的官僚体系中，各种公职或职位应该按权力等级组织起来，各机构从上到下形成一个金字塔式的等级结构。上下级之间有着明确的职能和权限划分，下一层级要接受上一层级的领导和监督，而最高层级则向组织本身负责。不同层级之间发生水平的、垂直的联系时，任何公职人员、机构都要遵守一定的程序、规章和制度。在每个问题上，任何公职人员、机构都要毫无例外地应用同一规章、制度，遵守同一程序。无论是在任务层次还是管理层次都应该有一种高度的分工，整个管理工作首先被分成几个大的方面，进而又被分成若干小的方面。总之，在整个官僚组织之中，权力分层，职位分等，专业分工，层层节制，环环相扣，秩序井然。

官僚制组织理论蕴含着“等级制”“遵守程序、规章和制度”和“专业分工”等思想，这些思想精髓与法约尔的“统一指挥”“统一领导”“权力与集中”“纪律与秩序”以及“劳动分工”思想不谋而合，共同确立了传统公共部门人力资源管理体制构建的原则、目标和内容，引领传统公共部门人力资源管理机构设置、权力配置和运行机制发展的基本方向，而“专业分工”“劳动分工”等思想也为公共部门人力资源分类管理体制构建提供了思想源泉。与韦伯不同的是，法约尔提出的“跳板法则”，成为构建公共部门人力资源管理体制横向结构关系的理论基石。

美国古典管理学家弗雷德里克·温斯洛·泰勒（Frederic Winslow Taylor）的科学管理理论提出了“计划职能和执行职能分开”思想，为建立决策与执行二分的公共部门人力资源管理体制提供了理论支撑。

尽管公共部门人力资源管理体制的理论基础根源于古典管理理论，但由于历史传统、政治体制、法律制度和社会文化的差异，各国公共部门人力资源管理体制形态有所差别，具体机构设置方式也不尽相同。以公务员管理体制为例，有的国家实行部内管理体制，有的国家实行外部管理体制，有的国家实行折中的管理体制。在公务员管理机构设置方式上，单一制国家的中央与地方公务员管理机构大体相同，上下对口，上下级机关之间具有领导或指导关系。在联邦制和实行地方自治的国家，中央公务员管理机构与地方公务员管理机构分属两个系统，中央机构对地方机构既没有领导权，又没有指导监督权。地方机构从属于地方政府，其业务与中央几无关系，有完全的自主性和独立性。

（二）体制改革的理论依据

20 世纪 80 年代以来，当我国正着手改革高度集中的干部人事管理体制时，西方工业化国家对已实行了 100 年的公务员制度进行了大刀阔斧的改革。这场发轫于英国和美国的公共部门人力资源管理改革浪潮，伴随着民主化、市场化发展在全球范围内蔓延并呈如火如荼之势。回眸这些国家的改革，可以得出一个总体结论：改革目标取向基本一致，改革内容十分相近。从公共部门人力资源管理体制改革上看，被马克斯·韦伯（Max Weber）奉为“最理性组织形态”的官僚体制成为“众矢之的”。这些国家认为，造成机构臃肿、人员膨胀、效率低下的罪魁祸首就是传统的官僚体制。这种存在多年的官僚体制，是在环境变化缓慢的等级制时代发展起来的，而今天我们生活在一个激烈变化的时代，“我们必须对我们工业化时代的体制机构的残余加以重塑改造”[①]。于是，西方一些国家通过多种手段开始变革公共部门人力资源管理体制，例如英国“下一步行动计划”、美国的“新联邦主义”、法国密特朗时期的地方分权以及日本的地方自治改革，都体现了公共部门人力资源管理体制在机构设置上的扁平化特点和权力配置上的分权特色，一种多中心治理的公共部门人力资源管理体制在这些国家先后诞生。

究其理论根源，公共部门人力资源管理体制改革的理论依据是席卷全球的新公共管理理论。新公共管理理论认为，政府是“掌舵而不是划桨”，“凡可以由私营部门和非政府组织履行得更好的任务不应继续保留在公共部门”，这是一个最基本原则。

---

① 戴维·奥斯本，特德·盖布勒. 改革政府——企业精神如何改革着公营部门［M］. 上海：上海译文出版社，1996：16.

从权力配置上看，新公共管理理论主张应该将大部门分解成若干小机构，或将职权下放给低层政府机关，或中央赋予地方更多的权力，实现权力分散；将决策职能与执行职能分离，改变过去二者一体化的管理体制。从机构设置上看，新公共管理理论主张削减部门层级，“以一种分权化的管理组织来取代高度集权的等级组织结构”。

在改革进程中，体制改革何以做到既能体现现代管理的核心价值观，又不陷入传统官僚制的沼泽？对此，新公共管理理论的灵感是：建立以结果为导向的新型公共部门人力资源管理体制，替代过去注重过程导向的旧体制，并由传统的全能管理走向有限管理，创建“苗条的”管理体制。因此，新型公共部门人力资源管理体制是分权的，尽可能授权给下级机构；新型公共部门人力资源管理体制是精干的，裁减繁文缛节和不必要的管理层级。

（三）公共部门人力资源管理体制的分析框架

在管理生态学看来，任何一种体制都有其特定的生存土壤，这就是体制的环境。它的发展，又必定存在一个“动力结构”，而价值观就是这个动力结构的内核。这种环境、价值观与体制的三维结构，是体制领域存在的一种“生态现象”，为理解和分析公共部门人力资源管理体制提供了有益的思考框架。①

所谓环境，即系统外部一切要素和条件的总和。在公共部门人力资源管理体制这个系统的周围，必定也存在许许多多的其他要素或其他系统，这些要素和系统就自动成为公共部门人力资源管理体制的环境。

所谓价值观，是指一系列的看法、思想、态度和观念。

环境从根本上制约着作为动力机制的价值观和作为共同秩序的体制。公共部门人力资源管理体制中的各种要素，都要从环境中输入。没有环境所提供的各种信息和资源，公共部门人力资源管理体制的价值观就难以形成，体制也难以建立。从数学角度看，环境是一个自变量，而价值观和体制是因变量，它们要随着环境的变化而发生改变。在这个意义上说，公共部门人力资源管理体制环境是价值观选择和价值观决定中最为重要的因素，并直接导致体制变迁方向。按照美国行政学家里格斯（Fred W. Riggs）的说法，环境要素一般可以分为五类：经济要素、社会要素、沟通网络、符号系统和政治构

① 李和中. 公共人事行政的研究范式：环境—价值—制度［J］. 武汉大学学报（哲学社会科学版），2008（6）.

架。[①] 以经济要素为例，我国人事工作的“两个调整”就是根据我国经济发展上的“两个根本性转变”而提出的：一是从传统的计划经济体制向社会主义市场经济体制转变，二是经济增长方式从粗放型向集约型转变。根据第一个根本性转变的要求，一是把适应计划经济的人事管理体制，调整到与社会主义市场经济相配套的人事管理体制上来；二是把传统人事管理调整到整体性的人力资源开发上来。在我国，政治架构作用于我国公共部门人力资源分类管理体制突出体现在党管干部原则上。政治架构影响我国公共部门人力资源分类管理体制主要体现在以下三个方面：（1）中央和地方各级党委组织本身就是直接的干部管理机构；（2）中共中央统一制定干部工作的路线、方针和政策，并通过一定程序将其转化为公共部门人力资源管理的法律法规并监督执行；（3）中国共产党各级党委按照干部管理权限直接管理一定层次的领导干部。

价值观与体制通过各种渠道对环境进行选择和再造。虽然公共部门人力资源管理体制环境对其价值和体制有着决定性的作用，但是价值观和体制一旦产生，就有着自身的相对独立性，并能动地作用于环境。一是对环境的选择。公共部门人力资源管理体制是一个开放系统，它必须从环境中交换各种信息和资源，而体制和价值观就充当了过滤器的角色，从环境中汲取相容的东西，筛除不相容的东西。二是对环境的再造。公共部门人力资源管理体制及其价值观对环境有一定的塑造作用，在一定程度上可以使环境按照价值观的内在要求和体制的客观需要去发展。

公共部门人力资源管理中，体制、环境与价值观三维结构互动，在进行公共部门人力资源管理体制改革时，既要充分考虑到环境要素的制约作用，又要充分考虑到价值观的回应性，使外在的显性变革与内在的隐性变革相一致。

公共部门人力资源管理体制的环境有关键的环境要素和负面的环境要素。恩格斯曾明确指出：一切社会变迁的终极原因，不应当在有关的时代的哲学中去寻找，而应当在有关的时代的经济学中去寻找。[②] 这说明最关键、最基本的公共部门人力资源管理体制环境是经济环境，而且这个经济环境是动态的，有很强的时代色彩。公共部门人力资源管理体制，不仅是经济体制发展的产物，而且随着经济体制的调整而发生适应性变迁。有什么样的经济体制，就

① 丁煌. 西方公共行政管理理论精要 [M]. 北京：中国人民大学出版社，2005：226.

② 马克思恩格斯选集（第3卷）[M]. 北京：人民出版社，1995：741.

有什么样的公共部门人力资源管理体制。与此同时，我们在继承和发扬环境因素中的积极的、正面的因素时，也要努力克服消极的、负面的环境因素，营造健康、生态、可待续发展的体制环境。

从公共部门人力资源管理体制的价值观来看，不同国家、不同历史时期的政治理念、行政伦理和组织文化有着不同的价值观。在西方国家，“三权分立”思想、“政治中立”理念塑造了发达资本主义国家地位超然的公共部门人力资源管理体制，建立了许多独立于行政系统之外的公共部门人力资源管理机构。这些机构，可以独立掌管和处理各种人力资源管理事务，基本不受行政首长干预，不受政党政治的影响。在推进我国公共部门人力资源管理体制改革进程中，我们必须坚持党管干部、党管人才原则，这是由中国特色社会主义制度决定的，在改革实践中要一以贯之。

三、历史沿革

（一）从体制借鉴到体制初创（1949—1977 年）

我国公共部门人力资源管理体制脱胎于革命战争年代，并学习借鉴了苏联和东欧社会主义国家的体制模式，建立起了一套与计划经济体制和一元化的领导体制相适应的干部人事管理体制，即党委领导下的高度集中统一的干部人事管理体制。

中华人民共和国成立后的 1951 年，在党中央召开的第一次组织工作会议上，正式提出党委统一管理干部原则，确定各级组织部门具体承担统一管理工作。1953 年，党中央进一步明确了党委组织部门统一管理、分部分级管理的干部体制，各级政府部门也先后设立了人事管理机构，协同组织部门开展各项干部管理工作，这标志着党委领导下的高度集中统一的干部人事管理体制初步形成，新中国所有干部将按照党政机关干部的单一管理模式进行集中管理。

1957—1966 年期间，是新中国全面开展社会主义建设阶段，干部人事管理体制随之踏入健全完善时期。由于种种历史原因，随后 10 年的干部人事管理体制发生了重大变化，全国人事机构被撤销，我国干部人事管理体制在重创中曲折前进。1976 年粉碎“四人帮”以后，我国干部人事工作开始了拨乱反正，中央决定加强整顿领导体制，逐步恢复各级人事机构，从而为随之而来的我国干部人事管理体制改革作了铺垫。

（二）从统一管理体制到分类管理体制（1978—1992年）

由于过去管理权限高度集中，管人与管事脱节，地方和业务主管部门，特别是事业、企业单位缺乏必要的用人自主权。这样既限制了用人单位管理干部的积极性，又使组织部门忙于日常报批任免的具体工作。管理方式陈旧单一，用管理党政人员的统一模式管理事业单位和国有企业人员等所有“国家干部”，这就决定了这种管理模式只能是粗放的、僵硬的，缺少“具体问题具体对待”的针对性。

党的十一届三中全会公报指出：“要改变同生产力发展不适应的生产关系和上层建筑，改革一切不适应的管理方式、活动方式和思想方式。”在这种情势下，革新高度集中的干部人事管理体制势在必行。1980年，中央政治局讨论通过了《党和国家领导制度的改革》这一干部人事制度改革的纲领性文件，我国干部人事管理体制改革拉开了序幕。在此基础上，1983年全国组织工作会议印发了《关于领导班子“四化”建设的八年规划》《关于领导干部管理体制若干问题的决定》等相关文件，再次强调干部管理体制改革的重要性，并作了原则性部署。一是按照“管少、管好、管活”的原则，下放干部管理权限，把下管两级改为原则上下管一级，实行分层管理、层层负责的管理体制，使下级单位有更多的用人权。二是调整和改进干部管理办法，改变条块分工不合理、层次头绪过多、任免职责不清现象。三是开始进行干部分类管理探索，根据机关、企业、事业单位不同情况，探索与厂长、所长负责制相配套的企事业单位人事管理体制。四是健全完善干部人事管理机构，精简上层，充实基层。我国干部人事管理体制的分类改革思想端倪可察。

党的十三大报告指出，进行干部人事制度改革，就是要对“国家干部”进行合理分解，改变集中统一管理的现状，建立科学的分类管理体制；改变用党政干部的单一模式管理所有人员的现状，形成各具特色的管理制度。这“两个改变”，把我国干部人事管理体制改革推向分类管理的全新阶段。实行分类管理体制，首先是从国家行政机关入手，重点是建立国家公务员制度，即制定法律和规章，对政府中行使国家行政权力、执行国家公务的人员，依法进行科学管理，并先后颁布实施了《国家公务员暂行条例》和《公务员法》，这标志着我国分阶段的公共部门人力资源分类管理体制改革进入实质性推进阶段。在建立国家公务员制度的同时，还按照党政分开、政企分开、政事分开和管人与管事紧密结合原则，对其他各类人员实行分类管理。事业单位和国有企业人员，原则上由所在组织或单位依照各自的章程或条例进行管理。1992 年党的十四大报告再次强调，要“加快人事劳动制度改革，逐步建立健全符合机关、企业、事业单位不同特点的分类管理体制”，我国公共部门人力资源分类管理体制改革步伐进一步加快。

（三）从粗放型步入民主化、科学化、法制化轨道（1993 年至今）

在民主化方面，重点体现在权力体制（管理权限）民主化这一核心问题之中。一是选人用人方面的民主推荐有了突破性发展，这是我国公共部门人力资源分类管理体制民主化的起点。二是选人用人方面的民主决策有了实质性进展，这是我国公共部门人力资源分类管理体制民主化的核心。三是选人用人方面的民主监督有了飞跃，这是我国公共部门人力资源分类管理体制民主化的关键。无论是民主推荐、民主决策，还是民主监督，这些民主精神在现有公共部门人力资源管理法律法规中得到充分体现。例如，在党政机关选人用人方面，中央先后颁布了《党政领导干部选拔任用工作条例》（2002 年）、《公开选拔党政领导干部工作暂行规定》（2004 年）、《党政机关竞争上岗工作暂行规定》（2004 年）等法规性文件，民主推荐、民主决策、民主监督等民主化精神在选拔任用党政领导干部的“基本原则”“民主推荐”“考察”“酝酿”“讨论决定”“任职”“依法推荐、提名和民主协商”以及“纪律和监督”等各个环节都得到充分体现。

在科学化方面，一是公务员实行分类管理制度和职位分类制度。就分类管理制度而言，《公务员法》第 16 条将公务员职务分为领导职务和非领导职务，职务层次从上到下包括国家级正职、国家级副职等 12 个层次；根据任用方式不同，将公务员分为选任制公务员、委任制公务员和聘任制公务员，等等。就职位分类制度而言，根据职位的性质、特点和管理需要，《公务员法》第 14 条将公务员职位划分为综合管理类、专业技术类和行政执法类。这些分类管理制度和职位分类制度，大大提升了我国公务员管理科学化水平。二是按照“脱钩、分类、放权、搞活”的路子，根据事业单位专业技术人员、管理人员、工勤人员的不同特点，探索建立了适合各自特点的管理体制。对于管理人员，逐步实行职员制度；对于专业技术人员，逐步实行专业技术职务聘任制；对于工勤人员，主要是完善工人技术岗位等级考核制度。三是国有企业领导人普遍实行任期制，管理人员实行聘任合同制。

在法制化方面，一是制定或正在制定公务员、事业单位和国有企业人员管理的“总法”。根据工作性质、职业特点和成长规律明显不同，分别制定了《公务员法》《劳动法》《劳动合同法》，正在研究制定《事业单位人事管理条例》。除《公务员法》外，针对国家审判机关工作人员和国家检察机关工作人员的工作特殊性，还分别制定了《法官法》《检察官法》。二是制定了以《公务员法》等为核心的各类配套法规。自2006年1月1日实施《公务员法》以来，中央公务员主管部门已制定了21个与《公务员法》相配套的政策法规，内容涵盖公务员考试录用、新录用公务员任职定级、职务任免与升降、调任、考核、奖励、辞职辞退、申诉、培训等各个方面。在国有企业选人用人方面，颁布了《国有重要骨干企业领导人员任职和公务回避暂行规定》（2001年）等。在事业单位选人用人方面，先后颁布了《关于在事业单位试行人员聘用制度的意见》（2002年）、《事业单位公开招聘人员暂行规定》（2005年）、《事业单位岗位设置管理试行办法》及其实施意见（2006年）、《关于分类推进事业单位改革的指导意见》（2011年）、《关于进一步深化事业单位人事制度改革的意见》（2011年）等。经过60多年的不懈努力，我国公共部门人力资源管理的分类管理法规体系逐步形成。

第二节　公共部门人力资源分类管理体制比较

随着干部人事制度改革不断推进，公共部门人力资源分类管理体制改革同步展开，不断深化，取得了实践中的巨大成就和理论上的重大突破。本节分别阐述党政机关、事业单位、国有企业三种不同性质公共部门人力资源管理体制及其改革，并对三者进行比较分析。

一、党政机关干部管理体制

党政机关是中国共产党的各级组织、部门、机关和各级国家政权机关的总称，分为党务系统和政府（广义）系统。根据《公务员法》第2条对公务员的定义，我国党政机关干部可以界定为以下七种机关工作人员：（1）中国共产党机关工作人员，即党的机关工作者；（2）国家行政机关工作人员，即国家公务员；（3）国家立法机关工作人员；（4）国家审判机关工作人员；（5）国家检察机关工作人员；（6）人民政协机关工作人员；（7）工会、共青团、妇联等群众团体工作人员。

（一）集中统一的管理体制

新中国成立初期，党政干部管理体制是一种以党为核心的一元化管理模式。主要表现为：干部管理的党政军三位一体，按单一模式进行统一管理；

人事权由党组织统一掌握，人事决定权尤其是重大人事决定权由党中央统一行使；党政干部人事工作以党的文件为规范，党政干部从中央到地方，都由中央及各级党委组织部进行直接统一管理。干部的审查、任用、考核、考查、晋升、奖惩、统一调配等重要的人事管理权都归属于中央及各级党委组织部门。1951 年，刘少奇同志在中国共产党第一次全国组织工作会议上的报告中指出："从原则上讲，担负最重要职务的干部，应集中由中央管理，地方组织加以协助。担负次要职务的干部，由各中央局、分局和省委、区党委分别管理，下级组织加以协助。担负初级组织职务的干部（乡村和基层组织的干部），则由县委和市委负责管理。"① 根据这一原则，中共中央组织部拟定了中央管理干部的职务名单及各级党委管理干部的职务范围和办法。在中共中央及各级党委的统一领导下，中央及各级党委的组织部集中管理干部是 1949—1953 年这个时期干部管理体制的基本特点。

（二）分级分部的管理体制

随着大规模的社会主义改造和经济建设的到来，党委组织部门集中统一管理干部的体制在运行过程中遇到的问题和带来的弊端，也开始凸显出来。主要表现在两个方面：一是干部数量迅速增加，二是大部分干部正朝专业化的方向发展。为了适应这些发展变化，中共中央发布的《中央关于加强干部管理工作的决定》（1953 年）指出，逐步建立在中央和各级党委统一领导下，在中央和各级党委统一管理下的分部分级管理干部体制。所谓分部，即根据工作需要和所在行政部门的性质，将所有的干部划分为九类，按照中央及地方各级党委和组织部门统一领导和管理的总原则，将九类干部分别归属在中央及党委下设的各部门，进行集中管理。所谓分级，是指下管两级干部的制度，即凡是在各级党政机关、企事业单位中担任主要领导职务的干部，分别由中央和各级党委、各部门党组按管理两级的原则负责管理。此后，中共中央采取了一系列措施从机构设置和机构职能两方面为建立并实施分部分级管理干部的制度创造条件。到 1956 年年底，新中国分部分级的干部管理体制基本形成并沿用到改革开放初期。

---

① 中央文献研究室. 建国以来重要文献选编（第 2 册）[G]. 北京：中央文献出版社，1992：217.

【阅读参考】九类干部

《中央关于加强干部管理工作的决定》（1953 年）指出，根据工作需要和所在行政部门的性质，将所有的干部划分为九类，按照中央及地方各级党委和组织部门统一领导和管理的总原则，将九类干部分别归属在中央及党委下设的各部门，进行集中管理。

具体而言，这九类干部包括：(1) 军队的所有干部，由军委总干部部、总政治部和军队中的各级干部部、政治部负责管理；(2) 政府的文教工作干部，由中央及地方各级党委的宣传部负责管理；(3) 政府的计划和工业工作干部，由中央及地方各级党委的计划部、工业部负责管理；(4) 政府的财政、贸易工作干部，由中央及地方各级党委的财政和贸易工作部负责管理；(5) 政府的交通运输干部，由中央及地方各级党委的交通、运输部负责管理；(6) 政府的农林水利工作干部，由中央及各级地方党委的农村工作部负责管理；(7) 少数民族和宗教界的党外上层代表人物、各民主党派和无党派的民主人士、华侨民主人士、工商界代表人物，以及政治协商机关、民主党派机关、工商联、佛教协会、伊斯兰协会和回民文化协会的机关干部，由中央及各级地方党委的统战工作部负责管理；(8) 政法工作干部，由中央及地方各级党委的政法工作部负责管理；(9) 党、群工作干部和未包括在上述八类之内的其他工作干部，由中央及地方各级党委的组织部负责管理。

（三）下管一级的分类管理体制

随着改革开放和现代化建设的发展，过去统得过死、管得过多的干部管理体制已不能适应新形势的需要。1983 年 7 月，全国组织工作座谈会认真研究和讨论了干部管理体制问题。同年 10 月，中央组织部下发了《关于改革干部管理体制若干问题的规定》，提出了要本着管少、管活、管好的精神，在党委统一领导下，实行组织部门统一管理和分部分级管理相结合的原则。要求各级党委适当缩小管理干部的范围，下放干部管理权限。同时还提出了中央管理干部的原则性范围，总体体现了下管一级的精神。1984 年 7 月，中共中央决定改革现行的干部管理体制，适当下放干部管理权限，全面确定了下管一级的干部管理体制。1987 年，党的十三大对“国家干部”进行了合理分解，以建立公务员制度为重点，提出建立党政机关干部分类管理体制。一方面，按照党政分开、政企分开和管人与管事既紧密结合又合理制约的原则，对党政机关、事业单位和国有企业各类干部实行分类管理；另一方面，对党政机关干部实行分类管理。

二、事业单位人员管理体制

1955年第一届全国人大第二次会议《关于1954年国家决算和1955年国家预算的报告》首次使用了“事业单位”这一概念，并一直沿用至今。[①] 从法律规范的角度看，“事业单位”概念在不同历史时期存在不同的表述。

在1963年发布的《国务院关于编制管理的暂行办法（草案）》中，事业单位是指“为国家创造或者改善生产条件，促进社会福利，满足人民文化、教育、卫生等需要，其经费由国家事业费开支的单位”。

在1965年发布的《国家编制委员会关于划分国家机关、事业、企业编制界限的意见（草案）》中，事业单位是指“凡是直接从事为工农业生产和人民文化生活等服务的活动，生产的价值不能用货币表现，属于全民所有制编制的单位，列为国家事业单位编制”。

在1990年国家统计局、人事部、劳动部、国家计委联合发布的《关于在劳动计划和统计中划分企业、事业、机关单位的暂行规定》中，事业单位是指“从事为生产和生活服务以及为提高人民科学、文化水平和素质服务的独立核算单位”。

在1998年国务院发布的《事业单位登记管理暂行条例》中，事业单位是指“国家为了社会公益目的，由国家机关举办或者其他组织利用国有资产举办的，从事教育、科技、文化、卫生等活动的社会服务组织”。

在1999年全国人大常委会通过的《中华人民共和国公益事业捐赠法》中，事业单位是指“依法成立的，从事公益事业的，不以营利为目的的教育机构、科学研究机构、医疗卫生机构、社会公共文化机构、社会公共体育机构、社会公共福利机构等”。

由以上表述可以看出，在20世纪60年代事业单位的概念主要是从经费来源、所有制性质以及劳动成果的表现形式等方面来界定，其目的是为了适应计划经济条件下对事业单位进行编制管理的需要。进入80年代后，事业单位面临着体制、经费等方面的改革，这一时期对事业单位的表述更加强调其活动的性质和活动目的。到了90年代，国民经济迅猛发展，事业单位数量大

① 徐颂陶等. 神圣的天职——中国现代人事管理［M］. 北京：中国人事出版社，1996：209.

增，在经费、编制、劳动计划等方面获得了更大自主权，这一时期的概念界定也因此更加注重明确事业单位的独立地位、法律地位等。目前，现实生活中所指称的“事业单位”大多数情况是指1998年国务院《事业单位登记管理暂行条例》所确定的那些社会服务组织。

（一）政事不分的传统事业单位人员管理体制

改革开放以前，我国经济体制是集中统一的计划体制。与之相适应，事业单位体制也表现出高度集中、政事不分、企事不分的特点，我们称为传统事业单位体制。具体而言，传统事业单位人员管理体制有以下两个鲜明特点：

其一，机构设置机关化。事业单位的组织属性往往处于一种“似政府非政府”的模棱两可状态。在面向政府一端，事业单位往往表现出一定的“非政府”的组织特性；而在面向社会一端，又表现出浓厚的“准政府”的组织特性。在机构设置方面，不仅在内部结构上按照行政机关的做法设立局、处、科、室，而且管理人员设立行政级别，有相应的局长、处长、科长、主任之分。事业单位管理人员被称为“国家干部”，实行大一统的管理模式。

其二，管理权限条块化。事业单位由政府设立，而政府又分为不同的部门、不同的地区、不同的层次，这就在事实上造成事业单位分别隶属于各个部门、各个地区、各个层级，全民所有、国家所有实际上变成了“部门所有”“层级所有”乃至“单位所有”。各部门、各地区、各层级、各单位为了自身利益，各自为“事”、条块分割、条条分割、块块分割，使得国家办事业变成了部门办事业、地方办事业、企业办事业、事业办事业等“事出多门”的局面。

（二）政事分开的事业单位人员管理体制改革

我国事业单位人员管理体制改革大致分为三个阶段：全面启动阶段（1978—1991年）、深化阶段（1992—2002年）和整体攻坚阶段（2003年至今）。

在全面启动阶段，人员管理体制改革重点针对事业单位部门所有制、单位所有制，造成事业单位的行政化、机关化和官本位体制等问题。其一，下放干部管理权限，改革权力过分集中现象。中央组织部于1983年作出的《关于改革干部管理体制的若干规定》，对事业单位干部管理体制进行两项改革：一是各级党委要适当缩小干部管理范围，下放干部管理权限，只有少数对国民经济有重大影响的骨干事业单位以及少数影响较大的重点高等院校的党政正职，才被列入中央直接管理干部的范围。二是事业单位的中层领导干部，一般由事业单位党组织自行管理，向上级党委或主管部门党组备案，并接受监督和检查。其二，调整中央和地方事业单位干部管理权限。对于在干部管理上实行双重领导，以部门为主管理的事业单位，改变过去行政领导干部以部门管理为主，党的领导干部以地方管理为主的体制，实行党政干部都以部门管理为主的体制。其三，改变专业技术干部管理机构重复设置。1983 年中组部规定：改变专业技术干部管理机构重复设置、多头管理、互相扯皮状况，建立强有力的专业技术干部管理机构。在这一阶段，改革重点是重新审视政府与事业单位的关系模式，改变国家对事业单位的统包统管，通过法律手段启动了事业单位人力资源分类管理体制改革。

在深化阶段，主要改革任务是探索建立与社会主义市场经济体制相配套的事业单位人员管理体制。1995 年召开的全国事业单位改革会议，确定了事业单位改革八字指导方针，即脱钩、分类、放权、搞活，明确了事业单位人力资源管理体制改革方向和思路。1996 年，中央下发《关于事业单位机构改革若干问题的意见》，提出事业单位机构改革要“遵循政事分开、推进事业单位社会化方向，建立起适应社会主义市场经济体制需要和符合事业单位自身发展规律、充满生机与活力的管理体制、运行机制和自我约束机制”。2000 年，中央下发了《深化干部人事制度改革纲要》，强调要“适应事业单位管理体制改革的要求，以推行聘用制和岗位管理制度为重点，逐渐建立适应不同类型事业单位特点的人事管理制度”。为了贯彻落实纲要精神，中组部、人事部联合下发了《关于加快事业单位人事制度改革的若干意见》，提出要“建立政事职责分开、单位自主用人、人员自主择业、政府依法管理、配套措施完善的分类管理体制”，并先后下发了涉及科研、卫生、高校、广播影视、文化、中小学等事业单位深化人事制度改革的文件，针对各个行业的不同特点，与行业主管部门一起共同推进改革。

在整体攻坚阶段，事业单位人员管理体制改革重点强调综合配套和分类管理改革。2003 年，党的十六届三中全会通过的《中共中央关于完善社会主义市场经济体制若干问题的决定》，对事业单位人力资源管理体制改革提出了新要求，如推进事业单位分配制度改革、社会保障制度改革等。同年 12 月，党中央、国务院召开新中国历史上第一次全国人才工作会议，提出了事业单位人力资源管理体制配套改革要求，改变体制改革之初“头痛医头”“脚痛医脚”式的单项或是局部的探索。2006 年，中央编办制定了《关于事业单位分类及相关改革的试点方案（征求意见稿）》。2011 年，中共中央、国务院正式颁布了《关于分类推进事业单位改革的指导意见》（以下简称《指导意见》）。《指导意见》指出，按照政事分开、事企分开和管办分离的要求，以促进公益事业发展为目的，以科学分类为基础，以深化体制机制改革为核心，总体设计、分类指导、因地制宜、先行试点、稳步推进，进一步增强事业单位活力，不断满足人民群众和经济社会发展对公共服务的需求。到2020年，建立起功能明确、治理完善、运行高效、监管有力的管理体制和运行机制，形成基本服务优先、供给水平适度、布局结构合理、服务公平公正的中国特色公益服务体系。《指导意见》进一步指出，在清理规范基础上，按照社会功能将现有事业单位划分为承担行政职能、从事生产经营活动和从事公益服务三个类别。对承担行政职能的，逐步将其行政职能划归行政机构或转为行政机构；对从事生产经营活动的，逐步将其转为企业；对从事公益服务的，继续将其保留在事业单位序列，强化公益属性。根据职责任务、服务对象和资源配置方式等情况，将从事公益服务的事业单位细分为两类：承担义务教育、基础性科研、公共文化、公共卫生及基层的基本医疗服务等基本公益服务，不能或不宜由市场配置资源的，划入公益一类；承担高等教育、非营利医疗等公益服务，可部分由市场配置资源的，划入公益二类。结合行政管理体制改革和政府机构改革，特别是探索实行职能有机统一的大部门体制，推进承担行政职能事业单位改革。周密制定从事生产经营活动的事业单位转企改制工作方案，推进转企改制，完善过渡政策。推进从事公益服务的事业单位改革，重点是改革管理体制，建立健全法人治理结构，深化人事制度改革，深化收入分配制度改革，推进社会保障制度改革，加强对事业单位的监督，加强事业单位党的建设。

三、国有企业人力资源管理体制

在我国，“国有企业”概念有一个历史演变过程。在计划经济体制下，国有企业被称为国营企业或全民所有制企业，集国有、国营为一体。1984年，党的十二届三中全会通过的《中共中央关于经济体制改革的决定》，第一次提出了“所有权和经营权是可以适当分开的”。随着国有企业改革的不断深入，“国营企业”只是全民所有制企业的一种经营方式。由此说明，“国营企业”和“全民所有制企业”概念都有历史局限性。实际上早在1992年中共中央、国务院关于认真贯彻执行《全民所有制工业企业转换经营机制条例》的通知中，已用“国有企业”替代“国营企业”。1993年第八届全国人民代表大会第一次会议通过的中华人民共和国宪法修正案，将“国营企业”修改为“国有企业”。

可见，随着改革开放、社会经济文化的不断发展，国有企业概念的内涵在不断地发生着变化。根据2009年统计年鉴，将国有企业定义为：企业全部资产归国家所有，并按《中华人民共和国企业法人登记管理条例》规定登记注册的非公司制的经济组织。通常狭义上将国有企业分为纯粹的国有企业、国有独资公司、国有联营公司、国有及国有控股公司。如果涉及国有企业改制及国有资产界定时，则应当从广义上去理解，此时的国有企业包括狭义的国有企业以及国有参股企业。

（一）政企不分的传统国有企业人力资源管理体制

改革开放前，国有企业基本沿用党政机关管理机关干部的模式来管理企业经营管理者，实行的是政企一体化的管理体制。企业经营管理者的“进”“出”“管”，都没有体现分层、分类管理的要求，基本沿用部级、局级、处级干部的统一标准，并按照这种行政级别提要求、抓管理。在这种国有企业经营管理者管理体制下，普遍实行党委领导下的厂长负责制。这一管理体制，突出了党的领导，便于统一指挥，对恢复国民经济、发展生产、建立高度集中的计划经济体制，起到过积极的保障作用。但在实行社会主义市场经济体制和国有企业改革改制情况下，这种人力资源管理体制已到了非改不可的地步。

（二）政企分开的国有企业人力资源管理体制改革

改革开放初期，国有企业经营管理者管理体制的重构，一是扩大了企业用人自主权，二是建立了政企分开的国有企业经营管理者管理体制。1984年，党中央决定下放干部管理权限，对国有企业干部，除了企业领导干部外，都下放给企业自己管理。国务院下发了《关于进一步扩大国营工业企业自主权的暂行规定》，扩大了企业的用人自主权，企业可以从工人中选拔干部，干部与工人的身份界限逐步被打破。党的十二届三中全会决定，在国有工业企业中逐步实行厂长（经理）负责制，以取代沿用了近30年的党委领导下的厂长负责制。1988年颁布的《企业法》以法律形式确立了厂长（经理）的中心地位，厂长成为国有资产的支配者和经营者。1991年，中央组织部和人事部联合下发了《全民所有制企业聘用制干部管理暂行规定》和《关于全民所有制企业评聘专业技术职务工作的原则意见》，企业管理人员聘用制和专业技术人员评聘制度普遍推行。企业领导干部的选拔，实行委任、民主选举、公开招聘等多种方式，企业干部与行政级别逐步脱钩。

党的十六大明确提出要建立中央政府和地方政府分别代表国家履行出资人职责，享有所有者权益，权利、义务和责任相统一，管资产和管人、管事相结合的国有资产管理体制。中央政府和省、市（地）两级政府设立国有资产管理机构，并授权他们履行出资人职责。结合国有资产管理体制改革，实行由中央和地方分别管理国有企业领导人员的管理体制。中央对国有企业领导人员的管理工作分为两部分：对于一部分关系国家安全和国民经济命脉的国有重要骨干企业的正职，由中央直接管理，其日常管理工作由中央组织部负责；还有一部分国有企业重要骨干企业的领导班子和中央管理正职企业的副职，由国务院国有资产监督管理委员会负责管理。地方上也实行类似的企业领导人员管理体制，各级党委及其组织部门重点加强对当地经济发展有重要影响的大型企业集团、国有独资企业党政正职的管理，省、市（地）两级政府国有资产监督管理机构负责对所有监管企业负责人实施管理。

四、三类公共部门人力资源管理体制比较

（一）相同点

其一，坚持党管干部、党管人才是党政机关、事业单位和国有企业人力资源管理体制建设的共同原则。坚持党管干部、党管人才原则是构建和完善我国党政机关、事业单位和国有企业人力资源管理体制的根本相同点。就党管干部原则而言，对党政机关、事业单位和国有企业干部的管理权限，党拥有以下四种管理权：一是干部的路线、方针、政策的制定权；二是重要领导干部的推荐权；三是干部人事制度改革的指导权；四是干部的宏观管理和监督检察权。就党管人才原则而言，我们要坚持和完善党委统一领导，组织部门牵头抓总，有关部门各司其职、密切配合，社会力量广泛参与的人才工作格局，从而努力形成统分结合、上下联动、协调高效、整体推进的人才工作运行机制。坚持党管干部与党管人才并重原则，是我们党解放思想、与时俱进的生动体现，但两者着力点不同。党管干部原则的主要出发点和落脚点，是保证干部开发与管理的路线方针政策不偏离社会主义方向。党管人才不是一个管理体制的概念，而是一个政治领导的概念，本质要求是实现人才强国战略，最大限度地发挥各方面人才的作用，集聚各类优秀人才。它的主要特点在于完成“四个转变”，即从对人才的直接管理为主向间接管理为主转变，从以行政手段为主向政策引导、法律保障为主转变，从组织管理为主向协调

管理为主转变，从以发挥职能部门的作用为主向动员、组织全社会各方面力量广泛参与为主转变。

其二，科学化、民主化、制度化是党政机关、事业单位和国有企业人力资源管理体制建设的共同目标。在科学化方面，通过分类管理体制改革，探索建立符合各自队伍成长规律和各自管理特点的管理权限、管理机构和管理方式，逐步形成符合党政机关、事业单位和国有企业不同特点的分类管理体制。在民主化方面，就是在坚持党管干部、党管人才原则的前提下，不断扩大党政机关、事业单位和国有企业人力资源管理中的民主，尤其是干部管理民主，并使之成为一种有效的、常态的工作方法。在制度化方面，就是在党政机关、事业单位和国有企业人力资源管理体制改革中，从那些不合时宜的观念、做法束缚中解放出来，扬弃旧制度，创造新制度，把成功经验和做法以法律、法规、制度的形式固定下来，不断形成相互配套、紧密衔接的制度体系。

其三，统分结合是党政机关、事业单位和国有企业人力资源管理体制建设的共同方法。在我国公共部门人力资源管理活动中，对党政机关、事业单位和国有企业人力资源管理的权限划分与机构设置、方针政策与法律法规，以及人力资源预测与规划、培养开发、评价发现、选拔任用、流动配置、激励保障等各个环节，实行统一集中与分类分级有机结合的科学管理。就当前我国公共部门人力资源管理体制改革而言，统分结合集中到一点就是在人事管理权限上，如何建立健全党政机关、事业单位和国有企业人力资源管理和开发的宏观调控体系，如何建立健全多层次的对人力资源发挥基础性作用的人才市场体系，如何建立健全党政机关、事业单位和国有企业人力资源管理的法律、法规体系，以及在建立健全上述法制化统分结合管理上如何正确有效地贯彻落实党管干部原则。

（二）不同点

其一，党政干部管理体制建设，重点是建立健全统一领导、科学分类、分级管理、调控有效的宏观管理体制，形成内容完备、结构合理、功能健全、科学管用的党政干部人事制度体系，实现党政干部人事工作以《公务员法》为主体的依法管理和科学管理，重点健全干部选拔任用、考核评价、管理监督和激励保障机制，整体推进党政干部体制机制改革。在健全选拔任用机制方面，完善民主推荐制度。改进任职考察工作，规范酝酿和讨论决定程序。完善任前公示和任职试用期制度，规范干部破格提拔办法，推进党内选举制度改革，建立党政机关部分职位聘任制等。在健全考核评价机制方面，建立岗位职责规范，实行平时考核与定期考核相结合，改进考核方法，强化考核结果运用等。在健全管理监督机制方面，坚持和完善党政领导干部职务任期制，完善干部交流回避制度，创新干部教育培训制度，完善公务员职位分类制度，健全干部双重管理体制，加强领导干部日常管理和监督，加强干部选拔任用工作全过程监督等。在激励保障机制方面，深化工资制度改革，健全奖惩制度，坚持和完善权益保障制度等。

其二，事业单位人力资源管理体制建设，是按照加快推进事业单位分类改革的总体要求，创新管理体制，形成权责清晰、分类科学、机制灵活、监管有力，符合事业单位特点的管理体制。事业单位人力资源管理体制机制改革的主要任务是：健全事业单位领导人员选拔任用制度，完善委任、聘任、选任等任用方式，制定符合不同行业特点的事业单位领导班子和领导人员综合考核评价办法。健全以合同管理为基础的事业单位用人机制，探索不同行业、不同类型事业单位实行聘用合同制度的具体办法。完善岗位设置管理制度，全面推行公开招聘和竞聘上岗。建立健全以聘用合同和岗位职责为依据，以工作绩效为重点内容，以服务对象满意度为基础的事业单位工作人员考核办法。完善事业单位收入分配制度，健全事业单位社会保障制度。建立事业单位人员编制总量调控体系，进一步加强和规范机构编制管理。

其三，国有企业人力资源管理体制建设，是以改革和完善企业领导人员管理为重点，逐步完善与公司治理结构相适应的企业领导人员管理体制，健全符合中国特色现代国有企业制度要求的企业人事制度。国有企业人力资源管理体制机制改革的主要任务是：健全中央和地方党委对国有重要骨干企业领导班子和领导人员的管理体制，积极探索建立符合现代企业制度要求的企业领导人员管理办法，依法落实董事会和企业经营管理者的选人用人权。完善企业领导人员选拔方式，把组织选拔与市场化选聘结合起来。建立企业领导人员任期制。着眼促进科学发展，建立以任期目标为依据，全面反映企业经济责任、政治责任、社会责任以及企业领导人员履职表现、廉洁从业情况的综合考核评价机制。健全以考核评价为基础，与岗位职责和工作业绩挂钩，精神激励与物质激励并重，短期激励与中长期激励相结合的企业领导人员激励办法。规范和完善企业领导人员薪酬管理办法。健全企业领导人员监督约束机制，建立企业领导人员责任追究制度。

第三节　公共部门人力资源管理体制发展趋势

中央于2010年颁布的《2010—2020年深化干部人事制度改革规划纲要》和《国家中长期人才发展规划纲要（2010—2020年）》，对未来10年我国公共部门人力资源管理体制改革已经作出了纲领性规划。2012年11月召开的党的十八大，又明确提出要“深化干部人事制度改革，使各方面优秀干部充分涌现、各尽其能、才尽其用”；“坚持党管人才原则，把各方面优秀人才聚集到党和国家事业中来”。在本节中，重点从如何完善党管人才工作格局、发挥政府综合管理职能以及发挥市场配置人力资源的基础性作用等角度展望了公共部门人力资源管理体制发展趋势。

一、完善党管人才工作新格局

2002年年底，中央召开的全国组织工作会议首次提出了“党管人才”的要求和新思路。2003年12月，《中共中央、国务院关于进一步加强人才工作的决定》将党管人才原则以党内法规形式确定下来。2007年10月，胡锦涛在党的十七大报告中进一步明确，“坚持党管人才原则，统筹抓好以高层次人才和高技能人才为重点的各级人才队伍建设”。2011年中央下发了《加强党对人才工作领导的意见》，2012年9月，中央又印发了《关于进一步加强党管人才工作的意见》，明确提出要“充分认识进一步加强党管人才工作的重要意义”，并提出了加强党管人才工作的指导思想和总体要求，以“健全党管人才领导体制和工作格局，完善党管人才工作运行机制，创新党管人才方式方法”。党管人才原则的提出，是对我们党干部队伍建设和人才工作经验的及时总结，反映了我们党对人力资源的重要价值和作用的深刻理解与清醒把握。

（一）充分认识党管人才原则的深刻内涵

党管人才原则是在21世纪初中央确立实施人才强国战略的背景下提出的，集中反映了我们党对人才资源重要价值的科学判断与战略选择。人才作为科学发展的第一资源和先进生产力，其地位和作用已经明确写进党的章程，人才队伍作为国家战略性资源，同时也就上升为与党员队伍、干部队伍既有联系又有区别的执政资源，成为执政党实现执政目标最可依靠的优势资源。党的十八大报告再次明确提出，“广开进贤之路，广纳天下英才，是保证党和人民事业发展的根本之举”。集聚各类优秀人才是党管人才的核心要义，是执政党的政治责任。坚持党管人才原则的内涵，就是坚持执政党对人才发展事业的领导，把各类优秀人才吸纳进党的组织或紧密团结在党的周围，更多地吸引海内外优秀人才投入到全面建成小康社会的宏伟大业中来。

从我国的人才工作实践上看，自2003年中央出台《关于进一步加强人才工作的决定》，提出了党管人才的重大指导原则以来，各级党委和组织部门积极践行这一原则，探索党管人才的新思路、新方法，逐步形成了党委统一领导、组织部门牵头抓总、各部门分工负责、全社会积极参与的人才工作新格局。特别是2010年中央颁布《国家人才发展中长期规划纲要（2010—2020年）》以来，我国人才发展呈现出前所未有的良好局面。事实证明，只有坚持党管人才原则，我们才能从体制和制度上解决人才优先发展问题；才能正确树立科学人才观，始终用党的先进性确保人才工作的健康发展；才能科学领导人才事业发展，用党的方针政策激励和保障广大人才的创造活力；才能深化人才制度改革，加大政策创新力度，提高人才的国际竞争力。

（二）全面把握党管人才的制度体系

2012年颁布的《关于进一步加强党管人才工作的意见》，是新形势下加强党管人才工作的基础性文件，对加强人才制度建设、深化人才体制机制改革和政策创新具有重要的指导和促进作用。十八大报告提出，要“形成激发人才创造活力、具有国际竞争力的人才制度优势”，形成这个制度优势的关键要看能否把党管人才的制度优势发挥出来。当今世界，各国科技创新所引发的创新人才的竞争日趋激烈，而赢得优秀创新人才的根本，则是要靠打造制度优势。因此，人才竞争的背后是制度的博弈。

党管人才的制度体系可以概括为：总体目标是实施人才强国战略，确立人才优先发展的战略布局；核心任务是运用党的政策优势和决策地位，管宏观、管政策、管协调、管服务，确保人才优先发展和健康发展；党管人才的领导方式是牵头抓总，形成党、政、企、事、群各方面协同开发的工作新格局，充分发挥党的政治思想优势、组织优势和密切联系群众优势，充分调动各方面力量形成共同参与和推动人才工作的整体合力，为各类人才干事创业、实现价值提供良好服务；党管人才的成果检验标准是造就规模宏大、素质优良的人才队伍，推动我国由人才大国迈向人才强国，开创人人皆可成才、人人尽展其才的生动局面。有了这个制度优势，我国才能真正形成国际人才竞争的比较优势。

(三) 正确处理党管人才面临的四个关系

全面贯彻落实好党管人才原则，是新形势下提高人才工作科学化水平，更好实施人才强国战略的根本举措。我们要结合人才发展的新形势、新任务、新要求，理清思路、达成共识，理顺关系、形成合力，充分发挥党管人才的制度优势，要在深层次的矛盾和问题上寻求破解之策，正确处理好党管人才面临的四个关系。

一是组织部门要处理好党管干部和党管人才的关系。党管人才与党管干部的目标一致、方向一致，管理手段和形式却不尽相同。党管干部的含义主要是指体制内的干部管理权限，主要强调党的干部方针政策和领导班子管理，包括干部的选拔、任用、培训、考核、激励等环节，带有鲜明目标的控制；党管人才的含义主要是指全社会的宏观政策和战略管理，主要强调协调资源和公共服务。从管理理念上看，党管人才价值取向更高；从管理对象上看，党管人才范围更宽；从管理内容上看，党管人才内涵更深；从管理模式上看，党管人才方法更活。

二是要理顺组织部门与其他人才职能部门的责权关系。党管人才工作需要重点突破的是，建立一个系统的面向全社会的人才开发体制。这个体制目前已经明确了，但相关的职能体系、权责关系还没有完善起来。首先要理顺党委和政府各部门之间、中央与地方之间的关系。既不能够过分强调权力高度集中，又不能够让权力过于分散。加强和改善党对人才工作的领导，必须坚持民主集中制的组织原则，借此来构建内部权力体系。部门之间的职能不清、职责不清，甚至还有职能重叠和部门各自为政的情况，导致有时候决策不够及时、执行不到位。当前，一些决策滞后于市场反应，缺乏快速反应的决策体制机制。此外，创新人才工作的重要内容之一就是发扬民主。目前，人才工作是基于人才主体地位和市场作用发挥来展开的，但基层声音的上行渠道和人才诉求的传递渠道都还有待进一步拓宽。

三是要处理好党管人才与发挥市场配置人才基础作用的关系。要坚持发挥市场在人才配置中的基础性作用，尽快形成符合市场经济要求的人才供给机制、价格机制、竞争机制和激励保障机制，利用价值规律和市场机制来使人才资源到最能发挥作用的岗位上，发挥人才的最大效能。发挥市场机制的关键是人才的自主择业权和单位的用人自主权，要进一步完善统一规范的人才市场，改革事业单位行政化的人才管理方式，减少人才聘用、选拔、评价、激励等过程中的行政干预。同时，要引导和督促各用人单位认真贯彻执行党的人才工作方针政策，自觉做好本单位人才培养、吸引和使用工作。

四是处理好党管人才与法制建设的关系。党管人才的重要职责是领导和促进人才工作立法建设。当前，我们的法制观念还不够强，尚未形成用法制来促进人才资源发展的机制。要加快人才法制化进程，把人才工作纳入法制化轨道，使人才工作的方方面面都有章可循、有法可依。

二、发挥政府部门综合管理职能

(一) 合理配置人力资源和社会保障部门的综合管理职能

党的十七届二中全会通过的《关于深化行政管理体制改革的意见》指出，要合理界定政府部门职能，明确部门责任，确保权责一致。理顺部门职责分工，坚持一件事情原则上由一个部门负责，确需多个部门管理的事项，要明确牵头部门，分清主次责任。就人力资源和社会保障部门而言，胡锦涛同志在 2010 年全国人才工作会议上的讲话中指出，“政府人力资源和社会保障部门要在人力资源开发、就业、收入分配制度改革、人力资源市场建设、社会保障等方面发挥职能作用”。习近平同志在 2010 年全国人才工作会议上的讲话中指出，“人力资源和社会保障部门是政府人才工作综合管理部门，要积极发挥职能作用”。

根据这些重要讲话精神和政策要求，“坚持一件事情原则上由一个部门负责”，合理配置人力资源和社会保障部门的人力资源综合管理职能，构建人力资源和社会保障部门结构完备、关系顺当的职能配置体系。重点是赋予人力资源和社会保障部门在人力资源开发、就业、收入分配制度改革、人力资源市场建设、社会保障等人力资源管理方面的计划职能、决策职能、执行职能、协调职能和监督职能等综合管理职能，从职能上为人力资源和社会保障部门依法独立负责、协调一致地开展人力资源管理奠定基础。

(二) 强化人力资源和社会保障部门责任机制

建立健全责权相对统一的问责制度。其一，优化人力资源权责体系，克服有权无责、有责无权的权责分离，以及权大责小、权小责大的权责失衡现象。其二，按照“谁决策、谁负责”原则，建立健全人力资源工作决策责任追究制度，实现决策权和决策责任相对统一。按照“谁落实、谁负责”原则，建立健全人力资源工作落实责任追究制度，实现执行权和执行责任相对统一。在具体操作过程中，构建政府职能与部门职责定量与定性相结合的对应关系，以解决人力资源管理中部门职责与职能关联不清甚至没有关联的弊病，这是建立健全人力资源管理问责制度应当加以重视并实际解决的核心问题。

（三）发挥其他相关政府部门人力资源管理的职能作用

科技部门、教育部门、金融部门、财政部门等部门要发挥各自在人力资源方面的职能作用。科技部门要负责牵头开展科技人才工作和产学研一体化工作，研究制定科技领军人才的培养使用、引才引智的政策措施，为科技人才发挥作用搭建平台；教育部门要加大培养人才力度，主动适应经济社会发展需要；金融部门要发挥风险融资作用；财政部门要根据需要保障人才工作资金的供给。总之，要充分发挥相关政府部门人力资源管理的合力，各部门要各司其职，密切配合，加强沟通和协调，抓好本部门、本系统各类人力资源队伍建设。

三、优化人力资源开发的市场机制

按照社会主义市场经济体制的要求，健全人才市场体系，构建与社会主义市场经济体制相适应、符合科学发展要求的人力资源发展体制和机制，实现人力资源高效配置。

（一）加强人力资源市场建设

进一步规范基础性人力资源市场，发展专业性人力资源市场，加快企业经营管理人力资源市场、高新技术人力资源市场建设，努力探索本地市场与外地市场、国内市场与国际市场、有形市场与虚拟市场相结合的人力资源市场体系，把人力资源的录用、就业、流动、失业等各环节纳入这一体系中。

（二）完善人才市场机制，包括供求机制、价格机制和竞争机制

供求机制可以对人才市场供需之间的矛盾运动加以调节，使人才的供给和需求趋于平衡，从而促进人才的合理配置。人才市场价格是由人才市场供需关系决定的，当供需关系发生变化时，市场主体能够从其引起的价格变化中得到相关信息，从而调节自己的经济行为。在价格机制的作用下，人才价格围绕人才的真实价值上下波动，从而使人才的供求逐渐趋于平衡。竞争机制主要表现在就业、择业的竞争以及对优秀人才的竞争，它是供求机制和价格机制的实现前提。通过竞争机制使人才市场的价格趋于价值，供需趋于平衡，同时激励人才奋发进取。

（三）发挥用人单位和人才的市场主体作用

政府人力资源管理部门要明确树立有限政府、服务型政府等理念，坚持政企分开、政资分开、政事分开，推动政府人力资源部门职能向创造良好发展环境、提供优质公共服务转变。进一步规范行政行为，推动政府人力资源管理部门简政放权，减少和规范人才评价、流动等环节中的行政审批和收费事项，进一步发挥用人单位在人才培养、吸引和使用中的主体作用。建立健全保障人才自主择业的政策法规，一是要大力推进人事管理、社会保障、户籍和档案管理等制度改革，为人才自由流动、自主择业创造条件。二是要依法规范人才流动秩序，通过制定人才流动法律法规，加强对人才流动中知识产权、商业秘密的保护，维护国家重要人才安全。三是加强对人才市场的监管，查处违规经营、虚假招聘、乱收费、就业歧视等侵犯人才和用人单位权益、扰乱市场秩序的行为，保障人才自由流动、自主择业的开放性和有序性。

（四）健全专业化、信息化、产业化、国际化的人力资源市场服务体系

第一，完善人力资源服务机构的专业化服务功能。一是积极培育专业化人力资源服务机构，形成布局合理、覆盖全面、信息畅通、功能完善的全国性人力资源市场网络。二是建立专业化人力资源市场管理队伍，实行人力资源服务从业资格制度，加强专业化培训，不断提高从业人员的整体素质。第二，推进人力资源市场服务体系信息化建设。一是大力发展网上人力资源服务业务，加快人力资源市场公共信息网络建设，积极拓展人力资源市场网上服务领域，实现人力资源市场服务信息化、网络化。二是推动人力资源信息共享，鼓励人力资源服务机构建立信息共享和利益分享机制。三是加强网上人力资源市场监管，制定人力资源市场信息网络管理政策法规。第三，引导人力资源市场服务体系向产业化发展。加快推进政府所属人力资源服务机构管理体制和机制改革，推进公益性业务向标准化、规范化方向发展，竞争性业务向规模化、产业化方向发展。充分发挥各类人力资源服务机构的优势，加强各地区、各部门中介机构联手协作、连锁经营、资源共享、优势互补，支持中介机构的联合协作，逐步形成人力资源市场规模化运作、集约化扩张、一体化服务、产业化发展的格局。第四，加快推进人力资源市场服务体系国际化。一是加大对人力资源市场信息数据库建设的投入，建立门类齐全的人力资源信息库，特别要抓好海外优秀人才信息库和国际前沿科技信息网络建设。二是鼓励有条件的人力资源服务机构跨国经营，到国（境）外开展业务。

加快完善市场体系及其相关的社会保障法律法规制度，使市场规则与国际市场的通行规则相衔接，遵守国际法规和国际惯例，树立国家人才安全意识，参与制定国际人才竞争规则，保障和维护中外人才与用人单位双方的合法权益。

【阅读参考】公共部门人力资源管理体制相关法律

《宪法》(1982 年通过，1988 年、1993 年、1999 年、2004 年修订)

《全国人民代表大会组织法》(1982 年)

《国务院组织法》(1982 年)

《地方各级人民代表大会和地方各级人民政府组织法》(1979 年通过，1982 年、1986 年、1995 年、2004 年修订)

《人民法院组织法》(1979 年通过，1983 年、1986 年、2006 年修订)

《人民检察院组织法》(1979 年通过，1983 年修订)

《公务员法》(2005 年通过)

思 考 题

1. 简述我国公共部门人力资源管理体制发展沿革。

2. 结合分类管理，比较分析党政干部管理体制、国有企业和事业单位人力资源管理体制。

3. 结合《2010—2020 年深化干部人事制度改革规划纲要》和《国家中长期人才发展规划纲要（2010—2020 年)》，谈谈党管人才。

第二章

人力资源规划

本章导读

本章阐述制定实施公共部门人力资源规划的重要意义，回顾我国公共部门人力资源规划的发展历程，总结我国公共部门人力资源规划的主要类型和职能作用；以《国家中长期人才发展规划纲要（2010—2020 年）》等四个有代表性的国家层面规划为例，介绍这些规划的战略思想、总体目标和规划项目，分析其制定的宏观背景、主要内容和特点；分别探讨行政机关、事业单位和国有企业三类公共部门制定实施人力资源规划的基本原则和主要内容；分析人力资源规划实施和评估的过程；提出公共部门人力资源规划的信息化管理问题。

第一节　人力资源规划概述

改革开放之后，人力资源开发与管理在经济社会发展中的重要作用日益凸显，尤其是进入 21 世纪以来，我国提出了“人才资源是第一资源”的科学论断，中央出台了一系列国家层面的发展规划，地方公共部门也纷纷制订各自的人力资源规划，不断发展完善的公共部门人力资源规划体系成为国家或地区经济社会发展的重要支撑。

一、相关概念和重要意义

人力资源规划作为人力资源管理的一项基本方法和技术，首先为企业所采用，之后推广到公共部门，并在公共部门的发展过程中发挥着越来越重要的作用，从而引起日益广泛的关注和重视。

（一）相关概念

公共部门人力资源规划是一个复合概念，包括公共部门和人力资源规划两个子概念。其中公共部门是相对于私人部门而言的公共组织，在本书中主要指政府行政机关、事业单位和国有企业，公共部门人力资源规划的相关问题也主要针对这些单位进行论述。要界定公共部门人力资源规划的内涵，在明确公共部门内涵的基础上，还需要对人力资源规划的概念进行研究。

1. 人力资源规划

关于人力资源规划的界定有很多种，目前国内关于人力资源规划的著作就有四五十种，其中都对人力资源规划的概念做出了阐述，在此不再一一列举，只把其中有代表性的观点转述如下：

美国人力资源学家詹姆斯·沃克（James W. Walker）认为，人力资源规划是管理人员确定组织应当如何由目前现状发展到理想人力资源状态的过程。通过制定规划，管理人员努力让适当数量和种类的人，在适当的时间和适当的地点，从事使组织与个人双方获得最大长期利益的工作。

中国学者萧鸣政在综合多种定义的基础上，把人力资源规划定义为：人力资源规划是为了适应环境发展和自身发展的动态性，预测组织对人力资源的需要，并制订必要的计划和措施，确保有适当数目的适当人员适时地担当适当工作的一个过程，这一过程同时也使员工个人的职业生涯得到充分的发展。

2. 公共部门人力资源规划

在人力资源规划概念的基础上，有学者对公共部门人力资源规划的定义进行了界定。

滕玉成等认为，公共部门人力资源规划是指根据公共组织在一定时期内的战略目标，科学地预测组织在未来环境变化中对人力资源的需求状况，制定出满足该需求的具体内容、实施步骤、相应政策、经费预算等，确保组织对人力资源在数量、质量和结构上需求的管理活动过程。

廉茵认为，公共部门人力资源规划是指国家人事行政主管机构以及各级政府行政机关、国有企事业组织，根据一定时期内组织的发展战略与近期目标，运用科学方法和技术，了解和预测组织对人力资源的供求状况，制定出满足该需求的具体内容、实施步骤、相应政策、经费预算等，确保组织对人力资源在数量、质量和结构上的需求的管理活动过程。

吴江认为，公共部门人力资源规划是指根据一个国家或地区的发展战略目标，科学地预测、分析在环境变化中的人力资源供求状况，制定必要的政策和措施，确保公共组织或部门的人才需求结构均衡协调的管理过程。其主体包括国家各级行政机关和工作部门、国有企事业单位等公共组织。

在上述关于公共部门人力资源规划的概念中，吴江明确提出了公共部门人力资源规划的制定主体，并强调要用科学的方法，结合组织发展战略进行制定和实施。

（二）重要意义

制定和实施公共部门人力资源规划是落实人才强国战略的重要举措，对于提升我国公共部门人力资源管理能力和水平，增强公共部门的国际竞争力具有重要意义。

首先，制定实施公共部门人力资源规划是落实人才强国战略的重要举措。近年来，人才在国家经济社会发展中的战略作用日益凸显，为此，我国提出实施人才强国战略，颁布实施了国家人才规划和经济社会发展“十二五”规划，人力资源和社会保障部依据上述国家规划制定了《人力资源和社会保障事业发展“十二五”规划纲要》。国家层面的人才战略最终要落实到地方和行业等具体载体才能得以实现，公共部门制订实施人力资源规划是实施人才强国战略的重要举措。为此，各省、市、县要依托当地产业特点打造人才优势，依靠人才优势支撑产业发展，把人力资源规划纳入当地国民经济和社会发展规划体系，制定实施地方人力资源规划。同时，国家机关有关部门也应该编制好本系统、本行业的人力资源专项规划，各单位要积极围绕本单位近期发展和长远需要，制订人才培养、引进、使用计划，使人才强国战略转化为全国所有单位的自觉行动，以便更好地实施人才强国战略，贯彻落实国家经济社会发展“十二五”规划和人力资源社会保障“十二五”规划，为我国经济社会发展提供重要的人才支撑。

其次，公共部门制定实施人力资源规划能够提升公共部门人力资源管理能力。我国绝大多数公共部门的人力资源管理基本上还停留在传统的人事管理阶段，传统的人事部门扮演的是一种行政性的角色，在大多数情况下仅仅是实施组织的人事政策，这种传统的管理方式阻碍了人力资源工作在组织战略实施过程中的作用发挥。在全球化、信息化和知识经济时代，公共部门人力资源管理应该由传统的公共行政范式向新公共管理和公共服务范式转变，充分考虑公共部门面临的环境（优势、劣势、机遇和威胁），考虑组织的长远发展和未来目标，提高自身人力资源管理能力，制定和实施人力资源发展规划已经成为公共部门管理者最基本的管理任务及工作内容。

最后，制定和实施公共部门人力资源规划可以提升公共部门的国际竞争力。随着全球化的发展，国际间的人才争夺进一步加剧，许多国家特别是发达国家大都制定实施了人才战略。只有通过高素质的公共部门人力资源开发和管理，才能获得公共部门的整体性竞争优势；公共部门要提升整体竞争优势，必须要有高素质的人力资源优势，而我国公共部门原有的人力资源管理模式很难适应当前的环境。在这样的国际国内背景下，制定实施人力资源规划就成为公共部门的必然选择。中国公共部门如果没有充足的、高素质的人才资源作支撑，将无法适应经济全球化背景下的国际竞争，这对中国公共部门的人力资源管理工作提出了新的挑战，制定和实施公共部门人力资源规划已经成为提升公共部门国际竞争力的重要方式之一。

二、我国公共部门人力资源规划的发展历程

我国历来重视人才在国家经济社会发展中的基础作用，1955 年 7 月，第一届全国人民代表大会第二次会议通过了《中华人民共和国发展国民经济的第一个五年计划（1953—1957）》，其中的基本任务第三项明确规定要相应地培养建设人才，并提出了培养国家发展急需人才的基本原则。“一五”计划中关于培养建设人才的规定，充分体现了新中国成立后对国家经济社会发展中人才问题的重视。

改革开放后，党和国家的工作重点转到经济建设上来，经济社会发展的新形势对我国公共部门人力资源管理提出了更高的要求，国家连续出台了《关于经济体制改革的决定》《关于教育体制改革的决定》和《关于科技体制改革的决定》等政策文件，尤其是 1983 年全国组织工作会议上印发了《关于领导班子“四化”建设的八年规划》，这是改革开放初期我国公共部门人力资源规划的初步探索。

进入 21 世纪，我国提出了“人力资源是第一资源”“人才资源是第一资源”的重要思想，公共部门人力资源规划进入了一个新的发展阶段。2001 年 3 月，第九届全国人民代表大会第四次会议批准了《国民经济和社会发展第十个五年计划纲要》，第一次专章提出要“实施人才战略，壮大人才队伍”。2002 年 5 月，国家印发了《2002—2005 年全国人才队伍建设规划纲要》，首次提出要实施人才强国战略。2003 年召开的第一次全国人才工作会议提出，要全面实施人才强国战略，为我国公共部门人力资源规划提供了指导方针。2007 年 10 月，实施人才强国战略被写入《中国共产党章程》。2010 年，第二次全国人才工作会议召开，发布了《国家中长期人才发展规划纲要（2010—2020 年）》，制定了我国未来 10 年的人才发展战略。之后，各地各部门纷纷根据各自情况，制定各区域和部门的人力资源规划，我国公共部门人力资源

规划逐步系统化。

同时，各个领域的人才规划也不断出台。2000—2001 年，国家人事部先后研究起草了《21 世纪中国专业技术人才发展规划》和《人事人才发展“十五”规划纲要》。2002 年，中央制定了《2003—2005 年全国人才队伍建设规划纲要》；2006 年，国家发布了《国家中长期科学和技术发展规划纲要(2006—2020 年)》；2010 年 7 月，《国家中长期教育改革和发展规划纲要(2010—2020 年)》颁布实施。2011 年，人力资源和社会保障部依据《中华人民共和国国民经济和社会发展第十二个五年规划纲要》，组织制定了《人力资源和社会保障事业发展“十二五”规划纲要》，这是在全面建设小康社会关键时期编制的一项重要规划，是未来五年我国人力资源和社会保障工作的重要指导性文件，为公共部门制定人力资源规划提供了宏观指导和原则依据。在此基础上，各地区也纷纷制定实施“人才强省”“人才强市”战略，制定区域和行业发展的人力资源规划，进一步把人力资源规划制定实施工作摆上了更重要的位置，纳入经济发展和社会发展的总体规划。

我国公共部门人力资源规划的制定和实施，大大促进了人力资源开发的迅速发展。2010 年，中国发布了新中国成立以来第一本专门阐述人力资源状况和政策的白皮书——《中国的人力资源状况》，展示了中国在人力资源领域取得的成就和经验。人力资源状况白皮书指出，中国政府注重发挥市场配置人力资源的基础性作用，大力推进经济、科技、教育等体制改革，不断深化干部人事制度改革，实施科教兴国战略、人才强国战略和积极的就业政策，建立和完善人力资源培养、吸引、使用和保障机制，加快人力资源法制建设，走出了一条适合中国国情的人力资源开发道路。通过积极开发人力资源，为国家现代化建设提供强大的人力和智力支撑，实现由人力资源大国向人力资源强国的转变。①

三、我国公共部门人力资源规划的主要类型

根据不同的分类标准，我国公共部门人力资源规划可以划分为不同的类型，概括起来主要有以下几种：

一是宏观人力资源规划和微观人力资源规划。宏观人力资源规划是从整个公共部门的组织系统和人才队伍出发，在分析组织结构和预算状况的基础上，确定一个时期内对人力资源的总体需求状况，以求组织的职位与人员数

---

① 中华人民共和国国务院新闻办公室. 中国的人力资源状况 [M]. 北京：人民出版社，2010：1.

量、素质结构在总体上达到基本均衡。宏观规划具有战略意义，是公共部门自身战略发展规划的重要组成部分。微观人力资源规划是指各部门根据本单位的工作岗位需要和部门预算及发展情况，在工作分析的基础上，确定本部门在一个时期或一个财政预算年度内，对人力资源的需求状况，制订出人力资源获取与配置计划，为部门其他人力资源管理活动奠定基础。

二是总体规划和业务规划。按照人力资源规划的范围和内容，公共部门人力资源规划可以分为总体规划和业务规划。总体规划以组织的战略目标和未来发展趋势为依据，围绕规划期内人力资源管理的总目标、总方针和总政策，按照实施步骤、时间安排、经费预算等若干思路进行设计。业务规划包括人力资源的补充计划、使用计划、培训开发计划、绩效评估和激励计划。补充计划通常包括人员补充的类型、数量、结构比例和预期绩效，人员的来源、任职要求、工资待遇和社会保障，以及实现上述计划的具体措施和方法。使用计划是在各部门“三定方案”（定机构、定编制、定人员）的基础上，做好职位分类，确定绩效评估目标、交流和调配目标、任职资格、考核办法、聘任计划、薪酬预算等。培训开发计划包括培训开发的目标、相关政策或方法、时间安排、经费预算等。绩效评估和激励计划包括评估政策、激励措施和薪酬福利安排等。在实际工作中，业务计划还有很多内容，包括晋升计划、团队建设计划、劳动关系计划，等等。①

三是中央规划和地方规划。根据制定实施人力资源规划的行政层级不同，我国公共部门人力资源规划可以划分为中央层面的规划和地方层面的规划。例如，《国家中长期人才发展规划纲要（2010—2020年）》就属于中央层面的国家发展规划。中央规划对地方规划的制定具有指导意义。以中央规划为依据，各地结合各自发展需求制定当地的人力资源规划。例如，《首都中长期人才发展规划纲要（2010—2020年）》提出：“为落实人才强国战略，服务首都经济社会发展，根据《国家中长期人才发展规划纲要（2010—2020年）》《北京城市总体规划（2004—2020年）》，按照建设‘人文北京、科技北京、绿色北京’要求，特制定本纲要”。

四是不同领域的人力资源规划。根据规划内容的领域不同，可以把规划分成几种类型。根据经济社会发展的不同领域，当前我国的人力资源规划主要有：科学技术发展规划，如《国家中长期科技发展规划纲要》《“十二五”科技发展规划》等；教育发展规划，如《国家中长期教育改革和发展规划纲

① 滕玉成，于宪忠. 公共部门人力资源管理［M］. 北京：中国人民大学出版社，2003：63－64.

要（2010—2020年）》；人力资源发展规划，如《人力资源和社会保障事业发展“十二五”规划纲要》。根据规划涉及的人力资源开发管理环节的不同，当前我国主要有培训等环节的规划纲要，如《2011—2015年行政机关公务员培训纲要》等。根据规划涉及的人才队伍不同，当前我国出台的人力资源规划主要有《2010—2020年深化干部人事制度改革规划纲要》《专业技术人才队伍建设中长期规划（2010—2020年）》《企业经营管理人才队伍建设中长期规划（2010—2020年）》《农村实用人才和农业科技人才队伍建设中长期规划（2010—2020年）》以及《中国科协科普人才发展规划纲要（2010—2020年）》，等等。

上述这些不同类型的规划由于分类标准的侧重点不同还会有交叉，例如《人力资源和社会保障事业发展“十二五”规划纲要》是一项总体规划和宏观规划，同时又是人力资源管理领域的中央规划；《农村实用人才和农业科技人才队伍建设中长期规划（2010—2020年）》是一项总体规划和宏观规划，同时又是中央层面对农村实用人才队伍的发展规划；《首都中长期人才发展规划纲要（2010—2020年）》是地方规划，同时也是首都人才发展领域的宏观和总体规划。

四、我国公共部门人力资源规划的基本职能

公共部门人力资源规划是国家经济社会发展总体规划的重要组成部分，是公共组织发展战略和重大决策的基础，它能够对一个国家和地区人力资源进行科学统计、合理预测，指导一个国家和地区人力资源开发和管理工作，并服务于国家和地区的经济社会发展大局。因此，我国公共部门人力资源规划主要发挥统计、预测、指导和服务四个方面的基本职能。

（一）统计职能

制定公共部门人力资源规划必须以一个国家、地区或部门的人力资源现状和发展情况为基础依据，才能使人力资源规划科学有效。为此，人力资源规划必然包含着对人力资源和其他经济社会发展相关状况的统计职能。

人力资源和社会保障部为了更全面地了解国家的人力资源和社会保障状况，多年来一直坚持做好相关统计工作，每年和国家统计局合作发布《人力资源和社会保障事业发展统计公报》，其中关于就业、城镇新增就业、登记失业率和社会保障方面的数据，成为《中华人民共和国国民经济和社会发展统计公报》中相关数据的来源。在人力资源和社会保障部网站上，可以随时查

找到1992—2012年的人力资源和社会保障相关数据，从这连续20年时间内的统计数据中，也可以看到我国人力资源开发事业发展的进程概况。多年来全面科学的统计数据，为《人力资源和社会保障事业发展“十二五”规划纲要》的制定奠定了坚实的基础。为了确保公共部门人力资源规划制定的科学性，各级政府和相关部门必须立足于基础数据的统计，必要时和国家统计部门合作，做好各项人力资源数据的基础统计工作，为做好规划提供科学准确的数据统计基础。在《人力资源和社会保障事业发展“十二五”规划纲要》中，统计了《劳动和社会保障事业发展“十一五”规划纲要（2006—2010年)》和《关于贯彻落实“十一五”规划纲要，加强人才队伍建设的实施意见》主要指标的实现情况（见表2—1)，成为制定“十二五”时期人力资源和社会保障规划的基础。

表2—1　“十一五”时期人力资源和社会保障主要指标实现情况

“十一五”规划主要指标实现情况			
指标	2005年基数	“十一五”规划目标	2010年完成数
五年城镇新增就业人数（万人）	[4 200]	[4 500]	[5 771]
城镇登记失业率（%）	4.2	5	4.1
五年转移农业劳动力（万人）	[4 000]	[4 500]	[4 500]
城镇基本养老保险参保人数（亿人）	1.74	2.23	2.57
城镇基本医疗保险参保人数（亿人）	1.38	3	4.32①
失业保险参保人数（亿人）	1.06	1.2	1.34
工伤保险参保人数（亿人）	0.85	1.4	1.62
生育保险参保人数（亿人）	0.54	0.8	1.23
专业技术人才总量（万人）	4 196	—	4 686②
技能劳动者总量（万人）	9 100	11 000	11 200
技师和高级技师占技能劳动者总量的比重（%）	4.2	5	5
高级工占技能劳动者总量的比重（%）	17.6	20	20.5

注：[ ] 表示过去五年累计数；①4.32亿人包括城镇职工基本医疗保险和城镇居民基本医疗保险参保人数，2005年基数和“十一五”规划目标不含居民基本医疗保险参保人数；②为2008年年末数据。

再比如，为了制定《国家中长期人才发展规划纲要（2010—2020年)》，有关专家和部门设计了国家人才资源统计指标体系，由国家人才发展主要指标、人才队伍建设指标、重点领域人才资源指标和国家人才发展监测与评价主要指标构成。这些指标是围绕服务经济社会发展需要，根据我国人才工作和人才队伍建设实际，按照科学性、简约性、可预测性和国际可比性设定的。国家人才发展主要指标是整个国家人才资源统计指标体系的核心，该指标围绕人才规模、素质、投入和效能四个方面，选取最具代表性并可以进行国际比较的六项指标，以此反映我国人才发展现状和整体水平。[①]

（二）预测职能

人力资源规划是对一个国家、地区或部门未来一个时期人力资源相关工作的计划，因此在系统全面统计人力资源等相关数据基础上制订的公共部门人力资源规划，必然需要对未来的人力资源状况进行预测。预测是根据经济社会发展等各项相关指标，对未来人力资源需求数量、质量和结构等方面进行规划，作为未来一个时期公共部门人力资源开发的原则依据。例如在《人力资源和社会保障事业发展“十二五”规划纲要》中，在对“十一五”时期人力资源和社会保障事业发展主要指标实现情况统计的基础上，合理预测我国未来五年人力资源和社会保障事业发展的主要目标（见表2—2）。

表2—2　“十二五”时期人力资源和社会保障事业发展预期目标

“十二五”时期人力资源和社会保障事业发展主要指标			
指标	2010年基数	2015年目标	属性
一、就业			
1. 城镇新增就业人数（万人）	[5 771]	[4 500]	预期性
2. 城镇登记失业率（%）	4.1	<5	预期性
3. 转移农业劳动力（万人）	[4 500]	[4 000]	预期性
二、社会保障			
4. 城镇基本养老保险参保人数（亿人）	2.57	3.57[①]	约束性
5. 新型农村社会养老保险参保人数（亿人）	1	4.5	预期性
6. 城乡基本医疗保险参保人数（亿人）	12.6	13.2	约束性
7. 失业保险参保人数（亿人）	1.34	1.6	约束性
8. 工伤保险参保人数（亿人）	1.62	2.1	约束性
9. 生育保险参保人数（亿人）	1.23	1.5	约束性
10. 社会保障卡发卡数量（亿张）	1	8	预期性
三、人才队伍建设			

① 中央人才工作协调小组办公室，中共中央组织部人才工作局.《国家中长期人才发展规划纲要（2010—2020年）》学习辅导百问［M］.北京：党建读物出版社，2010：85.

续表

指标	2010 年基数	2015 年目标	属性
11. 人才资源总量（亿人）	1.14②	1.56	预期性
12. 专业技术人才总量（万人）	4 686③	6 800	预期性
13. 高、中、初级专业技术人才比例		10 : 38 : 52	预期性
14. 高技能人才总量（万人）	2 863	3 400	预期性
四、工资和劳动关系			
15. 最低工资标准年均增长率（%）	12.5	＞13	预期性
16. 企业劳动合同签订率（%）	65	90	预期性
17. 企业集体合同签订率（%）	50	80	预期性
18. 劳动人事争议仲裁结案率（%）	80	90	预期性

注：[ ] 表示五年累计数；①3.57 亿人包括城镇职工基本养老保险和城镇居民社会养老保险参保人数；②和③为 2008 年年末数据。

（三）指导职能

在公共部门的人力资源管理活动中，公共部门人力资源规划具有很强的指导职能。例如，《人力资源和社会保障事业发展“十二五”规划纲要》是国家层面的顶层设计，是对我国“十二五”时期人力资源和社会保障发展目标任务等重大问题的设计，主要是方向性、全局性和战略性要求，对全国各省、市、县的人力资源和社会保障规划具有根本的指导意义，是各地各部门制定人力资源和社会保障规划的指导方针。地方和部门制定的具体人力资源规划，指导地方和部门的人力资源管理各项相关工作。无论是确定人力资源的需求量、供给量，还是人员以及任务的调整，不通过一定的规划显然难以很好地实现。公共部门人力资源规划对组织管理具有重要的指导职能，会为组织的录用、晋升、培训、人员调整以及人工成本控制等活动提供相关信息和依据。公共部门人力资源规划对组织人员的招募、甄选、培训开发、薪酬福利等各种人力资源管理活动的目标、步骤与方法作出了基于战略性和纲领性的安排，包含为实现组织发展战略目标，在人力资源管理方面的项目规划和实施方案，成为公共部门组织管理过程的主要依据。

（四）服务职能

《人力资源和社会保障事业发展“十二五”规划纲要》提出，坚持以民生为本、人才优先为主线，实施就业优先战略和人才强国战略，健全覆盖城乡居民的社会保障体系，深化机关事业单位人事制度改革，合理调整工资收入分配关系，构建和谐劳动关系，提升基本公共服务能力，努力实现人力资源和社会保障事业全面协调可持续发展。规划提出要坚持服务大局，紧紧围绕党和国家中心工作和改革发展稳定大局，坚决贯彻落实中央决策部署，适应加快转变经济发展方式的要求，坚持强化政府责任和培育完善市场机制相结合，进一步健全和完善政策法规体系，为促进经济平稳较快发展、社会和谐稳定、人民生活改善作出积极贡献。

服务大局突出了公共部门人力资源规划的服务职能。首先，制定和实施公共部门人力资源规划是国家和区域经济社会发展规划的重要组成部分，为国家和地区的经济社会发展提供人力资源支撑，最终目的是服务于国家和地方经济社会发展。其次，公共部门人力资源规划体系不仅是知识经济时代的要求，也是我国建设服务型政府和提升党的执政能力的必然要求，制定和实施公共部门人力资源规划服务于政府行政目标和执政党的执政能力。最后，公共部门人力资源规划为广大人民群众提供服务。《人力资源和社会保障事业发展“十二五”规划纲要》提出，要坚持以人为本，把保障和改善民生作为工作的出发点和落脚点，着力解决人民群众最关心、最直接、最现实的就业、社会保障、收入分配等利益问题，使广大人民群众共享改革发展成果，这就集中体现了公共部门人力资源规划为广大人民服务的根本职能。

第二节　我国主要的公共部门人力资源规划

在当前知识经济时代，人才资源是经济社会发展的第一资源。国际竞争的核心在于人才实力的竞争，人才实力竞争的关键又在于人力资源开发水平的竞争。“加强人力资源开发，加强人力资源能力建设，从来没有像今天这样重要、这样紧迫。”[①] 进入21世纪后，我国开始全面实施人才强国战略，一系列国家层面的人才战略陆续颁布实施，为公共部门制定人力资源规划提供了依据，尤其是2010年出台的《国家中长期人才发展规划纲要（2010—2020年）》《2010—2020年深化干部人事制度改革规划纲要》和《人力资源和社会保障事业发展“十二五”规划纲要》，很快成为各地和各部门制定人力资源规划的指导原则。认真总结这些国家层面人力资源规划的指导方针和主要内容，

① 江泽民. 加强人力资源能力建设，共促亚太地区发展繁荣. 2001年5月15日在APEC会议上的讲话.

分析其基本特点，有利于为公共部门更好地制定和实施人力资源规划提供参考，服务于公共部门的发展，提升我国的人力资源开发工作水平，增强我国的国际人才竞争力。

一、《国家中长期人才发展规划纲要（2010—2020年）》

制定实施《国家中长期人才发展规划纲要（2010—2020年）》（以下简称人才规划）是实施人才强国战略的重要举措，是关系我国社会主义现代化建设全局、具有战略意义的一件大事。从2008年3月开始，中央人才工作协调小组启动了我国第一个中长期人才发展规划编制工作，2010年4月，党中央、国务院正式印发了人才规划。人才规划是在国家国民经济与社会发展总体规划框架下的一项子规划，也是更好实施人才强国战略的总体规划，是我国当前和今后一个时期人才发展的纲领性文件。[①]

（一）制定背景

当今世界正处在大变革大调整时期，经济全球化深入发展，科技进步日新月异，知识经济方兴未艾，以科技和人才为核心的综合国力竞争愈演愈烈，人才竞争呈现全球化趋势。20世纪90年代以来，以美国为代表的发达国家纷纷制定各自的人才战略，为获得高新技术产业人才和高层次人才发起了新一轮全球人才争夺战。面对激烈的国际竞争，加快我国人才发展是抢占经济和科技发展制高点、赢得竞争主动权的战略选择。我们必须站在全球竞争的高度，以开阔的视野，研究制定面向世界、面向未来的国家人才发展战略，确立与我国科学发展、和谐发展、和平发展相适应的人才发展目标和战略举措，以更加积极主动的态度应对激烈的国际人才竞争，构筑我国参与国际竞争的人才优势。

从国内来看，党的十七大对实现全面建设小康社会奋斗目标提出了新要求，并把人才强国战略作为经济社会发展的基本战略写进十七大报告和党章，进一步明确了人才工作在党和国家事业发展大局中的重要地位和作用。到2020年我国要实现全面建设小康社会的奋斗目标，到本世纪中叶基本实现社会主义现代化。实现这些目标，迫切需要造就一支规模宏大、结构优化、布局合理、素质优良的人才队伍。这就需要我们坚持把人才作为经济社会发展

---

① 中央人才工作协调小组办公室，中共中央组织部人才工作局．《国家中长期人才发展规划纲要（2010—2020年）》学习辅导百问［M］．北京：党建读物出版社，2010：51.

的第一资源，作为科学发展的第一要素，对未来十几年人才发展进行总体谋划和设计，明确人才发展的指导方针、战略目标、重点任务和主要举措。①

（二）主要内容

人才规划全文由七部分组成，分别是：序言，指导方针、战略目标和总体部署，人才队伍建设主要任务，体制机制创新，重大政策，重大人才工程和组织实施。

人才规划在序言部分对人才的概念进行了界定，提出：人才是指具有一定的专业知识或专门技能，进行创造性劳动并对社会作出贡献的人，是人力资源中能力和素质较高的劳动者。人才是我国经济社会发展的第一资源。

人才规划提出，当前和今后一个时期我国人才发展的指导方针是：服务发展、人才优先、以用为本、创新机制、高端引领、整体开发；战略目标是：到 2020 年，我国人才发展的总体目标是培养和造就规模宏大、结构优化、布局合理、素质优良的人才队伍，确立国家人才竞争比较优势，进入世界人才强国行列，为在本世纪中叶基本实现社会主义现代化奠定人才基础。

人才规划对我国人才工作进行了总体部署，提出了实行人才投资优先等八项总体部署任务；要求统筹抓好党政人才、企业经营管理人才、专业技术人才、高技能人才、农村实用人才以及社会工作人才等六支人才队伍；创新人才培养开发、评价发现、选拔任用、流动配置、激励保障五项机制；提出实施促进人才投资优先保证的财税金融等十项重大政策；实行创新人才推进计划等十二项重大工程。人才规划提出，推进人才发展，要统筹兼顾，分步实施。到 2015 年，重点在制度建设、机制创新上有较大突破。到 2020 年，全面落实各项任务，确保人才发展战略目标的实现。

（三）基本特点

人才规划以邓小平理论和“三个代表”重要思想为指导，深入贯彻落实科学发展观，紧紧围绕全面建设小康社会宏伟目标和更好实施人才强国战略，提出了一系列新思想、新观点、新论断和新举措。在人才发展思想上，提出了“人才是我国经济社会发展的第一资源”等一系列新思想和新理念；在人才发展目标上，确立了进入世界人才强国行列的战略目标；在人才发展指标

---

① 中央人才工作协调小组办公室，中共中央组织部人才工作局.《国家中长期人才发展规划纲要（2010—2020 年）》学习辅导百问［M］. 北京：党建读物出版社，2010：51.

上，建立了国家人才发展的主要指标体系；在人才发展定位上，确立了在经济社会发展中人才优先的战略发展布局；在人才发展体制机制上，提出了改进完善人才工作管理体制；在人才发展政策上，提出了十大创新政策；在人才发展举措上，设计了一批具有引领性创新性示范性的重大人才过程。[①] 人才规划指导思想高度凝练的 24 字方针，是对我国人才发展理论和实践经验的高度概括，是我国人才工作和人才队伍建设必须遵循的根本方针。人才规划是党中央、国务院为了更好地实施人才强国战略、加快推进社会主义现代化建设而做出的又一重大战略决策。人才规划关于体制机制和政策创新以及重大人才工程的设计，为各地和各部门今后一个时期的人才规划提供了国家层面的战略依据。

【阅读参考】《国家中长期人才发展规划纲要（2010—2020 年）》的总体部署

一是实行人才投资优先，健全政府、社会、用人单位和个人多元人才投入机制，加大对人才发展的投入，提高人才投资效益。二是加强人才资源能力建设，创新人才培养模式，注重思想道德建设，突出创新精神和创新能力培养，大幅度提升各类人才的整体素质。三是推动人才结构战略性调整，充分发挥市场配置人才资源的基础性作用，改善宏观调控，促进人才结构与经济社会发展相协调。四是造就宏大的高素质人才队伍，突出培养创新型科技人才，重视培养领军人才和复合型人才，大力开发经济社会发展重点领域急需紧缺专门人才，统筹抓好党政人才、企业经营管理人才、专业技术人才、高技能人才、农村实用人才以及社会工作人才等人才队伍建设，培养造就数以亿计的各类人才，数以千万计的专门人才和一大批拔尖创新人才。五是改革人才发展体制机制，完善人才管理体制，创新人才培养开发、评价发现、选拔任用、流动配置、激励保障机制，营造充满活力、富有效率、更加开放的人才制度环境。六是大力吸引海外高层次人才和急需紧缺专门人才，坚持自主培养开发与引进海外人才并举，积极利用国（境）外教育培训资源培养人才。七是加快人才工作法制建设，建立健全人才法律法规，坚持依法管理，保护人才合法权益。八是加强和改进党对人才工作的领导，完善党管人才格局，创新党管人才方式方法，为人才发展提供坚强的组织保证。

---

① 中央人才工作协调小组办公室，中共中央组织部人才工作局.《国家中长期人才发展规划纲要（2010—2020 年）》学习辅导百问 [M]. 北京：党建读物出版社，2010：51－58.

二、《人力资源和社会保障事业发展“十二五”规划纲要》

人力资源和社会保障部在我国2008年的大部制改革过程中组建成立，担负着就业、社会保障、人才工作、人事制度改革、工资收入分配和劳动关系等六大领域的管理职能。人力资源和社会保障部紧紧围绕“民生为本、人才优先”的工作主线，为贯彻落实党的十七届五中全会和十一届全国人大四次会议精神，根据《中华人民共和国国民经济和社会发展第十二个五年规划纲要》的相关规定，编制了《人力资源和社会保障事业发展“十二五”规划纲要》，主要阐明“十二五”时期人力资源和社会保障事业发展的总体思路、发展目标、主要任务和重大政策措施，是未来五年人力资源和社会保障工作的重要指导性文件。

（一）制定背景

“十一五”时期，我国的人力资源和社会保障事业迈出了重要步伐、取得了突出成绩，为保障和改善民生、维护改革发展稳定大局作出了重要贡献，也为今后事业发展奠定了坚实基础。“十二五”时期是全面建设小康社会的关键时期，是深化改革开放、加快转变经济发展方式的攻坚时期，人力资源和社会保障事业面临着新的发展机遇和一系列有利条件，也仍面临着诸多挑战。从国际方面看，国际金融危机影响深远，世界经济增长速度减缓，我国发展的外部环境更趋复杂。从国内方面看，我国发展中不平衡、不协调、不可持续的问题依然突出，制约科学发展的体制机制障碍依然较多。人力资源和社会保障部深刻认识“十二五”时期人力资源和社会保障事业面临的新形势新任务新要求，紧紧抓住机遇，积极应对挑战。为了开创人力资源和社会保障事业发展新局面，于2011年6月制定发布了《人力资源和社会保障事业发展“十二五”规划纲要》，为“十二五”时期我国人力资源和社会保障工作规划了蓝图。

（二）主要内容

《人力资源和社会保障事业发展“十二五”规划纲要》全文分为九章，对我国的人力资源和社会保障工作进行了全面规划。规划提出的指导思想是：高举中国特色社会主义伟大旗帜，以邓小平理论和“三个代表”重要思想为指导，深入贯彻落实科学发展观，适应加快转变经济发展方式的新要求，顺应城乡人民过上更好生活的新期待，坚持以民生为本、人才优先为主线，实施就业优先战略和人才强国战略，健全覆盖城乡居民的社会保障体系，深化机关事业单位人事制度改革，合理调整工资收入分配关系，构建和谐劳动关系，提升基本公共服务能力，努力实现人力资源和社会保障事业全面协调可持续发展。

规划提出了未来五年人力资源和社会保障事业发展的主要目标，主要有：努力实现充分就业，基本实现人人享有社会保险，造就宏大的高素质人才队伍，人事制度改革不断深化，加快形成合理有序的工资收入分配格局，劳动关系更加和谐稳定，公共服务能力明显提升。并对一些具体目标设定了量化要求，例如：全国人才资源总量达到1.56亿人。其中，专业技术人才总量达到6 800万人左右，高技能人才总量达到3 400万人。高、中、初级专业技术人才比例为10∶38∶52。规划把发展目标细化为多个方面的具体工作，例如在第四章《实施人才强国战略　建设高素质人才队伍》中，提出要加强公务员队伍、专业技术人才队伍和技能人才队伍建设；在第五章《深化人事制度改革　形成充满生机活力的用人机制》中，提出要完善公务员制度，深化事业单位人事制度改革，推进中国特色退役军官安置制度建设。规划还提出了一些有针对性的行动计划，例如职业培训促进就业计划、人力资源服务业推进计划等，为公共部门人力资源规划的制定和实施提供了总体依据。

（三）基本特点

《人力资源和社会保障事业发展“十二五”规划纲要》是在全面建设小康社会关键时期编制的一项重要规划，是未来五年人力资源和社会保障工作的重要指导性文件。编制实施《人力资源和社会保障事业发展“十二五”规划纲要》是深入贯彻落实科学发展观、着力保障和改善民生、大力实施人才强国战略的重要举措。这是我国第一部人力资源和社会保障领域的国家规划，体现了人力资源社会保障部门对就业、社会保障、人事制度改革和人才队伍建设等领域的高度关注和愿景设计。规划既有总体目标，又有具体落实措施，还有相应的量化指标，具有很强的可操作性。

规划坚持改革创新的思路，进一步解放思想，深化对人力资源和社会保障事业发展规律的认识，创新思维观念、体制机制、管理方式方法，坚持以人为本，把保障和改善民生作为工作的出发点和落脚点，着力解决人民群众最关心、最直接、最现实的就业、社会保障、收入分配等利益问题，使广大人民群众共享改革发展成果。规划体现了国家中长期人才发展规划的指导方针，提出牢固树立人才优先的理念，尊重人才成长规律，完善人才工作体制机制，促进人的全面发展，充分体现了人力资源和社会保障部“民生为本、人才优先”的工作主线，是我国公共部门人力资源规划的顶层设计。

【阅读参考】《人力资源和社会保障事业发展“十二五”规划纲要》提出的人力资源服务业发展推进计划

建设人力资源服务产业园区。在中心城市建立人力资源服务业集聚发展的平台，通过优惠政策引导人力资源服务机构入驻，发挥园区培育、孵化、展示、交易的功能。

培育人力资源服务品牌。通过人力资源服务博览会、机构等级评定、行业发展报告等方式，加大人力资源服务机构和服务新产品的推介力度，培育本土人力资源服务品牌。

发展行业性、专业性人力资源服务机构。围绕国家战略和区域产业发展战略，推进行业性、专业性人力资源服务发展，形成产业人才信息集散平台。

加快推进政府所属人力资源服务机构改革。实现公共服务与经营性服务的分离，转变政府职能，为行业发展创造良好环境。

三、《专业技术人才队伍建设中长期规划（2010—2020年）》

专业技术人才是我国人才队伍的骨干力量，在建设创新型国家和全面建设小康社会伟大事业中发挥着重要作用。全面加强专业技术人才队伍建设，是我们应对激烈的国际竞争，提高自主创新能力，实现经济社会又好又快发展的必然要求。为实现全面建设小康社会宏伟目标，更好实施人才强国战略，建设宏大的高素质专业技术人才队伍，根据《国家中长期人才发展规划纲要（2010—2020年）》的总体要求，人力资源和社会保障部制定发布了《专业技术人才队伍建设中长期规划（2010—2020年）》。

（一）制定背景

改革开放以来，我国专业技术人才队伍规模不断壮大，整体素质逐步提高，专业技术人才在科技进步和经济社会发展中的作用显著增强。随着人才强国战略的全面实施，专业技术人才队伍在经济社会发展中的基础性、战略性、决定性地位和作用日益凸显。但从整体来看，专业技术人才队伍的整体规模、素质能力、结构分布、体制机制以及发展环境与经济社会发展和建设创新型国家的要求还有一定差距。尤其是在当今世界各国之间以人才为焦点的综合国力竞争日益激烈的大背景下，我国正处在全面建设小康社会的关键阶段，要求我们必须充分发挥人才在科学发展中的第一资源作用，把人力资源优势转化为人才资源优势，更有力地促进经济社会又好又快发展。面对新形势新任务，我国专业技术人才队伍建设工作需要按照中央的要求，全面贯彻落实《国家中长期人才发展规划纲要（2010—2020 年）》，制定专业技术人才队伍建设的中长期规划，更好地发挥这支人才队伍在建设创新型国家和实施人才强国战略过程中的积极作用。

（二）主要内容

《专业技术人才队伍建设中长期规划（2010—2020 年）》全文包括规划背景，指导思想、发展目标和总体要求，主要任务，重点举措和规划实施五个部分。规划提出，当前和今后一个时期，我国专业技术人才发展的基本原则是：服务发展，人才优先；以用为本，创新机制；高端引领，强化基层；分类开发，协同推进。

规划明确了未来 10 年我国专业技术人才队伍建设的总体目标，并分成两个阶段目标，提出了专业技术人才数量和结构的标准：到 2015 年全国专业技术人才总量预计达到 6 800 万人左右，从事研究开发的科学家和工程师达到 200 万人年，每万劳动力中从事研究开发的人员达到 33 人年，高、中、初级专业技术人才比例为 10∶38∶52；到 2020 年建成一支能够支撑和引领现代化建设、规模宏大、结构合理、素质优良、具有强大国际竞争力的专业技术人才队伍，专业技术人才总量达到 7 500 万人左右，从事研究开发的科学家和工程师达到 250 万人年，每万劳动力中从事研究开发的人员达到 43 人年，高、中、初级专业技术人才比例为 10∶40∶50。

为实现上述目标任务，规划提出了五项主要任务，包括着力提升专业技术人才素质能力，扩大专业技术人才队伍规模，调整专业技术人才队伍整体结构，创新专业技术人才管理体制机制，优化专业技术人才发展环境；并明确了要采取的十项政策措施：构建国家高级专家培养选拔体系，推动博士后事业发展，实施专业技术人才知识更新工程，加大海外留学人才吸引力度，深化职称制度改革，开展“万名专家服务基层行动计划”，建设专家服务基地和继续教育基地，完善市场配置机制，深化企事业单位人事制度改革，加大投入并完善激励机制等。

（三）基本特点

规划最突出的特点是强调加强专业技术人才的创新创业能力。鼓励高等院校与科研院所建立创新创业人才培养基地，加强拔尖创新创业人才培养，提高专业技术人才的创新创业能力。实施创新人才培养计划，发展创新载体，鼓励专业技术人才在创新活动中提出新理论、新技术；扶持专业技术人才利用自主知识产权或核心技术自主创办高新技术企业；大力推进创新创业团队建设。这对于提高我国专业技术人才的实践能力，把专业创新和创业结合起来具有重要意义。

规划还非常重视基层专业技术人才的发展，提出了高端引领、强化基层的发展原则。一方面要培养造就创新能力突出的高层次领军人才，引领专业技术人才队伍整体发展；另一方面也要加强基层和一线专业技术人才队伍建设，满足经济社会发展对高素质应用型人才的需求。通过实施“万名专家服务基层行动计划”，加强基层专业技术人才队伍建设。这对于培养基层创业创新和实用人才，带动大学生、农民工就业和城镇职工就业再就业具有促进作用。

规划关注专业技术人才的评价机制创新，提出了实行专业技术人才的社会化评价体制。统筹专业技术职务聘任制度和职业资格制度，规范专业技术人员职业资格准入制度，依法严格管理；发展专业技术人员职业水平评价制度，提高社会化程度；完善专业技术职务任职评价制度，落实用人单位在专业技术职务（岗位）聘任中的自主权，为各类用人单位使用专业技术人员提供基础和依据，为专业技术人员职业发展开辟宽广的通道。

【阅读参考】《专业技术人才队伍建设中长期规划（2010—2020 年）》提出的我国专业技术人才发展基本原则

服务发展，人才优先。把服务发展作为专业技术人才工作的根本出发点和落脚点，确立人才作为第一资源优先发展的战略地位和发展布局，以人才优先发展推动经济社会发展。

以用为本，创新机制。把充分发挥专业技术人才作用作为根本任务，坚持科学发展以人为本，人才发展以用为本，创新专业技术人才发展理念，改革完善体制机制，营造良好的制度环境。

高端引领，强化基层。培养造就一批学术造诣精深、敬业精神强、创新能力突出的高层次领军人才，引领专业技术人才队伍整体发展；加强基层和一线专业技术人才队伍建设，满足经济社会发展对高素质应用型人才的需求。

分类开发，协同推进。在充分尊重各类专业技术人才自身特点和发展规律的基础上，统筹不同层次、区域、行业、领域、所有制等各类专业技术人才的发展，形成各类人才持续成长、协调发展的局面。

四、《企业经营管理人才队伍建设中长期规划（2010—2020年）》

企业是推动经济社会发展和科技进步的主要力量，是富民强国的重要基础。党中央、国务院历来高度重视企业经营管理人才队伍建设。新中国成立以来，特别是改革开放以来，围绕解放人才、发展人才、用好人才，制定了一系列推进企业经营管理人才队伍建设的政策措施。2010年制定发布的《国家中长期人才发展规划纲要（2010—2020年）》提出了加强企业经营管理人才队伍建设的任务，2011年发布的《企业经营管理人才队伍建设中长期规划（2010—2020年）》是贯彻国家人才发展规划、实现人才强企的重要举措，提出了企业经营管理人才队伍建设的目标和措施，是企业制定人力资源规划的重要依据。

（一）制定背景

进入新世纪新阶段，我国企业要加快把发展方式转变到依靠科技进步、劳动者素质提升和管理创新的轨道上来，迫切需要培养造就一大批高素质的经营管理人才。虽然近年来我国企业人才总量稳步增长，素质显著提高，结构逐步优化，高层次人才明显增多，涌现出了一批优秀企业家。各种所有制企业积极探索市场配置人才资源的有效途径和方式，通过公开招聘、竞争上岗等市场化方式选聘的经营管理人才数量大幅增加。同时必须清醒地看到，我国企业经营管理人才队伍总体上还不能适应企业改革发展和应对国际竞争的需要。突出表现为：战略企业家和高素质职业经理人较为短缺，人才专业化、国际化水平亟待提高，制约人才发展的体制机制障碍仍然存在，有利于人才成长和充分发挥作用的环境尚未全面形成，等等。当前和今后一个时期，经济全球化继续深入发展，世界产业结构深刻调整，我国企业要在未来更为激烈的国际竞争中实现更长时间、更高水平、更好质量地发展，必须进一步增强做好人才工作的责任感、使命感和紧迫感，按照人才强国战略的总体部署，加快实施人才强企战略，大力加强经营管理人才队伍建设。

（二）主要内容

为贯彻落实国家人才发展规划，建设高素质的企业经营管理人才队伍，促进企业科学发展，中组部、统战部等中央部委于2011年6月联合制定发布了《企业经营管理人才队伍建设中长期规划（2010—2020年）》。规划在序言部分论述了企业在国家经济社会发展中的重要作用，分析了我国企业经营管理人才队伍建设取得的成效和存在的问题，提出制定规划是按照人才强国战略的总体部署，加快实施人才强企战略的重要举措。在第二部分指导思想、战略目标和总体要求中，明确了企业经营管理人才队伍建设的战略目标：到2015年，企业经营管理人才总量达到3 500万人。到2020年，企业经营管理人才总量达到4 200万人；培养100名左右能够引领中国企业跻身世界500强的战略企业家；培养1万名精通战略规划、资本运作、人力资源管理、财会、法律等专业知识的经营管理人才；国有及国有控股企业国际化人才总量达到4万人左右；国有企业领导人员通过竞争性方式选聘的比例达到50%。

为了实现规划的战略目标，规划接着从加大培养开发力度、创新选拔任用机制、完善考核评价机制、健全有效激励机制和优化人才发展环境五个重要方面提出了具体任务。在培养开发方面，要着力培养造就优秀企业家，推动经营管理人才职业化、国际化发展，实施经营管理人才素质提升工程；在选拔任用方面，提出要坚持民主、公开、竞争、择优原则，建立健全组织选拔、市场配置和依法管理相结合的国有企业领导选拔任用制度，大力推进企业经营管理人才市场化，形成职务能上能下、人员能进能出，符合现代企业制度要求的经营管理人才选用和管理机制；在考核评价方面，提出要加强对企业领导的考核评价，全面建立经营管理人才绩效考核评价体系；在激励机制方面，提出了逐步建立市场化的薪酬分配制度，加强对优秀人才的中长期激励和个性化激励，强化对优秀人才的荣誉激励；在人才发展环境方面，提出要优化人才发展环境，努力营造良好的政策环境、市场环境和舆论环境；最后，为了保障规划的顺利实施，切实加强组织领导，还要加强企业经营管理人才成长规律研究等基础性工作。

（三）基本特点

规划关注企业经营管理人才成长规律。企业经营管理人才在企业发展过程中有着举足轻重的作用，规划提出要研究和尊重企业经营管理人才的成长规律，大力推进经营管理人才的职业化、市场化、专业化和国际化，为推动我国企业做强做大、实现又好又快发展提供坚强的人才保证。规划强调要坚持实践成才、以用为本，遵循人才发展规律和人才工作规律，在实践中发现人才、培养人才、使用人才、成就人才，积极为人才干事创业提供机会、搭建平台、创造条件，把是否用好用活人才作为检验企业人才工作成效的根本标准，为今后我国企业经营管理人才培养使用和发现评价提供了根本原则。

规划还注重具体措施的可行性和操作性，在加强企业经营管理人才队伍建设的具体措施方面提出了很多新思路。例如要加强企业领导多岗位锻炼，积极推进中央企业与地方企业之间、公有制企业与非公有制企业之间、企业与党政机关之间的人才交流，使企业领导进一步丰富工作阅历、积累决策经验、增长治企才干。要加快建设全国集中统一的职业经理人诚信管理信息系统，引导经营管理人才牢固树立专注责任、诚实守信的职业精神，对加强企业经营管理人才队伍建设提出了具体要求。

【阅读参考】《企业经营管理人才队伍建设中长期规划（2010—2020年）》提出的总体要求

坚持服务发展、人才优先。牢固树立人才工作服务企业科学发展的理念，根据企业发展战略需要，明确经营管理人才队伍建设的目标任务、工作重点和重要举措。在部署推动业务发展的同时，确保人才资源优先开发、人才结构优先调整、人才投资优先保证、人才制度优先创新。

坚持高端引领、整体开发。紧紧围绕提升企业核心竞争力，把大力培养开发高层次、国际化经营管理人才作为队伍建设的重点，统筹推动不同层次、不同类别经营管理人才协调发展，全面提升经营管理人才队伍的素质和水平。

坚持改革创新、完善机制。始终把深化改革作为推动人才发展的根本动力，坚决破除束缚人才发展的思想观念和制度障碍，着力完善体现企业经营管理人才特点的培养开发机制、竞争择优的选拔任用机制、客观公正的考核评价机制、科学有效的激励保障机制，最大限度地激发人才的创新创造活力。

坚持实践成才、以用为本。遵循人才发展规律和人才工作规律，在实践中发现人才、培养人才、使用人才、成就人才，积极为人才干事创业提供机会、搭建平台、创造条件，把是否用好用活人才作为检验企业人才工作成效的根本标准。

第三节　公共部门人力资源规划的制定

我国公共部门人力资源规划工作已经进入一个逐步系统和不断细分的发展阶段，公共部门在国家相关法律法规的原则指导下，依据国家层面的人力资源发展规划，对组织自身面临的环境进行分析，明确所处的政治经济和社会环境，对部门自身的优势与劣势、机遇和挑战进行分析，根据自身情况和环境分析，确立切实可行的组织发展目标，在对公共部门人力资源需求和供给进行科学预测判断的基础上，制定高质量的公共部门人力资源规划。以下从行政机关、事业单位和国有企业三类主要的公共部门人力资源规划来分别说明。

一、行政机关的人力资源规划

行政机关是国家意志的执行机关，其人力资源规划关乎执政党政策的有效执行和各级政府管理的顺利开展。我国行政机关人力资源主要是公务员队伍，因此行政机关制定人力资源规划的主要法律依据为《公务员法》及其相关配套法规政策，《国家中长期人才发展规划纲要（2010—2020 年）》和《人力资源和社会保障事业发展“十二五”规划纲要》可以作为制定规划的主要依据。

（一）行政机关的组织环境分析

行政机关制定人力资源规划时要重点分析组织所处的政治环境，国家总体政治制度的设计和区域政治特点都会影响行政机关人力资源规划的制定和实施，这就是行政机关人力资源规划过程中受到的政治约束。在我国，政府机构改革会直接影响到行政机关人力资源的状况。同时，经济体制和经济发展状况也会影响行政机关财政支出在人力资源管理开发中的分配比例，从而直接或间接地对人力资源规划产生影响。当今知识经济的到来，先进技术的使用和推广，电子政务和新的信息通信技术日益普及，大大提高了行政机关的运行效率，行政机关制定实施人力资源规划要充分考虑新技术和新管理方法的运用。

（二）行政机关的人力资源状况分析

虽然行政机关人力资源规划的主旨是对组织未来一个时期的人力资源发

展状况进行规划，但是首先需要了解行政机关的人力资源现状。《公务员法》将我国政府公务员划分为综合管理、专业技术和行政执法三类人员。在分析行政机关内部人力资源状况的时候，一方面要从总体上进行统计，了解包括现有人力资源数量、质量以及年龄、学历和职务结构等详细信息；另一方面还需要结合综合管理、专业技术和行政执法三类公务员分类情况，详细分析部门中各类公务员队伍的现有人力资源状况。在对行政机关现有人力资源状况进行统计分析的基础上，对组织未来人力资源的需求和供给进行预测，以便为科学制定人力资源规划提供基础。

行政机关制定人力资源规划应该考虑如何适应组织内外部环境的变化，动态反映行政组织对人力资源数量和质量的要求，考虑行政机关如何通过制定实施人力资源规划提升不同类型公务员对组织的贡献，同时也突出组织对公务员独特价值的认同和对人力资源开发进行有效的评价。行政机关人力资源规划的目标是促进政府公共事务的核心治理能力，将组织发展与个人职业、价值观发展有机统一起来，形成一支富有创造力的、高效的公务员队伍，这充分反映了当代政府人力资源管理的内在要求。

（三）行政机关人力资源规划的主要内容

基于对行政机关组织目标和环境的分析，行政机关人力资源规划应主要回答以下问题：第一，行政机关需要多少人力资源，重点需要获取或储备哪些人力资源，并有机平衡各类人力资源的比例关系；第二，行政机关需要公务员具备哪些核心的知识、专业和技能，如何以正确的方式向人力资源投资，从而促进开发各类人力资源的核心素质；第三，如何通过工作再设计、岗位轮换等组织政策为公务员能力提升开辟广阔的空间。为此，行政机关人力资源规划以控制人力资源总量、优化人力资源结构和提升人力资源素质为目标，对行政机关现有人力资源进行数量、结构和素质状况的盘点和评估，然后对人力资源需求和供给进行预测分析，获得组织未来人力资源需求数量和结构的综合信息，以此为制定人力资源管理政策提供客观依据。①

行政机关人力资源规划的制定程序如图 2—1 所示。

行政机关人力资源规划主要应包括以下内容：

1. 公务员招录规划

随着政府公共管理的发展，对不同类型公务员的需求会相应出现变化，

① 孙柏瑛. 政府人力资源的战略管理时代 [J]. 探索，2006 (5)：53－54.

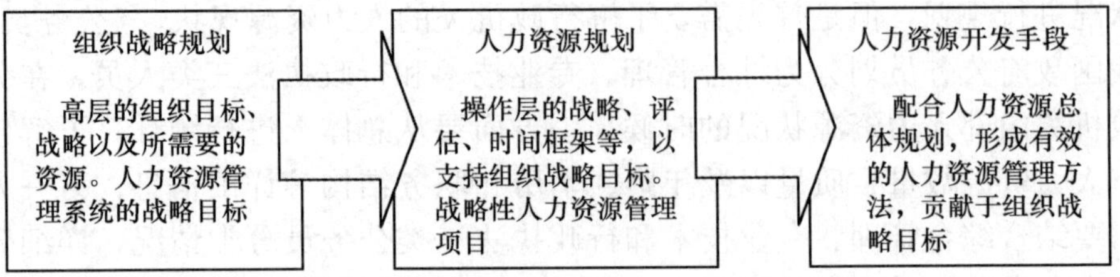

图 2—1　行政机关人力资源规划流程

资料来源：孙柏瑛. 政府人力资源的战略管理时代［J]，探索. 2006（5)：53.

行政机关要根据具体部门管理工作的需要，考虑部门未来发展对公务员队伍能力素质的要求，以充分有效地发挥公务员在政府管理过程中积极作用的原则，结合综合管理、行政执法和专业技术类公务员的结构比例，确定本部门公务员的招录规划及具体招录方案。

2. 公务员培训规划

接受培训是公务员的权利，也是行政机关不断提高公务员能力的主要方式，行政机关人力资源规划应把公务员培训规划作为主要任务，拟定包括培训目标、内容、方式和预算等内容的具体规划方案，认真实行公务员初任、任职、专门业务和在职培训，建立公务员培训长效机制，分级分类开展公务员培训工作。

3. 公务员职业发展规划

行政机关应该制定实施致力于实现公务员个人和行政组织发展目标协调一致的公务员职业发展规划。公务员职业发展规划应该在职位分类和岗位分析的基础上，通过多种途径及时向公务员发布岗位需求说明、职位设置和变动信息以及考核晋升计划等，使公务员能够了解到岗位交流、空缺等相关发展机遇，通过公务员职业发展规划的制定实施，实现公务员个人和行政机关组织发展的双重目标。

二、事业单位的人力资源规划

事业单位是经济社会发展中提供公益服务的主要组织载体，是我国社会主义现代化建设的重要力量。随着市场经济体制的发展，社会对事业单位提供服务的类型、能力和水平提出的要求越来越高，需要事业单位具有相应的人力资源支持，才能适应不断发展的社会需求，因此事业单位制定人力资源规划是新形势下非常必要的基础工作。

(一)事业单位的组织环境分析

改革开放特别是党的十六大以来，各地区各有关部门积极探索事业单位改革，不断创新事业单位体制机制，稳步推进教育、科技、文化、卫生等行业体制改革，积累了有益经验，取得了明显成效。为了进一步推进事业单位改革，2011 年 3 月，中共中央、国务院颁布了《关于分类推进事业单位改革的指导意见》，将现有事业单位划分为承担行政职能、从事生产经营活动和从事公益服务三个类别，提出要按照政事分开、事企分开和管办分离的要求，以促进公益事业发展为目的，以科学分类为基础，以深化体制机制改革为核心，总体设计、分类指导、因地制宜、先行试点、稳步推进，进一步增强事业单位活力，不断满足人民群众和经济社会发展对公益服务的需求。事业单位分类改革是各事业单位制定人力资源规划面临的最主要的外部环境，此外，经济社会发展形势的变化、公众对各类服务的需求不断增强，也必然影响到事业单位人力资源的数量和质量。

(二)事业单位的人力资源状况分析

收集事业单位内外部的人力资源状况有关信息，并加以科学分析，是制定事业单位人力资源规划的基础性工作。首先，事业单位要通过对现有人力资源的年龄分布、岗位结构、离职和退休年龄以及升职、转岗等情况进行统计，明确组织内部的人力资源数量、质量、类型、结构、分布与流动等状况；其次，事业单位还需要对外部的人力资源状况作出科学分析，如国家的人口政策、教育政策、有关人力资源管理的规定等，从中预测出经济、社会发展对事业单位人力资源构成的新需求。

由于事业单位种类繁多，涉及文化、教育、科技和卫生等多个领域，因此不同性质的事业单位对人力资源状况分析需要不同的统计分析方法。其中，根据事业单位各类工作人员与其服务对象之间的习惯比例来预测所需的人力资源数量是比较常用的方法。例如在学校和医院，教师和医护人员与其服务的对象学生和患者之间总是存在一个比较合理的比例，根据这个比例，就可以通过人口变化等因素的预测，来推断未来学校或医院所需的人力资源数量和结构。

【案例分析】

充足的医务人员是病人能够获得所需医疗服务的一个重要前提条件，各级政府及公共卫生政策制定者需要有科学的方法评估什么水平的医学领域人力资源是保障大众卫生健康所必需的。

美国疾病防治中心（CDC）推出了一套未来在人口组成变化情况下，较直接推算所需医务人员数的方法。该方法根据某一年份全国医疗使用数据，首先对人群所处不同保险、不同年龄段、不同性别及不同种族进行分类，计算出在每个分类中的人群全年医疗使用量。然后算出医生看不同分类病人所用的平均时间。当未来人口及组成变化时，可以由该年份的数据做基准，推算出不同分类人群的大致医疗使用量，再除以每个此类病人所需医生的平均时间，加总后再除以一个医生每年的工作时间，就可以算出所需医生的总数。

（资料来源：刘杰新，翁书和. 美国政府评定医务人员及医疗服务短缺的方法——对我国卫生人力资源规划的思考［J］. 中国医院管理，2009，29，2：46—47.）

（三）事业单位人力资源规划的主要内容

《关于分类推进事业单位改革的指导意见》提出，要以转换用人机制和搞活用人制度为核心，以健全聘用制度和岗位管理制度为重点，建立权责清晰、分类科学、机制灵活、监管有力的事业单位人事管理制度。对不同类型事业单位实行分类人事管理，依据编制管理办法分类设岗，实行公开招聘、竞聘上岗、按岗聘用、合同管理，这些规定都应在不同事业单位人力资源规划中根据具体情况落实体现。

根据《关于分类推进事业单位改革的指导意见》，按照社会功能将现有事业单位划分为承担行政职能、从事生产经营活动和从事公益服务三个类别。对承担行政职能的，逐步将其行政职能划归行政机构或转为行政机构；对从事生产经营活动的，逐步将其转为企业；对从事公益服务的，继续将其保留在事业单位序列、强化其公益属性。当前事业单位在制定人力资源规划时，首先需要明确自身的类型定位，区分不同情况制定实施人力资源规划，并注意五年改革过渡期的特点。总体而言，经过事业单位分类改革划转为行政机构的，人力资源规划应遵循行政机关的原则；改革后转为企业的，人力资源规划要适应企业发展需要；改革后从事公益活动的事业单位，制定人力资源规划应体现公益性特征。通过制定实施人力资源规划，为做好社会公益服务提供人力资源基础。

在对事业单位人力资源现状和未来发展需求统计和预测的基础上，事业单位人力资源规划应该包括以下主要内容：

1. 事业单位人员招聘规划

根据事业单位管理的有关规定，事业单位实行人员聘用制，以便充分发挥人岗相适的积极效应。为此，事业单位应根据组织在特定阶段的发展目标，结合各部门发展计划对人员的需求，确定人员招聘规划及具体招聘方案。

2. 事业单位人才培养规划

当代经济社会的高速发展，对事业单位提供公益服务水平的要求不断提高，为此事业单位需要根据社会需要培养相应的专业技术人才，制定包括培训目标、培训内容、培训方式、培训对象和培训预算等内容的事业单位人才培养规划。

3. 事业单位专业结构调整规划

随着知识经济的到来，新的专业类型不断出现，已有专业也出现了细分或综合化的发展趋势，对事业单位的专业结构调整提出了要求。事业单位必须根据经济社会发展变化及时调整专业结构，并制定有前瞻性的专业结构调整规划，使单位的专业优势得以保持并不断发展。

三、国有企业的人力资源规划

随着知识经济时代的到来，人力资源已成为企业竞争优势的重要组成部分。我国国有企业传统人力资源的行政、事务管理内容，已经不能适应新形势下企业进一步发展的要求。制定国有企业人力资源规划，发挥人力资源规划的战略导向作用，是当前和今后一个时期我国国有企业提升核心竞争力的必然要求。

（一）国有企业的组织环境分析

企业开展经营活动所处的政治经济环境、社会人口文化环境，以及国家的经济发展能力和教育水平等，都是企业的外部环境因素，其中最重要的是劳动力市场、劳动力择业意向以及政府有关政策等因素。在企业内部，企业的发展目标、产品组合、产品所占市场份额、经营范围、生产技术水平、竞争能力和利润水平等，这些因素都和人力资源规划息息相关。企业内部的组织结构、管理体系、薪酬设计、企业文化等，也是企业内部组织环境的重要方面。了解企业现有的组织结构可以预测未来的组织结构发展，从而预测企业未来对人力资源的需求，是制定国有企业人力资源规划的重要因素。

（二）国有企业的人力资源状况分析

国有企业内部人力资源状况分析包括对企业现有的人力资源数量、能力和素质、年龄结构、流动状况、培训教育以及发展潜力等情况的分析。只有在对现有人力资源充分了解的基础上，才能使制定的人力资源规划有意义和价值。企业可以通过考察国家总体的经济发展状况、政府出台的相关政策以及人力资源市场等因素来了解外部的人力资源状况。一般而言，经济低迷、失业率上升时，企业的外部人力资源供给就相对充足；政府出台的相关资格管理规定则会影响到地方劳动力市场的状况，例如企业所在地政府关于户籍政策的开放或限制，相应地会对企业外部人力资源供给造成充足或短缺的不同状况。

企业外部人力资源供给预测是一种宏观资源环境分析，一般通过三种途径：一是关注每年有关高校毕业生的人数及其专业方向；二是各地劳动力市场的情况及其公布的统计资料，主要分析市场上职业流动的原因、流向及未来趋势，以及本企业在吸引人力资源方面所具有的优势与劣势等；三是本企业外部形象塑造与所处环境中可以直接利用的人员素质、数量。

（三）国有企业人力资源规划的主要内容

根据人力资源需求与供给综合分析的情况，国有企业对人力资源规划设定具体目标，同时应提供相应的行动方案来保证设定目标的完成，即提供一种或更多的具体人力资源规划来解决人力资源的余缺问题。国有企业人力资源规划的主要内容有以下几个方面：

1. 人力资源招募规划

即根据企业发展战略目标和各部门的发展计划对人力资源配置的要求，以充分有效利用人力资源的原则，确定人力资源招募规划及具体招募方案。

2. 员工的教育培训规划

包括培训目标、培训内容、培训方式、培训对象和培训预算等。

3. 员工职业生涯发展规划

包括工作环境改善、个人发展计划、帮助新员工制定职业生涯规划、特殊人员保留等方面的工作目标及所采取的措施。

4. 内部人力资源流动规划

包括人事考核升迁计划，制订内部人力资源的最佳配置、晋升政策和管理梯队接班人计划；组织结构调整计划，制订转岗规模、类别、时机、政策和去向等计划。

5. 薪酬福利规划

包括企业薪酬体系的构建、薪酬等级、差距的设定以及各项福利政策措施的制定等。

第四节 公共部门人力资源规划的实施和评估

随着我国经济社会的快速发展，公共部门的人力资源规划越来越受到重视，在规划制定方面投入了大量的时间和精力，从中央到地方很多部门和领域都制定了人力资源发展规划，但由此取得的成效却不很理想。这说明成功的规划制定并不能保证规划的实施效果。当前我国公共部门人力资源规划普遍存在重规划、轻实施，规划管理虎头蛇尾；重局部、轻整体，规划管理整合性差等问题。这些都是人力资源规划缺乏战略管理的表现。为保证公共部门人力资源规划取得预期效果，就不仅需要在规划制定阶段尽可能全面了解国内外人力资源竞争的形势，制定科学合理的人力资源规划，而且更重要的是还需要在规划实施过程中运用战略管理的思想和理念，提升对公共部门人力资源规划的战略管理水平。

美国战略管理学者弗雷德·R. 大卫（Fred R. David）认为，战略管理过程（strategic-management process）包括战略制定、战略实施和战略评价三个阶段。战略制定（strategy formulation）包括拟定远景和使命、确定所面临的外部机会与威胁、决定内部优势与劣势、建立长期目标、提出供选择的战略以及选择具体的战略方案。战略实施（strategy implementation）要求确定年度或阶段性目标，制定政策、激励机制和配置资源，以保证制定的战略规划能够得到有效贯彻。战略实施常常被看作战略管理过程中最艰难的一个阶段，如果战略制定完好而不能付诸实施，那将达不到任何预期目标。战略评价（strategy evaluation）是战略管理的最后阶段，包括三项基本的战略评价活动：一是检查作为当前战略基础的外部环境和内部条件，二是衡量战略实施的业绩，三是采取纠正措施。[①] 以下就运用战略管理的理论，衡量公共部门人力资源规划的实施和评估环节的工作。

---

① 弗雷德·R. 大卫. 战略管理：概念部分（第 11 版）［M］. 李青译. 北京：清华大学出版社，2008：6—7.

一、公共部门人力资源规划的实施

在运用科学方法对公共部门人力资源现状、未来的供给和需求状况进行预测分析的基础上，制定符合实际和具有可行性的人力资源规划之后，最重要的环节就是把规划贯彻实施下去，才能实现人力资源规划的目的。假如得不到有效执行，再好的规划方案也无济于事。制定科学的规划是一回事，有效地实施规划是另一回事，规划的实施环节在公共部门人力资源规划过程中具有重要的战略意义。显然，规划的制定是为了付诸实施，因此就必须采取一定的步骤去落实和执行。

（一）加强公共部门人力资源规划的宣传

有很多人，甚至是公共部门的管理者都会认为，公共部门人力资源规划是人力资源管理部门的事情，人力资源规划只是一份务虚的文件，并不能起到实质性的指导作用。在这样的错误认识下，有些公共部门的人力资源规划最终变成挂在墙上的一纸空文。实际上，公共部门人力资源规划是组织发展战略的重要组成部分，体现公共部门的发展意图，是组织总战略在人力资源管理方面的分战略。为此，需要在人力资源规划的指导下，开展人力资源管理活动，才能保证对组织发展战略的贡献。从这个角度出发，公共部门人力资源规划不仅仅是人力资源管理机构的工作，其制定和实施过程应该关系到从高层决策者到基层实践者的所有人员。在规划实施的过程中，第一步就是把规划传达给所有的决策人员和执行人员，并把它贯彻实施。在传达的过程中必须让接受者明确传达的内容，否则就起不到应有的作用，甚至还会适得其反。为此，在规划制定过程中就需要发动群众，反复讨论，以便使相关人员充分了解规划的内容，为日后规划的实施打好基础；规划制定出台后，要充分运用各种舆论工具，对规划的内容进行全面的宣传，使规划得到最充分的了解和支持，为规划的实施提供条件。

（二）建立责任明确的公共部门人力资源规划实施机制

公共部门人力资源规划涉及的范围比较广、部门比较多，所以需要建立责任明确的实施机制，才能为规划实施提供组织和制度保障。尤其是国家和较高层面的人力资源规划，更需要建立实施机制来保障规划的顺利落实。例如，《2010—2020年深化干部人事制度改革规划纲要》就在规划文本中明确规定，要对规划纲要的实施加强领导，落实责任。要求各级党委、政府加强对干部人事制度改革的领导，各级组织、人事部门切实履行职责，加强对干部人事制度改革的宏观指导，组织部门要做好牵头和协调工作。各有关部门要根据自身的职能，充分发挥作用，形成推进干部人事制度改革的合力。各地区、各部门要按照纲要的要求，结合实际，制定分阶段的实施方案，有计划、有步骤地推进干部人事制度改革。同时还提出要加强对改革的分类指导。对已经出台的各项改革措施，要认真贯彻执行，并加强监督检查；通过试验和实践已经成熟的经验，要及时加以规范，形成制度；尚无经验和需要探索的，要尊重基层和群众的首创精神，鼓励大胆试验和探索；及时总结推广各地好的经验，发挥典型示范作用。认真研究和解决改革中遇到的新情况、新问题，提出对策和办法，推动改革不断深入开展。要统筹协调，搞好配套改革，妥善解决深化干部人事制度改革中遇到的实际问题，保证各项改革措施的贯彻落实。

尽管不同层面的公共部门人力资源规划的涉及面不同，也由于各部门各领域的具体情况千差万别，人力资源规划实施的难易程度也各不相同。但是在规划实施过程中，各部门都应该根据各自的实际情况确定实施规划的落实机制，以保证公共部门人力资源规划取得应有的实效。

（三）优化配置实施人力资源规划的战略资源

公共部门人力资源规划的实施贯穿于人力资源管理的每一个环节，应该在公共部门管理中为规划实施提供战略资源。首先是政策资源。政策为实施规划提供行为准则、方法、程序和规则，是公共部门人力资源规划实施的重要工具。政策为各种管理活动设立边界，明确在规划实施过程中组织提倡什么、反对什么，从而促进规划的实施。其次是人力资源。公共部门人力资源规划的制定和实施，都需要相应的人力资源来落实执行，必须调配组织中比较得力的合适人员，来负责规划实施的运作过程，保障规划实施的人力资源基础。最后，规划的实施还需要物质资源的保障。规划实施要求组织资源围绕部门人力资源规划目标的实现进行有效配置，为规划目标的实施提供物质保障。

人力资源规划实施过程中有很多资源可以帮助规划的实施和战略目标的实现，例如信息处理的工具与方法、员工潜能的发挥、组织文化的价值体系运用等，这些有形和无形的资源，都需要在人力资源规划实施过程中加以积极运用和高效配置，使规划实施得以顺利进行。

（四）在规划实施过程中妥善处理各种利益关系

公共部门人力资源规划的主要内容涉及组织人力资源的供需和变动情况，关系到相关部门员工的切身利益。对于每一个岗位，规划都会动态地确定继任者的任职资格和候选人的名单；在实际执行规划时，人力资源管理部门还要考虑继任者是否已达到任职资格，在战略实施中需要随时调整。为此，公共部门人力资源规划的实施涉及很多方面和人员的利益调整。规划的实施需要得到规划制定者的支持和认可，更需要公共部门员工在规划实施方面的努力，为此就要妥善处理好规划涉及的相关人员之间的利益关系。在人力资源规划实施过程中也要处理好组织利益和个人利益之间的关系，如果这个问题处理得不好，也会给人力资源规划实施带来困难。过分强调部门的集体利益而忽视员工的个人利益，员工必然会产生不满；过分强调个人利益而忽视组织利益，则会给部门带来损失。正是由于公共部门人力资源规划的实施需要全员的参与，所以在实施公共部门人力资源规划的过程中，要采取相应的措施处理好相关利益，以保证公共部门人力资源规划的顺利实施。

二、公共部门人力资源规划的评估

变革是现代管理过程的重要特征。当组织的内部或外部环境发生变化时，不管公共部门人力资源规划在制定时考虑得多么全面、周到，原来再好的规划也会变得不合时宜。为此，就需要对公共部门人力资源规划进行系统地检查、评价和控制，对规划的评估就成为公共部门人力资源规划战略管理的重要环节。评估主要通过对公共部门人力资源规划的绩效评估实现对规划实施的监控，考察人力资源规划目标的实现程度，保障人力资源规划的更好实施。我国很多公共部门的人力资源规划之所以难以取得应有的效果，与缺少对规划实施的绩效评估有直接关系，绩效管理与规划实施脱节是许多人力资源规划战略管理过程的通病。为了使人力资源规划能够更好地实施，必须结合规划的指标体系和各阶段的战略目标，加强对人力资源规划实施的绩效评估，从结果导向出发，力求实现规划的绩效化管理。

（一）评估的作用

人力资源规划评估是在规划实施过程中寻找规划与现实的差距，发现规划的不足之处，及时调整规划，使之更符合组织战略和实际情况的过程。对于任何规划而言，实施并不是活动的终点，公共部门人力资源规划也不例外，规划实施过程中的评估应该是人力资源规划战略管理的重要环节。从战略管理的角度来看，对公共部门人力资源规划的评估是为了建立一种绩效反馈机制，评估的结果可以作为调整、修正甚至终止原有规划的合理依据。

同时，人力资源规划应该成为现代公共部门人力资源开发和管理过程的重要组成部分，是日常人力资源管理工作持续的常态，而不仅仅是一项任务或短期工作。这样，公共部门人力资源规划的评估，既是当时人力资源规划的阶段性总结或控制，也是未来人力资源规划制定时必要的参考和不断改进的方向。为此，评估就会作为规划战略管理过程的因素，伴随着公共部门人力资源管理和开发的全过程，使得公共部门人力资源规划不断完善，实现人力资源规划对组织发展目标的应有贡献。

（二）评估的内容

公共部门人力资源规划评估一般在人力资源管理某个阶段结束时进行，但这并不是说管理过程中不需要评估和控制。相反，完善的人力资源规划战略管理过程应该随时引入评估活动，以便随时调整规划的方向和内容，使之发挥最大效用。在评估前，评估部门应该明确评估的目标和指标体系，这些内容都应该包括在人力资源规划中。之后采用适当的定性和定量分析方法，对整个人力资源规划实施全面的评估。

1. 检查规划制定和实施的基础是否发生了变化。由于组织内外的环境瞬息万变，随时都可能有影响规划的情况发生变化，这就需要不断了解部门的机遇和威胁、优势和劣势是否发生了变化，发生了什么变化，变化的原因是什么？这些问题包括：规划制定时的优势是否仍是优势，是否得到加强或弱化？劣势是否仍是劣势，有哪些新的劣势？是否有新的机遇？外部威胁是否存在，是否有新的威胁？等等。通过对这些问题的分析，来判断规划实施的基础是否发生变化。

2. 评估规划实施的绩效。评估公共部门人力资源规划的实施绩效，主要是将预期目标与规划实施的实际绩效比较，研究在规划实施过程中已经取得的成绩，关键是建立明确的绩效评估指标。绩效评估还需要了解：规划是否和组织内外部的环境相适应？从资源角度讲，规划是否高效？规划实施的时间表是否恰当？等等。

3. 规划修正与调整。在战略检查与绩效评估的基础上，作出是否继续实施规划、调整规划、重组规划或终止原有规划的决定。

由于各个部门的情况千差万别，组织规模、管理方式、优劣势等各不相同，所以不可能有某种理想的绩效评估指标体系，能够适用于所有规划的评估，在规划实施和评估过程中，应该注意根据情况的不同变化而作出相应的调整。

（三）评估的原则

为了实现公共部门人力资源规划的实施目标，必须通过持续的评估，推动部门和个人有利于规划目标实现的行动，对规划的评估应该贯穿于规划制定和实施的完整过程，为实现规划的战略目标服务。

首先，公共部门人力资源规划评估必须以规划目标为导向。规划制定之后，就需要把规划的总目标层层分解，并落实到具体单位和岗位，促使每个部门及其成员都为规划目标的实现而承担相应的责任。在规划实施过程中，通过评估各实施单位和部门的分解目标是否与总体规划目标相一致，从而有效引导各实施部门和主体为规划总体目标的实现而努力，最终实现公共部门人力资源规划的总体目标。

其次，公共部门人力资源规划评估必须注重信息反馈过程。规划评估的根本目标是提高规划实施的效果，以逐步实现规划目标。因此，在公共部门人力资源规划评估过程中，评估结果的信息反馈是非常重要的环节。如果评估结果得不到及时准确的反馈和沟通，规划实施过程中出现的失误就难以被及时纠正，规划目标也就难以最终实现。

最后，公共部门人力资源规划评估使规划的战略管理成为一个完整的系统。虽然一般的规划管理流程都把规划过程分为规划制定、规划实施和规划评估三个阶段，但是在实际的规划管理过程中，规划的评估应该是贯穿于每一个环节之中的，包括规划的科学性、实施的可行性，都需要通过评估作出衡量。而规划评估通过结果的信息反馈形成一个流程的回路，使得公共部门人力资源规划的战略管理成为一个完整的系统，贯穿始终的规划评估也成为随时检验规划战略目标实现程度的关键环节。

第五节　公共部门人力资源规划的信息化管理

传统的人力资源管理往往将大量的时间用于处理表格或文字信息，而非投入人力资源规划、开发等创造性工作中，工作效率较低。如何利用先进的信息技术手段，将信息技术与人力资源管理相结合，实现人力资源管理的信息化就变得日益迫切。现代信息技术为传统人事管理向现代人力资源管理提供了契机，也为公共部门人力资源规划的制定和实施提供了强有力的技术支撑。

在公共部门人力资源规划的制定和实施过程中，我们需要将信息技术工具引入规划的制定和实施中，实现规划制定和实施的信息化管理。可以在计算机软件中诠释规划的全部内容与业务流程，可以为规划的制定、监控、评估和预警提供信息化服务，可以为规划实施策略提供决策支持，使得规划的战略管理变得开放和超前。这无疑将极大地提高事务处理和管理工作的效率，有助于公共部门人力资源规划目标的顺利实现。

一、公共部门人力资源规划信息化管理的功能

公共部门人力资源规划信息化管理是为规划的整体实施服务的，其主要内容包括提供人力资源信息基础数据，进行预定范围内的、有针对性的统计、分析，为规划实施提供信息基础；提供实时、完备的公共部门人力资源规划内容变化信息，适时监控规划实施动态，阶段性评估规划推进效果，并就规划目标、重点、队伍建设等状况提供预警和报告，为公共部门人力资源规划的策略改进提供帮助。具体而言，公共部门人力资源规划的信息化管理有以下几个方面的功能：

（一）提供人力资源信息检索查询

制定公共部门人力资源规划需要调查人力资源的现状，并对组织未来的人力资源需求和供给进行预测。公共部门人力资源规划信息化管理能够提供功能强大的数据转换接口和无缝数据通道，提供各种查询统计功能，实现各类外部数据的导入和对共享数据库信息的跨库管理，包括各项信息的录入、修改、添加和删除，以动态直观地反映人才资源的状况，方便全面了解人力资源信息的详细情况，及时掌握各种综合统计信息，从总体上把握人力资源情况，为规划决策提供高效的信息支持，如提供多种关键词检索、无条件和有条件查询等，并能长期保存各种历史记录，完成自动排序和审核，方便系统用户对数据完整性、可靠性及合理性的管理。

（二）实现人力资源规划实施动态管理和统计分析

公共部门人力资源规划信息化管理将提供动态管理的内容，在报表设计和日志管理上提供强有力的技术支持工具，以实现跨库统计和查询统计，可自动生成预定义的统计报表和由用户自定义的统计报表，可提供报表分析功

能和汇总功能，可对指定项目进行表格制作和打印，并可自动记录每个用户使用系统的一些基本操作信息，提供备份数据和恢复数据功能，以增强系统的安全性。具体而言包括：规划实施动态信息采集和处理、单项信息统计和分析、多项信息统计和分析、规划实施动态信息处理等内容。

（三）实现人力资源规划实施效果的动态监控

公共部门人力资源规划管理是一个动态的系统过程，信息化管理可以进行规划运转情况模拟。通过模拟规划各要素之间的相互影响和作用过程，为规划实施提供信息技术支持。在此基础上，公共部门人力资源规划管理信息化可以实现对规划实施效果的动态监控，这就需要注重数据库和管理信息系统的有效性、实用性和应变性，以实现规划实施效果的动态监控功能。

二、实现公共部门人力资源规划信息化管理的途径

实现公共部门人力资源规划的信息化管理，就是要从功能定制、数据采集、数据挖掘到统计分析、表格制作和决策支持等方面提供一整套的、系统的、标准化的解决方案，以建设支持公共部门人力资源规划实施的数据库和管理信息系统，实现公共部门人力资源规划管理的信息化，为公共部门人力资源规划的贯彻实施和顺利推进提供技术保障。

实现公共部门人力资源规划管理信息化的目标，是依托现有电子政务信息网络，充分利用各级政府等已有的人员信息基础数据库和人事信息系统，并在此基础上建立各部门多层次、科学化的人力资源管理信息系统，通过分级、分块管理，为公共部门人力资源规划实施提供信息管理、过程监控、效果评估、危机预警等方面的技术支撑。

要实现公共部门人力资源规划的信息化管理，需要做很多艰苦细致的工作，需要投入大量的人力、物力和财力。总体而言，对公共部门人力资源规划实施信息化管理应该从以下四个基本途径着手：

一是建立公共部门人力资源规划数据库。主要包括：人力资源信息基础数据库，国内外人力资源开发管理案例库，国内外人力资源规划数据库，国内外人力资源政策数据库，规划目标的指标体系数据库，等等。

二是构建公共部门人力资源规划的功能模块。主要包括：人力资源信息检索查询，人力资源战略实施动态管理和统计分析，规划实施运转情况和实施效果动态监控，公共部门人力资源规划实施的效果评估和危机预警。

公共部门人力资源规划信息化管理的功能流程如图 2—2 所示。

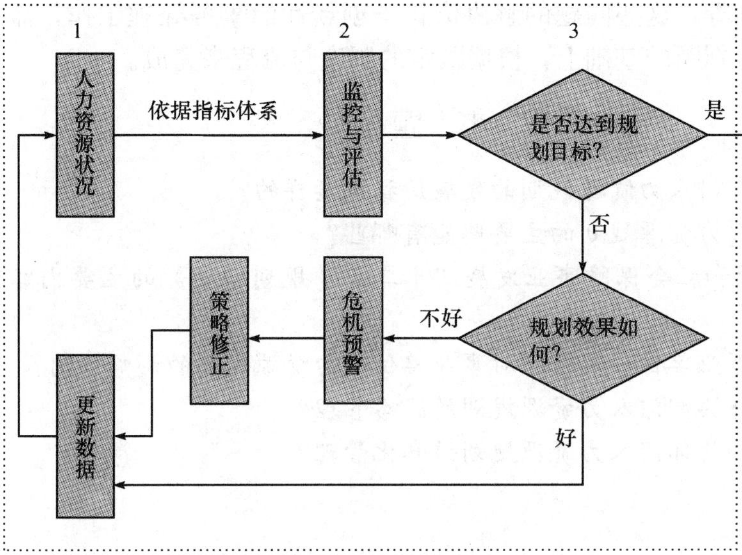

图 2—2 公共部门人力资源规划信息化管理的功能流程

三是进行公共部门人力资源规划实施的效果评估和危机预警。建立以实绩为内容的、以综合评分为基础的公共部门人力资源规划实绩量化综合考评系统。根据规划评估的指标体系对公共部门人力资源规划实施效果进行分阶段评估，包括评估人力资源的数量、质量、结构是否合理，人力资源政策的层次是否提高，人力资源激励保障机制是否健全及其对经济社会发展作出的贡献等。既可评估公共部门人力资源规划的实施绩效，也可根据人力资源的知识标准、能力标准和业绩标准等三个维度，建立人力资源综合能力评估模型，并根据模型中设计的评估指标体系，利用反映特定职位要求的权重向量，对人力资源素质状况进行统计分析和实时监测，再根据统计分析结果对人力资源进行高中低层次的划分。

四是强化科学评估和风险控制。依据这些信息评估人力资源规划实施的绩效，识别、诊断和控制规划推进的风险，控制规划实施的进度，就规划的目标、重点等方面的状况提供预警和报告，整合系统和信息资源，扩大信息共享范围，集成先进成熟技术，规避实施风险，缩短建设周期，提高信息系统的应对能力，为决策者准确、及时地提供各种有价值的信息，支持规划目标的实现，并为规划推进策略的改进提供依据。

实现公共部门人力资源规划信息化管理，需要以确定规划制定和实施中的所有定量问题为基础，这些问题包括规划实施的程序规范、流程设计、指标分析、效果评估等，这些问题的解决依赖于创新性的事务处理工作，需要在深入思考和逻辑判断的基础上，根据既定的制度与流程来完成。

思 考 题

1. 我国公共部门人力资源规划的发展历程是怎样的?

2. 公共部门人力资源规划的主要职能有哪些?

3. 《人力资源和社会保障事业发展“十二五”规划纲要》的主要内容有哪些?

4. 当前我国事业单位分类改革对事业单位人力资源规划的影响如何?

5. 怎样实现公共部门人力资源规划的战略管理?

6. 怎样实现公共部门人力资源规划信息化管理?

第三章

职位管理、岗位管理与编制管理

本章导读

职位管理、岗位管理和编制管理是公共部门人力资源管理的基础，是公共部门人力资源规划、薪酬制度设计、招聘录用、绩效考核、培训开发、职业生涯设计等科学管理的前提。本章重点介绍职位管理、岗位管理的内涵、意义和发展沿革，阐述公务员职位管理和事业单位岗位管理的基本制度、编制和编制管理制度。

第一节　概　　述

一、基本概念

据《现代汉语字典》解释，“岗位”原指军警守卫的处所，现在泛指职位；“职位”指机关或团体中执行一定职务的位置。从原本意义上讲，“岗位”与“职位”属于同义词，“岗位”即“职位”。在我国的人力资源管理或人事管理实际使用中，“职位”一词主要用于行政机关的管理，“岗位”一词主要用于事业单位或企业的管理。在本章中，为方便阐述，把“岗位”与“职位”作为同义词来使用。

（一）职位

1. 职位的要素

职位是职位分类的最基本要素，是分类的对象。职位是指具有组织规定的职能，包含组织规定（分配）的工作岗位。

因此，职位是职务、职权、职责的集合体。

职务，是指由具备规定的资格条件的人担负的包括一系列任务、职责和条件在内的工作。

职权，是指组织授予工作人员的，其履行职务所必需的权力。它有三层含义：第一，职权是工作人员履行职务的条件；第二，职权的内容、层次、大小是由职务决定的；第三，职权是组织授予的，不得不用，也不得滥用。职权一般包括以下几种：对特定问题的决定权，命令他人进行特定行为的命令权，进行特定行为的行为权。

职责，有两层含义：一是指执行组织分配的职务的义务，也称为事项责任；二是对执行职务的后果应负的责任，也称为结果责任。

2. 职位的特点

职位具有以下特点：(1) 职位是以“事”为中心确定的，而不是以“人”为中心确定的；(2) 职位的数量是有限的；(3) 职位具有相对稳定性，不随工作人员的变动而变动，同一职位在不同时间可由不同的人来担任；(4) 职位不具有终身的特点，职位可以是常设的，也可以是临时的，可以是专任的，也可以是兼任的；(5) 职位存在于占据它的工作人员之先，人员变动对职位的稳定性没有影响，职位变动则要求对有关人员作相应的调整，没有合适人选时，职位可以空缺。

(二) 岗位

在实际的人力资源管理或人事管理中，“岗位”的原本含义得到了扩大和延伸。一般讲，“岗位”具有如下含义：

1. 岗位是根据组织目标确定的。岗位是组织设计的一部分，先有组织机构设计，后有岗位设置。即岗位是在机构任务、机构编制确定之后设计的。

2. 岗位是组织的一个基本单元或细胞。它一般具有一个人的工作量，或需要一个人来担当，即所谓一人一岗；但性质相同的工作也可设置若干个岗位，这主要是由其工作量，或需要若干相同岗位共同完成某一任务或事务所决定的。如一个研究室可能设有两个研究员的岗位，一个单位可能设置两个会计岗位，也即所谓同事多岗。

3. 岗位具有相应的职权、责任与工作范围。从这个角度上讲，“岗位”又与“职务”为同义词。

简而言之，所谓岗位是根据组织目标设置的、具有一个人工作量的基本组织单元，是职权与职责的统一体。

（三）编制

“编制”是指一切法定的社会组织、机构内部工作人员的成员、职位、结构等方面的规定。[①] 广义上看，编制包括组织机构设置、人员编制确定、结构层次设计、职务配置、装备标准配备、经费额度核定等方面，涉及社会的各种组织。狭义上看，编制指经过被授权的机关或部门批准的机关或单位内部人员的定额、人员结构比例及对职位（岗位）的分配。一般包括以下几方面的内容：（1）编制员额的规定；（2）各职位（岗位）的名称、设置以及领导职数的规定；（3）各类人员的比例结构的规定；（4）人员配备的质量要求。[②] 重点是国家机关和事业单位的人员编制核定的原则、方法及其管理手段等。

（四）公共部门职位、岗位的特殊性

1. 公共部门职位（岗位）具有公共性

职位和岗位是社会分工的必然产物，是与社会生活条件下的人类历史相伴始终的。可以说，人类结成社会便具备了职位产生的理由。职位和岗位总是与组织联系在一起，是组织的基本元素。在人类社会中，人人都生活在一定的组织之中，这句话意味着人人都将拥有至少一个职位或岗位。

公共部门职位和岗位的特殊性在于其公共性，这是由公共部门的本质属性——公共性所决定的。[③] 公共部门的公共性即政府的公共所有属性，意指政府等公共部门包括其内在要件——公共权力和外现部分——公共职位，都是属于国家主体——社会公众的。公共部门的公共性是通过政府权力特别是最高权力的属性、公共职位向社会开放的彻底程度等表现出来，并直接与国家或政府的起源、本质与属性问题联系在一起的。

公共部门职位和岗位属于公共部门。公共部门从本质来看，属于国家所有，属于公众所有，属于全体人民。职位或岗位作为公共部门中最小的元素，理所当然属于公众所有。对政府公共性的论证表明，政府是一切组织中最具有全民性的组织，政府权力是一种公共权利，是全体公众让渡自己部分权利的结果。这就意味着作为政府权力外的组织依托和法定表现形式的公共部门

① 王飞. 我国政府行政编制方法研究［J］. 理论与当代，2008（5）.

② 宋德福，张志坚. 中国政府管理与改革［M］. 北京：中国法制出版社，2001.

③ 王振海. 公共职位论纲——政府职位的属性与配置机制［M］. 郑州：河南人民出版社，2002：8－11，113－117.

职位，也自然是公众共享的公共产品。这就是公共部门职位和岗位与私有部门职位和岗位的最大、最重要的区别。

2. 职位（岗位）管理不同于人事管理

岗位管理的主要对象是工作岗位，管理的方法是变以往对人的管理为对岗位的管理，形成了对事不对人的管理模式。实质上，岗位管理所揭示的是，在一定的时间、空间内工作组织或单位规定员工所应完成的工作任务、所应担负的责任与所应具有的权限的统一。也是岗位工作者职、责、权的统一。在这里我们还应分清岗位管理和以往劳动人事管理的区别，以往的管理是以人为管理的主要对象，管理中主要是以人与人、人与事、人与组织集体的关系。而岗位管理则是以岗位为对象，是以物化的形式表现的“工作分工”，也就是说岗位管理的任务是，根据单位、组织整体的工作任务以及分解到具体岗位的职能进行划分，就是将整个组织的整体目标细化为各个岗位的目标，通过每个岗位目标的实现，最终实现单位组织的整体目标。

岗位管理作为人力资源管理的基础，还是企业管理的核心基础，还是构建现代企业制度的重要前提和基础。我国国有企业在岗位管理上，受企业管理理论和实践的影响，人力资源管理的环节（如在人才招聘、薪酬设计、绩效考核管理等方面），与公务员、事业单位的管理差别较大，在本章中不研究这部分内容。

二、职位（岗位）管理的主要内容和重要意义

（一）职位（岗位）管理的主要内容

职位管理是以机关或团体中职位为对象，对职位设置、职位分析、职位描述、职位影响、职位监控、职位评估等一系列活动的管理过程。岗位管理是以组织中的岗位为对象，科学地进行岗位设置、岗位分析、岗位描述、岗位影响、岗位监控、岗位评估等一系列活动的管理过程。

岗位管理从含义上可以从广义和狭义两个层次来理解。广义上，岗位管理指以岗位为核心内容的一整套人事管理过程，包括岗位设置、岗位聘用、岗位考核、岗位工资、岗位奖惩、岗位培训、岗位调整等一系列管理流程。狭义上，岗位管理指对岗位本身的管理。包括岗位的设定原则、岗位结构比例关系设计、岗位分析与确定、制定岗位规范等内容。

职位管理和岗位管理是公共部门人力资源管理体系的基础部分，人力资源管理体系中的许多重要内容，比如人力资源规划、薪酬制度设计、招聘录

用、绩效考核、培训开发、职业生涯设计等，要以职位或岗位的科学管理为前提，或者须在岗位的科学管理基础上才能顺利开展。总体上看，职位管理和岗位管理的主要内容有一致性，主要包括：

1. 职位调查

任何组织或机构的工作任务或工作目标是明确的，因此，职位或岗位设置之初，要进行充分调查，明确完成组织的工作任务所需职位或岗位总量、结构比例等。同时，充分考虑各种制约因素，如财力、人力等的限制，对岗位总量和结构比例进行修正。在此基础上，对岗位进行分析。

2. 工作分析

工作分析是指全面了解、获取与工作相关的详细信息，以确定工作性质、结构、要求等基本因素的活动过程。针对岗位的职责范围、工作内容、工作条件、权限安排以及任职要求展开分析，这个工作涉及组织中所有岗位，对具体岗位的分析有助于清楚认识岗位工作内容、职责和任职要求。在工作分析的基础上，制定职位说明书和职系说明书。

职位说明书是说明每个职位的工作内容、职责、工作标准及有关事项的书面文件。一般包括：（1）职位名称；（2）职位编号；（3）工作项目；（4）工作描述；（5）所需知识和技能；（6）转任和升迁范围；（7）工作标准。职位说明书是职位分类的基础性文件，为实行公务员管理提供了标准化依据。

职系说明书是说明每一职系的工作性质及有关事项的书面文件，其作用是为区分职系提供依据。具体内容包括：（1）职系名称；（2）职系编号；（3）职系包括的职级；（4）主要工作项目；（5）所需主要学识和技能。

3. 分类设置

对单位的组织职能、组织结构进行分析，分解职能任务，分解业务流程，对所涉及的各项工作的种类和属性进行分析，对岗位进行分类，确定岗位归属，包括确定岗位基本系列、岗位能级、岗位能级档次等。

职级是指在同一职系内，工作难易程度、责任轻重和所需资格条件相同或充分相似的职位的集合。职级规范是对每个职级的特征及所需资格条件的规定，是在职系内规定与叙述每一职级的工作性质、难易程度、责任轻重及所需资格条件的书面文件。主要包括：（1）职级名称；（2）职级编号；（3）工作特征；（4）工作举例；（5）所需资格与专门技能；（6）工作要求；（7）工作关系；（8）工作环节；（9）待遇、升迁路线；（10）其他必要事项。

职等是指不同职系内，工作难易程度、责任轻重、所需资格条件相当的职级归纳所列之等。职等的意义在于：（1）谋求不同职系的相当职级之间在待遇上的平衡，实现“同工同酬”；（2）建立不同职系的相当职级之间的对应关系，为公务员跨职系调整、升迁提供标准。职等标准是对每个职级的特征和所需资格条件的规定，是叙述每一职等的工作难易程度、责任轻重和所需资格条件的书面文件。内容包括：（1）工作的难易程度；（2）责任轻重；（3）任职资格条件。

4. 工作规范

岗位规范主要是指基于岗位操作的分析，主要针对某些操作性较强的岗位，对具体工作的操作过程、步骤进行分解和规定，使操作工作的每一个环节形成一种定式、规范或章程。

通过岗位分析，获得岗位信息后，对所采集的信息进行分析、归纳、总结、评比，对岗位进行评价，以利于确定岗位薪酬、进行绩效管理等。

（二）职位（岗位）管理的重要意义

1. 职位分类是科学人事管理的起点和基础

通过建立职位分类，并以此为依据，针对各类人员的工作性质和特点建立分类管理的制度和办法，进而开展实施对各类人员的选择、任用、考核、奖惩、升降、培训、工资、福利、转任、回避、退休等各项人事管理工作。使各项人事管理工作能够科学地、合理地、有效地进行。

2. 实行职位分类能更好地贯彻因事而求才的原则

实行职位分类后，就有了明确的职位标准要求，就能更有针对性地确定考试的科目、内容、命题和录取的标准，从而通过考试考核择优录用各类各级职位所需要的人才，不仅能有效贯彻因事而求才的原则，而且也有利于增进人与事的密切配合，达到因才施用，使人事相当、适才适所的目的。

3. 实行职位分类给实行合理的工资制度奠定了基础

正是由于职位分类强调的是报酬与工作繁简难易、责任大小挂钩，所以它为贯彻按劳付酬、同工同酬、多劳多得的激励性工资制度奠定基础。

4. 实行职位分类使考核标准明确、规范具体，能合理准确地考核人员

职位分类在职级说明书中不仅对每一个职位的工作数量、质量要求和职责权限、责任轻重都作了详尽具体的规定，并对承担每一职位的人员所应具备的资格条件等也作了明确规定，这就给考核公务员提供了科学、客观、明确、具体的标准，便于了解一个公务员尽职尽责达到职位要求标准的情况，使考核易于收到客观、公正、准确的效果，为合理地奖惩、任用、培训公务员提供可靠依据。

5. 实行职位分类明确培训目的

一方面，可以使机关单位根据规定要求和上一职级的资格条件要求，针对公务员的实际情况，制订培训计划进行培训，使培训容易收到实际效果；另一方面，也为个人进修提高提供了依据和目标，使公务员可以按照现任职位的标准要求和上一级职级的标准要求而更好地学习。

6. 实行职位分类有助于合理地使用人才

第一，按照区分职系的原则，在职务的安排、调动和升迁的路线上，可以避免“用非所学”“用非所长”的弊端；第二，职级、职等的划分，便于确定和控制升迁的幅度，既不容易产生不经考核只凭关系、缺乏真才实学而直线上升的官员，也不排除优秀人才经考核考试而升迁。

7. 实行职位分类有利于完善退休制度

根据职位分类的规定要求，可以相应地确定不同的退休年龄，使退休的年龄规定更加合理。

8. 实行职位分类有助于精简机构、合理定编定员

通过实行职位分类，可以更好地了解组织机构内职位多少的情况，及时调整机构的人员数量，防止出现机构膨胀、人浮于事，维护机构的正常运转。

9. 实行职位分类有助于行政预算的完成和节省行政经费的支出

通过职位分类，固定了每个职位的工资，也明确了一个机构有多少职位，每个职位支付多少工资，支付多少办公经费，这样就更容易制定预算，同时可以监控机关单位因业务扩大增加职位和人员或因业务减少减少职位和人员，从而监督各方面行政经费的开支，达到节省行政经费的目的。

10. 实行职位分类有利于提高行政效率

由于实行科学系统的职位分类，能更好地贯彻因事求才，因才施用的原则，明确职位的权、责和工作内容要求，建立合理的薪酬制度，激励公务员的工作热情，充分发挥出工作的积极性和创造性，从而有效地提高行政的效率和效能。

三、职位管理和岗位管理制度的发展历史沿革

（一）职位管理发展的历史沿革

中国建立公务员制度的动因，最早可追溯到 1978 年，党的十一届三中全会提出全党工作重点转移，进行人事制度改革和实行公务员制度。中国公务员制度建立的标志，是 1993 年 8 月 19 日《国家公务员暂行条例》的正式颁

布。前后历时15年，大体可以分为四个阶段。

1. 准备阶段（1978—1987年）

党的十一届三中全会以后，我国经济体制改革深入发展，决定了旧的干部人事制度的改革势在必行。1980年8月，在中共中央政治局会议上，邓小平对改革我国的干部人事制度问题作了较充分的论证。他指出，“为了充分发挥社会主义制度的优越性，加速现代化建设事业的发展，必须改革党和国家领导制度和其他制度”，在组织上，应当“自觉地更新各级党政领导机关，逐步实现领导人员的年轻化、专业化”，“要打破老框架，勇于改革不合时宜的组织制度、人事制度”。

1984年，中共中央组织部与原劳动人事部组织专家和人事干部起草《国家工作人员法》，后改为《国家行政机关工作人员条例》。这些都为党的十三大作出的我国建立和推行国家公务员制度的决定做了理论和实践上的准备。

2. 试点阶段（1987—1992年）

1987年，在筹备党的十三大过程中，中共中央决定将《国家行政机关工作人员条例》修改为《国家公务员暂行条例》，并在当年召开的党的十三大会议上正式确定，在我国建立和推行国家公务员制度。随后在全国七届人大一次会议上决定，抓紧和逐步实施公务员制度，尽快制定《国家公务员条例》，制定《公务员法》。为在组织上保证这些任务的实施，七届人大一次会议还决定组建人事部，以承担公务员制度的推行和《国家公务员暂行条例》的修改任务。

为检验《国家公务员暂行条例》的可行性，从1989年开始，在国务院审计署、海关总署、统计局、环保局、建材局、税务局等六个部门进行试点；1990年又扩大到哈尔滨、深圳两市；1992年以后，又在全国20个省市进行了试点。试点证明，公务员制度符合我国国情，对实现政府行政管理人员的科学管理、严格要求、转变作风、提高工作效率和促进经济建设、加快改革开放事业都具有积极成效。

3. 暂行实践阶段（1993—2005年）

1993年4月24日，国务院第二次常务会议讨论通过了《国家公务员暂行条例》，李鹏总理于1993年8月14日签发了中华人民共和国国务院令第125号，并决定我国国家公务员制度自1993年10月1日起施行。

《国家公务员暂行条例》的颁布标志着我国政府机关人事管理有了一个基本法规和依据。我国政治体制改革迈出了具有历史意义的一步。在之后的十多年里，《国家公务员暂行条例》在我国公务员人事管理中一直发挥着重要作用，为我国行政人事管理的科学化、民主化、法制化、现代化起到了极大的推动作用。

4. 全面推进阶段（2006 年至今）

随着我国政治、经济、文化的发展和世界局势的影响，我国不断地在政治体制改革道路上探索和完善，其中国家公务员制度也受到了国家领导和各界的高度重视，现行的《国家公务员暂行条例》已经与我国公务员管理现状存在不相适应的地方，急需要修订。根据这种情况，经过充分酝酿，《中华人民共和国公务员法》（以下简称《公务员法》）于 2005 年 4 月 27 日，经第十届全国人民代表大会常务委员会第十五次会议通过，由胡锦涛总书记签署主席令颁布，并于 2006 年 1 月 1 日起正式施行。《公务员法》的颁布，无疑是我国公务员管理的一个重大进步，并从法律角度进一步确定了《公务员法》的地位，在我国政治体制改革的道路上具有里程碑意义。

（二）岗位管理发展的历史沿革

我国的事业单位岗位管理是伴随事业单位人事制度改革而不断发展的。党的十一届三中全会以来，事业单位人事制度改革进行了积极的、大量的探索，大体上经历 3 个阶段。

第一阶段，从 1978 年到 1987 年，这是事业单位人事制度改革探索阶段。党的工作重点转移到经济建设上来以后，党中央、国务院高度重视人才的教育、培养和使用工作，提出了干部队伍“四化”的方针。先后作出了《关于经济体制改革的决定》《关于教育体制改革的决定》和《关于科技体制改革的决定》。邓小平同志强调，改革经济体制，我关心的是人才；改革科技体制，我关心的还是人才。按照三个决定和邓小平指示精神，首先在教育、科研事业单位开始了人事制度改革的探索。一是改革过死的科技人员管理制度，放活科技人员，促进人员交流，允许业余兼职；二是按照政事分开的原则，扩大事业单位自主权，制定下发符合事业单位特点的医疗、卫生、档案管理、气象台站等人员编制标准；三是遵照尊重知识、尊重人才的指示，恢复了职称评审工作，开始推行专业技术职务聘任制；四是打破传统人才培养制度，设立培养高层人才的博士后流动站，实行博士后制度；五是根据管少、管好、管活的原则，适当下放了事业单位人事管理权限，等等。

第二阶段，从 1988 年到 1999 年，这是事业单位人事制度改革全面发展阶段。党的十三大对事业单位的改革作出了全面部署，推动了事业单位人事制度改革的全面展开。一是按照事业单位自主经营、自主管理的原则，进一步下放事业单位人事管理权，将事业单位人员除单位领导人员外，原则上放给单位管理；二是按照实行人员分类管理的要求，人事部先后制定了相关管理办法；三是按照竞争激励的要求，逐步推行聘任制度，进行了事业单位工资制度改革。这些措施有力地促进了事业单位人事制度改革的全面展开。

1992年党的十四大召开，作出了建立社会主义市场经济体制的决定。从此，开始探索建立与市场经济相配套的事业单位人事管理体制机制。在这期间，人事部先后于1995年年底和1999年在郑州市和天津市召开事业单位人事制度改革会议，进一步总结经验，研究探讨改革方案，修改完善配套改革意见，进一步推动了事业单位人事制度的全面改革，从而把事业单位人事制度改革推向了全面发展的阶段。

第三阶段，从2000年到2008年，这是事业单位人事制度深化改革阶段。

2000年，在党中央批准下发的《深化干部人事制度改革纲要》中明确提出，要以推行聘用制度和岗位管理为重点深化事业单位人事制度改革。2000年3月，中共中央组织部、人事部、科学技术部联合颁布《关于深化科研事业单位人事制度改革的实施意见》（人发［2000］30号）。其中第10条明确提出“实行岗位管理制度”，“科研机构要科学、合理地设置岗位，明确岗位责任、任职条件、聘用期限，以及相应的选聘、奖惩制度”。同年颁布的《关于深化卫生事业单位人事制度改革的实施意见》《关于深化高等学校人事制度改革的实施意见》、中共中央组织部与人事部联合颁布的《关于加快推进事业单位人事制度改革的意见》，都明确提出建立岗位管理制度，或体现建立岗位管理制度的要求。2002年7月颁布的《关于在事业单位试行人员聘用制度的意见》（国办发［2002］35号）提出：“通过实行人员聘用制度，转换事业单位用人机制，实现事业单位人事管理由身份管理向岗位管理转变，由行政任用关系向平等协商的聘用关系转变，建立一套符合社会主义市场经济体制的事业单位人事管理制度。”

《事业单位岗位设置管理试行办法》（国人部发［2007］70号）、《〈事业单位岗位设置管理试行办法〉实施意见》（国人部发［2007］87号）为做好事业单位岗位设置组织实施工作提出了指导意见。

四、编制管理的基本内容

（一）编制管理的分类

编制管理包括职能管理、机构编制管理和人员编制管理。

1. 职能管理

职能管理，是指国家根据在一定时期内的方针政策以及社会经济文化等发展的需要，设置、协调各级公共部门职能的一种行政活动过程。1988 年，国务院机构改革正式明确了职能管理是编制管理的内容之一。1988 年的改革，开始把定职能作为定机构、定人员编制的基础，即根据总体职能配置的要求，首先确定各部门的职能，再根据职能确定机构和人员编制，即定职能、定机构、定人员编制的“三定”方针。

2. 机构编制管理

机构编制管理就是各级机关及有关部门根据社会政治、经济、文化发展的要求，依据法定的权限和程序，运用科学的原理、原则和方法，对其所属工作部门、下级机关和事业单位的职责权限划分、职能确定、机构设置、人员数额及人员结构及其运行程序制度化所进行的一系列管理活动的总称。从主要内容来看，机构编制管理涉及职能配备、机构管理、人员编制管理等。从主要任务来看，机构编制管理涉及直接管理和间接管理两部分。其中，直接管理即对本级党、政、群机关设置的机构和人员编制，以及直属的事业单位和人员编制进行微观的具体管理；间接管理，即对下一级党、政、群机关设置的机构和人员编制进行调控和管理。从中央到地方的各级机构编制管理部门均肩负直接和间接管理的双重任务。

机构编制管理是党和国家组织管理的组成部分，在党和国家的组织管理中占有十分重要的地位。机构编制管理与组织人事管理、财政管理关系尤为密切，机构编制是录用、聘用、调配工作人员、配备领导成员和核拨经费的基本依据。同时，机构编制管理工作通过行政、法律、经济等手段，监督和制约机关和事业单位随意增人、因人设事、滥设机构等违法违纪行为，从制度管理层面有效避免国家人力、物力、财力的浪费。

3. 人员编制管理

我国的人员编制管理体制，体现为各级人员编制管理部门职责的划分和管理权限的分配及机构设置的一套制度体系。我国人员编制管理体制的基本特征是“统一领导、分级管理、条块结合”，即我国国家机关、事业单位的编制工作实行统一领导、分级管理的原则。人员编制管理的目的就是要通过对机构、人员、职能科学、合理的优化组合配置，实现组织高效率运转。

目前，我国现代的编制类型，根据组织机构的性质、职能和经费开支形式不同，一般分为五种类型，即行政编制、事业编制、社团编制、企业编制和军事编制，其中行政编制和事业编制是由各级机构编制部门核定，社团编制由各级政府民政部门核定，企业编制由企业自主确定，军事编制由国家军事部门确定。

（二）我国现行编制管理体制

2007年2月14日颁布的《地方各级人民政府机构设置和编制管理条例》（国务院第486号令）明确规定，地方各级人民政府的机构编制工作，实行中央统一领导、地方分级管理的体制。

统一领导，是指党中央、国务院统一领导全国各级事业机构编制管理工作，制定全国性的事业机构编制管理的方针、政策和法律、法规及规划、计划，由中央机构编制管理部门负责组织实施，具体落实和监督检查，并具体指导和协调地方各级的事业机构编制管理工作。

分级管理，是指地方各级党委、政府在党中央、国务院的统一领导下，具体负责本地区的事业机构编制管理工作，结合本地实际，制定事业机构编制管理的方针政策、法规、管理办法和规划、计划，由同级机构编制管理部门负责组织实施，具体落实，检查监督，并指导和协调下级的事业机构编制管理工作。

我国负责管理编制事宜的机构是中央和地方的机构编制委员会，编制委员会主任一般由各级人民政府的行政一把手兼任。机构编制委员会是党政合一的机构，其具体处理日常事务的办事机构是机构编制委员会办公室，简称“编办”。机构编制委员会作为政府承担管理体制和机构改革的工作部门，具体负责机构设置、职能配备、人员编制和领导职数核定等工作。其职责范围不仅包括对行政机关的编制管理，还包括对其他国家机关、中国共产党、人民政协、各民主党派和人民团体机关的编制管理，以及一部分国家事业单位机关的编制管理。

第二节　职位分类和岗位分类管理

一、公务员的职位分类管理

（一）公务员职位分类管理制度概述

职位分类是以职位为对象的人事分类制度，就是依据职位的工作性质、难易程度、责任轻重和所需资格条件等因素，将职位作纵横划分，纵向划为职系、职组和职门，横向划为职级和职等，使职位成为纵横有序的系统，为工作人员的考试、录用、考核、晋升、培训、奖惩、工资待遇等各项管理提供依据，以达到分类管理和同工同酬目的的一种人事管理体系。

我国《公务员法》第 14 条明确规定："国家实行公务员职位分类制度。公务员职位类别按照公务员职位的性质、特点和管理需要，划分为综合管理类、专业技术类和行政执法等类别。国务院根据本法，对于具有职位特殊性，需要单独管理的，可以增设其他职位类别。各职位类别的适用范围由国家另行规定。"

职位分类和品位分类是两种基本的公务员分类方式。品位分类是以"人"为中心的分类，侧重人的资历条件。品位分类通常以人的职务高低、资历深浅和应获得报酬的多少为标准分类。职位分类是以"事"为中心的分类，侧重职位的职务、职责与职权，通常是根据职位的工作性质、责任轻重、难易程度和所需资格条件等进行分类。我国《公务员法》规定的分类制度是一种以职位分类为主，职位分类和品位分类相结合的分类制度。职位分类与品位分类的区别见表 3—1。

表 3—1　　职位分类与品位分类的区别

	职位分类	品位分类
中心	以"事"为中心的分类	以"人"为中心的分类
分类标准	工作性质、责任轻重、难易程度和所需资格条件	人的职务高低、资历深浅和应获得报酬

（二）我国公务员职位分类管理主要内容

1. 职位分类结构体系

根据《公务员法》，我国公务员分为综合管理类、专业技术类和行政执法类三大类。

2. 职位分类评价体系

职位评价体系是职位分类制度的核心内容之一，它是建立职位分类纵向结构的依据。原职位分类方案在职位评价体系的确立上，充分体现了"以事为中心，兼顾人的因素"的原则。一方面依据职位的工作难易程度、责任轻重和所需资格条件，来确定职位的等级；另一方面，也重视对现任职人员本身的资格条件作出评价。

（三）我国公务员职位分类管理重要特点

1. 职位分类和品位分类相结合，吸收品位分类的优势

我国公务员分类制度既借鉴了品位分类的科学原理，也吸收了品位分类的优势因素。例如，尽管我国公务员并未实行“两官分途”（政务官与事务官），但公务员的职务分为领导职务与非领导职务。公务员的级别根据所任职务及其德才表现、工作实绩和资历确定。职务、资历是品位分类的因素，《公务员法》规定了我国实行公务员职位分类制度，即按公务员职位的性质、特点、管理需要划分类别。同时，对于具有职位特殊性、需要单独管理的，可增设其他职位类别。这就表明我国公务员分类以职位分类为主，实行职位分类和品位分类相结合的分类制度。

2. 强调公务员德才兼备的通用资格条件，重视公务员的交流

德才兼备原则是我们党在长期的斗争实践中形成的并被证明是行之有效的选拔和使用干部的原则，也是各级国家机关招录公务员的基本原则。坚持德才兼备，既要考察公务员的工作实绩和贡献，也要考核其政治态度和思想品德，以此作为录用、考核、评价公务员的标准，“德”“才”得兼，不可偏废。公务员的竞争上岗，同西方竞争的含义是不同的，并非单纯的文化水平与业务能力的竞争，而是包括政治条件、思想品德和业务能力的全面衡量比较。这种通用资格条件的标准，使得公务员在国家机关内部及其与企业、事业单位之间的交流，以及中央与地方之间、地区与地区之间、部门与部门之间的交流成为可能。

3. 既强调公务员横向职能的差异，又重视纵向职责程度的区分

我国在设计职位分类结构时，考虑了目前国家机关职能划分的现状，也考虑到今后改革的发展方向。一般来说，职位分类应在职位设置相对稳定的情况下进行。以我国目前情况来看，一些机构及职位的设置不可能在短时间内完全稳定和完全合理。因此，在设计职位分类结构时，既要坚持以现有行政机构和职位的设置及工作任务、职能的分工为基础，又要考虑到今后改革的发展方向。按照这一思路，在划分职系时，要对一些职能尚待转变的过渡性的职位作较粗划分。并且要打破现有行政隶属关系的界限，真正体现以工作性质为划分的依据，譬如，对于专业技术类公务员而言就应该这样。此外，我国在公务员交流、培训、考核、奖惩、晋升、辞退等具体管理制度上，都规定必须依照公务员管理权限办理。

（四）我国公务员职位分类管理基本构成

根据公务员分类制度设计的立法思想，划分类别的标准不仅要依据职位的性质和特点，还要取决于管理的需要。《公务员法》规定，国家对公务员实行分类管理，整体上主要划分为三大类别。

1. 行政执法类

行政执法类是指行政机关中负责直接履行监管、处罚、稽查等现场执法职能的职位。其特点：（1）纯粹的执行性。只有对法律法规的执行权，而无解释权，不具有研究、制定法律、法规、政策的职责。这一点与综合管理类职位的区别尤为明显。（2）现场强制性。依照法律、法规，现场直接对具体的管理对象进行监管、处罚、强制和稽查。行政执法类职位主要集中在公安、海关、税务、工商、质检、药监、环保等政府部门，且只存在于这些政府部门中的基层单位。

2. 专业技术类

专业技术类是指机关中从事专业技术工作，履行专业技术职责，为实施公共管理提供专业技术支持和技术手段保障的职位。其特点：（1）具有只对专业技术本身负责的纯技术性；（2）专业技术类职位与其他职位相比具有不可替代性；（3）技术权威性。这种权威性体现在技术层面，为行政领导决策提供参考和支持，最终的行政决策权仍属于行政领导。划分和设置行政执法类、专业技术类职位主要是为从事上述工作的公务员提供职业发展空间，增强他们的职业荣誉感，调动他们工作的积极性、主动性和创造性。

3. 综合管理类职位

综合管理类职位是指机关中除行政执法类、专业技术类职位以外的，负责履行规划、决策、组织、指挥、协调、监督等综合管理以及机关内部管理等职能的职位。这类职位是我国公务员职位的主体。

需要说明的是，目前公务员队伍中除上述三类职位外，还有法官、检察官职位。该类职位分别行使国家的审判权与检察权，与其他类别职位的性质、特点存在明显区别。法官、检察官在等级、义务、权利、资格条件、任免程序、回避等方面的管理也与其他类别的公务员有所区别。《公务员法》第 3 条规定，法律对“法官检察官等的义务、权利和管理另有规定，从其规定”。

以上类别并没有穷尽公务员的职位类别。以后根据实践的需要，还可能划分新的类别。因此，《公务员法》中明确规定：“国务院根据本法，对于具有职位特殊性，需要单独管理的，可以增设其他职位类别。”作出这样的授权，是为进一步完善职位分类制度预留制度空间。同时还规定，各职位类别的适用范围由国家另行规定。“国家另行规定”是指中央层面的规定，包括法律、行政法规以及中央公务员主管部门的规章。

【案例分析】深圳试点公务员分类管理改革

我国试行公务员制度以来，一直实行的是待遇与行政职务级别挂钩的做法，要改善待遇往往需要通过行政职务的晋升来实现。这种模式对促进公务员的工作积极性起到了一定的积极作用，但这种模式也有不少弊端：一是容易造成千军万马挤一条“官”道的现象，不利于树立为民服务的观念；二是升迁采取一刀切，无法满足选贤任能和各擅其长的需要；三是容易造成公务员特别是基层公务员职业晋升的“天花板”，不利于公务员安心基层工作。

如何打破这些限制，为公务员队伍的成长开辟“阳光大道”，引导公务员树立正确的职业价值取向和职业发展目标，规范职业发展路径和职业行为，使各类公务员、包括各级领导干部时刻牢记“权从何处来，权为谁行使”，有足够的发展空间，已成为公务员职位管理的重要课题。

2010 年 2 月，深圳召开新闻发布会，公布《深圳市行政机关行政执法类公务员管理办法（试行）》《深圳市行政机关专业技术类公务员管理办法（试行）》和《深圳市行政机关聘任制公务员管理办法（试行）》三个文件，在全国率先启动公务员分类管理探索试点，旨在通过职位分类和聘任制的实施，淡化官本位、打破铁饭碗，让深圳行政机关公务员队伍更专业、更高效、更廉洁。

此次改革的重点是从综合管理类职位中划分出行政执法类和专业技术类职位，并根据两类职位的性质和特点建立独立的职务序列。

改革将“兵分三路”进行：其一，为行政执法类和专业技术类公务员建立与行政职务级别脱钩的独立职务序列，建立涵盖招考、转任、晋升、考核、培训等环节的分类管理制度体系，以此推进公务员专业化建设，进而提高公务员队伍的服务能力和效率；其二，基层公务员的职业发展重点考虑其年功积累和工作业绩，为夯实基层、加强一线提供制度保障；其三，结合职位分类扩大公务员聘任制实施范围，制度性地解决能上能下、能进能出的问题，增强公务员队伍的活力，以后新进入的行政执法类、专业技术类公务员都将实施聘任制。

分类管理最关键的地方，就是按照人力资源管理科学的要求，根据工作性质、特点和管理需要，实施有针对性的管理，建立涵盖进、出、升、转等各个环节的分类管理制度。

对于此次改革，网友给予的评价是打破公务员的“铁饭碗”。也有观点认为，这次改革带来了四个变化：

“前途明了”是指行政执法类公务员职业发展的每个台阶及其要求都非常明确，最高台阶是一级执法员（中途转任至其他职类的不在此列），有一定的高度，但大部分人跳一跳都可以够得着。

“路子宽了”是指职级不受机构规格限制，基层所、站和市直机关的执法人员具有均等的职业发展机会，大大拓宽了发展路子，并且三级执法员以下不设职数限制，升职竞争不太激烈，强调个人工作业绩，只要踏实做好本职工作都有良好的发展前景。

“步子稳了”是指职级、薪级晋升与年功积累和工作业绩挂钩，年度考核称职的，每年可以晋升薪级，考核优秀的每三四年可以晋升职级，一般45岁左右可晋升到二级执法员，不算快但可期可控，平平稳稳。

“要求高了”是指随着分类考核、能级管理、执法监督等制度的制定实施，对行政执法类公务员执法水平、应急处理和勤政廉政等方面的要求将进一步提高，尤其是实行聘任制后，表现不好就有下岗可能，要更加努力才能捧稳饭碗。

【阅读链接】

王荣. 公务员“分类管理”改革要打破“唯官是贵”格局［N］. 人民日报，2010-03-29.

深圳市人民政府关于进一步深化公务员分类管理改革配套文件. 新华社，2010-03-11.

二、事业单位的岗位分类管理

事业单位根据功能、职责任务和工作需要，按照精简、效能的原则和国家有关规定合理设置岗位。岗位应当有明确的名称、职责任务、工作标准和任职条件。《事业单位岗位设置管理试行办法》第8条指出，事业单位岗位分为管理岗位、专业技术岗位和工勤技能岗位。事业单位三类岗位的基本任职条件包括：（1）遵守宪法和法律；（2）良好的品行；（3）岗位所需的专业、能力或技能条件；（4）适应岗位要求的身体条件。

（一）管理岗位

管理岗位是指担负领导职责或管理任务的工作岗位。管理岗位的设置要适应增强单位运转效能、提高工作效率、提升管理水平的需要。

（二）专业技术岗位

专业技术岗位是指从事专业技术工作，具有相应专业技术水平和能力要求的工作岗位。专业技术岗位的设置要符合专业技术工作的规律和特点，适应发展社会公益事业与提高专业水平的需要。

（三）工勤技能岗位

工勤技能岗位是指承担技能操作和维护、后勤保障、服务等职责的工作岗位。工勤技能岗位的设置要适应提高操作维护技能，提升服务水平的要求，满足单位业务工作的实际需要。

（四）特设岗位设置

特设岗位是事业单位根据事业发展聘用急需的高层次人才等特殊需要，经批准设置的工作岗位，是事业单位中的非常设岗位。

第三节　职位和岗位的设置

一、公务员的职位设置

制定符合各类公务员特点的管理制度。行政执法类和专业技术类公务员管理办法主要包括以下几个方面的内容：确定各职位类别的范围，研究制定各类公务员的职务名称和职务序列，研究制定各类公务员职务与级别的对应关系，确定职数比例，研究制定各类别公务员职务晋升办法，研究制定各类别公务员之间交流办法，研究制定符合各类公务员特点的录用、考核、奖惩、培训等方面的管理办法，等等。

推行公务员分类管理工作，必须从中国国情和公务员队伍的实际出发，稳步推进。一是要循序渐进，逐步到位。分类管理工作不可能一蹴而就，一步到位，而是成熟一类，规范一类，推广一类。二是要简便易行，便于操作。要满足分类管理需要，分类标准宜粗不宜细，具体办法要便于操作。三是要与时俱进，不断完善。要总结吸收试点经验，针对试点出现的问题，根据公务员队伍出现的新情况、新特点，不断完善公务员分类制度，把我国公务员分类管理不断推向深入。

（一）职位设置

1. 确定职位职责

职位设置必须在政府批准的职能范围内，在职能分解的基础上进行。从上至下，从部门至内设各机构、直到每一个职位，层层明确其职责。

2. 确定职位的设置层次

职位的设置必须与机构规格相符，不得超过其机构规格设置职位或搞变相升格。

3. 确定职位设置的数量

职位设置数量应遵循严格、高效、精干的原则，必须严格按批准的“三定”方案确定的职数、编制和《国家公务员非领导职务设置办法》执行。

4. 确定职位名称

职位名称必须简明、规范，能体现出该职位的特点及所处层次。

（二）确定职务系列

我国根据公务员是否承担领导职责，将公务员职务分为领导职务与非领导职务两个类型，并根据职位责任大小、工作难易程度、任职资格条件设置不同的职务序列。目前，比较成熟的是综合管理类职务序列。

1. 综合管理类领导职务

综合管理类领导职务包括从国家级正职到科级副职的10个领导职务层次，分别是国家级正职、国家级副职、省部级正职、省部级副职，厅局级正职、厅局级副职，县处级正职、县处级副职，乡科级正职、乡科级副职。

2. 综合管理类非领导职务

综合管理类非领导职务应当根据工作需要规范设置，职务层次不得高于所在机关或所在内设机构的机构规格，职数不得突破规定的比例限额，主要包括八个职务层次：巡视员、副巡视员、调研员、副调研员、主任科员、副主任科员、科员、办事员。

综合管理类非领导职务要按照机构规格设定。中央机关和省、自治区、直辖市机关、副部级机关和副省级市机关设置巡视员以下非领导职务；直辖市的区、副省级市的区、设区的市、自治州机关设置调研员以下非领导职务；

县、自治县、不设区的市、市辖区机关设置主任科员以下非领导职务；乡镇机关设置科员、办事员非领导职务。

还要遵守比例限额规定：(1) 中央机关的巡视员和副巡视员职数，不得超过该机关厅局级领导职务职数的1/3，其中巡视员不得超过巡视员和副巡视员职数的40%；调研员和副调研员职数，不得超过县处级领导职务职数的75%。(2) 省、自治区、直辖市机关的巡视员和副巡视员职数，不得超过厅局级领导职务职数的1/3，其中巡视员不得超过巡视员和副巡视员职数的30%；调研员和副调研员职数，不得超过县处级领导职务职数的50%。(3) 直辖市的区、副省级市的区、设区的市、自治州机关的调研员和副调研员职数，不得超过县处级领导职务职数的1/3，其中调研员不得超过调研员和副调研员职数的30%；主任科员和副主任科员职数，不得超过乡科级领导职务职数的50%。(4) 县、自治县、不设区的市、市辖区机关的主任科员和副主任科员职数，不得超过乡科级领导职务职数的50%。

晋升非领导职务必须在下一级领导职务和非领导职务任职满一定年限，其中巡视员、副巡视员是5年以上，调研员、副调研员是4年以上，主任科员及以下是3年以上。

(三) 制定职位说明书

职位说明书是综合说明某一职位的工作性质、任务、职责及任职资格等内容的规范性文件。它是在职位调查、分析和评价基础上制定的。

职位说明书的内容主要包括以下几方面内容：

1. 职位名称：指每一职位的称号，一般是人事部门根据编制或机关组织法规统一制定的。

2. 职位编码：指每一个职位的代表号码，或所属单位，指该职位所直接隶属的最小行政单位。

3. 工作项目：指该职位所承担的具体工作任务，要列举职位所负责的全部工作项目，同时必须写上临时交办的事项。

4. 工作描述：该职位工作情况的简要描述，说明每项工作的内容、程序及其权限。

5. 所需知识和技能：指胜任本职位工作所需要的文化程度、知识结构、资历和其他能力技术等。

6. 转调和升迁方向：职位上的任职人员按照业务要求可以转调和升迁的方向。

7. 工作标准：指每一个工作项目所应达到的质量标准和数量，并说明每一项工作占整个工作的百分比。

职位说明书原则上由职位任职人员按照本职位的职责填写，在特殊情况下（如职位缺员等）也可由各职位的直接领导或人事部门负责填写。职位的直接领导人员和上级领导人员审核职位说明书。单位人事部门审核职位说明书，报部门领导负责审定。职位说明书经部门领导人员审定后即可作为人员录用、考核、培训、晋升的依据之一。因工作需要，增加、减少职位或改变工作内容必须按上述程序及原则重新制定职位说明书（见表3—2）。

表3—2 海关总署职位说明书之十五

职位名称	海关总署办公室机要处公文管理副主任科员
职位编码	分类编码部门编码
工作项目 1. 各类信、电、报刊接收分发 2. 寄发署内各部门信、电和报刊征订 3. 起草一般性公文 4. 收发工作调研 5. 处理查询 6. 检查指导	
工作概况：本职位在机要处处长领导下进行	
1. 各类信、电、报刊接收分发：每月明码电报、专递快件、信件、邮件、各种报纸、刊物资料收发 2. 寄发署内各部门信、电、报刊征订：每月署内各部门发往京内外的各种信、电、函件、纸包，每年报刊征订及平时增订工作 3. 起草一般性公文：根据领导要求，起草一般性信、电收发管理工作的公文 4. 收发工作调研：对收发工作存在的问题和发现的问题，根据上级要求进行调查研究，提出改进意见，报告上级领导 5. 处理查询；对各种报纸、信件、刊物、资料、明码电报、函件、无名信件收发、传递、运转中各部门提出的问题予以答复 6. 检查指导：根据上级领导对收发工作的指示要求，对署内各部门的外部收发工作进行检查，发现问题给予指导	
所需的知识和技能	
处理本职位工作，需熟悉电文管理有关规定以及海关知识、保密知识、邮递知识，熟练掌握收发管理规定，具备一定的调查研究和分析能力。	

（四）确定职位级别

我国《公务员法》第19条规定："公务员的级别根据所任职务及其德才

表现、工作实绩和资历确定。”其中，职务与工作实绩属于职位因素，德才表现与资历属于品位因素。公务员晋升职务可以带来级别晋升，但公务员不晋升职务，也可以根据有关规定晋升级别。

1. 公务员领导职务层次与级别的对应关系

（1）国家级正职：一级

（2）国家级副职：四级至二级

（3）省部级正职：八级至四级

（4）省部级副职：十级至六级

（5）厅局级正职：十三级至八级

（6）厅局级副职：十五级至十级

（7）县处级正职：十八级至十二级

（8）县处级副职：二十级至十四级

（9）乡科级正职：二十二级至十六级

（10）乡科级副职：二十四级至十七级

2. 综合管理类公务员与级别的对应关系

（1）巡视员：十三级至八级

（2）副巡视员：十五级至十级

（3）调研员：十八级至十二级

（4）副调研员：二十级至十四级

（5）主任科员：二十二级至十六级

（6）副主任科员：二十四级至十七级

（7）科员：二十六级至十八级

（8）办事员：二十七级至十九级

二、事业单位的岗位管理

（一）岗位类别设置管理

根据事业单位的社会功能、职责任务、工作性质和人员结构特点等因素，综合确定事业单位管理岗位、专业技术岗位、工勤技能岗位（以下简称三类岗位）总量的结构比例。

事业单位三类岗位的结构比例由政府人事行政部门和事业单位主管部门确定，控制标准如下：（1）主要以专业技术提供社会公益服务的事业单位，应保证专业技术岗位占主体，一般不低于单位岗位总量的70%。（2）主要承担社会事务管理职责的事业单位，应保证管理岗位占主体，一般应占单位岗位总量的一半以上。（3）主要承担技能操作维护、服务保障等职责的事业单位，应保证工勤技能岗位占主体，一般应占单位岗位总量的一半以上。（4）事业单位主体岗位之外的其他两类岗位，应该保持相对合理的结构比例。（5）鼓励事业单位后勤服务社会化，逐步扩大社会化服务的覆盖面。已经实现社会化服务的一般性劳务工作，不再设置相应的工勤技能岗位。

各省（自治区、直辖市）、国务院各有关部门根据实际情况，按照本实施意见和行业指导意见，制定本地区、本部门事业单位三类岗位结构比例的具体控制标准。

（二）岗位等级设置管理

根据岗位性质、职责任务和任职条件，对事业单位管理岗位、专业技术岗位、工勤技能岗位分别划分通用的岗位等级。

1. 管理岗位

管理岗位分为 10 个等级，即一至十级职员岗位（见表 3—3）。

表 3—3　　管理岗位等级

一级
二级
三级
四级
五级
六级
七级
八级
九级
十级

管理岗位的最高等级和结构比例根据事业单位的规格、规模、隶属关系，按照干部人事管理有关规定和权限确定。

事业单位现行的部级正职、部级副职、厅级正职、厅级副职、处级正职、处级副职、科级正职、科级副职、科员、办事员依次分别对应管理岗位一到十级职员岗位。

根据事业单位的规格、规模和隶属关系，按照干部人事管理权限设置事业单位各等级管理岗位的职员数量。

管理岗位基本条件，职员岗位一般应具有中专以上文化程度，其中六级以上职员岗位，一般应具有大学专科以上文化程度，四级以上职员岗位一般应具有大学本科以上文化程度。

各等级职员岗位的基本任职条件：（1）三级、五级职员岗位，须分别在四级、六级职员岗位上工作两年以上；（2）四级、六级职员岗位，须分别在五级、七级职员岗位上工作三年以上；（3）七级、八级职员岗位，须分别在八级、九级职员岗位上工作三年以上。一级、二级职员岗位按照国家有关规定执行。

2. 专业技术岗位

专业技术岗位分为13个等级，包括高级岗位、中级岗位和初级岗位。专业技术高级岗位分7个等级，即一至七级。高级专业技术职务正高级的岗位包括一至四级，副高级的岗位包括五至七级；中级岗位分3个等级，即八至十级；初级岗位分3个等级，即十一至十三级，其中十三级是员级岗位（见表3—4）。高级专业技术职务不区分正副高的，暂按现行专业技术职务有关规定执行，具体改革办法结合深化职称制度改革另行研究制定。

表3—4　　专业技术岗位等级

<table>
<tr><td>一级</td><td rowspan="7">高级</td></tr>
<tr><td>二级</td></tr>
<tr><td>三级</td></tr>
<tr><td>四级</td></tr>
<tr><td>五级</td></tr>
<tr><td>六级</td></tr>
<tr><td>七级</td></tr>
<tr><td>八级</td><td rowspan="3">中级</td></tr>
<tr><td>九级</td></tr>
<tr><td>十级</td></tr>
<tr><td>十一级</td><td rowspan="3">初级</td></tr>
<tr><td>十二级</td></tr>
<tr><td>十三级</td></tr>
</table>

专业技术岗位的基本任职条件按照现行专业技术职务评聘的有关规定执行。实行职业资格准入控制的专业技术岗位的基本条件，应包括准入控制的要求。

各省（自治区、直辖市）、国务院各有关部门以及事业单位在国家规定的专业技术高级、中级、初级岗位基本条件基础上，根据行业指导意见，结合实际情况，制定本地区、本部门以及本单位的具体条件。

专业技术高级、中级、初级岗位内部不同等级岗位的条件，由主管部门和事业单位，按照有关文件精神，根据岗位的职责任务、专业技术水平要求等因素综合确定。

专业技术一级岗位是国家专设的特级岗位。专业技术一级岗位的任职应具有下列条件之一：（1）中国科学院院士、中国工程院院士；（2）在自然科学、工程技术、社会科学领域作出系统的、创造性的成就和重大贡献的专家、学者；（3）其他为国家作出重大贡献，享有盛誉，业内公认的一流人才。

3. 工勤技能岗位

工勤技能岗位包括技术工岗位和普通工岗位，其中技术工岗位分为 5 个等级，即一至五级。普通工岗位不分等级（见表 3—5）。

表 3—5　　工勤技能岗位等级

技术工	一级
	二级
	三级
	四级
	五级
普通工	

事业单位中的高级技师、技师、高级工、中级工、初级工，依次分别对应一至五级工勤技能岗位。其中，工勤技能一级、二级岗位主要应在专业技术辅助岗位承担技能操作和维护职责等对技能水平要求较高的领域设置。各地区、各部门要制定政策措施严格控制工勤技能一级、二级岗位的总量。

工勤技能岗位基本任职条件：（1）一级、二级工勤技能岗位，须在本工种下一级岗位工作满 5 年，并分别通过高级技师、技师技术等级考评；（2）三级、四级工勤技能岗位，须在本工种下一级岗位工作满 5 年，并分别通过高级工、中级工技术等级考核；（3）学徒（培训生）学习期满和工人见习、试用期满，通过初级工技术等级考核后，可确定为五级工勤技能岗位。

4. 特设岗位的等级根据具体情况确定

特设岗位的等级根据实际需要，按照规定的程序和管理权限确定。特设岗位不受事业单位岗位总量、最高等级和结构比例限制，在完成工作任务后，按照管理权限予以核销。

（三）岗位结构比例设置管理

事业单位根据职责任务、工作性质和人员结构的不同特点，实行不同的岗位类别结构比例控制。政府人事行政部门和事业单位主管部门依据有关政策，对事业单位管理岗位、专业技术岗位、工勤技能岗位实行最高等级控制和结构比例控制。

实施事业单位岗位最高等级控制的原因在于，我国有120多万个事业单位，涉及经济社会发展的各个领域，分布在中央、省、市、县、乡五级，不同类型、层级的事业单位，在职责任务、工作性质和人员结构特点等方面存在很大差异。采取岗位最高等级控制，一方面体现了不同类型、不同层级事业单位的特点，另一方面也是政府加强对事业单位的人事监管、提高公共支出社会效益的客观需要。

1. 管理岗位的结构比例

管理岗位的最高等级和结构比例根据单位的规格、规模、隶属关系，按照干部人事管理有关规定和权限确定。

2. 专业技术岗位的结构比例

专业技术岗位的最高等级和结构比例（包括高级、中级、初级之间的结构比例以及高级、中级、初级内部各等级之间的比例）按照单位的功能、规格、隶属关系和专业技术水平等因素综合确定。

专业技术高级、中级、初级岗位之间，以及高级、中级、初级岗位内部不同等级岗位之间的结构比例，根据地区经济、社会事业发展水平和行业特点，以及事业单位的功能、规格、隶属关系和专业技术水平，实行不同的结构比例控制。

专业技术高级、中级、初级岗位之间的结构比例全国总体控制目标为1∶3∶6。高级、中级、初级岗位内部不同等级岗位之间的结构比例全国总体控制目标：二级、三级、四级岗位之间的比例为1∶3∶6，五级、六级、七级岗位之间的比例为2∶4∶4，八级、九级、十级岗位之间的比例为3∶4∶3，十一级、十二级岗位之间的比例为5∶5。

各省（自治区、直辖市）、国务院各有关部门要根据实际情况，在总结事业单位专业技术职务结构比例管理经验的基础上，按照优化结构、合理配置的要求，制定本地区、本部门事业单位专业技术高级、中级、初级岗位之间以及高级、中级、初级岗位内部不同等级岗位之间结构比例控制的标准和办法。各级人事部门及事业单位主管部门要严格控制专业技术岗位结构比例，严格控制高级专业技术岗位的总量，事业单位要严格执行核准的专业技术岗位结构比例。

3. 工勤技能岗位的结构比例

工勤技能岗位的最高等级和结构比例按照岗位等级规范、技能水平和工作需要确定。

工勤技能岗位结构比例，一级、二级、三级岗位的总量占工勤技能岗位总量的比例全国总体控制目标为25%左右，一级、二级岗位的总量占工勤技能岗位总量的比例全国总体控制目标为5%左右。

（四）岗位设置程序

事业单位设置岗位按照以下程序进行：（1）制定岗位设置方案，填写岗位设置审核表；（2）按程序报主管部门审核、政府人事行政部门核准；（3）在核准的岗位总量、结构比例和最高等级限额内，制定岗位设置实施方案；（4）广泛听取职工对岗位设置实施方案的意见；（5）岗位设置实施方案由单位负责人员集体讨论通过；（6）组织实施。

特设岗位的设置经主管部门审核后，报设区的市级以上政府人事行政部门核准。各地区、各部门根据实际情况，制定具体的管理办法。

专业技术一级岗位由国家实行总量控制和管理，按照以下基本程序确定：（1）按照行政隶属关系，事业单位将符合专业技术一级岗位条件的人选逐级上报至省（自治区、直辖市）政府或国务院主管部门；（2）省（自治区、直辖市）政府或国务院主管部门对专业技术一级岗位人选进行审核后报人力资源和社会保障部；（3）人力资源和社会保障部会同有关部门对各地区、各部门上报的人选进行审核确定。

事业单位的岗位总量、结构比例和最高等级应保持相对稳定。这一方面是由于事业单位的功能、规格、规模以及隶属关系等情况是相对稳定的；另一方面，相对稳定的岗位总量、结构比例和最高等级，有利于建立健全事业单位岗位设置管理制度，实现事业单位人事制度的科学化、规范化、制度化。

当然，事业单位岗位设置方案也并非一成不变，在以下情况下可依据不同权限申请变更：（1）事业单位出现分立、合并，须对本单位的岗位进行重新设置的；（2）根据上级或同级机构编制部门的正式文件，增减机构编制的；（3）按照业务发展和实际情况，为完成工作任务确需变更岗位设置的。

（五）岗位设置核准制度

事业单位岗位根据不同层次有相应权限部门审批。首先，国务院直属事业单位的岗位设置方案报人力资源和社会保障部核准。国务院各部门所属事业单位的岗位设置方案经主管部门审核后，报人力资源和社会保障部备案。其次，各省、自治区、直辖市政府直属事业单位的岗位设置方案报本地区人力资源社会保障厅（局）核准。各省、自治区、直辖市政府部门所属事业单位的岗位设置方案经主管部门审核后，报本地区人力资源社会保障厅（局）核准。最后，地（市）、县（市）政府所属事业单位的岗位设置方案经主管部门审核后，按程序报地区或设区的市政府人力资源社会保障行政部门核准。

（六）岗位聘用

事业单位岗位聘用是指事业单位在岗位空缺的前提下，根据岗位工作或任务需要，依据一定的程序和权限，招收、选拔有关人员充实岗位，实现岗位和人员相匹配的活动。从岗位管理的过程来看，岗位聘用是在岗位设置的基础上进行的，是事业单位组织调整人力资源的重要方式。

事业单位岗位聘用的前提是岗位有空缺，按照公开招聘和竞聘上岗的有关规定择优聘用。基本原则是按需设岗、竞聘上岗、按岗聘用，确定具体岗位，明确岗位等级，聘用工作人员，签订聘用合同。

岗位聘用的基本程序是：（1）公布空缺岗位及其职责、聘用条件、工资待遇等事项；（2）应聘人员申请应聘；（3）聘用工作组织对应聘人员的资格、条件进行初审；（4）聘用工作组织对通过初审的应聘人员进行考试或考核，根据结果择优提出拟聘人员名单；（5）聘用单位负责人集体讨论决定受聘人员；（6）聘用单位法定代表人或其他委托的人与受聘人员签订聘用合同。

（七）岗位设置管理体制

根据分级分类管理的原则，明确事业单位岗位设置的管理体制。在岗位设置管理中，政府人事行政部门是事业单位岗位设置管理的综合管理部门，负责事业单位岗位设置的政策指导、宏观调控和监督管理。事业单位主管部门负责所属事业单位岗位设置的工作指导、组织实施，同时也负有监督管理的职责。事业单位是岗位设置管理的主体，按照核准的岗位设置方案，自主确定本单位具体工作岗位的等级，按照不低于国家规定的基本条件自主制定岗位任职条件，自主聘用人员。

第四节　机关和事业单位的人员编制管理

一、国家机关员额编制管理

1997 年 8 月 3 日开始实施的《国务院行政机构设置和编制管理条例》提出，要规范国务院行政机构的设置，加强编制管理，并对机构设置管理和编制管理提出了具体要求。《公务员法》规定，要按照机构职责、编制员额、领导职数，来设置岗位、考录调配公务员，使机构编制管理工作有了法律依据。

(一) 机关员额编制的内涵

国家行政编制是指依靠国家行政经费支出维持正常运转的各级党、政、群机关编制，因而也称国家机关编制。使用国家行政编制的对象，包括各级党政机关、国家机关、社会团体机关及其所设的工作部门、办事机构、派出机构等。[①] 社会团体包括工会、共青团、妇联等。

国家机关员额编制是指为完成组织的功能，经过被授权的机关或部门批准的机关或单位内部人员数量的定额、人员结构比例及职位（岗位）的分配等规定。

员额编制是关于各类单位人员配备方面的制度。员额编制的主要内容包括：人员数量、人员比例、人员结构、人员标准、职务分配、领导干部限额等。因此，可以把员额编制理解为对各单位工作人员职位的规定。

员额编制有若干类别，有行政编制、事业编制、企业编制三大类，其中每一类别下面又划分为若干小的类别。如行政编制下面划分为国家机关编制、党派机关编制、人民团体编制等。

从范围来看，行政编制主要包括：中国共产党各级党委工作部门、纪委及其工作机构，根据党章和有关规定设立的机关党委等工作机构；各级人大常委会的办事机构；各级政府工作部门及其所属行政机构、各种非常设机构、政府驻外地办事机构；各级检察院、法院及其派出机构；各级政协、民主党

---

① 宋德福，张志坚. 中国政府管理与改革［M］. 北京：中国法制出版社，2001：272.

派和工商联的工作机构；各级人民团体的工作机构。

（二）员额编制审定

第一，审定权限。党中央、国务院审定各级国家机关的行政编制总额，具体审批中央机关各部门的行政编制。省、自治区、直辖市一级根据中央审定的行政编制总额，分配下达所属各级国家机关的行政编制；具体审批所属各党、政、群机关的行政编制。地（市）一级根据省、自治区下达的行政编制总额，分配下达所属各级国家机关的行政编制；具体审批所属各党、政、群机关的行政编制。县、县级市、区一级根据地区、市或直辖市审定的行政编制总额，确定本级各党、群机关的行政编制及所辖乡、镇、街道办事处党、政机关的行政编制。

第二，依据和标准。首先，审定的依据。即根据国家宪法和有关法律、规章以及一些带有法规性的文件审定行政编制。其次，审定的标准。即以人口、行政区划、土地面积和社会、经济发展状况为标准进行审定。一是按照大中小分类审定行政编制总额，二是按城市人口千分比审定行政编制总额，三是根据人口密度审定行政编制的数额。

第三，审定的程序。行政编制的审定必须按照法定的程序进行。首先必须由有关部门或地区提出员额编制方案，然后由中央审定下达。中央一级的或全国的员额编制方案，一般由中央编制主管机关负责拟制，由中央审定；地方各级员额编制方案一般由地方各级党委、政府及其编制管理机关负责拟制，然后逐级上报核准。审定后的编制总额，由各级编制部门按照管理权限逐级分配下达审定行政编制总额。

（三）员额编制的管理

按照“统一领导、分级管理”的原则进行员额编制管理。

第一，实行条块结合，以块为主的管理形式。就是地方各级党、政、群机关的总额编制在经上级批准后，主要由同级党委、政府按照规定的使用范围统筹安排。上级机关一般不具体确定某个部门的员额编制。

第二，对公、检、法、司、国家安全部门及其所属单位的行政编制，实行编制单列、条块结合的管理形式，由中央统一审定这些系统的行政编制总额。具体审批工作，由这些部门和编制主管机关共同分配方案，逐级下达，专项使用。

第三，对双重领导，以中央业务部门领导为主的行政编制，实行条块结合，以条为主的管理形式，这些部门的编制主要由中央业务部门管理，地方各级党委、政府及编制主管机关负责监督执行。

二、事业单位人员编制管理

国家事业编制是指主要依靠国家事业经费支出，或靠自身对外服务获得的收入维持正常运转的事业单位的编制。使用国家事业编制的对象主要是经国家法定机构编制管理机关批准设立的各类事业单位。①

（一）事业单位编制管理的主要内容

事业单位的编制管理，就是各种事业单位为科学设置组织机构、合理配备各类人员而进行的一系列管理活动的总称②，包括职能管理、机构管理和人员编制管理三个方面内容。其中，人员编制管理是事业单位编制管理的主要内容和经常性工作。事业单位人员编制管理是指为实现组织的目标，履行组织法定职能，经过机构编制管理部门批准的事业单位内部人员数量的定额、人员结构比例的配备等。

编制管理与岗位设置的关系。国家对事业单位岗位设置实行宏观调控，对岗位实行总量、结构比例和最高等级控制；事业单位根据岗位设置的政策规定，按照核准的岗位总量、结构比例和最高等级，自主设置本单位的具体工作岗位。经核准的岗位设置方案作为聘用人员、确定岗位等级、调整岗位以及核定工资的依据。

事业单位编制结构，一般分为管理人员编制、专业技术人员编制、工勤人员编制。编制结构管理就是根据事业单位的社会功能和属性，对每类事业单位明确不同的编制结构标准，对每个事业单位明确三类编制的具体比例和数量。

（二）人员编制管理的具体内容

1. 人员编制管理概述

第一，定员管理，就是根据编制标准对事业单位的人员数额进行核定与调整。有三个特点：一是必须由编制管理部门实施，事业单位及其主管部门在这方面不得自行其是；二是必须按照有关编制标准的规定实施，没有编制

① 宋德福，张志坚. 中国政府管理与改革［M］. 北京：中国法制出版社，2001：272.

② 成思危. 中国事业单位改革：模式选择与分类指导［M］. 北京：民主与建设出版社，2000.

标准的依据职责任务、工作特点等来核定人员编制；三是事业单位的定员虽然具有相对的稳定性，但与行政机构相比其变化与调整较为频繁。

第二，人员结构管理，就是通过制定并实施有关结构标准，通过对事业单位人员的配备进行分析、调整、检查、监督等，确保事业单位人员结构和人才层次的优化、合理，最大限度地发挥事业单位人力资源的整体效益。

第三，职数管理，就是对事业单位领导职务数量的管理。目前，由于对事业单位的领导职数没有统一的规定，一般是借鉴对行政机构职数管理的规定和办法进行管理。随着事业单位领导职数管理的逐步科学化、规范化、制度化，对各种类型、各个层次的事业单位领导职数的管理，逐步通过制定和完善编制标准等途径，进行规范管理。

2. 人员编制的总额管理

事业编制的总额管理是一项十分严肃的工作，对于国家建设和发展的总体规划、国家财政支出、干部职工的就业等都会有直接影响，因此，要充分认识总额管理的重要性、必要性，并且比较慎重地进行可行性的论证，为科学管理创造条件。

总额管理，总体上应当根据国家的政治、经济、财政状况，结合社会事业发展需要，通盘考虑，总体规划，应当突出三个方面的依据。一是经济发展状况和财政承受能力。市场经济越发达，服务内容越丰富，财政状况就会比较宽裕，整个社会事业的发展就相对较快，对编制总额的需求就会相应增加。二是地域规模和人口规模。地域面积的大小、服务对象的多寡，会影响到编制总额需求的相应变化。三是人员素质的要求。要在有限的编制内，做到投入少、产出多、效益高；要在编制数量确定的前提下，保证人员的文化结构、年龄结构、专业结构等因素的合理优化。

事业单位中还有一类参照管理单位，其人员管理较为特殊，属参照《公务员法》管理的人员。根据《中华人民共和国公务员法》规定，法律、法规授权的具有公共管理职能的事业单位中除工勤人员以外的工作人员，经批准参照《公务员法》进行管理。因此，这类单位在性质上属于事业单位，其人员管理参照《公务员法》进行。

三、做好编制管理的几个关键

当前，公共部门编制管理中存在不少的问题，比如超职数配备领导的现象比较突出。无论领导职数，还是非领导职数，在一些地方很多部门中都有超编人员。不少单位呈现“官多兵少”的倒金字塔现象，领导比例过大，一般干部少，使人员编制紧缺矛盾更加突出。又如，人事编制关系比较混乱。行政机关人员异动随意性大，人员岗位混杂，人员编制归属不明确，造成人事编制关系混乱，给人事编制管理工作和公务员登记工作带来极大困难。要解决这些问题，要把握好几点：

1. 加强编制管理的法律意识

增强编制意识，严肃纪律，严格遵守《党政干部选拔任用工作条例》《公务员法》和《地方各级人民政府机构设置和编制管理条例》规定，建立组织、编制、人事协调衔接机制，进一步规范职数设置和干部配备行为。干部调配方案的拟订，不能突破编制和职数的限额，防止出现新的领导干部超配问题；对现有超配领导，要研究切实可行的解决办法，逐步消化。按照《公务员法》和其他相关规定所规定的职务序列，规范“三定”方案中未明确规定的职数的设置和干部的配备（如专职党组成员、工会主席等职务）。

2. 进一步削减领导职数

“官多兵少”的问题，不但加大了行政成本，降低了行政效率，也影响了公务员队伍形象，历来为社会所诟病。实行“精官简政”，淡化官本位意识，合理设置职位等级，并通过职级工资制度解决低职级公务员的待遇，健全相应的配套考核升降奖惩激励机制和末位淘汰制，从根本上打破干部能上不能下、能进不能出的传统观念，建立精干高效的公务员队伍；不超职数配备，不违规提高职级待遇，不变相增加领导职数。凡涉及领导职数增减事项，要严格按照相关规定办理；现阶段领导职数超配的单位，在未消化现有职数超配人员之前，一律停止新增领导职务。

3. 建立单位编制互动机制

合理安排人员编制，在编制总数不动的情况下，对一些职能突出、工作任务重的单位，从工作量相对较少的单位调剂人员和编制，保工作需要。

4. 积极推行机构编制实名制管理

结合实施《公务员法》，纠正并杜绝超编进人、混编混岗、挤占挪用编制以及“吃空饷”等问题，通过进一步推进和落实编制实名制管理，加强对各单位人员编制管理的监督和指导工作，切实解决混编混岗问题。严格实行“一编一人一账”，确保具体机构设置与按规定审批的机构相一致、实有人员与批准的编制和领导职数相对应。

编制结构管理促使各单位按规定的结构比例使用编制和配备人员。这样做的结果，是能使事业单位科学、合理地配置人员，进而提高整体工作效率。实行编制结构管理就可使目前事业单位只要有编就进人，而不考虑实际需要，造成许多根本不需要的人员大量充斥的现象得到根本性的改善，使事业单位形成合理的人员结构比例，以充分发挥职能作用。把编制结构管理作为一项重点工作来抓，事业单位编制管理的质量和效用一定会有显著提高。

思 考 题

1. 试述我国公务员职位分类的主要内容、主要特点、基本构成。
2. 试述我国事业单位专业技术岗位的管理。
3. 试述我国编制管理的主要内容。

第四章

招聘与录用

本章导读

人力资源的招聘与录用是公共部门人力资源管理流程中的重要环节之一。它决定着公共部门的人员的基本质量，影响着整个公共部门员工队伍素质建设、组织的政策执行力与发展目标的实现。同时，公共部门提供服务的公共属性以及招聘录用作为“第一关口”引起的社会关注效应，决定了招聘与录用工作在整个公共部门人力资源管理与开发中的特殊地位。本章从我国目前公共部门人力资源的招聘与录用的实际出发，概述公共部门招聘管理和录用管理的基本概念、方向和流程特点，分别阐述我国公务员的考试录用制度、事业单位招聘与录用、国有企业人员招聘与录用制度及其主要操作流程。本章共分为四节。

第一节 概 述

一、公共部门招聘录用基本问题

（一）基本概念与范畴

公共部门人力资源招聘与录用，是指国家机关、事业单位以及国有企业在其人力资源规划的基础上，根据部门的职位需求，通过一系列招募甄选等活动，把具有一定能力、资格和符合职位要求的合适人选吸纳到空缺职位上的过程。

在实际工作中，我国公共部门人力资源招聘与录用的基本范畴与干部的公开选拔有一定的区别，但有时也会有概念的重叠。招聘与录用在公务员招考中又称“考试录用”，往往指主要适用于党政机关主任科员以下的职位录用。而公开选拔党政领导干部更多是针对各单位的处级或厅局级（副职居多）领导职位，一般要求在前一个岗位或本职级上任职的年限、工作经历、年龄、专业等，应考者多数已经是国家公务人员。在执行分工上，前者由公务员管理部门实施，后者一般是各地组织部门负责组织实施。

在国有企业的人事管理中，一般人员是运用《劳动法》和《劳动合同法》招聘录用的，而企业主要领导人则属于国家干部，运用干部选拔制度。在深化国有资产管理体制改革和建立现代企业制度的新形势下，国有企业领导人员的选拔任用工作面临着一系列新的情况，除了委任、选举等选拔方式外，由国有资产监督管理委员会或企业董事会面向国内外公开招聘国有企业领导人员已经有了良好实践。

我国的事业单位招聘经过了长期的探索，在2005年11月16日原国家人事部发布的《事业单位公开招聘人员暂行规定》中得到明确。在事业单位招聘专业技术人员、管理人员和工勤人员时，除参照公务员制度进行管理和转为企业的事业单位外，均属于该暂行规定的适用范围。

（二）公共部门招聘和录用的基本价值取向

如何才能招聘录用到优秀的人才，从而获得高质量的人力资源，是任何组织都关心与重视的人力资源问题。但是，招聘最大的挑战，不在于招到水平多高的人，而在于聘用到最合适的人。而这一挑战的核心在于“岗和人的关系”。在人力资源管理的招聘录用环节中，“因人设岗”还是“因岗择人”，成为现代组织在人力资源管理中，特别是招聘中常常遇到的基本问题。这一问题所反映的更深刻的主题就是公共部门招聘和录用的基本价值取向。

在我国《公务员法》第四章中，关于公务员的录用考试在第21条有以下规定：“录用担任主任科员以下及其他相当职务层次的非领导职务公务员，采取公开考试、严格考察、平等竞争、择优录取的办法。民族自治地方依照前款规定录用公务员时，依照法律和有关规定对少数民族报考者予以适当照顾。”

公开考试，是指公务员考试录用面向社会，公开招考。《公务员法》以法的形式来宣扬了这种全体公民公开平等竞争的价值理念。

在《事业单位人事管理条例（征求意见稿）》中规定：“事业单位新进人员，应当公开招聘。国家政策性安置按照人事管理权限由上级任命，涉密岗位等确需使用其他方式的，按照国家有关规定执行。公开招聘不得设置歧视性条件，采取考试与考察相结合的办法，择优聘用。”

2005年11月，《事业单位公开招聘人员暂行规定》确立了公开、平等、竞争、择优的原则，同时规定政府人事行政部门是政府所属事业单位进行公开招聘工作的主管机关，负责对事业单位公开招聘工作进行指导、监督和管理。2011年8月，中共中央办公厅、国务院办公厅印发《关于进一步深化事业单位人事制度改革的意见》（中办发［2011］28号）也提出，事业单位人事制度改革以健全聘用制度和岗位管理制度为重点，实行公开招聘、竞聘上岗、按岗聘用、合同管理。上述要求在《事业单位人事管理条例（征求意见稿）》中均有体现，事业单位内部应当通过公开招聘、竞聘上岗的方式产生岗位人选。公开招聘，体现的是公平原则；而竞聘上岗，则是效率原则的体现，但公平在先。

从20世纪末开始的国有企业改革，使得国有企业纳入市场体制的大潮之中。我国的国有企业经过十余年的积极探索，探索出了一条党管干部原则与市场化选聘的有效路径。既保证了国有企业的社会主义发展方向，又实现了人力资源的效率发挥。

中共中央《2010—2020年深化干部人事制度改革规划纲要》提出，到2015年，每年新提拔的厅局级以下委任制党政领导干部中，通过公开选拔方式产生的应不少于1/3。实现这一目标，须要把党管干部原则与走群众路线紧密结合起来，加大竞争性选拔工作的力度。该纲要同时也提出，在事业单位"完善岗位设置管理制度，全面推行公开招聘和竞聘上岗"；"完善企业领导人员选拔方式，把组织选拔与市场化选聘结合起来"。

公共部门人力资源招聘和录用是实现公共管理价值的关键环节。其价值取向是：使符合公共人力资源标准的各类人才不受性别、地域、种族等歧视，均能享有公平机会，通过公平的招聘录用渠道进人公共部门。社会公平正义是和谐社会构建的基础。公共部门人力资源招聘和录用作为社会关注的焦点，要坚持政策导向，加大公开力度，公平考录，保证评价和选拔人才的公正性，净化考录环境。

党的干部原则与广大人民群众的公共利益具有根本的一致性，党管干部原则与走群众路线紧密结合，是党的路线的重要体现。这也是公共部门人力资源工作者应遵循的路线方针。实现社会公平，是公共部门的天然使命。在招聘录用的公平，是社会公平的重要实现途径。

（三）公共部门人力资源招聘与录用流程与特点

人力资源招聘与录用工作，具体由招聘、选拔、录用和评估等四个流程构成，它们紧密衔接、环环相扣，共同构成一个复杂而连续的系统化人力资源获取过程（见图 4—1）。

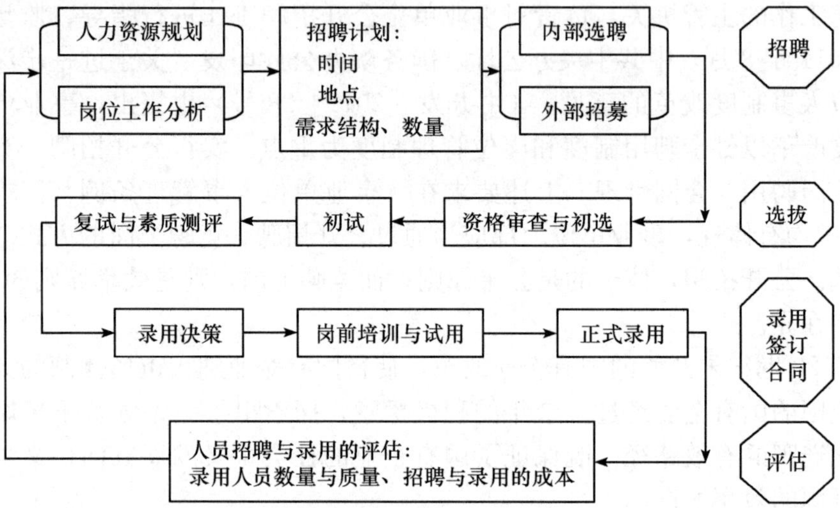

图 4—1　人力资源招聘与录用的基本流程

人力资源招聘与录用是公共部门人力资源管理的一项基本任务，是一个信息收集、预测、决策和信息供应的动态过程。

公共部门招聘与录用过程的特点，突出表现为以下几个方面：

1. 招聘计划与国家和地方政府、公共部门的总体规划相匹配。对于公共部门而言，国家、地区乃至全球的经济，社会与政治的压力，技术进步，人口结构的变化，都会对招聘产生不同的影响。国家和地方政府、公共部门的总体规划是部门人力资源招聘计划的基础。

2. 初级选拔环节更具有普适性。公共部门招聘信息特别应注意不能涉及性别、种族、地域和年龄的特殊规定，除非证明是这些职位所必需的。比如，北京市政府规定，招聘信息中不能出现“35 岁以下”和“北京户口”之类的限制条件。对这些规定，公共部门的招聘活动更应加以重视。

3. 录用决策公开的规范性。如上所述，我国《公务员法》和事业单位人事管理的相关规定中都有公开招录的明确要求。如 2010 年 12 月，中组部、人力资源社会保障部联合下发《关于进一步规范事业单位公开招聘工作的通知》（人社部发［2010］92 号），强调在实施公开招聘的过程中，做到严格政策、坚持公开、突出分类、严肃纪律。公共部门人事决策具有更强的严肃性，录用决策公开必须按照规范的操作程序进行。

4. 人事合同适用法律的独特性。我国公务员的人事管理依照《公务员法》进行，国有企业领导人员按照《党政领导干部选拔任用工作条例》以及相关章程管理。而事业单位人员按照《事业单位人事管理条例（征求意见稿)》签订的《聘用合同》，国有企业员工所签订的《劳动合同》则表现为有形合同方式。

二、公共部门招聘录用的历史沿革

我国的公共部门的招聘与录用是在改革开放和现代化建设的大背景下，随着干部人事制度改革的步伐由大一统的干部人事管理逐渐走向科学的分类管理的过程。

新中国成立之后的前 30 年，我国的干部录用一直采用的是按计划接受国家统一分配的大中专毕业生和军队转业干部，或从企业事业单位有经验的工作人员中推荐选拔。

党的十一届三中全会以后，邓小平同志曾针对当时干部人事制度存在的问题提出一系列重要的改革思想。1980 年 8 月，邓小平在《党和国家领导制度的改革》一文中提出要勇于改革不合时宜的组织制度、人事制度，要健全包括招考制度在内的一系列干部人事制度，并提出，将来很多职务、职称，只要考试合格，就应当录用或授予。

1982 年，伴随着经济体制改革的发展，中央明确提出了干部队伍革命化、年轻化、专业化的要求，同年，原劳动人事部制定颁布第一个关于干部录用工作的综合性文件——《吸收录用干部问题的若干规定》，首次提出国家机关、企事业单位吸收录用干部要实行公开招收，自愿报名，进行德智体全面考核，坚持考试，择优录用的考试录用方法，但只适用于从全民所有制和集体所有制单位的工人中吸收干部以及从社会上的城镇知识青年、闲散专业技术人员、自学成才人员中录用干部，而干部录用的主流仍是大中专毕业生和军队转业干部。

1987 年，党的十三大将干部人事制度改革的重点确定为建立国家公务员制度，强调“凡进入业务类公务员队伍，应当通过法定考试，公开竞争”。具体说就是“改变集中统一管理的现状，建立科学分类管理体制；改变用党政干部的单一模式管理所有人员的现状，形成各具特点的人事管理制度；改变缺乏民主法制的现状，实现干部人事的依法管理和公开监督”。十三大决定建立国家公务员制度，强调凡进入业务类公务员队伍，应通过法定公开考试，公开竞争。这一决定标志着我国公共部门人力资源管理科学化的开端。

1988 年七届全国人大一次会议再次强调，今后各级政府录用公务员，要按照国家公务员条例的规定，通过考试，择优选拔。1989 年，人事部与中组部联合下发了《关于国家行政机关补充工作人员实行考试办法的通知》（人录发［1989］1 号），使考试录用正式纳入行政机关补充干部的必不可少的程序之中，并在全国范围内开始推行。

1993 年我国颁布的《国家公务员暂行条例》规定，国家行政机关录用担任主任科员以下非领导职务的国家公务员，采用公开考试、严格考核的方法，按照德才兼备的标准择优录用。1994 年，人事部颁布的《国家公务员录用暂行规定》规定了考试录用的程序和原则。至此，考试录用作为国家公务员人员的录用制度在我国得到确立。2005 年 5 月 27 日通过，2006 年 1 月 1 日正式实行的《公务员法》规定，录用担任主任科员以下及其他相当职务层次的非领导职务公务员，采取公开竞争考试录用的办法，从而使这一制度第一次得到了法律规范的确认。

我国事业单位人事制度也经历着一场持续的探索过程。改革开放前后，我国的事业单位人事制度一直与机关干部管理并无区别。长时期事业单位隶属于政府，是政府权力的衍生物，经费依靠国家财政，人员编制、机构设置具有明显的行政化等特征。2002 年国务院办公厅转发人事部《关于在事业单位试行人员聘用制度的意见》，为我国事业单位聘用制改革提供了初步指导。其中，第二部分提出全国推行公开招聘制度。2005 年年底，原国家人事部发布了《事业单位公开招聘人员暂行规定》。这些文件的出台，为事业单位人员招聘提供了基本依据。

我国国有企业的管理长期停留在传统的人事管理阶段，即在企业内部建立一种对员工进行规范与监管的机制，以保证企业经营活动低成本地有效运行。这种管理方式重视工作的分配和完成，对员工的作用重视不足，极大程度地限制了人力资源的有效发挥，使得企业的发展潜力受到限制。

1993 年 11 月，中共十四届三中全会通过了《中共中央关于建立社会主义市场经济体制若干问题的决定》，要求通过建立现代企业制度，使企业成为自主经营、自负盈亏、自我发展、自我约束的法人实体和市场竞争主体。在社会主义市场经济体制框架下建立现代企业制度是国企改革实践的重大突破，具有划时代的意义，为国企改革指明了方向。从 20 世纪 90 年代中期，随着国有企业大跨度改革，为适应形势发展，我国已经有部分地区国有企业人事制度按照现代企业制度要求，积极探索建立国有企业领导人员管理新体制，把党管干部原则与市场化选聘机制相结合，开展公开招聘和内部竞争上岗。

从2003年7月开始，中央企业进行了公开招聘高级经营管理者的试点工作，3年时间共有78家中央企业的81个高级管理职位面向海内外公开招聘。与此同时，还在中央企业领导人员选拔任用制度改革中，进行领导班子成员内部竞争上岗的试点。对此，社会各界给予了高度评价，普遍认为这将为国有企业选人、用人机制带来深刻的变革。近年来，我国的中央企业不断进行着高层管理人事改革，引进了海外招聘、社会招聘等方式，着力于人力资源开发，逐渐与国际企业接轨。

【新闻摘录】

中国干部人事制度改革30年 专家称有四大成就

在迎接改革开放30周年即将到来的历史时刻，坚持以中国特色社会主义理论体系为指导，深入总结干部人事制度改革的实践经验，对于贯彻执行党的十七大精神，全面深化干部人事制度改革，更好地贯彻实施人才强国战略，具有重要的历史意义和现实意义。回顾30年来中国干部人事制度改革的过程、成就以及经验，概括地说有“四大成就”：一是在改革实践中创造了一套中国特色人才理论；二是建立了一套与社会主义经济、政治、文化相适应的民主、科学、法治的干部人事制度；三是形成了一个良好的、有利于人才生长的生态环境；四是基本建成了一支规模宏大、门类齐全、素质较高的人才队伍。（节选自中新网，http://news.ifeng.com/mainland/200801/0111_17_360553.shtml，2008-01-10.）

第二节 国家公务员录用

国家公务员录用制度，是指国家行政机关为补充担任主任科员以下非领导职务的公务员，依照法定的条件和程序，通过公开考试、严格考核的办法，择优将不具有公务员身份的人员录用为国家公务员的一种人事制度。其主要内容包括录用的原则、录用的资格条件、录用的方法与程序、录用工作的组织等。在我国，实施公务员考试录用制度是社会主义市场经济和民主政治发展的内在要求和必然趋势，对于进一步深化经济和政治体制改革，扩大对外开放，转变政府职能，提高行政效率，都具有重要的现实意义。

一、我国公务员录用制度的法律依据

我国公务员录用制度可以简要概括为“凡进必考”，即凡是进入公务员队

伍就要通过考试。该制度是我国干部人事制度改革的突破口，是推行公务员制度的一面旗帜。它所体现的精神实质，既是制度设计的目标，也是制度实施的原则。坚持“凡进必考”原则，对于建设高素质的公务员队伍和维护社会公平具有重要意义。《公务员法》实施以来，中央公务员主管部门共制定考试录用的法规和政策文件20个以上，形成了公务员管理环节中体系最完善、操作性最强的单项法规体系。《公务员法》颁布实施后，中央和地方主管部门制定了相应的考试录用配套法规。公务员录用的法律依据是《公务员法》和《公务员录用规定（试行）》。

自2007年11月6日公布施行的《公务员录用规定（试行）》共分9章39条，对公务员考试录用的内涵、原则、标准、管理机构及各个环节流程、操作方法都做出了明确规定。

此外，相关配套的规范性文件已经制定并正在逐步完善。表4—1列举了《公务员法》及相关配套规定，这些文件明确了公务员录用考试相关环节的具体要求或操作标准，便于实际操作和执行。

表4—1　《公务员法》及相关配套文件规定

公务员法								
公务员录用规定	录用考试考务规定	命题管理办法	违纪违规处理办法	面试考官管理办法	考录专家管理办法	公务员录用体检标准	公务员录用考察办法	试用期管理办法

二、政策和措施

考试录用制度作为公务员制度的重要组成部分，是公务员制度的基本特征和标志，是推选公务员制度的一面旗帜，是建设高素质公务员队伍、促进社会公平正义的重要保证。经过近30年不断探索、努力，中国特色公务员考试录用制度在实践中不断发展、完善。

（一）实施依法考录

为推进依法考录，主要采取了以下具体政策和措施：第一，进一步落实两级录用管理权限。根据法律法规规定，公务员招考组织实施工作分别由中央公务员主管部门和省级公务员主管部门负责。这种管理权限不同于考核、奖励、辞退、培训、交流等工作由中央、省、市、县各级公务员主管部门分级管理的规定。第二，各级党政机关开展自查自纠活动。2003 年 7 月在全国考录工作会议上，中组部、人事部对严把公务员队伍“进口”关、推进依法考录工作做出全面部署。同年 8 月，两部联合下发《关于进一步加强和完善党政机关考试录用工作的通知》（国人部发［2003］34 号），到 2004 年有 25 个省、区、市完成了清理违规进人和摸清人员底数的工作，为《公务员法》实施的人员过渡工作奠定了良好基础。第三，推行四级联考制度。从 2003 年起，中央公务员主管部门积极推进四级联考工作，要求各地组织本省公务员招考时，采取省、市、县、乡四级机关统一招考政策，统一发布招考公告，统一报名与资格审查，统一考试，统一录用。第四，招考中的每一个细小政策、招考方案内容、招考的具体组织实施等工作严格依法操作。公务员录用工作要严格遵守《公务员法》及其配套法规的有关规定；同时还必须遵守其他相关法律法规，如《妇女权益保障法》《残疾人权益保障法》《传染病防治法》《民族区域自治法》《兵役法》等。

（二）实现公平考录

在考试录用制度推行和实施过程中，实现公平考录是重要的政策指导思想，主要体现在以下三个方面：第一，公开是公平的前提，从考录制度建立之初，考录工作就做到了五公开，即招考政策、招考职位和数量、报考条件、考试成绩、录用结果等面向社会公开，使考录工作成为玻璃房子的竞争，接受社会各方面监督。第二，公平地设置报考条件，消除报考歧视。包括两方面：严格按照《公务员录用规定》第 16 条、第 17 条的规定设置报考条件，公务员主管部门和招录机关不得再设置与履行职位职责无关的报考资格条件；招考职位资格条件中，不得存在学历、户籍、地域、年龄、性别、长相、身高等歧视性条件要求，确保公民平等参与竞争。第三，建立健全监督约束机制。《公务员录用规定》首先明确公务员主管部门、招录机关要接受社会各界监督，对招考中不按国家规定的编制限额、职位要求资格条件、规定的程序录用的或者徇私舞弊的，根据具体情况分别予以责令纠正或宣布无效处理，并对领导人员或直接责任人员给予处分。其次，对从事考录工作人员泄露考录秘密信息，伪造考试信息、协助作弊等行为的，要给予处分，直至追究刑事责任。最后，对违纪违规的考生，严肃处理。依据《公务员录用考试违纪违规行为处理办法（试行）》，对在报名、笔试、面试、体验、考察过程中弄虚作假、欺骗组织以及考试作弊的，分别给予取消报名资格、取消考试资格、给予5年内不得再报考公务员的处罚。其中对串通作弊或有组织作弊、替考等影响恶劣的违纪考生给予终身不得报考的处罚。

(三) 追求科学考录

以能力考试为导向，形成了一套具有较强公平性、科学性和客观性的考试评价标准、评价体系。公务员考录主管部门加强对考试科目设置的研究，形成了以行政职业能力测验和申论为主体的公务员录用考试的公共科目；加强对笔试命题规律的研究，研究开发新题型，进一步提高了笔试试题质量；逐步规范面试技术在公务员录用考试中的使用，形成以结构化面试、无领导小组讨论为主体的公务员录用面试框架，并积极探索应用面试新技术，使面试具有丰富的内容、透明的程序、公正的结果，促进公务员录用面试的公信力提升；有效探索根据不同机关层次和职位类别的分类分等考试，使得分类分等考试有了初步标准，能力区分有所加强。

针对公务员录用考试的特点，中央公务员考录主管部门主导推进考录基础科研工作，对重大理论问题和实际问题进行科研攻关，开展了考试录用公务员追踪调查研究、新的人才测评技术应用、题库建设的基础理论研究等课题，取得的课题研究成果为考录工作深入开展提供了强有力的理论和技术支撑。同时，加强对全国公务员录用考试科研工作的指导，通过制定并下发《关于印发公务员录用考试科研规划（2011—2015）的通知》，积极鼓励各地全面开展考录科研工作，在全国范围内形成了一体化的科研态势。

十年里，通过建立中央、地方、机关和社会等多层次、多方面的考录科研合作机制，公务员考录科研工作队伍逐步扩大。建立了福建、广东、重庆等多个区域性的公务员录用考试测评基地，成立了北京考试安全研究中心，通过搭建高层次、权威性的考录技术科研平台，不断汇聚和吸纳考录科研人才，拓宽了考录科研队伍来源渠道。对核心专家予以物质及精神激励，对青年科研工作人员创造条件帮助其提高科研能力素质，从而使得命题专家、面试考官、阅卷人员、科研专家等多支科研工作队伍建设不断加强，为提升考录工作科学化水平提供强大的人才保障。

三、我国公务员考试录用制度的主要成效和发展方向

(一) 主要成效

经过十年的探索与实践，我国建立起了公务员基本考试录用制度。考试

录用是公务员制度的重要组成部分，实行凡进必考、坚持公开平等竞争择优原则，优化了公务员队伍结构，维护了社会公平正义。通过逐步完善考试录用制度体系、加强基础建设、提升服务水平，提高了工作的法制化水平和科学化程度，维护了考生和招录机关的合法权益，为各级机关选拔了一大批优秀人才。主要成效体现在以下三个方面。

第一，初步建立了适合中国国情的公务员考试录用法规体系。在录用计划编制、报名与资格审查、公共科目笔试、专业科目考试、面试、考察、体检、违纪违规认定与处理等方面形成一套行之有效的规定和办法，录用工作不断规范，依法考试录用工作逐步得到加强。

第二，公平公开公正的录用机制进一步得以加强。公平和科学是考录制度的两条生命线，经过十几年艰苦努力，在这两个方面都取得了显著成绩。首先，建立了诚信报考的机制。考生报名和考试前，均应签署诚信报名和诚信参考的承诺书，承诺提供的报名信息和报名材料真实可靠，严格遵守考场纪律，公平竞争。其次，形成了公开管理机制。做到招考机关、报考数量、招考条件、招考政策、考试成绩、录用人员等全部公开，增加招考的透明度。

第三，建立 360 度考录监督体系。人大和政协等部门每年通过对公务员考录制度进行质询或提案实现依法监督；纪检监察部门已参与到公务员招考政策制定、笔试巡考、阅卷现场、面试过程、公示人员名单等全过程的监督中；社会媒体已成为监督考录工作公平公正的主要力量，通过重点事件报道或者对重要政策的解读与讨论，加大舆论监督力度，营造了公平考录的社会环境；司法系统及广大考生的监督，也成为监督不可忽视的重要力量。行政体制内部自上而下的自我约束和自我监督体系成为主要监督手段。比如通过上级公务员录用主管机关宣布无效、重新考录、建立全国联网的违纪违规人员名单库等措施，形成有效的监督处罚机制。

第四，有力推动以权利公平、机会公平、规则公平、分配公平为主要内容的社会公平保障体系的建立。这项制度的建立与实施，在促进各类人才公平竞争和优秀人才不断涌现、健康成长的生动局面的形成方面起到不可估量的重要作用。公务员录用制度的推行引发了各级党政机关在选人用人方面思想观念的深刻变革，民主、平等、公开、公正、竞争、择优的观念深入人心。公务员考录制度作为党政机关选人用人的主渠道，其政策导向直接影响和带动了事业单位、企业单位和人民团体等单位选人用人制度的改革与发展，其产生的影响，对整个社会人才选拔、使用和开发的良好环境形成都起到了积极的促进作用。

（二）未来努力方向

公务员考录在提高政府管理与行政效率方面扮演着重要的角色。健全的、有活力的国家公务员制度是支撑现代行政的根基。无论中央还是地方公务员录用考试竞争都很激烈、报考人数众多，它不仅关系到广大考生的切身利益甚至前途命运，而且也涉及社会对政府形象的评价。2010 年的中央公务员录用考试报名人数为 141.5 万，录取比例为 87.3：1；2011 年 4 月份全国 21 个省市同时举行公务员录用考试，据测算本次联考涉及考生超过 150 万，录取比例约为 30：1。

我国的公务员考试录用工作取得了巨大成绩，在考录方面，还要继续有重点地做好三项工作。

一是切实做好中央机关和各省年度公务员考录工作，科学命制试题，严密组织考务。特别是地市级以上机关要加大从有基层工作经历的人员中录用公务员的比例。要会同有关部门做好基层政法机关招考工作。

二是净化考试环境，严肃考试纪律，严厉打击公务员考试作弊行为，对考试作弊形成高压态势，坚决遏制考试作弊的歪风。

三是着眼于提高考试录用的科学化水平，启动一批科研项目，建立考试测评基地，组建公务员考试录用专家委员会，推进考务机构建设。

【新闻链接】

公务员考录：彰显社会公平正义的“阳光选拔”

“事实已经证明，我们这些农民出身的公务员干农村工作非常有优势，干其他工作也不一定就比别人差。”回想那次成为自己命运转折点的考试，邱满林说。2002 年，浙江省公开选拔录用部分优秀村干部到国家机关工作，允许农民报考国家公务员。经过报名、笔试、面试、考核、体检 5 个程序，最后 240 名优秀村干部成为乡镇干部，富阳市渌渚镇下村村农民邱满林就是其中之一。

8 年后，类似的破冰之举又改变了一群人的命运。2010 年，广东开全国之先河，在一线外来务工人员中招录 50 名公务员。2011 年，再次扩大招录规模至 120 名，学历放宽到高中（中专、中技）以上，敞开大门吸收来自实践一线的优秀人才。

作为我国干部人事制度的一项重要内容，考试录用承担着为党政机关选拔执政人才的重要使命，对于整个社会的人才选拔有重要的引导作用，更是社会公平正义的体现。

多年来，为使各类人才能够公平竞争，公务员考录的制度设计高度重视起点公平，不断完善公平措施。在身份上，取消了干部和工人、农民和城镇居民的界限；在地域上，打破了京内外和省内外的户籍限制；在条件上，取消了对性别、民族、外形外貌、婚姻状况等不合理的规定；在学历上，坚持平等对待国家承认学历的各类人员。统计显示，中央机关录用的公务员中，来自工人、农民、教师、医生、工程师等普通群众家庭的达到90%以上。

程序公平是结果公平的重要保证。各级考录主管部门不断完善招考职位资格条件设置和审核，完善面试相关制度和流程，科学设定考察程序和考察要素，完善体检标准和流程。在招录过程中，实行了招考政策、录用计划、招考职位、资格条件、考录程序、考录结果公开，主动接受各方面监督。人们形象地称公务员考试为“玻璃房子里面的竞争”。

为维护公务员录用考试的公平性和严肃性，公务员考录主管部门还通过加强考试管理制度建设、基础建设和工作人员队伍建设，不断加强考试管理，致力于考试安全。强化了诚信报考，加大对违纪作弊行为的惩处力度，制定了公务员录用考试违纪违规行为处理办法，建设全国联网的违纪违规人员信息库，建立公安、工信、教育、工商、宣传等部门联动机制等措施，严厉打击了损害考录公平公正的不良行为。

在营造公平公正的考试环境的同时，“以人为本”管理的理念不断注入。公务员考录工作增强服务意识，为了给考生和招录机关提供优质高效的服务，对服务手段和方式进行了一系列创新。比如，畅通信息渠道，通过咨询电话、网络平台、政策问答等形式，给考生和招录机关提供所需信息；充分利用信息技术手段，全面实现网上报名、资格审核和确认，方便公民报考；增设了考点，方便考生就近参加考试等，这些措施受到考生和社会的一致好评！

摘自：中国组织人事报，2012-09-21.

第三节 事业单位公开招聘

长期以来，事业单位在计划经济体制下一直实行与机关相同的人事管理制度，新进人员主要采用国家统一分配、组织调配和吸收录用等方式。这样的选人用人方式存在着选才视野狭窄，缺乏竞争机制，信息不公开，缺少客观标准等弊端，在一些地区和单位给用人上的腐败和不正之风造成了可乘之机。改革开放以来，随着社会主义市场经济体制的逐步建立，按照建立机关、企业、事业单位分类管理人事制度的要求，机关建立了公务员制度，国有企业建立了现代企业制度。事业单位全面推行聘用制度和岗位管理制度，不断深化人事制度改革，在选人用人方面也进行了积极探索。

根据《深化干部人事制度改革纲要》（中办发［2000］15号）精神，2000年，中组部、原人事部印发了《关于加快推进事业单位人事制度改革的意见》（人发［2000］78号），明确提出在事业单位实行公开招聘制度。2002年7月，国务院办公厅转发了《关于在事业单位试行人员聘用制度的意见》（国办发［2002］35号），要求事业单位除涉密岗位等确需使用其他方法选拔人员的以外，都要试行公开招聘。按照文件精神，不少地区进行了积极探索，内蒙古、辽宁、吉林、江苏、安徽、福建、河南、湖北、湖南、海南、云南、陕西、宁夏、青海等省区陆续开展了公开招聘试点工作。在总结各地实践经验的基础上，2005年年底，原人事部颁布《事业单位公开招聘人员暂行规定》（人事部令第6号），对事业单位公开招聘的范围、原则、程序等作出了规定，明确要求自2006年1月1日起开始执行。

目前，事业单位新进人员公开招聘工作已经在全国全面推开，初步建立了公开、竞争、择优选拔新进人员的制度框架，大大扩宽了事业单位选人视野，一大批优秀人才通过公平竞争进入事业单位，提高了队伍素质，改善了队伍结构，遏制了用人上的不正之风，符合事业单位特点的选人用人机制正在逐步形成。

一、事业单位招聘人员的原则、条件和流程

（一）事业单位招聘人员的原则

事业单位招聘人员总的原则是公开、平等、竞争、择优。

具体来说，由于我国在事业单位人事制度改革期间的不平衡性和复杂多样性，事业单位公开招聘还要考虑一些具体的原则。

一是要按照“谁主管、谁负责”的原则，实行统一规范、分类指导、分级管理，强调进人上公开透明，着重规范制度、条件、程序和权限。

二是坚持单位用人自主权与政府宏观管理相结合。公开招聘制度在招聘计划编制、岗位条件设置、人员资格审查、考试考核、人员聘用等方面赋予用人单位充分的自主权。在政策指导和监督方面强调组织人事部门与事业单位上级主管部门的监管职能，通过对招聘方案、聘用人员的备案监管，达到控制进人数量、提高进人素质的目的，实现政府的宏观管理。

三是坚持分级分类指导的原则。事业单位门类繁多，情况复杂，不同层级、不同行业的事业单位都有各自不同的实际情况，因此在招聘方案备案的权限上，一些省市明确各级组织、人力资源社会保障部门是同级事业单位公开招聘的主管机关，实行分级管理。在分类上，要求考试科目、方式应根据行业、专业及岗位特点确定，不强求统一，主要考察招聘岗位必需的专业知识、业务素质和工作技能。

（二）事业单位招聘人员的条件

事业事业单位人员招聘必须具备 6 项条件：具有中华人民共和国国籍，遵守宪法和法律，具有良好的品行，岗位所需的专业或技能条件，适应岗位要求的身体条件，岗位所需要的其他条件。

（三）事业单位招聘人员的流程

事业单位招聘人员应当面向社会，凡符合条件的各类人员均可报名应聘，并不得设置歧视性条件要求。公开招聘应按下列程序进行：第一，制订招聘计划；第二，发布招聘信息；第三，受理应聘人员的申请，对资格条件进行审查；第四，考试、考核；第五，身体检查；第六，根据考试、考核结果，确定拟聘人员；第七，公示招聘结果；第八，签订聘用合同，办理聘用手续。

二、事业单位招聘信息的发布

事业单位招聘人员应当公开发布招聘信息。

事业单位招聘人员公开发布的招聘信息，应当载明用人单位情况简介、招聘的岗位、招聘人员数量及待遇，应聘人员条件，招聘办法，考试、考核的时间（时限）、内容、范围，报名方法等需要说明的事项。

招聘计划由用人单位负责编制，主要内容包括：招聘的岗位及条件、招聘的时间、招聘人员的数量、采用的招聘方式等。国务院直属事业单位的年度招聘计划须报人力资源和社会保障部备案；国务院各部委直属事业单位的招聘计划须报上级主管部门核准并报人力资源和社会保障部备案。各省、自治区、直辖市人民政府直属事业单位的招聘计划须报省（区、市）政府人力资源和社会保障行政部门备案；各省、自治区、直辖市政府部门直属事业单位的招聘计划须报上级主管部门核准并报同级政府人力资源和社会保障行政部门备案。地（市）、县（市）人民政府所属事业单位的招聘计划须报地区或设区的市政府人力资源和社会保障行政部门核准。

用人单位或组织招聘的部门应对应聘人员的资格条件进行审查，确定符合条件的人员。

三、事业单位公开招聘考试

《事业单位公开招聘人员暂行规定》首次明确，事业单位招聘不搞考试“一刀切”，而采取考试与考核相结合的方式进行。

考试内容应为招聘岗位所必需的专业知识、业务能力和工作技能，考试科目与方式根据行业、专业及岗位特点确定，考试可采取笔试、面试等多种方式。对于应聘工勤岗位的人员，可根据需要重点进行实际操作能力测试。

考试由事业单位自行组织，也可以由政府人力资源和社会保障行政部门、事业单位上级主管部门统一组织。政府人力资源和社会保障行政部门所属考试服务机构和人才服务机构可受事业单位、政府人事行政部门或事业单位上级主管部门委托，为事业单位公开招聘人员提供服务。

对于急需引进的高层次、短缺专业人才，具有高级专业技术职务或博士学位的人员，可以采取直接考核的方式招聘。

对通过考试的应聘人员，用人单位应组织对其思想政治表现、道德品质、业务能力、工作实绩等情况进行考核，并对应聘人员资格条件进行复查。

四、事业单位招聘的试用期制度、回避制度与监督制度

（一）试用期制度

事业单位公开招聘的人员须按规定实行试用期制度。试用期包括在聘用合同期限内。试用期满合格的，予以正式聘用；不合格的，取消聘用。

经用人单位负责人员集体研究，按照考试和考核结果择优确定拟聘人员。对拟聘人员应在适当范围进行公示，公示期一般为 7 至 15 日。用人单位与拟聘人员签订聘用合同前，按照干部人事管理权限的规定报批或备案。用人单位法定代表人或者其委托人与受聘人员签订聘用合同，确立人事关系。

（二）回避制度

事业单位公开招聘人员实行回避制度。

凡与聘用单位负责人员有夫妻关系、直系血亲关系、三代以内旁系血亲或者近姻亲关系的应聘人员，不得应聘该单位负责人员的秘书或者人事、财务、纪律检查岗位，以及有直接上下级领导关系的岗位。聘用单位负责人员

和招聘工作人员在办理人员聘用事项时，涉及与本人有上述亲属关系或者其他可能影响招聘公正的，也应当回避。

（三）事业单位公开招聘人员的监督

事业单位公开招聘工作要做到信息公开、过程公开、结果公开，接受社会及有关部门的监督。政府人事行政部门和事业单位的上级主管部门要认真履行监管职责，对事业单位招聘过程中违反干部人事纪律及本规定的行为要予以制止和纠正，保证招聘工作的公开、公平、公正。

为严格公开招聘纪律，《事业单位公开招聘人员暂行规定》特别规定了7种违规情形：应聘人员伪造、涂改证件、证明，或以其他不正当手段获取应聘资格；应聘人员在考试考核过程中作弊；招聘工作人员指使、纵容他人作弊，或在考试考核过程中参与作弊；招聘工作人员故意泄露考试题目；事业单位负责人员违反规定私自聘用人员；政府人事行政部门、事业单位主管部门工作人员违反规定，影响招聘公平、公正进行；违反规定的其他情形。

事业单位公开招聘工作中，对构成犯罪的，将依法追究刑事责任。

此外，对违反公开招聘纪律的应聘人员，视情节轻重取消考试或聘用资格；对违反本规定招聘的受聘人员，一经查实，应当解除聘用合同，予以清退。对违反公开招聘纪律的工作人员，视情节轻重调离招聘工作岗位或给予处分；对违反公开招聘纪律的其他相关人员，按照有关规定追究责任。

【延伸阅读】中组部、人社部关于个别地方事业单位违规招聘和违规进人事件的通报（摘要发布于2011年3月7日）

事业单位公开招聘工作在全国推行以来，已初步建立起民主、公开、竞争、择优选拔新进人员的制度框架，逐步形成了符合事业单位特点的选人用人机制，得到了社会的广泛关注和普遍认同。但是，一段时间以来，个别地方出现了事业单位违规招聘和违规进人事件，损害了公开招聘工作的公信力，在社会上造成了恶劣影响。如海南省三亚市人力资源社会保障局事业单位招聘工作“暗箱操作”，营私舞弊；湖南省武冈市卫生系统事业单位违规进人；江苏省南京市下关区事业单位内部招聘；福建省宁德市屏南县事业单位招聘条件“因人画像”“量身定做”；江西省抚州市乐安县事业单位招聘擅自更改方案，操作不规范。

上述事件虽属个案，但暴露出基层事业单位在公开招聘工作中存在的“内部招聘”“人情招聘”“舞弊招聘”等严重问题。究其原因，主要是极个别地方和部门的领导在事业单位公开招聘工作中滥用权力，以权谋私，搞不正之风，同时也与少数基层单位对公开招聘工作操作不规范、监督不到位有直接关系。这些问题严重违反了事业单位招聘工作公开、公平、公正的原则和要求，违反了组织人事工作纪律，损害了党和政府的形象。各地各部门必须深刻吸取事件教训，引以为戒，举一反三，大力加强警示教育，切实采取有效措施，坚决防止此类问题的发生，确保事业单位公开招聘工作规范有序进行。

一、提高认识，从源头上遏制事业单位进人的不正之风。公开招聘是规范事业单位进人行为，提高进人质量的重要制度保障；是继公务员实行考试录用制度之后，干部人事制度改革的又一项“阳光工程”；是加强党风廉政建设的重要体现。事业单位进人能否公开公正，人民群众对此高度关注。要从事关党和国家长治久安的战略高度和推动科学发展的大局出发，充分认识严肃组织人事纪律、整治用人不正之风、提高选人用人公信度的极端重要性，进一步增强责任感和使命感，以更加坚决的态度、更加有力的措施、更加扎实的工作，坚决遏制事业单位进人的不正之风和腐败现象，严禁以权谋私、权钱交易，保证事业单位选人用人的公开公正。

二、严格政策，全面落实事业单位公开招聘制度。要全面落实《事业单位公开招聘人员暂行规定》（人事部令第 6 号）和中组部、人力资源社会保障部联合下发的《关于进一步规范事业单位公开招聘工作的通知》（人社部发［2010］92 号），认真执行关于招聘范围、条件、程序、信息发布、资格审查、考试考核、聘用等方面的要求。各地各部门要加快制定完善事业单位公开招聘的政策措施，确保到 2012 年基本实现公开招聘制度在全国各级各类事业单位的全覆盖。各级组织人事部门要认真履行好公开招聘工作综合管理部门的职责，进一步加强和规范事业单位公开招聘工作。

三、明确要求，规范基层事业单位公开招聘工作。目前，公开招聘制度正在全面推行，各地各部门要针对工作中存在的问题，明确和细化相关规则，落实好信息发布、结果公示等方面的要求，加强对基层事业单位公开招聘组织实施工作的监督和指导。要严格按照公开招聘规定的程序和权限，做好招聘方案的核准备案工作。市（地）及以下直属或者部门所属事业单位的招聘方案未经市（地）或设区的市级组织人事部门核准的，不得擅自组织公开招聘。各级组织人事部门一定要及时、全面、准确地掌握舆情动态，把握舆论引导的主动权，自觉接受社会和舆论的监督。从事事业单位公开招聘的工作人员，一定要强化政治意识、责任意识，严格遵守各项工作纪律，严格履行各项规定程序。

四、严肃纪律，坚决查处和纠正公开招聘工作中的违规行为。要确保公开招聘制度作为事业单位进人制度的权威性和严肃性，禁止以各种名义规避公开招聘要求，或者借公开招聘名义以权谋私、徇私枉法。对事业单位公开招聘工作中出现的违规问题，要发现一起查处一起，做到及时发现、快速应对、严厉查处、妥善处理。对事件相关责任人和负有领导责任的人员要予以严肃处理。各地各部门要抓紧对事业单位进人行为进行全面彻底的自查，对发现的问题要及时纠正处理，自查情况报告于 6 月底前分别报送中组部干部一局（公务员管理办公室）、人力资源社会保障部事业单位人事管理司。中组部、人力资源社会保障部将在全国范围适时开展检查，对存在的问题和相关案件及时进行通报。

第四节　国有企业招聘与录用

在建立和完善社会主义市场经济体制，特别是在深化国有资产管理体制改革和建立现代企业制度的新形势下，国有企业人力资源的招聘录用工作面临着一系列新的情况，也发生着深刻的变革。

近年来，我国大部分国有企业在招聘录用方面已经从传统的人事管理阶段走向人力资源的科学化管理。规模化招聘、内部竞聘、人才市场猎取、国际化招聘等市场化选聘工作，公开招聘上岗人员的后续管理等，都取得了丰富的实践成果，为我国国有企业人力资源管理的深度变革奠定了坚实基础。

一、国有企业人力资源招聘录用的法律依据和原则

依照《中华人民共和国宪法》的第七条的规定："国有经济，即社会主义全民所有制经济，是国民经济中的主导力量。"国有企业的本质属性，是"全民所有"，在社会主义市场经济体系下，国有资本即属于全体人民共同占有的资本。在这里，国有企业是指资本全部或主要由国家投入并为国有企业所有，依法设立从事生产经营活动的组织。

国有企业人力资源的招聘录用活动，主要依据以下这些法律法规：

1995 年 1 月 1 日起实施的《中华人民共和国劳动法》（以下简称《劳动法》）。《劳动法》是国有企业人力资源招聘录用所遵循的核心法律。

2008 年 1 月 1 日起实施的《中华人民共和国劳动合同法》(以下简称《劳动合同法》)。《劳动合同法》的颁布施行，对于加强用人单位的劳动用工监督管理提供了重要的法律依据。

2008 年 5 月 1 日起实施的《中华人民共和国劳动争议调解仲裁法》(以下简称《仲裁法》)。《仲裁法》的实施，是为了公正及时解决劳动争议，保护当事人合法权益，促进劳动关系和谐稳定。

除上述三个法律外，个别国有企业人员招聘与录用工作还参照机关及事业单位人员聘用的相关法规、程序和办法。

国有企业的主要领导人的产生长期运用干部选拔制度。目前使用的法规有《中华人民共和国公司法》《企业国有资产监督管理暂行条例》《党政领导干部任用条例》《中国共产党基层组织选举工作暂行条例》《中华人民共和国工会法》的有关规定和党中央《深化干部人事制度改革纲要》。随着国有资产管理体制改革和现代企业制度的不断完善，国有企业领导人员的选拔任用工作面临着一系列新的要求，除了委任、选举等选拔方式外，由组织部门、国有资产监督管理委员会或企业董事会面向国内外公开招聘国有企业领导人员(如总经理)已经有了良好实践。

由于公开招聘国有企业领导人员目前尚属干部选拔的范畴，重点在本书第五章将有详述。

国有企业作为经济组织和独立法人，具有一般企业的基本特征，同时又由于其国有的身份而具有追求经济和社会双重责任的特殊性。在招聘录用制度中遵循市场配置和组织配置相结合的原则。党的十六届三中全会指出，国有企业改革“要坚持党管干部原则，并同市场化选聘企业经营管理者的机制相结合”。在实践中，国有企业重要的领导岗位以组织配置的方式为主产生，而大多数通用类岗位则以市场配置的方式为主。根据配置方式的不同，选择采用不同的招聘选拔方式，充分发挥其各自的优势，可以更好地满足国有企业人才需求。

二、国有企业员工市场化招聘与录用的基本流程和实操要点

国有企业人力资源部对招聘流程和面试知识掌握得比较全面，而用人部门则对要招聘的岗位具体职责、工作团队氛围更加了解，因此，用人部门对招聘工作的配合、支持程度，决定了招聘的成败。在整个招聘活动中，人力资源部门负责组织整个招聘工作，协调招聘进程；用人部门负责确定岗位所需的知识、技能、核心能力及按照人力资源部的安排参加面试。国有企业员

工市场化招聘一般要经历以下 7 个基本程序。

（一）确认需求

人员增加应“科学、合理、有效”。人力资源部根据职位说明书对需要招聘的岗位进行具体分析：对于企业来说低价值的辅助性岗位（如秘书、打字员等）和不会持续开展工作的岗位（如某方面的高级专家、法律顾问等）可通过外包或短期合同等方式完成，只有那些确实不能通过职责合并、适当的员工加班或业务外包等替代措施完成工作的岗位，方可展开招聘活动。

（二）选择渠道，发布招聘信息

企业根据招聘的职位，选择合适的渠道、合适的时间发布招聘信息。招聘渠道从范围上来分，可分为内部选拔和外部招聘。

对于国有企业来说，内部选拔、调配仍然是国有企业招聘选拔中一个重要选择；对于内部确实没有合适候选人的岗位和新增的岗位，宜通过选择合适的网络或者平面媒体进行外部招聘。

多数企业在公司网页上建立自己的招聘栏目，使求职者可以在线申请职位。这样做一方面可以树立公司的形象，提高求职者对企业的认知度；另一方面可以保护求职者的隐私，建立企业自己的人才库。随着企业国际化的日益推进，同国际知名的猎头公司合作，在有效的时间内将招聘信息内容传递给合适的候选人群，迅速吸引外部高素质人才，也是良好的选择。而对于初级、基础岗位，在目标院校进行校园招聘，能够为企业寻找到大批综合素质优秀、具有发展潜力、能够接受企业文化、熟悉企业规范的人才。国有企业多充分利用自身优势同目标院校建立良好关系，定期沟通，及时掌握应届毕业生的动态。

（三）筛选简历

随着人才流动日益频繁，在人才流动市场条件较好或经济发达的地区招聘的通用类职位，会收到大量应聘简历。对于应届毕业生，筛选简历时应从学习成绩，从事班、系、学校等社会工作以及所获奖励等情况进行考察；对于有工作经验的求职者，筛选时要依照职位说明书、企业的特殊要求进行。简历筛选占用了招聘人员大量时间。为了摆脱困境，企业可借助招聘信息平台完成对简历的初步筛选，或者将初级职位的筛选工作交由专业中介机构完成。目前国内许多大型招聘网站和中介机构都推出了相关的衍生服务。但中高级职位的简历筛选仍应由企业的人力资源部完成。只有企业的人力资源部才更熟悉企业的发展战略、文化和空缺岗位的要求，把握更准确。

（四）组织测试

在招聘中使用测试可节省大量的时间和精力，提高招聘的有效性。通常，英语、计算机等通用类的测试题目由人力资源部设计，其他专业类的测试题目由业务部门设计，设计完成后交由人力资源部统一保管直到开始测试。测试完成后，由出题者对测试结果进行评分，最后由人力资源部汇总。

心理测试包括人格测评、职业倾向测评、胜任能力测评等多项内容。人格测评主要考察被测者的认知、行为、决策能力等。职业倾向测评则将行为倾向与职业特征相结合，主要解决人职匹配的问题。胜任能力测评起源于美国心理学家大卫·麦克里兰（David McClelland）提出的“胜任力模型”。胜任力模型是驱动员工产生优秀工作绩效的各种个性特征的集合，是判断一个人能否胜任某项工作的起点，决定并且区别绩效差异的个人特征。目前国内有不少企业将这一工具引入了人力资源管理，我国国家外国专家局引进的美国人力资源协会专家证书项目推动了我国人力资源管理专业人士“素质模型”核心体系的建立和发展。该体系认为，优秀的人力资源管理者必须扮演四种角色：人力资源管理专家、业务伙伴者、领导者和变革推动者，又需要具备22种素质。在实际招聘中，首先通过分析岗位的胜任力指标，然后据此生成相应的测评题目，使得岗位招聘更具有针对性，并可作为“选、育、用、留”人才的重要依据。

（五）进行面试

面试是面试官与求职者就某一特定工作岗位相互交流信息，以判断求职者是否符合职位要求的过程。在传统的面试中，考官的构成具有一定的随意性，对不同的求职者随意提不同的问题，信度及效度一直受到怀疑。现在越来越多的企业在面试中引入了结构化面试的方法。即在面试前，由用人部门和人力资源部门根据岗位胜任能力和测评的结果，针对具体的岗位为求职者设计相应的面试题目。面试题目既可以从已建立的面试题库中选择，也可以根据具体要求重新设计，但无论采取哪种方法，都应保证面试题目能够涵盖和考察已拟定的核心能力。最后，从整体上评估面试题目、题目数量以及预计面试时间的合理性。一般而言，每项核心能力应至少考察一道题。无论采用何种面试形式，目的都是为了尽可能保证公平。

（六）背景调查

在最后决定录用前，人力资源部应根据候选人提交的应聘申请表、测试和面试了解的情况，对候选人进行背景调查。主要目的是对应试者的诚信度和自我评价进行核实。尤其是对于高层次关键岗位的人才，背景调查必不可少。高层人才背景调查可由企业组织人事部门开展，也可委托专业的猎头机构进行。

（七）建立招聘管理系统

国有企业可根据需要开发招聘管理软件系统，将招聘进行分类管理，对求职者所处的状态进行记录，对求职者参加的测试、面试内容和结果进行简单记录，方便以后查找和使用。对于大型集团公司，可以以全面的招聘平台方式，集中建立全系统的招聘管理系统外联网络。这样，一方面可以节省时间和精力，同时也可树立专业而有竞争力的企业形象。

三、国有企业招聘的实践与创新发展

近年来，随着企业全球化发展的趋势，不少国有企业依据企业发展战略、产品生命周期和产业发展规律制定了人力资源开发管理的动态策略和政策。依据企业自身的发展战略制定与之相适应的人力资源总体规划，做到未雨绸缪，使人才供给紧跟企业发展步伐。同时，依据产品的生命周期和产业发展的不同阶段对人才需求的不同特点，有针对性地进行人力资源开发管理，并制定相应的招聘策略。在产业发展初期，重视研究开发、产品设计、生产管理、广告促销、熟练技工等优秀人才的招聘与开发，并制定相应的激励政策。在产业成长期，随着生产规模的迅速扩大，重视质量管理、信息情报、产品差别化设计、营销工程策划、外贸人才的甄选培养，并建立有效的管理制度以适应大规模的生产要求，增强自身的竞争力。在产业成熟期，重视制定创新人才的挖掘，调动全体员工的积极性。在产业衰退期，为稳定员工队伍，企业则根据转移战略，安置冗员，有针对性地培训过剩人才、更新知识，以适应未来发展战略的需要。

目前多数国有企业已经采用了行之有效的科学方法、手段招聘、培养、选拔、任用和考评人才。由于国有企业的集团化和全球化发展趋势已经非常突出，要获得真正的人才，必然采用科学的规模化测量工具和手段。国际普遍采用的智能测量、人格测量、情景模拟测验、评价中心等科学方法，也应该成为国有企业人力资源开发的选录手段，使人才的招聘、选拔建立在科学的基础之上。国有企业的人才选拔培养要采用科学的方法和途径，要特别重视情景考评法与产学协同法。情景考评法适合中高层管理人员的选任，有利于管理人员对企业“全景”的把握，形成对企业管理的系统性、整体性思维。产学协同法体现企业与高校在教育科技方面的对口合作，利用高校的人才、设备等优势，缩短人才选聘培育过程。同时，要建立科学的人才考评体系，准确评价人才，为员工的任用、提拔、奖惩提供科学依据。

【案例分析】某国有集团的外聘方式检视

某国有集团，近年由于规模化扩张，市场扩张迅速，业务和企业战略发展逐渐与国际接轨。而集团的人力资源的来源，尤其是中、基层员工招聘，还是沿用传统的招聘方式，其招聘程序大体可描述如下：

公司人力资源部根据企业运营和员工变动的需要编制用人计划。人力资源部组织召开多次全集团人事干部会议，反复讨论协商后产生需求计划表。人力资源部根据岗位任职条件等资料编写招聘说明书，设点组织参加各级各类招聘会，比如中专、大专、本科与研究生；社会、海外等。国内校园招聘主要看综合排名、专业成绩、个性特征和专长能力，一般招收专业前几名的学生；所聘人员大致分为工人类、技术员类、行政事务类，基本全部按计划分到各单位从事一线工作，经过5～10年后进入人才战略储备库；基层管理者全部从内部有经验的员工中选拔产生。

据称，该集团人力资源招聘基本全部按计划进行，极少进行临时招聘；重视招聘后的职业发展规划；建立人力资源信息库，使人力资源管理与开发有据可依。建立人力资源信息库是现代人力资源管理的必然趋势，是人力资源管理参与公司战略管理的客观要求。该集团从员工进入公司的“源头”即着手建立人力资源信息库的做法对现代人力资源管理与开发颇具借鉴意义。

然而，该集团招聘流程所显示出来的国有企业人力资源招聘管理工作的主要障碍依然不可忽视：

一是用工用人制度限制了其招聘工作，尤其是中高层管理者的招聘，因此其干部和高层次人才质量和数量已经不能满足该集团的战略发展需要。

二是国有企业所提供的职业发展空间极其有限，远远不能满足优秀职业经理人追求职业成就的需要。

三是国有企业比较收益（包括薪酬、职务权益、事业发展、名望等）在一些方面与外企、民企相比还缺乏市场竞争力，限制了优秀职业经理人的来源与发展。

对于目前的国有企业，既要走出中国特色的管理道路，同时又要应对国际竞争。如何吸引到战略发展所需要的优秀管理人才，成为当前国有企业人力资源管理最值得探究的重要课题。

思 考 题

1. 分析公共部门人力资源招聘与录用的流程环节与特点。

2. 结合我国的公务员招聘与录用制度，谈谈公共部门人力资源管理的价值取向。

3. 结合事业单位改革的背景，谈谈我国事业单位招聘与录用制度的发展趋势。

4. 试设计一个大型竞争性国有企业国际化招聘的策略方案。

第五章

选拔与晋升

本章导读

选拔与晋升作为组织管理和员工激励的有效途径，是公共部门人力资源管理的重要环节。本章以指导实践工作为出发点，立足相关法律法规及文件，围绕我国公共部门人力资源管理中的选拔与晋升制度，回顾总结了改革开放以来我国选拔与晋升制度的演变，重点阐述党政机关、事业单位以及国有企业的领导干部选拔任用的原则、标准、程序以及主要特点和趋势等，力求做到内容全面、情况准确。

第一节　选拔与晋升概述

一、选拔与晋升的相关概念

（一）选任、委任、聘任

公务员职务的任用有三种方式：选任、委任、聘任。选任制是通过选举产生的方式来确定任用对象的任用方式。委任制是指由任免机关在其任免权限范围内，直接确定任用人选，委派其担任一定职务。聘任制是指根据职位的资格条件要求，聘用特定人员在一定的任期内担任某一职务或承担某项工作，任期届满根据需要和受聘人的情况，可以续聘、解聘或辞聘。企事业单位较多地采用聘任制方式，近年来政府机关领导干部聘任制的比例也在逐渐增大。《干部任用条例》第 40 条规定，党政机关部门专业性较强的领导职务实行聘任制。聘任制领导职务的每一个聘任期不超过五年，可以连续聘任。根据 2000 年《关于加快推进事业单位人事制度改革的意见》，事业单位领导人员的选拔与任用，改革过去事业单位领导人员单一的委任制，在选拔任用中引入竞争机制。坚持党管干部原则，改进管理方法，对不同类型事业单位的领导人员，按照干部管理权限和一定程序，可实行直接聘任、招标聘任、推选聘任、委任等多种任用形式。

在地方领导干部的选拔与晋升中，聘任制是目前各地广泛推行的一种干部选拔任用方式。例如苏州市 2010 年出台的《关于进一步深化干部人事制度改革的若干意见》中明确提出，除特殊岗位外，凡提拔担任市级机关县处级副职干部，实行聘任制，党内职务实行任期制。聘期、任期一般为 3～5 年，试用期为半年或者一年，并根据具体情况适当调整首个聘期、任期的期限，使聘期、任期逐步与党委、政府届期接轨。①

(二) 公开选拔、竞争上岗

公开选拔面向社会进行。涉及国家安全、重要机密等特殊职位，不宜进行公开选拔。根据《公开选拔党政领导干部工作暂行规定》，公开选拔适用于地方党委、人大常委会、政府、政协、纪委工作部门或者工作机构的领导成员或者其人选，以及其他适于公开选拔的领导成员或者其人选。从职务层次看，公开选拔适用于厅局级正职以下领导职务。《公务员法》第 45 条规定：厅局级正职以下领导职务或者副调研员以上及其他相当职务层次的非领导职务出现空缺，可以面向社会公开选拔，产生任职人选。确定初任法官、初任检察官的任职人选，可以面向社会，从通过国家统一司法考试取得资格的人员中公开选拔。

竞争上岗主要经过制定方案、公布竞争职位与条件、公开报名、考试(笔试、面试)、民主测评、组织考察几个环节产生任职人选，然后按规定程序和干部管理权限择优任用干部。《公务员法》第 45 条规定：机关内设机构厅局级正职以下领导职务出现空缺时，可以在本机关或者本系统内通过竞争上岗的方式，产生任职人选。

二、选拔与晋升的基本原则

(一) 党管干部原则

作为我国干部工作必须始终坚持的一项根本原则，在领导干部的选拔与

① 苏祖. 领导干部职务实行聘任制——市委出台《关于进一步深化干部人事制度改革的若干意见》[N]. 苏州日报，2010-01-13.

晋升工作中强调坚持党管干部原则，实质是要保证党对干部人事工作的领导权和对重要干部的管理权。

（二）任人唯贤、德才兼备原则

这一原则是党的干部路线的集中体现和核心内容，是选拔与晋升领导干部的根本标准。

（三）群众公认、注重实绩原则

这一原则回答和解决的是干部由谁评价和如何评价的问题。坚持群众公认原则，就是要在干部的选拔与晋升工作中充分相信和依靠群众，把干部在群众中的公认程度作为考核干部的重要依据。坚持注重实绩原则，就是要在评价和选拔干部的过程中，把干部在履行岗位职责的实践中所取得的实际成效摆在考核评价的重要位置。

（四）民主、公开、竞争、择优原则

该原则从范围、对象、工作方法及程序等方面对公共部门领导干部选拔与晋升工作提出了原则性要求。具体来讲，“公开”是指选拔干部的范围、职位、条件、程序、规则、结果等都要在一定范围乃至向全社会公开；“民主”就是要把民主的要求贯穿于选人用人的全过程；“竞争”是指用统一的规则和标准、通过一定的竞争方式，在参与者平等地展示自身才能和优势的前提下，进行高低优劣的比较，变“伯乐相马”为“赛场竞马”；“择优”是指对竞争结果进行综合比较，权衡优劣性、合适性，实现选好人的目标。

（五）民主集中制原则

扩大民主是干部人事制度改革的基本方向，也是减少和避免用人上的失误、防止和纠正用人上不正之风的有效措施，体现在推荐、提名、考察、酝酿以及讨论决定等各环节，贯穿了干部选拔与晋升的全过程。

（六）依法办事原则

该原则包含两方面的内涵，首先是加强选拔与晋升工作本身的制度化、规范化，建立完善相关法律法规体系；其次是保证选拔与晋升的相关程序在法律法规的范围内活动。

三、选拔与晋升制度的重要意义

选拔与晋升是一个严格、复杂且难度较大的选人用人过程。坚持选拔与晋升的原则、规范选拔与晋升的标准、遵循选拔与晋升的程序、拓宽选拔与晋升的渠道、加强选拔与晋升的监督，是深化干部人事制度改革的重要环节，是确保选好人、用好人的关键。做好干部的选拔与晋升工作，具有以下几方面的重要作用和意义：

1. 关系到每个公共部门工作人员的个人发展，是干部人事制度的重要环节。做好干部选拔晋升工作，合理配备班子成员、优化干部队伍结构，决定着我国公共部门的管理能力和创新潜力。建立科学规范的干部选拔与晋升制度，是认真贯彻执行党的干部路线、方针、政策的制度保证。建设富有生机与活力、有利于优秀人才脱颖而出的选人用人机制，有助于推进干部队伍的革命化、年轻化、知识化、专业化建设，有助于保证党的基本路线的全面贯彻执行和建设中国特色社会主义事业的顺利发展。

2. 关系到公共部门人力资源的新陈代谢，是组织活力的重要来源。生命的活力在于新陈代谢，组织的活力在于组织人力资源的流动。公共部门的干部队伍能否充满生机活力，建设发展能否与时俱进，不仅关系到公共部门及其事业的长远发展，更关系到党和国家的长治久安。选拔与晋升带来的人员职务变动，是公共部门人力资源流动的重要方面。通过选拔与晋升，下一级的人员向上一级领导岗位流动，推动组织的新陈代谢。

3. 关系到干部个人的成长和发展，是重要的激励手段。选拔与晋升不仅是公共部门人力资源开发与管理的关键环节，也是干部个人职业生涯发展的关键，是个人价值的实现手段。首先，选拔与晋升的方法与程序为干部个人的成长和发展指出了方向，激发出极强的成就感、责任感和事业感，从而促使其更加主动、自觉地奋发进取。其次，选拔与晋升的标准与条件，为干部个人能力和素质的提升指明了方向，他们能够从公共部门选拔与晋升职位的标准、条件、要求中找到自己的差距，做到缺什么、补什么，有效激发其围绕组织的公共服务目标提升能力、开拓工作。

四、改革开放以来我国公共部门选拔与晋升制度的沿革

1982 年的国务院机构改革，开启了改革开放后我国干部人事制度改革的序幕。在 1983 年的全国组织工作会议上，中央印发了《关于领导班子“四化”建设的八年规划》《关于领导干部管理体制若干问题的规定》和《关于建

立省部级后备干部的管理意见》。1993年颁布的《国家公务员暂行条例》，明确了“德才兼备、任人唯贤”的职务晋升原则，提出“注重工作实绩”的考核考察标准。1995年2月9日，中央出台并印发了《党政领导干部选拔任用工作暂行条例》，明确提出干部选拔任用的六大原则。

2000年，中央办公厅下发了《深化干部人事制度改革纲要》，对深化党政领导干部选拔任用制度改革、加强对党政领导干部和干部选拔任用工作的监督、改进国有企业领导人员选拔任用方式等三方面提出了改革要求，明确了深化党政领导干部选拔任用制度改革的10项重点。[①] 此外，改革纲要还就国有企业领导人员选拔任用方式的改革作了专门论述，提出实行产权代表委任制和公司经理聘任制，加快培育企业经营管理者人才市场。

2002年7月9日，中央正式颁布了《党政领导干部选拔任用工作条例》，对干部选拔任用的推荐提名、考核考察、酝酿讨论、任免、监督等各环节，作出了更加规范的程序性规定，形成了干部选拔任用工作的完整体系。2003年7月，中央出台了《党政领导干部选拔任用监督检查试行办法》，规范和加强了对党政领导干部选拔与晋升工作的全过程监督。

2004年4月8日，中共中央办公厅（中办发［2004］13号）同时印发了《公开选拔党政领导干部工作暂行规定》《党政机关竞争上岗工作暂行规定》《党的地方委员会全体会议对下一级党委、政府领导班子正职拟任人选和推荐人选表决办法》《党政领导干部辞职暂行规定》《关于党政领导干部辞职从事经营活动有关问题的意见》等五个文件。

2005年4月，十届全国人大常委会第十五次会议审议通过了《中华人民共和国公务员法》。这是我国50多年来干部人事管理的第一部总章程性质的法律，为干部选拔与晋升奠定了更高层次、更加完备的法律基础。

2009年9月18日，党的十七届四中全会通过了《中共中央关于加强和改进新形势下党的建设若干重大问题的决定》，在第五点中对“完善干部选拔任用机制”提出了九项具体要求。12月，中共中央办公厅下发了《2010—2020年深化干部人事制度改革规划纲要》，强调指出要在规范干部选拔提名制度，

① 10项重点包括：（1）完善民主推荐、民意测验、民主评议制度；（2）推行党政领导干部任前公示制；（3）推行公开选拔党政领导干部制度；（4）健全党政领导干部选举制度；（5）实行党政领导职务任期制；（6）实行党政领导干部任职试用期制度；（7）实行党政领导干部辞职制度；（8）进一步完善调整不称职、不胜任现职干部的制度和办法；（9）根据各类干部不同特点，建立和完善培养选拔妇女干部、少数民族干部、非党干部的相关制度；（10）修订《党政领导干部选拔任用工作暂行条例》，制定配套法规或实施细则，逐步形成党政领导干部管理的法规体系。

推行差额选拔制度，加大竞争性选拔干部工作力度，坚持和完善从基层一线选拔干部制度，扩大基层党组织领导班子成员公推直选范围，建立拟提拔干部廉政报告制度，深入整治选拔工作中的不正之风等方面取得突破性进展，涵盖10项重点难点任务中的7项。

2010年3月，中央办公厅印发了《党政领导干部选拔任用工作责任追究办法（试行）》，中央组织部同步出台了《党政领导干部选拔任用工作有关事项报告办法（试行）》《地方党委常委会向全委会报告干部选拔任用工作并接受民主评议办法（试行）》《市县党委书记履行干部选拔任用工作职责离任检查办法（试行）》，共同构成了事前要报告、事后要评议、离任要检查、违规失责要追究的监督链条，为提高选人用人公信度提供了制度保障。

2010年5月，第二次全国人才工作召开，进一步提出完善党政领导干部公开选拔、竞争上岗制度，探索公推公选竞争性选拔干部方式；规范干部选拔任用提名制度；推行和完善地方党委讨论决定任用重要干部票决制；建立组织选拔、市场配置和依法管理相结合的国有企业领导人员选拔任用制度，完善国有资产出资人代表派出制和选举制；健全事业单位领导人员委任、聘任和选任等任用方式等干部选拔与晋升工作的新目标、新任务。

总结近年来选拔与晋升的发展沿革、法律规定以及实践创新等可以发现，我国公共部门领导干部的选拔渠道不断扩宽，选拔方式不断多元，晋升标准不断规范，程序民主不断增强。

第二节　领导干部选拔与晋升

一、选拔与晋升的标准、条件及注意事项

（一）基本条件、任职资格的相关内容

严格选人用人的标准和条件，是选准人、用好人的前提。制定并坚持正确的选人用人标准，对于选准用好干部，配好配强班子，形成良好的用人导向具有重要意义。总体来讲，干部的选拔与晋升，坚持德才兼备、以德为先的用人标准。具体来看，在干部选拔与晋升中，干部个人应满足一定的基本条件以及相应的任职资格或是某些其他特殊条件（如破格提拔干部时）等。当前我国行政机关领导干部的选人用人标准和条件是明确的，《干部任用条例》对选拔任用党政领导干部提出六方面的基本条件和七点任职资格的规定。

根据《干部任用条例》的规定，选拔任用党政领导干部首先要具备以下六项基本条件：（1）具有履行职责所需要的马克思列宁主义、毛泽东思想、邓小平理论的水平，认真实践“三个代表”重要思想，努力用马克思主义的立场、观点、方法分析和解决实际问题，坚持讲学习、讲政治、讲正气，经得起各种风浪的考验；（2）具有共产主义远大理想和中国特色社会主义坚定信念，坚决执行党的基本路线和各项方针、政策，立志改革开放，献身现代化事业，在社会主义建设中艰苦创业，做出实绩；（3）坚持解放思想，实事求是，与时俱进，开拓创新，认真调查研究，能够把党的方针、政策同本地区、本部门的实际相结合，卓有成效地开展工作，讲实话，办实事，求实效，反对形式主义；（4）有强烈的革命事业心和政治责任感，有实践经验，有胜任领导工作的组织能力、文化水平和专业知识；（5）正确行使人民赋予的权力，依法办事，清正廉洁，勤政为民，以身作则，艰苦朴素，密切联系群众，坚持党的群众路线，自觉接受党和群众的批评和监督，做到自重、自省、自警、自励，反对官僚主义，反对任何滥用职权、谋求私利的不正之风；（6）坚持和维护党的民主集中制，有民主作风，有全局观念，善于集中正确意见，善于团结同志，包括团结同自己有不同意见的同志一道工作。

《干部任用条例》的规定对任职资格做了以下七方面的规定：（1）提任县（处）级领导职务的，应当具有五年以上工龄和两年以上基层工作经历；（2）提任县（处）级以上领导职务的，一般应当具有在下一级两个以上职位任职的经历；（3）提任县（处）级以上领导职务，由副职提任正职的，应当在副职岗位工作两年以上，由下级正职提任上级副职的，应当在下级正职岗位工作三年以上；（4）一般应当具有大学专科以上文化程度，其中地（厅）、司（局）级以上领导干部一般应当具有大学本科以上文化程度；（5）应当经过党校、行政院校或者组织（人事）部门认可的其他培训机构五年内累计三个月以上的培训，确因特殊情况在提任前未达到培训要求的，应当在提任后一年内完成培训；（6）身体健康；（7）提任党的领导职务的，应当符合《中国共产党章程》规定的党龄要求。

根据《公务员职务任免与职务升降规定（试行）》的规定，晋升职务，要求在规定任职资格年限内的年度考核结果均为称职以上等次。其中，晋升乡科级领导职务的公务员，应当符合下列资格条件：（1）具有大学专科以上文化程度；（2）晋升乡科级正职领导职务的，应当担任副乡科级职务两年以上；（3）晋升乡科级副职领导职务的，应当担任科员级职务三年以上；（4）具有正常履行职责的身体条件；（5）其他应当具备的资格。

晋升综合管理类非领导职务须具备下列任职年限条件：（1）晋升巡视员职务，应当任厅局级副职领导职务或者副巡视员五年以上；（2）晋升副巡视员职务，应当任县处级正职领导职务或者调研员五年以上；（3）晋升调研员职务，应当任县处级副职领导职务或者副调研员四年以上；（4）晋升副调研员职务，应当任乡科级正职领导职务或者主任科员四年以上；（5）晋升主任科员职务，应当任乡科级副职领导职务或者副主任科员三年以上；（6）晋升副主任科员职务，应当任科员三年以上；（7）晋升科员职务，应当任办事员三年以上。

对干部任职资格作具体规定，是实践标准在选拔与晋升过程中的必要体现。一个干部的资格和资历，通常反映其实践经验的多与少、深与浅。领导干部所担负的职责，要求其具有一定的驾驭复杂局面、解决实际问题的经验。如果没有一定的实际工作经验、没有在下一级领导岗位任职的经历，就很难胜任更高层次的领导职务。

（二）把握和执行选人用人标准及条件的注意事项

近年来，我国行政机关领导干部选拔与晋升中标准及条件的科学化程度不断提升，执行力度也提到了很大提升，有力地保证了选人用人的有效性和公信度。但在实践工作中，由于对标准理解和把握的偏差，出现一些选人用人标准偏移、执行变异等问题。科学有效地把握和执行选人用人的标准和条件，是坚持和落实正确的用人导向、彰显选人用人科学化、提升干部选拔任用公信度的重点。党委及人事部门工作人员在实际工作中要注意把握以下方面：

第一，在选人用人上要出于公心，坚持从推动党的事业科学发展以及干部队伍的健康成长出发，反对讲关系、凭好恶。要把事业需要、工作需求、岗位要求与促进干部成长、调动干部积极性有机结合起来，大力选拔那些坚决贯彻落实科学发展观，事业心强、作风过硬、实绩突出的干部；选拔那些讲学习、讲政治、讲正气，经得起各种风浪考验的干部；选拔那些踏实工作、不跑不要、不事张扬、注重为长远发展打基础的干部，尤其是选拔任用好“一把手”。

第二，在领导干部选拔任用的过程中，要始终坚持把握上文所阐述的关于干部选拔任用的六项基本原则，以党的事业发展及工作实际需要作为选人用人的根本出发点。负责选拔任用工作的相关同志，要打消一些思想顾虑，排除干扰阻力，对选拔任用的对象进行公道地评价、公平地对待、公正地选拔，防止出现迎合主要领导意图、怕得罪人的问题，做到执行政策不走样、坚持标准不降低、严格程序不变通、严明纪律不放松。

第三，要辩证地处理“德”与“才”的关系，防止德才兼备标准的片面化，既不能重用那些品德上有问题的“能人”，也不能重用那些能力素质不高的“老好人”，要对干部进行全面客观系统的评价。坚持德才兼备、以德为先的标准，具体来讲，包含两方面内涵。一是行政机关领导干部选拔任用必须把政治品质、道德修养、生活品行放在第一位，凡在“德”上不达标的，即使能力再强、水平再高也不能选拔重用；已经在领导岗位上的，也要坚决调整下来。二是在强调“以德为先”的同时，也不能放松对“才”的要求，要在坚持“德”的前提下，选拔任用那些有德有才的人。

第四，在领导班子配备上，要避免“重结构轻功能”的简单化。领导班子换届中，要避免把班子年龄、性别结构、民族构成等结构性要求作为降低选人用人标准的理由，坚决防止“为配结构而选干部”的现象。在年轻干部、女干部、非中共党员以及民主党派干部的选拔上不能降低标准。要杜绝对《干部任用条例》相关标准和任职资格理解和执行的绝对主义，对年龄、学历、资历等因素不能采取“一刀切”的做法。

【新闻摘录】

选拔人要公道

现在干部对选人用人最大的意见还是认为不够公道。这有两个原因，一是“僧多粥少”，期望提拔的干部多，而岗位职数总是有限的；二是确实有选人不公的现象，有看人没看准的，有讲个人感情关系、搞裙带之风的，还有跑官要官、买官卖官的。组织部部长讲公道，最重要的是选人用人要公道。要始终从党和人民事业需要出发，坚持因事择人，坚持好中选优，坚持优中选强，把最合适的人选放到所需要的岗位上去。要重用那些敢于坚持原则、敢于担当责任、敢于改革创新，埋头苦干、不搞歪门邪道的干部，树立正确用人导向。要深化干部人事制度改革，坚持民主、公开、竞争、择优，用制度和程序保证选人用人公平公正，提高选人用人公信度。选拔干部经常会遇到矛盾，改革是解开矛盾很好的钥匙。要敢为事业用人才，打破论资排辈、平衡照顾、求全责备等保守观念，大力培养选拔优秀年轻干部。要注意调动各个方面各个年龄段干部的积极性，让功有所得、苦有所值、疲有所安。在干部受委屈时，要为干部说公道话。

（节选自李源潮同志 2012 年 4 月 5 日与省委组织部副部长和市委组织部

部长任职培训班学员的座谈讲话. 人民网，2012-04-16.）

二、选拔与晋升的相关机制

建立科学管用的干部选拔任用机制必须紧紧抓住提名、推荐、考察、任用等环节，做到内容上完善、程序上规范、方法上创新、措施上配套，切实形成一套公开、公平、公正相统一，组织意图、群众意见、干部意愿相结合，干部品德、能力、资历与岗位相匹配的干部选拔与晋升机制。

（一）初始提名机制

提名是干部选拔任用的初始环节，初始提名是干部选拔任用工作进入民主推荐程序前的动议酝酿过程。近年来查处的用人腐败案件，很多涉及这一环节。建立健全主体清晰、程序科学、责任明确的干部选拔任用提名制度，要求在实践工作中必须合理界定干部任用提名主体，规范提名形式、提名程序，明确提名责任，防止在干部初始提名中个人或少数人说了算的问题，实现干部提名权的显性化和规范化。

一是要合理确定提名主体和适用范围。针对不同职位确定“谁有权提名”问题，既不能局限于少数人，也不能无限制延伸，必须在坚持扩大民主的基础上把握主体界限。在注重广泛性的同时，根据代表性、知情度和相关性原则，区分选任制、委任制的不同情况，科学界定提名主体和范围。二是要鼓励多种渠道推荐干部。坚持五湖四海，广开举贤荐能之路，拓宽党政干部选拔来源。三是要根据“谁提名谁负责”的原则，细化和落实提名责任。根据提名责任人失察失荐的主客观原因等，合理判定责任，既保护提名人的合法权益，又有效追究当事人的责任。四是要规范干部任用提名方式，重点规范领导干部特别是一把手的提名行为。五是要严肃查处拉票等违纪行为。正如李源潮同志所指出的，“解决拉票问题，一要堵，二要疏。‘堵’就是严明纪律，严肃查处，让拉票者得不偿失；‘疏’就是为干部搭建公开表达意愿和展示才华的平台，让‘老实人’有被大家了解认识的机会，让干部公平有序参与竞争”[①]。六是要建立署名提名制度，领导干部个人提名必须署名提交书面材料，介绍被提名人选的有关情况、提名理由，并申明与被提名人的关系等。

---

① 李源潮. 坚持民主公开竞争择优 推进干部人事制度改革［N］. 人民日报，2009-10-19.

(二) 民主推荐、民主测评机制

民主推荐是党委（党组）及其组织（人事）部门根据配备领导班子和选拔任用干部的需要，按照规定的条件、范围、程序和要求，组织有关方面人员参加的推荐领导干部人选的活动，民主推荐结果是确定考察对象的重要依据之一，《干部任用条例》第10条规定，选拔任用党政领导干部，必须经过民主推荐提出考察对象。

合理划定民主推荐、民主测评参与人员的范围，是做好民主推荐工作的首要环节。在实际工作中要根据知情性、代表性和相关性的原则，从“管他的”“他管的”和“他所服务的”三方面全方位选定参加人员。《干部任用条例》规定了民主推荐和民主测评参加人员的基本范围，在实际工作中考察组应根据单位具体情况、拟推荐职业以及测评对象的不同，以知情度为准则，确定不同的人员范围，避免出现由单位自行划定参加民主推荐、民主测评人员范围的情况。

在合理把握参加民主推荐、民主测评人数方面，要注意并非参加的人员越多越好。人员过少，可能会出现难以克服的感情色彩、个人好恶等因素的干扰；相关人员过多，也会出现部分人不了解情况的问题。应以保证覆盖面、同时避免不相干人员参与为原则，在注重广泛性、代表性的同时，分层次、分类别地选择与民主推荐对象工作联系紧密、了解较深的人员参加。

在民主推荐结果的运用上，要把尊重民意和不简单以票取人辩证统一起来，对得票情况作具体、全面的分析。在实际工作过程中，可能出现推荐结果与组织掌握的情况相差很大，或是干部群众推荐结果与领导班子推荐结果相差很大的情况。对于这些特殊情况，各级党委和组织人事部门要对民主推荐票数进行科学定位，正确运用民主推荐结果，坚持把得票情况作为确定考察对象的重要依据，但同时也要避免“简单地以票取人”，一方面防止误用不讲原则、不负责任的“老好人”，另一方面防止错失那些敢于讲原则、容易得罪人的干部。

(三) 干部考察机制

干部选拔与晋升过程的考察是按照特定程序和方法，对民主推荐确定的考察对象进行全面了解和公正评价的过程，考察结果是干部的选拔与晋升的重要依据。在干部选拔与晋升的实际工作过程中，要重点解决好考察的程序、标准、办法等问题。

一是严格执行干部考察工作程序。根据《干部任用条例》以及关于干部选拔任用工作的有关规定要求，干部考核评价工作已经形成了比较完整的工作制度体系，在确定考察对象、进行考察预告以及丰富考察内容等方面都作出了具体规定。从中央和各地的有关规定来看，干部考核评价工作基本包含以下 10 个步骤：(1) 发布考察预告；(2) 召开民主推荐大会；(3) 进行个别谈话推荐；(4) 确定拟提拔人选考察对象；(5) 进行个别谈话；(6) 对拟提拔人选进行深入考察；(7) 民意调查；(8) 实绩分析；(9) 征求纪检和审计部门意见；(10) 综合考评。

二是完善考核评价标准。根据《干部任用条例》第 21 条的规定，考察党政领导职务拟任人选，必须依据干部选拔任用条件和不同领导职务的职责要求，全面考察其德、能、勤、绩、廉，注重考察工作实绩。围绕不同层次、不同类型领导职务职责的具体要求，各地、各部门要制定充分考虑地域差异、城乡差异、部门差异的考核内容，形成符合本地、本单位特色的具体量化考核指标体系。此外，还要结合制定《领导班子工作目标责任书》和《领导干部岗位职责说明书》，探索建立领导班子和领导干部工作目标责任制和岗位职责规范，使考评结果能较好反映领导班子和领导干部的工作实绩。

三是优化干部考核评价方式方法。《干部任用条例》规定，考察采取个别谈话、发放征求意见表、民主测评、实地考察、查阅资料、专项调查等方法。当前干部考核评价的方式方法比较单一，重点大都在临时性、突击性的考察上。今后要坚持经常考核与定期考核相结合，加强对干部的经常性考察，建立以平时考核、年度考核为基础，以换届考察、任前考察为重点，将平时考核、年度考核与任前考察、届中届末考核结合起来，增强考核的全面性和准确性。要充分运用巡视、审计、统计结果和部门（行业）专项考评结果，完善民意调查、实绩分析等方法，落实领导干部任用延伸考察办法，全面客观地考核评价干部。

【阅读参考】四川省遂宁市实施对行政干部“三票制”、事业单位干部“四票制”综合考评和民主推荐干部

对行政干部用“三票制”综合考评选人，目的是承认单位领导班子成员的发言权，但不是仅由少数人说了算；承认服务对象的发言权，但也不完全是服务对象说了算；承认身边干部的发言权，但也不完全是身边干部说了算。“三票制”就是让管人和管事有机结合在一起，A 票是党内民主票，投票者是上级分管领导、本单位一把手和班子成员，占一定权重；B 票是党内群众民主票，投票者是身边的干部，过去传统的做法是只让身边的干部说了算，上级领导视同身边的干部，只有相等的一票，这不太合理，应根据干部群众的不同和干部群体数量的多少设置B票权重；C票是社会基层民主票，投票者是服务对象，根据服务对象的特点和数量设置C票的权重。把A票、B票、C票的得票情况分别乘以相应的权重，得到总分数。事业单位干部的“四票制”指的是在“三票制”的基础上加上D票，即事业单位干部提出自己的一票，说明自己的业绩和能力。

三、公开选拔

（一）公开选拔的范围、程序和要求

1. 公开选拔的适用范围

根据《公开选拔党政领导干部工作暂行规定》的规定，有下列情形之一的，一般应当进行公开选拔：（1）为了改善领导班子结构，需要集中选拔领导干部；（2）领导职位空缺较多，需要集中选拔领导干部；（3）领导职位出现空缺，本单位无合适人选；（4）选拔专业性较强职位和紧缺专业职位的领导干部；（5）其他需要进行公正选拔的情形。此外，考虑到选拔一些层次较高的专业技术类非领导职务人选的需要，《公务员法》中规定，副调研员以上及其他相当层次的非领导职务出现空缺，也可以公开选拔。

概括起来看，在公开选拔适用范围的把握上，要注意：从对象上看，公开选拔面向社会进行；从职务层次看，公开选拔适用于厅局级正职以下领导职务；从保密工作考虑，涉及国家安全、重要机密等特殊职位，不宜进行公开选拔。

2. 公开选拔的基本程序

公开选拔工作的主要程序包括：一是公布公告；二是组织报名与资格审查；三是组织统一考试；四是组织考察，研究提出人选方案；五是党委（党组）讨论决定；六是办理任职手续。与竞争上岗不同的是，公开选拔没有将民主测评列为主要程序，这与公开选拔人选来自于不同的地方和单位有关，但在考察中也要发扬民主，广泛听取人选所在单位的群众意见。在实践工作中，为了更好地开展干部公开选拔工作，保证公开选拔的公开、公正、公平、有效，要注意把握好以下方面：

（1）公开选拔的报名不得越两级报名。

(2) 经资格审查合格参加公开选拔笔试的人数与选拔职位的比例一般不低于 10：1。

(3) 公开选拔的统一考试包括笔试及面试。笔试、面试依据《党政领导干部公开选拔和竞争上岗考试大纲》命题。试题一般从全国领导干部考试通用题库以及经认定合格的省级组织部门题库中提取。

(4) 笔试分为公共科目考试和专业科目考试，主要测试应试者对领导干部应具备的基本理论、基本知识、基本方法和专业知识的掌握程度，特别是运用理论、知识和方法分析解决领导工作中实际问题的能力。

(5) 根据笔试成绩，从高分到低分确定面试人选。面试主要测试应试者在领导能力素质、个性特征等方面对选拔职位的适应程度。面试人选与选拔职位的比例一般为 5：1。

(6) 面试由面试小组负责考试和评分。面试小组由有关领导、专家、组织人事干部等人员组成，一般不少于 7 人。同一职位的面试一般由同一面试小组负责考试和评分。面试小组中必须有熟悉选拔职位业务的人员。面试小组成员要实行回避制度。面试前应当对面试小组成员进行培训。

(7) 根据笔试、面试成绩确定应试者的考试综合成绩。笔试、面试成绩和考试综合成绩应当及时通知应试者本人，并在适当范围内公开。根据考试综合成绩，从高分到低分确定考察人选。考察人选与选拔职位的比例一般为 3：1。

(8) 组织（人事）部门对考察对象的德、能、勤、绩、廉进行全面考察，对是否适合和胜任选拔职位作出评价。注重考察工作实绩和群众公认程度。

(9) 实行考察预告制。将考察对象的简要情况、考察时间、考察组联系方式等，向考察对象所在工作单位或者向社会进行预告。

(二) 公开选拔面临的问题

目前公开选拔制度正处于不断深化的发展阶段，实践中存在以下突出问题：

1. 职位分类与资格准入问题

职位确定与资格准入是公开选拔的初始环节，关系公开选拔的选才范围、选才标准与选才目的等指向维度的确定。由于职位确定的随意性、不科学性，极易导致职位选拔范围的灵活性缺失，出现“报名荒”与“报名热”两头不均的问题。在资格条件方面，目前一些地方对报考者的年龄、学历、资历等自然条件要求过高，基本采取“一刀切”。尤其是，片面夸大年轻化、知识化，把参选者的自然条件作为公开选拔的主要标准，导致一些实践经验丰富，适合从事领导工作而学历低的实干人才被埋没，客观上容易造成新的“机会不平等”。

2. 考试测评的方法与技术问题

从人力资源管理角度看，公开选拔制度的核心是人才测评方法与技术。然而，目前对公开选拔的测评内容、测评程序、测评指标等一系列问题还缺乏统一的标准和清晰的依据。在考试测评的方法上，成绩权重计分方法有待科学改善。现在很多地方都采用“淘汰制”，即逐轮淘汰考试排名靠后的应试者，如果处理得不好，很容易导致“唯考是举”“会考不会干”等现象，形成“干得好不如考得好”等错误思想导向。此外，在考试内容上，目前的试题内容仍存在指向性、针对性不强，试题与本地实情、岗位要求相差悬殊的问题。

【案例研究】

2008年12月，云南省委决定在全省范围内公开选拔一批40岁以下的副厅级党政领导干部和省属国有企业经营管理人员。经云南省公选办复审，有464人取得考试资格，最终有34名干部胜出，其中就有出生于1973年的阮凤斌。2009年5月20日，经昆明市人大常委会表决通过，36岁的阮凤斌正式获任昆明市人民政府副市长职务，成为昆明首位“70后”副市长。

四、竞争上岗

竞争上岗制度是对传统干部选拔任用制度的改革与完善。从论资排辈到竞争上岗，是我国公共部门选拔与晋升制度的一项重大改革和创新，为优秀人才的脱颖而出提供了平等开放的舞台。

（一）竞争上岗的适用范围和工作程序

根据《党政机关竞争上岗工作暂行规定》的规定，竞争上岗主要适用于选拔任用中央、国家机关内设的司局级、处级机构领导职务，县级以上地方各级党委、人大常委会、政府、政协、纪委、人民法院、人民检察院机关或者工作部门的内设机构领导职务。涉及重要机密和国家安全的职位，按照法律、法规不宜公开竞争的职位，不列入竞争上岗的范围。与公开选拔不同，竞争上岗在本单位或者本系统进行，就是说，人选范围限于本单位、本系统。从职务层次看，竞争上岗适用于司局级正职以下领导职务。从保密工作考虑，涉及国家安全、重要机密等特殊职位，不宜进行竞争上岗。

竞争上岗坚持考试与考察相结合，坚持个人意愿与组织安排相结合。竞争上岗的主要程序包括：一是要制定并公布实施方案；二是组织报名与资格审查；三是进行笔试、面试；四是民主测评、组织考察；五是党委（党组）讨论决定；六是办理任职手续。从竞争上岗的实践工作来看，做好竞争上岗工作，保证公开选拔的公开、公正、公平、有效，要注意把握好以下方面：

1. 报名参加竞争上岗的人员，自愿填报竞争职位。在报名过程中，应当允许报名人员查询各职位报名情况，报名人员可在规定时间内调整所报职位。仅有个别人报名，形不成有效竞争的职位，可不列入本次竞争上岗的范围，允许报考该职位人员改报其他职位。

2. 竞争上岗应当进行笔试、面试并量化计分。笔试、面试可依据《党政领导干部公开选拔和竞争上岗考试大纲》命题。笔试、面试结束后应将成绩通知本人。

3. 面试由面试小组实施，一般由本单位领导、干部（人事）部门和相关单位领导及专家组成，一般不得少于7人，其中外单位人员应占一定比例。

4. 对竞争上岗人员应当进行民主测评并量化计分。民主测评结果应当通知本人。民主测评主要对竞争者的德才表现及其对竞争职位的适应程度进行评价。参加民主测评的人数必须达到应参加人数的80%以上。

5. 笔试、面试成绩和民主测评结果应当按照一定比例计入总分，依据总分高低，按照一定比例择优确定考察对象并公布名单以及最低入围分数。

6. 参加竞争的人数较多时，可通过逐轮遴选的方式择优确定考察对象。采用逐轮遴选方式，应当公布每轮遴选入围者的名单以及最低入围分数。

7. 确定考察对象时，可适当考虑竞争者的资历、学历（学位）及近年来年度考核情况等因素。对民主测评分数过低的人员，可不列为考察对象。列入考察对象的人选数，应当多于竞争职位数。

（二）实行竞争上岗的特点及意义

总结近年来竞争上岗工作的发展概况，主要有以下几个特点：

1. 竞争上岗力度不断加大，规模和层次不断提高。一方面，竞争上岗的规模越来越大。2011年，90%的中央国家机关和参照公务员法管理单位开展了竞争上岗工作。[①] 另一方面，实行竞争上岗的机关层次、职务层次不断提高。2009年，质检总局一次性拿出20个副厅级职位，组织竞争上岗。

---

① 我国去年9成国家机关开展竞争上岗［N］. 京华时报，2012-01-13.

2. 竞争上岗的制度体系日臻完备，制度化、科学化程度不断提升。我国于20世纪80年代对公务员竞争上岗进行了初步探索。90年代随着《国家公务员暂行条例》《党政领导干部选拔任用工作暂行条例》和《关于党政机关推行竞争上岗的意见》等法规文件的颁布施行，竞争上岗在全国范围内逐步推开。2004年，中办印发《党政机关竞争上岗工作暂行规定》，标志着竞争上岗工作迈上制度化、科学化、规范化轨道。2006年1月1日，《公务员法》的施行为竞争上岗工作的开展提供了法律依据。此外在实践中，各地各部门根据各自实际，也不断完善竞争上岗相关制度。北京、湖北、湖南、四川、贵州、浙江、云南、福建、甘肃、海南、天津等十几个省区市制定了本地竞争上岗办法。

3. 竞争上岗的具体操作逐步规范，方法和程序越来越成熟。近年来，在中央公务员主管部门的推动下，在各地各部门组织下，竞争上岗逐渐步入规范化轨道。一方面，竞争上岗的程序设计不断规范和细化；另一方面，各地各部门不断加大对竞争上岗工作的调查研究，着力思考和创新竞争上岗中的重点难点问题。例如，吉林省吉林市每次考试都准备几套不同的题本，考前抽签决定用哪一套；工商总局在笔试中加入工商行政管理理论和全国工商行政管理工作会议内容，面试增加岗位适应性试题。

总之，竞争上岗制度的实行，引入了竞争择优机制，打破了论资排辈，保证了公开平等。这种坚持德才兼备、注重实绩标准的职务晋升方式，对引导树立正确的用人导向，优化干部队伍结构起到了很好的作用。作为公务员选拔任用的重要渠道，竞争上岗制度科学设置笔试、面试、民主测评、组织考察等环节，按照一定的比例量化分值，提高了选人用人的公正性和科学性，实现了让“想干事的有机会”“会干事的有舞台”“干成事的有位置”的用人目标，为公务员施展才华和能力创造机会、搭建舞台。通过竞争上岗，选拔了一大批年龄轻、文化程度高、业务能力强、群众基础好的中层领导干部，优化了干部队伍的年龄、文化、专业结构，改善和提高了干部队伍的综合素质，较好地解决了以往任用制度中存在的论资排辈所带来的年龄结构老化、知识结构不合理等问题，一批政治思想和业务素质高、精力充沛的优秀年轻干部走上中层领导岗位，成为各单位的重要业务骨干。

（三）竞争上岗面临的问题

近年来，竞争上岗工作取得了很大的成绩，但在发展过程中仍存在进展不够平衡、操作不够规范、标准不够全面等问题。在进展方面，表现出地区推进不平衡以及职位层次不平衡的问题。虽然目前我国地方各省市均不同程度地开展了竞争上岗工作，但有的省市仅仅是在机构改革期间开展了这项工作，缺乏延续性。目前实行竞争上岗的职位多限于内设机构的中层职位，部门领导职位的公开竞争比例较少。

在操作方面，部分地区和部门存在对竞争上岗方案执行不严肃、任意省略或更改规定程序等情况；有些地方和部门测试的形式和内容不够科学合理，没有很好地体现竞争职位对竞争者能力、素质的要求，难以测试出竞争者的真实水平。在考试和面试方面，竞争上岗也同样面临与公开选拔一样的问题。

在选人标准方面，存在片面“以分取人”“以票择人”“以组织考察定人”和过于强调资历等问题。一方面，有的地方和部门仅仅根据参加竞争人员民主测评的得票多少来确定任用的人选，把竞争上岗混同于民主选举，放弃了工作主动权；另一方面，也有的地方和部门在实施竞争上岗时不注意充分听取群众意见，不把群众是否拥护作为选拔任用干部的重要依据，而只是把民主测评作为若干测评指标中的一项，甚至得不到多数群众拥护的干部也被提拔任用。此外，对基层行政事业单位而言，受编制和岗位数量所限，在实践中难以形成有效竞争。这已经成为县（市、区）党政机关、乡镇机关开展竞争上岗的难点。

应该看到，竞争上岗作为一项新的选人用人办法，来自于实践，指导着实践，同时又需要实践的检验和认可，并在实践中不断丰富、发展和完善。因此，必须在大力推进这项改革的同时，切实加强对工作规律性的研究，发现新情况，提出新办法，解决新问题，使之不断规范和完善。规范竞争上岗的运作程序，对竞争上岗的程序，各个具体环节如何操作都作了明确、具体的规定，并要求严格按照《党政机关竞争上岗工作暂行规定》进行操作，不得随意更改或省略程序。

第三节 国有企业领导干部选拔与晋升

一、国有企业领导干部选拔与晋升制度的发展

国有企业领导干部是我国干部队伍的重要组成部分，改革和完善国有企业领导人员选拔任用办法，是深化我国干部人事制度改革的重大任务。新中国成立以来，伴随着经济体制和国有企业改革步伐的推进，我国的国有企业领导干部选拔任用经历了不断改革和完善的过程。

由于政治和经济形势的需要，新中国成立初期，国有领导干部的选拔任用工作统一由党中央和各级党委负责，直接委派干部接收企业和领导企业。这一做法，有效地保证了这一时期各项政治任务的完成，促进了国民经济的迅速恢复和发展。

从第一个“五年计划”到“文化大革命”前夕，党和国家先后颁布了一系列涉及国有企业领导干部选拔任用工作的法规和文件，建立起在中央及各级党委统一领导下，各级党委组织部统一管理的分部分级管理制度，明确提出“下管两级”的干部管理体制。我国国有企业领导干部选拔任用工作逐步走向制度化、规范化。然而，从1966年到“文化大革命”结束的这段时期，受整个政治环境的影响，中央和地方各级人事部门均受到严重冲击，刚刚建立形成的国有企业领导干部选拔任用制度处于消滞状态。

党的十四届三中全会提出建立现代企业制度以来，国有企业领导干部选拔任用制度改革的深度不断加大、进度不断加快。1995年8月，《关于加强国有企业领导班子建设的意见》（组通字［1995］27号）的第四点中提出：要按照公开、平等、竞争、择优的原则选拔企业领导人。各级党委、政府要解放思想，广开进贤渠道，大胆选拔三四十岁、群众公认的优秀人才进领导班子。要改变单一的委任制方式，根据企业的不同情况，采取委任、聘任、选举、招标、考任等多种形式，不拘一格选拔人才。2000年，党中央批准颁发的《深化干部人事制度改革纲要》提出：深化国有企业人事制度改革，以建立健全适合企业特点的领导人员选拔任用、激励、监督机制为重点，把组织考核推荐和引入市场机制、公开向社会招聘结合起来，把党管干部原则和董事会依法选择经营管理者以及经营管理者依法行使用人权结合起来，完善体制，健全制度，改进方法，建立起社会主义市场经济体制和现代企业制度相适应的国有企业领导人员管理制度，形成具有生机和活力的选人用人新机制。2002年，党的十六大进一步强调要“探索和完善党政机关、事业单位和企业的干部人事分类管理制度”。党的十七大进一步明确提出，“完善适合国有企业特点的领导人员管理办法”。此后，党中央、国务院对深化国有企业人事制度改革和加强国有企业领导班子建设作出了一系列重要部署。

2009年12月，中共中央办公厅、国务院办公厅印发了《中央企业领导人员管理暂行规定》（以下简称《管理规定》）。《管理规定》着眼于建设“政治素质好、经营业绩好、团结协作好、作风形象好”的领导班子，对健全和发展国有企业领导干部选拔任用、考核评价和激励约束机制发挥了重要作用，是中央企业领导人员管理的基本规章。《管理规定》的制定和出台，是推进我国国有企业领导人员管理工作的科学化、制度化、规范化的重要里程碑。根据《管理规定》第一章的内容，选拔任用管理中央企业领导人员应遵循的原则是：（1）党管干部的原则；（2）依法选任的原则；（3）德才兼备、注重实绩的原则；（4）公开、平等、竞争、择优的原则；（5）组织选拔与市场化选聘相结合的原则；（6）激励与约束相统一的原则。

二、国有企业领导干部选拔与晋升的主要方式

《干部任用条例》没有对国有企业领导干部的选拔任用作出适用性规定。根据中共中央组织部《关于〈党政领导干部选拔任用工作条例〉若干问题的答复意见（一）》的规定："中央金融机构（不含中国人民银行、中国银行业监督管理委员会、中国证券监督管理委员会、中国保险监督管理委员会等机构）和国有重要骨干企业领导人员的管理，较之党政机关领导干部的管理在某些方面有其特殊性，《干部任用条例》对中央金融机构和国有重要骨干企业领导人员的选拔任用工作，是否参照执行没有作出明确规定。但是，考虑到中央金融机构和国有重要骨干企业不同于一般企业，《干部任用条例》的基本原则和基本要求，对其领导人员的管理也是适用的。"从《答复意见》的有关表述来看，国有企业领导干部的选拔任用基本可以参照《干部任用条例》中关于选拔任用的相关规定，但并没有硬性规定必须严格参照机关党政领导干部选拔任用的方法和程序，可以根据国有企业自身的特点和发展需要，在选拔方法、程序等具体做法方面有所创新。从《干部任用条例》以及《管理规定》等有关法律法规的规定，以及国有企业领导干部选拔任用实践来看，目前我国国有企业领导干部的选拔任用主要有以下几种方式：

一是竞争上岗。竞争上岗是目前国有企业从内部选拔领导干部的主要方式，是指通过差额竞争的方式产生企业领导人员，它主要适用于在企业和集团内部产生主要领导人员和经理层推荐人选。国有企业领导干部竞争上岗的具体操作程序由上级主管部门或企业董事会决定。从实践看，目前国有企业领导干部竞争上岗的程序等基本参照《干部任用条例》的有关规定。采用竞争上岗方式选拔任用国有企业领导干部，打破了单一的上级委任制。通过竞争性选拔，为国有企业内部人员打开了信息公开、平等竞争的职务晋升通道，有利于有效激发人才的积极性，为国有企业在人才自由流动的格局下留住人才。

二是公开招聘。这种方式是指面向社会（海内外），通过公开竞争的方式选拔国有企业领导人员。公开招聘一般由上级主管部门统一组织进行。2003

年 7 月，国务院国有资产监督管理委员会成立仅 4 个月，就选择了中国联合通信有限公司等 6 户中央企业的 7 个高级管理职位面向海内外公开招聘。2008 年，中组部、国务院国资委首次面向全球公开招聘国有重要骨干企业的总经理，职位包括 3 名总经理，10 名副总经理或副院长，行业涵盖电力、冶金、机械、电子、化工、商贸等多个国民经济重要行业和关键领域。公开招聘工作要按照公开报名、资格审核、统一考试、体检与考察、决定聘用等程序进行，招聘的程序和办法基本如下：

1. 发布公开招聘公告。招聘公告要对公开招聘的职位、适用对象、资格要求、招聘程序等作出具体规定。招聘公告通过中央、省市等主要新闻媒体对外发布，同时在企业官网或招聘网站进行链接。

2. 接受报名并进行资格审查。用人单位按照职位任职条件及资格要求，对参加报名的人员进行资格审查，并将审查结果通知反馈其本人。通过资格审查的报名人员进入考试程序，如同一职位通过资格审查的人数少于一定数量（一般规定为 6 人），可取消该职位的公开招聘计划。

3. 考试测评。对通过资格审查的人员进行考试测评，考试一般包括笔试和面试，目前有的国有企业在公开招聘的过程中还引进了综合素质测评等国内外前沿的测评方法，突出考察应试人员的综合素质和履职能力。

4. 体检和考察任用。按考试测评综合结果排名，确定体检与考察人员名单。拟用人选确定后，在媒体进行公示。公示期结束后，依照《公司法》等有关规定办理任用手续。对公开招聘的领导干部实行试用期制度。

三是市场化选聘。市场化选聘是指国有企业委托人才中介组织遴选并推荐经营管理人才，从中择优选聘经营管理者。这种方式一般适用于选拔经理层人选，具体操作程序由企业用人部门和与人才中介组织协商议定。例如，2003 年，新成立的深圳市地铁有限公司营运分公司通过“深圳市高级经理人才评价推荐中心”（即通常所说的“猎头公司”[①]）选聘蒋维彬[②]就任总经理一职。通过市场化方式选拔国有企业领导干部，有利于发挥市场在人力资源配置方面的高效性，同时，开放的市场也极大地扩展了国有企业选人用人的视野，有利于国有企业根据现实发展实际，吸引和造就高素质的国有企业领导干部队伍，推动企业又好又快发展。

---

① 所谓“猎头公司”是指专事搜寻并向用人单位推荐高级专业人才的人才中介服务机构。

② 蒋维彬原来在铁道部系统工作，后来参与了上海地铁的建设，30 多岁就成为上海地铁公司客运处的负责人，具有丰富的地铁运营管理经验。

三、三类公共部门选拔与晋升制度的比较

国有企业作为一种生产经营组织形式同时具有营利法人和公益法人的双重角色，在其追求国有资产的保值和增值的同时，还起着调节国民经济发展目标的作用。国有企业的兼具政治属性和经济属性的特殊性，赋予了其在领导干部选拔任用的方式、程序、标准等方面有别于党政机关和事业单位领导干部的特点和要求。比较行政机关、事业单位以及国有企业选拔与晋升制度，有四个明显的特点。

（一）行政事业单位选拔与晋升的竞争机制不断加强，比重越来越大

随着我国机关企事业单位干部管理体制改革的深入，公开、民主、竞争、择优原则在公共部门领导干部选拔与晋升的实践中得到了不断落实和深入发展。公开选拔和竞争上岗已经成为我国机关事业单位选拔任用领导干部的主要方式。在一些地方、部门中，竞争上岗已成为选拔任用公务员的一种常态方式。据了解，到2015年，我国通过竞争性方式晋升公务员的比例每年将不低于1/3。今后，在竞争性选拔的机制设计中，要突出岗位特点，针对行政机关、事业单位、国有企业不同的部门属性，制定原则统一、体现各自特点的程序和方法。

（二）从基层选拔党政领导干部的力度不断增强，职位层次越来越高

在行政机关领导干部选拔与晋升中，由于有多岗位工作经历和基层工作经验方面的优势，近年来来自基层一线的年轻干部正越来越受到上级领导机关的“青睐”。党的十七大报告指出：“要格外关注长期在条件艰苦、工作困难地方工作的干部，注重从基层一线选拔优秀干部充实到各级党政领导机关。”从基层选拔优秀干部到各级党政机关，要以培养基层干部为出发点和落脚点，必须充分考虑激发基层干部的工作积极性，严格选拔程序，明确选拔要求，确保每一个候选干部都能有平等的机会。在选拔标准上，要注重民意，倾听民声，让基层群众参与到干部选拔工作中来，要把群众的意见作为选拔优秀基层干部的重要依据。

【新闻摘录】

广东从工人农民中选拔公务员

广东省从工人、农民中选拔250名基层公务员和事业单位职员的笔试，

31日上午将在该省21个地级以上市同步进行。这是继去年从外来务工人员中考录基层公务员之后的又一次新探索。据了解，250个职位共有3.38万工人、农民报名，竞争选拔比例为135：1。其中外来务工人员1.56万人竞争120个职位，本地工人、农民1.82万人竞争130个职位。报名人员中，25岁以下的占28.5%、26～30岁的占50.4%、31～35岁的占20.1%；高中学历的占20.9%、大专学历的占42.1%、大学学历的占36.1%、研究生学历的占0.8%。广东省委组织部介绍，该省、市公务员主管部门和考务机构通过网络实现快速联系，统一政策、统一操作、统一步调。21个市同步实现网络报名，有的市还在工农集中的地方上门设点，敞开接受报名。报名不收取个人任何费用。

（节选自人民日报，2011-07-31.）

（三）国有企业领导干部的市场化选聘力度逐步加大，选聘方式不断创新

随着市场经济的发展和国有企业改革的深化，近年来我国国有企业领导选拔市场化、职业化趋势日益增强，人才市场化选拔的共识基本形成。随着现代企业制度的建立，市场机制在选拔任用国有企业领导干部中的作用将日益加深，市场化选聘的比重也将日益增加。随着市场化选聘力度的不断加大，选聘方式也不断创新。通过"猎头公司"等新型的市场化人才选聘载体选拔国有企业领导干部，已经不再是新闻。要建立全国统一的经营者人才市场，打破人才部门所有，条块分割，形成一个人才资源供给、需求完整的体系。通过制定制度和规定，明确人才中介服务机构的职能、申办条件、服务范围、职业道德定位、责任处罚以及鼓励经营者流动的规定等办法，从而推动人才的有序流动。

（四）国有企业领导干部选拔与晋升的标准体现企业经营管理的要求与特点

与行政事业单位相比，国有企业最大的差异在于，它是依法自主经营、自负盈亏、独立核算的商品生产经营单位，是社会主义市场经济的市场主体。因此，对国有企业领导人员的选拔任用必须从办好企业的角度考察干部人选，注重其经营管理能力。党的十六大和党的十六届二中、三中全会强调，深化国有资产管理体制改革，建立中央政府和地方政府分别代表国家履行出资人职责，享受所有者权益，权利、义务和责任相统一，管资产与管人、管事相结合的国有资产管理体制，国务院和省市两级地方政府均建立了国有资产管

理委员会，代表政府行使国有资产出资人的职责，管国有资产，管国有资产出资人的人，管国有资产保值增值的事。今后国有企业将逐步加快培养适应市场竞争需要的高素质职业经理人队伍。

思　考　题

1. 党管干部原则的基本内涵是什么？结合工作实践，谈谈你对党管干部的认识。

2. 结合工作实践，谈谈你对近年来我国行政机关领导干部选拔与晋升制度改革趋势及问题的理解和体会。

3. 结合本章案例，谈谈你对公开选拔制度作用及意义的认识。

4. 你认为在目前我国行政事业单位领导干部竞争上岗制度中，较为突出的问题有哪些？谈谈你的意见和建议。

5. 与行政事业单位相比，国有企业领导干部选拔任用有哪些特点？谈谈我国国有企业领导干部选拔任用中存在的问题以及改进建议。

第六章

配置与流动

本章导读

公共人力资源配置就是将公共部门的公职人员与工作岗位有机地结合起来，实现人与事的有机结合，它是公共人力资源管理的重要环节。同时，合理的流动可以实现人力资源的最优化配置，做到事得其人、人得其位。本章对公共部门人力资源配置、流动的主要内涵、重要意义以及我国公共部门人力资源配置的制度状况和主要特点进行了阐述；介绍了公共部门人力资源轮岗、挂职、调任、转任、军转安置、辞职、辞退与解聘等主要做法。

第一节　配置与流动概述

一、公共部门人力资源配置

公共部门人力资源配置是指通过一定的程序和手段将公共部门的人力资源与工作岗位有机地结合起来，实现事得其人、人得其位。

（一）公共部门人力资源的配置内容

公共部门人力资源配置包括宏观和微观两个方面。人力资源的宏观配置是一种整体配置和外部配置，是指劳动者与公共部门之间的合理配置。其配置方式有三种：第一种是计划配置，是指有关行政职能部门通过制订人力资源计划，在一定范围内对社会人力资源进行统一调配的过程；第二种是市场配置，是指通过市场供求机制、价格机制和竞争机制的作用，自动调节人力资源供求关系，实现劳动者与公共部门之间的有效配置；第三种是计划与市场相结合的配置方式，是指政府采取两种配置手段，即“看得见的手”和“看不见的手”并用，在发挥市场配置人力资源基础性作用的同时，加强政府宏观调控，实现两种方式功能互补，促进人力资源的有效配置。

人力资源微观配置指的是公共部门内部人员与岗位之间的合理配置，这种配置主要考虑两个问题。一是人员和岗位之间的数量关系。人员与岗位数量应该匹配，人岗数量不匹配，会导致人手不足或人浮于事，都会对组织发展造成不利影响。二是人员和岗位之间的质量关系。就是将合适的人安排到合适的岗位上去，力争做到事得其人，人得其位，才尽其用。人员和岗位之间的配置如果没有达到最优，就要考虑人员的合理流动。人员与岗位质量配置不符主要有现有人力资源素质低于或高于或不适合现任岗位要求三种情况，对于人力资源素质低于现任岗位要求，应考虑加强培训或是降职；如果是现有人力资源素质高于现任岗位要求，则考虑将其提升到更高的岗位工作，以发挥其潜力；如现有人力资源素质不适合现任岗位要求，可以考虑转岗，如人力资源对岗位不满意，可以听取其意见，接受其辞职。

（二）公共部门人力资源的配置原则

1. 依法进行的原则

由于公共部门的特殊性，决定了公共部门单个的组织目标要服从国家的总目标。也只有用统一的制度、法律对公共部门人力资源配置进行规范，才能实现国家的总目标。在实践中，对公职人员交流的各种形式及其适用的情况、各种交流形式的程序、条件及要求等都有明确、具体的法规规定。因此，在进行公共部门的人力资源配置时，必须严格遵守法律、法规及国家组织人事部门管理的有关规定，不得随意变更。

2. 合理流向原则

人力资源的合理流向是指人力资源的配置最终应尽可能地实现人力资源的合理分布，尽可能减少地区和部门人力资源供求关系失衡的状况。为了做到这一点，一方面国家可以利用政策杠杆，在宏观上实行调控，鼓励人们向那些人力资源稀缺的地区和部门流动。如提高偏远或条件艰苦地区工作人员的工资福利待遇，以吸引人力资源向那些地方流动。另一方面，也应发挥市场在配置人力资源上的作用，引导人才合理流动，消除人才在不同地区、所有制和城乡之间流动的体制障碍，通过公平、有序的流动与竞争，来调整和优化人力资源结构。

3. 人尽其才原则

公共部门人力资源流动有种种原因，既有社会原因，也有个人原因（见下文）。但对于每个公共组织来说，人力资源流动归根结底是要实现人力资源的合理配置，使个人的才能更多地得到发挥，从而较好地推动部门工作的发展。所以，重视现有人力资源，尊重和合理地使用现有人力资源是首先应该做到的，也是最经济的，这也是实现人力资源合理流动的基础。忽视现有人力资源，本身是对人力资源的最大浪费，也反映了管理者对人力资源缺乏尊重的倾向，势必会导致人力资源的流失。因此，在人力资源配置中，部门管理者应该特别注意部门内现有人力资源的挖潜，要在调动本部门人员的工作积极性、营造一种良好的组织氛围、真正实现人尽其才方面下工夫。此外，还应打破墨守成规，敢于从外部为组织系统吸收新鲜血液，引进优秀人力资源，特别是引进部门发展必不可少的稀缺人力资源，使组织保持朝气，使人力资源配置达到一个较高的水平。

4. 自主原则

人力资源流动中应遵循自主的原则，给予个人自由择业的权利，也允许组织自主地选用人力资源。随着我国经济和政治体制改革的深化，人们应该逐渐摒弃“人力资源为单位所有”的观念，把人看成是社会的人、自主的人，允许人们在法律法规允许的范围内进行选择。历史进程表明，一个给人们提供了充分选择的社会，是发达与文明的社会。它将使社会发展得更快，也给整个社会带来更加丰厚的效益。

公共部门合理的人力资源配置，从宏观上讲，可以提高社会生产要素的配置效率与绩效，促进人力资源市场的发展，有利于发挥市场机制在整个人力资源市场配置过程中的基础作用。从微观上看，一方面可实现人与事的有机结合，从而做到事得其人、人得其位，提高公共部门的效率，促进组织目标的实现；另一方面，有利于人力资源个体实现自我开发和自主发展，实现个人目标。但实现公共部门人力资源的合理配置，必须考虑公共部门人力资源的流动情况。

二、公共部门人力资源流动

公共部门人力资源的流动指公共部门人力资源相对于其现任职位的流动。这种流动包括三方面内容：一是公共部门人力资源的“入口”，即人员的获取、任免等；二是公共部门内部的流动，包括职务升降的垂直流动和三大交流（调任、转任及挂职锻炼）的水平流动；三是公共部门人力资源的“出口”，即辞职、辞退、解聘等内容。公共部门现有人力资源通过一定的合法和合理渠道进行流动，首先是人力资源发展、保持组织活力的需要，我国古语“流水不腐，户枢不蠹”实际上包含了这个道理。其次，公职人员的流动也在一定程度上满足了公职人员为了实现自身的价值，寻找自己的最佳位置，寻求职业发展，实现自身的追求的需要。人才的流动是当今国内、国际的一个大趋势，因此公共部门人力资源的流动也是经常发生的，是人力资源管理的重要内容。

（一）公共部门人力资源流动的主要原因

1. 公共部门人力资源流动的社会原因①

从宏观方面看，公共部门人力资源流动的社会原因主要取决于以下因素：

（1）生产力发展的客观要求。随着社会生产力的发展，新的生产领域不断被开发出来，新的产业部门不断涌现，新的公共部门职位也大量出现。社会分工发展了，使大批人力资源不断从传统生产部门转到现代生产部门。根据市场调节，人力资源也不断在各生产部门、行业和地区之间转移。可见，人力资源流动是社会生产力发展的必然要求。同时，人力资源流动又促进新的生产领域的开发，促进社会分工的发展，从而推动生产力的发展。

（2）社会大生产的需要。随着技术、资本在组织的扩大，专业综合程度越来越高，而产品周期越来越短，资源的重组导致人力资源流动性增大。

（3）改革的趋势。党的十一届三中全会以后，我国进行全面而深刻的政治经济体制改革，行政权逐渐退出市场，政企分离，政事分离，打破条块分割，住房福利市场化等，这些都为公共部门人力资源流动准备了客观条件。

（4）城市化进程。城市化是指农村人口不断变为城市人口和城市社区不断扩大或使农村社区转变为城市社区的社会变迁过程②。我国城市化进程正在加快，它必然导致城市人口比重的不断增加，在此过程中必然出现规模不等的人力资源流动。

2. 公共部门人力资源流动的个人动因

人力资源流动有其复杂的个人动机，但从公共部门人力资源的角度而言，主要有以下几个方面：

（1）物质因素。物质生活条件和工作环境与人的自身利益相关。满足基本的生活需要是人才生存的基本条件，工作环境的优劣，也是决定一个人能否发挥才干的重要条件之一。当前，劳动仍是谋生的手段，货币收入是劳动者在市场经济社会中取得基本生活消费品和进行更高层次消费的基础，劳动者生活水平的高低、家庭财产的多少、获得教育的机会和层次、文化消费水

---

① 陈昌文．公共部门人力资源开发与管理［M］．成都：四川人民出版社，2000．

② 袁亚愚．对近年来歧视进城务工农民现象的思考［J］．社会科学研究，2007（6）．

平的高低等都与收入有密切关系。如在我国，由于社会存在经济梯级、地区行业级差，在这种情况下，人力资源流动往往表现为从农村到城市，从西部到东部，从农业到工业、服务业，从我国到发达国家，从小城镇到大中城市的流动方向，因此，对物质和优越环境的追求是人力资源流动的重要原因。

（2）精神因素。物质因素固然重要，但并非所有人都追求物质上的利益。相当多的人看中的是事业成功的成就感和自我价值的实现。如果一个人在工作中感觉不到价值的体现（更大的发展空间）和才能的发挥，就很难获得精神上的满足，也会引起流动。如当前，随着我国干部人事制度改革的进一步深化，各地跨区域、跨行业、跨系统公开选拔、选调公职人员的力度也不断加大，这就在客观上给了在传统体制下不能完全满足其施展才能的人更多机会，使他们结合自身情况，通过流动，获得更大的发展空间。

（3）家庭和社会交往的需求。在现实社会生活中，人们选择工作不得不考虑多种因素的影响。照顾家庭，解决两地分居，利用良好人际背景图谋发展，或者追求与同事、上司的人际关系的和谐，享受人际交往的快乐，这些也是人力资源流动的原因。

一般来说，个体人力资源在流动时，会从经济学角度对流动前后的成本与收益进行分析，当流动之后的收益远远大于机会成本时，就会抛弃原来的职位和工作进行新的择业，这是一个理性的经济人所做出的流动选择。因此，流动从实质上讲，是个人在作出成本收益的理性权衡后的抉择，也就是效率与效益的选择。但同时也不可否认，除个体把物质因素作为流动主导动因外，受社会宣传主导价值观的影响，如创业、报国、奉献服务社会，人力资源也可以由优势的环境流向条件艰苦的环境。因此，鉴于个体流动的动机与原因的复杂性，应该从每个个体的实际情况出发，以完整了解一个人流动的真实动机与原因。

（二）公共部门人力资源流动的意义

在我国，改革开放以前，对人力资源实行统一计划调配和管理，使（公共）国有部门的人员队伍具有一种超稳定性的特点。队伍的相对稳定有利于部门事业的发展，但同时，计划调配的方式和人员超稳定性的状况也给部门和人力资源管理带来一些负面的影响。如出现人员竞争意识差、人浮于事、学非所用、用非所长等现象，使人力资源的配置无论是在宏观上还是在微观上都出现了不协调的状况。改革开放后，伴随我国经济的发展，国家人事制度的改革，人才市场的出现，公共部门开始依靠政府和市场的力量相配合，使公共部门的人力资源得到较为合理的配置，促进了公共部门的发展。因此，其意义主要表现在：

1. 公共部门人力资源合理流动，是建立社会主义市场经济体制的客观要求。在社会主义市场经济条件下，各类生产要素和社会、物质资源将根据市场经济的要求进行合理配置。人才资源是我国的第一资源。商品市场特别是生产资料市场有了较大发展后，如果人才的流动跟不上，就会出现社会生产力的三要素（劳动力、劳动对象、劳动资料）在不同机制下运行的状况，直接影响到社会主义市场经济体制的建立。

2. 公共部门人力资源合理流动，是干部人事制度改革的重要内容。《国家中长期人才发展规划纲要（2010—2020）》提出："实施推进党政人才、企业经营管理人才、专业技术人才合理流动政策。完善党政人才、企业经营管理人才、专业技术人才交流和挂职锻炼制度，打破人才身份、单位、部门和所有制限制，营造开放的用人环境。扩大党政机关和国有企事业单位领导人员跨地区跨部门交流任职范围等。"干部人事制度是上层建筑的组成部分，它必须随着经济体制的变化而变化。允许公共部门人力资源合理流动，促进公共部门人力资源由传统"统包统配"的配置机制，转向通过市场调节，有利于打破人力资源管理上的部门、单位所有制，逐步改变干部结构、分布不合理的状况，完善干部管理制度。有利于广泛发掘人才，解决用非所学、用非所长的问题，做到人尽其才、才尽其用；有利于人才在各地区、各部门和各行业之间互通有无，调剂余缺，调动人力资源的积极性，发展社会生产力，促进国民经济的发展。

三、人才市场与公共部门人力资源配置和流动

由于公共部门的工作人员一般均属于人力资源中的"人才"范畴，所以我们主要讨论人才市场与人才流动之间的联系。

关键概念

人才市场是指人力资源的供给方（人才）与需求方（企业等用人单位）通过市场机制进行相互交易，实现人力资源合理配置的总称。在人才市场中，人力资源供给方与需求方交易的是人才的智力和才能。这种交易通过契约形式实现，契约规定双方的责、权、利。

(一) 人才流动与人才市场的关系[①]

1. 人才流动推动人才市场的发展

人才流动是为了满足商品生产社会化的需要。生产的社会化程度越高，追求利益最大化的竞争越激烈，人才流动的频率也就越大，因为个人经济利益最大化仍是人才流动的根本原因，所以人才流动是开发人才资源、实现人才价值、适应经济发展需要和满足个人利益要求的必然结果。既然人才资源的流动不可避免，那么，实现人才流动的平台——人才市场的建立和发展也就成为必然。人才是知识的创造者和载体，人才流动实际上就是知识经验和信息的流动。由于不同地区、部门和单位对各类知识、经验和信息的需要是不同的，因此在相同的部门、单位中，对各类人才的需要情况也是不同的。人才能否得到充分合理的利用，在很大程度上取决于人才能否实现市场优化配置，取决于人才市场的建立和完善。只有建立人才市场，才能满足市场经济下单位需求人才、人才需要流动的要求，从而做到人尽其才，才尽其用。

2. 人才市场的建立和发展促进人才流动

《国家中长期人才发展规划纲要（2010—2020 年）》提出创新人才流动配置机制。要求根据完善社会主义市场经济体制的要求，推进人才市场体系建设，完善市场服务功能，畅通人才流动渠道，建立政府部门宏观调控、市场主体公平竞争、中介组织提供服务、人才自主择业的人才流动配置机制。从本质上说，人才流动是人才资源配置市场化的表现形式和结果。人才资源配置市场化是我国人事制度改革及建立现代人力资源管理体制的关键环节和核心内容。人才资源配置市场化就是主要依靠市场机制来配置人才资源。在人才市场中，作为人力资源所有者的人才和作为人才使用者的组织成为独立平等的主体。一方面，双方各自拥有自主的选择权，即通常所说的组织的自主用人权和人才的自主择业权。另一方面，双方必须按照同一的市场规则进行平等交易，即组织通过支付给予人才价值等价的报酬以取得人才资源的使用权，实现组织目标，满足组织需要；人才则通过暂时让渡自身人力资源的使用权而取得相应的回报，实现自身价值，满足自身需要。通过这种自主平等的双向选择和交易过程，双方达成平衡，并建立契约。但平衡是建立在一定条件下的，即双方的选择基于各自的需要，和双方对付出及得到的回报是否等价的评价；当条件改变时，平衡被打破，就要重新选择和交易。人才市场

---

① 李和中，常荔. 公共部门人力资源开发与管理［M］. 武汉：武汉大学出版社，2007：106.

的供求规律和竞争机制是形成和打破市场交易双方之间平衡的重要因素。因此，人才市场的双向选择和等价交易机制、供求规律和竞争机制直接决定和调节人才资源的配置和流动。我国人才资源市场化改革进程的不断深化使人力资源市场在人才资源的配置上发挥着越来越大的作用，促进人才流动的全面强化。但是，同时我们也应该看到，人才资源的市场化配置不是万能的，市场调节自身难以克服的缺陷（自发性、盲目性、滞后性等）都会影响人才资源配置的合理性和有效性。如在人才市场化配置中通过个体分散决策，会在人才自由流动中产生外部不经济①，在人才的获取中也会出现垄断和不公平竞争。

（二）人才市场配置人才资源的机制

在市场经济条件下，人才资源是通过价格机制、供求机制和竞争机制实现市场化配置的。

1. 价格机制

在完全市场条件下，如政府不干预，人才市场价格机制是市场机制中最重要的机制。在人才市场中，工资（或工资率）就是价格。工资是调整市场中人才资源配置最主要的因素。人才个体根据工资决定是否提供劳动和劳动时间的多少；用人单位则根据工资水平决定是否招人和招聘条件。人才市场上的供求双方主体根据工资调整需求行为，他们的需求反过来影响工资水平。

2. 供求机制

人才资源的供求变化会影响人才市场的均衡状态。人才资源的供求不断变化，人才市场就会处于非均衡状态。人才市场通过工资水平这一价格信号来调节人才资源供求，实现供求之间的动态平衡。所以，供求机制是整个市场机制的基础，无论是价格机制还是竞争机制都不能离开供求机制而发挥作用，没有供求机制就不会有价格的波动，也不会有竞争的形成。

3. 竞争机制

竞争是人才市场运行的原动力。用人单位和人才个体为自身效用最大化而开展博弈。充分有效的市场竞争是发挥价格作用、调节供求关系、实现优化配置的前提，也是促进人才合理流动的动力。

在市场经济中，人才市场自发地对人才资源配置进行调节，虽有及时、灵敏、有效等特点，但与一般市场一样，也存在“市场失灵”的现象。如市

① 所谓外部不经济是指由于市场主体自发的行为，直接或间接影响他人利益或整体利益。

场调节是一种事后调节，供求不平衡—价格变化—作出决定—到实现供求平衡，必然需要一个长短不同的过程，有一定的时间差，也就是说有一定的滞后性，而且不能反映出供需的长期趋势。这对人才资源这样一种特殊资源的培养必然会带来巨大的盲目性，从而造成人才的浪费。因此，必须借助政府行政干预，矫正市场的功能缺陷，让“看得见的手”和“看不见的手”结合使用，促进人才资源的合理分布和培养，更好地为经济建设和社会协调发展服务。

(三) 人才市场对人才配置与流动的作用

1. 中介作用

人们通过人才市场了解到更多的人才需求信息，在更大范围内流动，同时，用人单位也通过人才市场找到更合适岗位的人员。人才市场的中介作用扩大了人才和用人单位的选择范围，提高了人才配置效率，促进了位得其人、人尽其才的实现。

2. 调适作用

我国社会主义市场经济的发育、发展，要求作为生产要素的劳动力，尤其是高层次人才，在行业、部门、地区和不同所有制之间，能够自觉地进行调整，使人才的分布和我国经济发展战略要求相适应。人才市场的建立便为这种调整提供了方便条件，各地人才通过招聘、解聘、兼职、对口支援、技术协作等多种形式与计划调节形式相互补充，无论对沿海地区、经济开发区、内陆边远地区，还是对国有企业、集体企业、“三资”企业都发挥了很好的作用，人才调节使各类人才能有效地发挥所长，各得其所。

3. 匹配作用

围绕人才、劳动力的合理流动，利用各类人力资源服务机构，使人才调节机能、竞争机制、预备机制逐步完善，推动了人才和岗位的进一步匹配。

4. 反馈作用

人才市场是劳动者供需双方实现交换的场所，人才市场的搞活，可促进高校等人才培养机构的改革，使得人才培养和人才需求进一步契合，促进人才资源有效开发。如高校可通过人才市场的反馈来决定开设或取消专业及课程，并根据市场需求制定新的人才培养层次和培养方案，使高校更好地适应市场经济的需求，为经济建设服务。

(四) 人才市场的发展

随着人才配置机制的转变，市场在人才配置中逐步发挥了基础性作用，人才服务体系逐步健全，服务能力不断增强，人才市场管理不断完善。

1. 市场机制在人才配置中的基础性作用基本确立

在市场机制的调节下，人才供需双方在价格机制的引导下，逐步实现了公平竞争、双向选择，人才市场在满足人才供需双方需要方面发挥着越来越重要的作用。2012 年，全国各类人力资源服务机构共接待流动人员 42 978 万人次，登记要求流动人员 24 532 万人次，共帮助 9 547 万人次找到了工作或转换了工作岗位，比 2011 年增长 26%，人力资源流动进一步活跃。从登记要求流动人员的构成比例和变化情况看，普通劳动者的流动性进一步增强。

2. 多层次人才市场服务体系初步形成

经过多年发展，人才市场已经初步形成了以政府人力资源社会保障部门所属人才服务机构为主体、其他人才服务机构并存的多层次、多元化的人才市场服务体系。

截止到 2012 年年底，全国共设立各类人力资源服务机构 28 356 家，从业人员 336 393 人。从服务机构构成类别上看，公共就业服务机构 6 914 家，占人力资源服务机构总量的 24.4%（下同）；人才公共服务机构 2 939 家，占 10.4%；国有性质人力资源服务企业 1 204 家，占 4.2%；民营性质人力资源服务企业 17 087 家，占 60.3%；港澳台及外资性质的服务企业 212 家，占 0.7%。截止到 2012 年年底，全国各类人力资源服务机构共设立固定招聘（交流）场所 2.1 万个，建立各类人力资源市场网站 9 206 个，人力资源市场服务网络覆盖范围进一步扩大。

3. 人才服务能力不断增强

人才服务机构在人才配置中起着重要的桥梁作用，为人才供需双方提供招聘、培训、保险代理等服务。近年来，各类人才服务机构发展迅速，服务功能日益丰富，服务水平日益提升。

2012 年，全国各类人力资源服务机构共为 1 888 万家次用人单位提供了各类人力资源服务。全国各类人力资源服务机构共举办各类现场招聘会（交流会）20.8 万场，其中，高校毕业生专场交流会 6.5 万场次，农民工专场交流会 5.9 万场次；参会求职人员 11 182 万人次，参会单位 790 万家次，提供招聘岗位信息 104.21 万条，招聘服务专业化、针对性进一步增强。举办各类培训班 18 万次，培训各类人员 873 万人。为 35 万家用人单位提供了劳务派遣服务，派遣各类人员1 345万人，并登记要求派遣人员520万人。为279万人提供了人才测评服务。为145万家用人单位提供人力资源管理咨询服务。为43万家用人单位提供人力资源外包服务。高级人才寻访（猎头）服务进一步发展，成功推荐选聘各类高级人才88万人。

4. 人才市场管理的法制化程度不断加强

作为社会主义市场经济体系中的一个有机组成部分，人才市场法制化建设的步伐不断加快，人才市场管理日益规范化。原人事部先后制定下发了《流动人员人事档案暂行规定》《人事争议处理暂行规定》《人才市场管理规定》和《中外合资人才中介机构管理暂行规定》。2005年，根据《行政许可法》，对《人才市场管理规定》和《中外人才中介机构管理暂行规定》进行了修订，进一步规范了人才中介服务机构和开展人才中介服务业务的行政许可程序。按照相关法律法规的要求，为加强从业人员队伍建设，全国各地均建立实施了相关的职业资格制度。截止到2012年年底，市场从业人员中取得从业资格证的有111 012人，占从业人员总量的33.0%，与去年同期相比上升了2.8个百分点。从学历构成和取得职业资格人数的情况看，人力资源市场从业人员队伍的整体素质进一步提高。

第二节　公共部门人力资源管理改革

新中国成立以后，在党中央的领导下，中国建立了从中央到基层、各级各部门党和行政系统的干部人事机构，与当时高度集中的计划经济相适应，建立了党委领导下的高度统一的干部人事管理制度，所有干部都按照党政机关干部的单一模式进行集中管理。改革开放以后，为了适应社会主义经济建设的需要，对原有的集中管理模式进行了大刀阔斧的改革，其根本目的是在宏观调控的前提下，引入竞争机制，增强人才的流动性，以更好地发挥人才作用，做到人尽其才。

一、公务员配置的历史沿革

在新民主主义革命和新中国成立初期，我国的干部人事制度有了一定的积累。20世纪60年代，我国干部人事制度逐步走向全面化，改变了过去那种衡量标准过于单一、内容过于笼统的局面，不仅从政治思想上对干部进行严格审查，而且注重干部技术水平和业务能力的实际运用，但在“文化大革命”期间，干部人事制度遭到严重破坏。改革开放以后，干部人事制度向着规范化和科学化的方向发展，进入全面改革和发展的新时期。1987 年党的十三大提出，“当前干部人事制度改革的重点，是建立国家公务员制度”。

随着建设社会主义市场经济体制目标的确立，公务员制度作为上层建筑，改革步伐逐步加快。在充分准备和试点运行的基础上，1993 年 8 月 14 日，时任国务院总理李鹏签署第 125 号国务院令，发布《国家公务员暂行条例》。2005 年 4 月 27 日，《公务员法》经过第十届全国人民代表大会常务委员会第十五次会议讨论获得通过，并于 2006 年 1 月 1 日开始实施。与之相配套的法律法规也陆续出台。

《公务员法》的实施，为公务员的管理提供了法律依据。在公务员的配置方面，充分体现了公平竞争和合理流动的市场机制，表现在：

1. 确立凡进必考制度，体现公平竞争机制

《公务员法》第 21 条规定：“录用担任主任科员以下及其他相当职务层次的非领导职务公务员，采取公开考试、严格考察、平等竞争、择优录取的办法。”这为凡进必考提供了法律保障。到 2003 年，全国 31 个省区均实行公开招考，全国共考录公务员 70 余万人，其中从农民中录用 5 000 余人，从非国有单位录用 4 万余人。2006—2010 年，全国考试录用公务员 62 万人。2010 年中央机关及其直属机构新录用的 14 391 名公务员中，来自工人、农民、教师、医生等普通家庭的占 93.2%。2010 年 8 月，国家公务员局进行了中央国家行政机关公开遴选试点工作，从省级以下机关遴选优秀公务员到中央国家行政机关工作，外交部、教育部、农业部、文化部等 11 个部门计划直接从地方公务员中遴选出 30 人到中央国家行政机关工作。我国公务员公开、平等、竞争、择优录用的制度基本形成。

2. 实行竞争上岗制度，激励优秀人才脱颖而出

竞争上岗制度打破了职务晋升中“论资排辈”现象，使得一大批优秀人才脱颖而出。2006—2010 年，竞争性选拔干部力度不断加大，促进了优秀人才脱颖而出。24 万余人通过竞争上岗走上领导岗位，公开选拔干部从 2005 年的 3 573 人提高到 2009 年的 10 961 人。

3. 实施聘任制管理，创新公务员更新机制

《公务员法》第 95 条规定：“机关根据工作需要，经省级以上公务员主管部门批准，可以对专业性较强的职位和辅助性职位实行聘任制。”相对于传统公务员的选任制和委任制，聘任制有利于进一步解决公务员能进不能出、缺乏活力等问题，有利于提高公务员选拔的竞争性。目前，上海、福建等地已经开展了公务员聘任制试点工作。

4. 建立责任追究、辞职辞退等制度，保障公务员队伍质量

责任追究、辞职辞退等制度，打破了公务员的铁饭碗，有利于增强公务员队伍建设的竞争性和规范性。2006—2010 年，全国受到处分的公务员 5 万多名，被辞退的 4 778 名，有力地保持了公务员队伍的纯洁。

二、事业单位人力资源配置沿革

我们通常把学校、医院、科研院所、电台、电视台等一大批社会机构统称为事业单位，1998 年国务院颁布的《事业单位管理登记条例》第一次对事业单位做了规范化定义，认为事业单位是“国家机关和其他社会机构，利用国有资产举办的从事教育、科研、文化等公益性服务的社会组织”。长期以来，事业单位的人事管理参照国家机关的做法，产生了终身制、职责不明、缺乏激励、管理不规范等问题。

党中央、国务院高度重视事业单位人事制度改革。1992 年，党的十四大提出，按照机关、企业和事业单位的不同特点，逐步建立健全分类管理的人事制度。2000 年，中央下发了《深化干部人事制度改革纲要》，提出了以推行聘用制度和岗位管理制度为重点，逐步建立适应不同类型事业单位特点的人事管理制度，明确了事业单位人事制度改革的方向。2002 年，国务院办公厅转发了原人事部《关于在事业单位试行人员聘用制度的意见》，明确了聘用制度的相关政策规定，对聘用制推行工作提出了具体要求。2003 年，中共中央、国务院《关于进一步加强人才工作的决定》明确要求，以推行聘用制度和岗位管理制度为重点，深化事业单位人事改革，研究制定事业单位人事管理条例。党的十七大报告和十七届二中全会通过的《关于深化行政管理体制改革的决定》都明确提出，要分类推进事业单位人事制度改革。2008 年，习近平同志在全国组织工作会议上要求，要健全干部管理体制和相关制度，整体推进事业单位人事制度改革，尽快制定事业单位人事管理条例。李源潮同志在全国组织部长会议上提出，要建立健全以即将出台的《事业单位人事管理暂行条例》为核心的事业单位人事管理制度。2009 年，中办印发了《2010—2020 年深化干部人事制度改革规划纲要》，对深化事业单位人事制度改革作了明确部署。2010 年，中央下发了《国家中长期人才发展规划纲要(2010—2020 年)》，在体制机制创新中，对事业单位人事制度改革工作提出了明确要求。2011 年，《中共中央国务院关于分类推进事业单位改革的指导意见》下发，对事业单位改革作了全面部署；中办、国办印发了《关于进一步深化事业单位人事制度改革的意见》，对下一步人事制度改革工作提出了明

确要求。党中央、国务院这一系列重要决策和部署，为作为干部人事制度改革重要组成部分的事业单位人事制度改革指明了方向、提出了要求、提供了动力。

纵观事业单位人力资源配置改革历程，大致有以下几个特点：

1. 推行聘用制，提高事业单位人才活力和配置效率

事业单位聘用制是指事业单位与工作人员通过签订聘用合同，确定双方聘用关系，明确双方责任、权利、义务的一种人事管理制度。它包括内部竞聘制度、公开招聘制度、聘用合同制度、聘后管理制度、解聘辞聘制度等。通过实行聘用制，转换事业单位用人机制，实现事业单位人事管理由身份管理向岗位管理转变，由行政任用关系向平等协商的聘用关系转变。从人力资源配置的角度讲，聘用制有利于供需主体到位，人才充分流动，竞争充分。

自 2002 年起，聘用制开始试行，推行面不断扩大。截至 2011 年，聘用制度已经在全国事业单位基本实现全覆盖。

2. 实施公开招聘，提高人力资源配置的公平性和竞争性

从 2006 年 1 月 1 日起，按照《事业单位公开招聘人员暂行规定》，事业单位新进人员，除政策性安置和涉密岗位的人员外，都要面向社会实行公开招聘，做到信息公开、过程公开、结果公开。据统计，近年来，全国报名参加各类事业单位公开招聘的有 1 850 万人次，实际招聘 184 万人。黑龙江、海南以及新疆生产建设兵团等地公开招聘人员占新进人员总数的比例均超过 85％以上。北京、山东、重庆、江西等 11 个省市，以及科技部、卫生部、审计署等 22 个部门推行事业单位公开招聘比例已达到 100％。2010 年，为进一步推行公开招聘制度，人力资源和社会保障部召开了全国事业单位公开招聘工作座谈会，会同中组部下发了《关于进一步规范事业单位公开招聘工作的通知》。通过实施公开招聘，按需招聘、公平竞争、人中选优的局面逐步形成。

3. 逐步实施岗位管理，提高人才效能

岗位管理将是今后事业单位人事管理的基本方式。2006—2007 年，《事业单位岗位设置管理试行办法》及其实施意见，以及 11 个分行业的指导意见下发，首次对事业单位的岗位设置进行了基础性规范，明确事业单位岗位分为管理岗位、专业技术岗位、工勤技能岗位三种类别，其中管理岗位分 10 个等级，专业技术岗位分 13 个等级，工勤技能岗位中技术工岗位分 5 个等级，普通工岗位不分等级。目前岗位设置的工作正在逐步展开，这是事业单位人事管理朝着规范化管理迈出的又一大步。通过对岗位进行科学分类，按照不

同岗位实施针对性的选人用人制度，有利于各类人才更好地与岗位匹配，实现人岗匹配、人事匹配，最终实现人才以用为本。2010 年，岗位设置管理实施工作稳步推进，中央和国家机关所属事业单位岗位设置方案核准率为 90% 以上，全国各省（区、市）以及新疆生产建设兵团全部启动岗位设置工作。

三、国有企业人力资源配置改革

国有企业人事制度改革是建立现代企业制度的重要内容，是为了适应经济体制改革需要而进行的一项重要人事制度改革，其核心是打破原来计划经济体制下所产生的人力资源流动不畅、企业用人权缺位和激励机制缺乏等问题，在人力资源配置中引入市场机制，提高人力资源配置效率，改革轨迹可概括为“下放劳动用工和收入分配权，上移劳动保障由单位保障转向社会保障”①。具体来说，包括以下几个方面：

1. 落实企业用人自主权，培育市场主体

20 世纪 80 年代以后，我国国有企业改革拉开序幕，企业用人自主权逐步落实。1986 年国务院发布了《国有企业实行劳动合同制暂行规定》；1988 年通过了《中华人民共和国全民所有制工业企业法》，对企业的录用权和辞退权给予了明确规定；1994 年，原劳动部下发《关于全面实行劳动合同制的通知》，要求企业实行全员劳动合同制；2007 年通过的《中华人民共和国劳动合同法》和其他相关规定，对劳动合同的主要内容、签订、终止与解除等作出了明确规定。

2. 建立社会保障体系，消除劳动者流动障碍

在计划经济体制下，我国的社会保障实行的是单位制保障，劳动者所享受的福利由所在单位负责，这使得劳动者对单位有很强的依附性，当劳动者从一个单位转移到另外一个单位就业时，其在原单位享受的福利待遇将会终止，这大大制约了劳动力的流动性。1993 年通过的《中共中央关于建立社会主义市场经济体制若干问题的决定》指出“建立多层次的社会保障体系”。1997 年公布的《国务院关于建立统一的企业职工基本养老保险制度的决定》，确定了统一的城镇职工养老保险制度。1999 年国务院颁布了《失业保险条例》；2003 国务院通过了《工伤保险条例》并于 2004 年 1 月 1 日起实施，2010 年根据《国务院关于修改〈工伤保险条例〉的决定》进行了修订。社会保障体系的建立，消除了职工在社会保障方面对单位的依赖性，降低了其在

① 王继承. 国有企业劳动人事制度改革回顾与展望 [N]. 中国企业报，2009-06-12.

劳动力市场上流动的成本，提高了劳动力市场活力。

3. 在经营管理者层面引入市场机制，提高企业管理水平

2000 年 8 月，中共中央办公厅印发《深化干部人事制度改革纲要》，提出“把组织考核推荐和引入市场机制、公开向社会招聘结合起来，把党管干部原则和董事会依法选择经营管理者以及经营管理者依法行使用人权结合起来”。同年，原人事部印发的《关于加快培育企业经营管理者人才市场的意见》提出，要加快培育企业经营管理者人才市场，充分发挥市场在企业经营管理者选拔配置中的作用。近年来，根据国务院国有资产监督管理委员会的安排，国有企业要按照现代企业制度的要求，全面引入竞争机制，创新人才选用方式，完善企业各类人才的选拔任用制度。

4. 在企业工资决定中引入市场机制，调动各类人才的积极性

随着价格机制在配置中作用的加强，国有企业工资决定的市场化程度不断提高。国有企业人员的工资水平逐步与国际标准接轨，企业职工工资水平在国家宏观调控下由企业依据当地社会平均工资和企业经济效益自主决定，国有企业经营者的工资实行了年薪制改革，建立了以岗位工资为主的企业基本工资制度，在工资激励上引入市场机制，实行竞争上岗、以岗定薪、岗变薪变等。

第三节 干部人事交流制度

一、公共部门干部人事交流的含义、作用与原则

（一）交流的含义

交流是指在公共部门内部，因某种原因，依据法定程序和方法，对各系统内部的公职人员和系统之间的公职人员的人事流动所进行的管理活动和过程的总称。《公务员法》第 63 条规定：“国家实行公务员交流制度。公务员可以在公务员队伍内部交流，也可以与国有企业事业单位、人民团体和群众团体中从事公务的人员交流。”

内部交流，是指在公务员队伍内部交流，既可以在本部门、本单位内不同职位之间交流，也可以在不同地区、不同部门之间交流。外部交流，是指与国有企业事业单位、人民团体和群众团体中从事公务的人员的交流。这里所称的国有企业事业单位、人民团体和群众团体中从事公务的人员，主要包

括国有企业事业单位的管理人员和专业技术人员，妇联、共青团等人民团体机关中的工作人员，以及中国残联、宋庆龄基金会、法学会等群众团体机关中的工作人员等。规定公务员可以与公务员队伍中的其他从事公务的人员交流，充分体现了我国公务员制度的特色。对于公共部门，人员的交流具有如下特点：

1. 形式多样性。根据拟交流人员的不同性质、不同需要和不同层次，公共部门设计了多种交流方式。既有各公共部门之间的人员交流（比如国家公务员在行政系统与党务机关、立法机关、司法检察机关、群众组织与企事业单位之间的交流），又有公共部门各系统内部不同工作岗位的流动。

2. 对象特定性。公职人员的每一种交流措施都是针对特定的对象而进行的。这样分类交流管理的目的在于区分和明确管理对象的性质和层次，根据不同的人员性质采取行之有效的措施，做好交流工作。在公职人员交流制度中，每一项具体的管理内容，其管理对象都有特殊规定。

3. 实施计划性。公职人员的交流不是公职人员个人行为，也不完全是某个单位的个体行为。为确保公共部门人力资源的优化配置和公职人员能力与潜力的最大发挥，交流活动要在有关部门的统一调控下，有计划、有组织、有步骤地进行，甚至还要采取一些强制性或指令性的措施。

（二）交流的作用

对公职人员进行交流作为一项比较成功的人事管理制度，目前已被许多国家所采用。例如日本，考取国家高级公务员职位的，一般在两年左右要调动一次工作，这些调动多是在不同科室之间进行，但也可以派到中央部门设在地方的机构工作两年。日本在政府机关之间、中央与地方之间、政府与国营企业之间在人员的交流方面，也很普遍。政府机关还经常选送有培养前途的年轻公务员到其同级机关、地方机关、政府系统企业、驻外机构或国际机构去工作一段时间，时间一般在两年左右，到期仍回原单位。通过这种交流方式，帮助公务员全面熟悉业务，开阔视野，增长才干。再如美国，联邦政府也很重视政府官员的交流，鼓励官员在政府部门之间、在政府和私营机构之间进行交流。1969 年成立了“总统人员交流委员会”，协调管理联邦政府与私营机构之间的人员交流；1970 年联邦议会制定了《政府间人员法》，专门规定联邦政府与州政府以及地方政府间的人员交流问题。我国公职人员交流制度的确立既是对我国干部交流制度优良传统的继承，又是学习和借鉴了国外的有益经验。其作用主要表现在：

1. 提高了公职人员的自身素质。通过交流，公职人员进入一个新的环境，接触新人新事，交流信息，沟通思想，学习先进的管理经验和工作方法，开拓了公职人员的视野，丰富了实践经验，完善了知识结构，提高了其领导水平和业务能力。

2. 提升了公共部门的工作效率和工作质量。通过交流，对公职人员工作岗位的必要调整，提升了人与工作岗位的适应程度。同时，交流也密切公共部门内部各部门、各单位之间和上下级之间的关系，增进了解，促进协调和合作，实现管理经验和工作方法的横向和纵向交流，减少扯皮现象，从而提高工作效率。

3. 强化了公职人员队伍的廉政建设。公共部门的工作性质决定了公职人员被赋予一定的行政决策或执行权力，长期在同一岗位任职，往往会形成与公共组织目标相背离的非正常群体，容易出现腐败行为和因循守旧、封闭僵化的思想。通过交流，可以在客观上防止各种关系网的形成，为公职人员顺利开展各项业务、做到廉洁奉公创造条件。就此而言，交流又具有权力监督的作用。

4. 促进了公职人员队伍的稳定。合理的交流能够解决公职人员个人在生活上的实际困难，帮助公职人员解决长期两地分居、上下班路途遥远等个人生活困难，从而稳定公职人员队伍，使他（她）们全身心地投入工作。因此，交流又是现代人力资源管理保障机制的反映。

二、公务员调任、转任制度

《公务员法》第63条规定："国家实行公务员交流制度。交流的方式包括调任、转任和挂职锻炼。"我国现行的公务员交流措施是国家公务员制度的重要组成部分，它根据交流对象与交流范围的不同，采用调任、转任、挂职锻炼三种法定形式。

（一）调任

1. 调任的含义与特点

我国公务员制度规定，调任是指国有企业事业单位、人民团体和群众团体中从事公务的人员调入机关，担任领导职务或副调研员以上及其他相当层次的非领导职务。

调任具有以下特点：

（1）调任涉及身份的转变。

（2）调任是一种跨系统的交流。即国有企事业单位、人民团体、群众团体等其他系统工作人员到机关的跨系统的交流。

（3）调任的对象有一定的限定性。调任中的调入有明确的适用范围和限制，主要是针对已经在原单位担任一定的职务或有一定职称、资历，在调入后拟担任一定的领导职务或副调研员以上的非领导职务的交流人员。而主任科员以下的非领导职务序列的公务员不能采用调任方式，一般采用社会公开考试竞争、择优录用的形式。

（4）调任的目的，主要在于满足机关工作需要。优化公务员队伍结构，合理配置人才资源，疏通党政人才、企业经营管理人才和专业技术人才三支队伍之间、不同地区之间的人才交流渠道，进一步增强机关的活力。

【阅读链接】

张柏林．中华人民共和国公务员法教程（第十三章“交流与回避”）[M]．北京：中国人事出版社，2005.

2. 调任的条件要求

根据《公务员调任规定（试行）》（中组发［2008］6号），调任人选应具备《公务员法》第11条规定的条件，即公务员应当具备的七项基本条件外还应当具备下列资格条件：（1）具有良好的政治、业务素质，工作能力强、勤奋敬业、实绩突出。（2）具有与拟调任职位要求相当的工作经历和任职资历。（3）具备《公务员法》及其配套法规规定的晋升至拟任职务累计所需的最低工作年限。专业技术人员调入机关任职的，应当担任副高级专业技术职务2年以上，或者已担任正高级专业技术职务。（4）调入中央机关、省级机关任职的，应当具有大学本科以上文化程度；调入市（地）级以下机关任职的，应当具有大学专科以上文化程度。（5）调任厅局级职务的，原则上不超过55周岁；调任县（市）领导班子成员职务的，原则上不超过50周岁，调任其他处级职务的，原则上不超过45周岁；调任科级领导职务的，原则上不超过40周岁。（6）符合法律、法规、章程规定的其他条件。因工作特殊需要，前款第（3）、（4）、（5）项需适当调整的，市（地）级以下机关应当按照干部管理权限报上一级公务员主管部门批准同意，省级以上机关应当按照干部管理权限报同级公务员主管部门批准同意。此外，调任人员除由国家权力机关依法任命职务的以外，一般实行任职试用期制，试用期为一年。试用期满考核合格的，正式任职；考核不合格的，另行安排工作。

3. 调任的程序

《公务员调任规定（试行）》的规定，调任的程序为：（1）根据工作需要确定调任职位及调任条件。（2）提出调任人选。根据调任职位的要求，调任人选通过组织推荐方式产生。必要时，可以对调任人选进行考试。（3）征求调出单位意见。（4）组织考察。对调任人选应当进行严格考察，并形成书面考察材料。考察内容包括调任人选的德、能、勤、绩、廉等方面的表现。考察时，应听取调任人选所在单位有关领导、群众和干部人事部门、纪检监察机构的意见。所在单位应予积极配合，并提供客观、真实反映调任人选现实表现和廉政情况的材料。（5）集体讨论决定。（6）调任公示。根据考察情况集体讨论决定拟调任人员，并按照任前公示制有关规定在调出、调入单位予以公示。（7）报批或备案。按照干部管理权限确定拟调任人员后，调入机关按照规定的权限办理审批或者备案。地方省级以下机关调任公务员须报市（地）级以上公务员主管部门审批。呈报审批、备案的材料应当包括请示、公务员调任审批（备案）表、考察材料、调出单位意见和纪检监察机构提供的廉政情况。按规定需要进行离任审计或者经济责任审计的人员，应当对其进行审计，并提供审计机关的审计结论。调任人员审批、备案后，办理调动手续，并按有关规定进行公务员登记。（8）办理调动、任职和公务员登记手续。调任人员的级别和有关待遇，根据其调任职务，结合本人原任职务、工作经历、文化程度等条件，比照调入机关同等条件人员确定。

（二）转任

1. 转任的含义与特点

转任是指公务员因工作需要或者其他正当理由在机关系统内跨地区、跨部门的调动，或者在同一部门内的不同职位之间进行转换任职的一种人事交流活动。《公务员法》第 65 条规定：“公务员在不同职位之间转任应当具备拟任职位所要求的资格条件，在规定的编制限额和职数内进行。对省部级正职以下的领导成员应当有计划、有重点地实行跨地区、跨部门转任。对担任机关内设机构领导职务和工作性质特殊的非领导职务的公务员，应当有计划地在本机关内转任。”

转任的主要特点为：（1）转任是公务员在机关内部进行的人事交流活动。与调任相比，转任的最大特点是，它是公务员在机关内转换职位任职，其公务员身份不变。（2）转任的适用对象是所有的在职公务员，在对象上没有特殊要求；转任的范围是机关内的各个不同的职位，既包括跨地区、跨部门、跨单位的调动，也包括在同一部门和单位内的不同职位之间的转换。转任这种交流方式，只意味着转任公务员职务关系的变更、服务机构和隶属关系的改变，不涉及职务关系的产生和消灭问题。(3) 转任只能是平级调动，不涉及职务的升降。除非转任者自愿，一般也不得降低当事者行政级别和工资收入。(4) 转任的目的也在于对机关人力资源的优化配置，调剂机关的人才余缺，转任超编富余人员；调整机关内部的职位结构和人员素质结构；改变学非所长和专业不对口的状况，促进人力资源的开发与管理；同时，通过转任解决公务员实际生活困难，以及实现公务员回避，防止裙带关系等。

2. 转任的条件与要求

(1) 转任的公务员应当符合拟转任职务的条件，考核合格后，才能办理转任手续。在我国对公务员实行职位分类制度后，各个不同的职务（包括级别相同的不同职务）都有各自不同的任职资格和条件要求，任职者如果不具备这些资格条件，将无法有效地完成本职务范围内的各项职责任务。(2) 转任应当在规定的编制限额和职数内进行。用人单位必须在有相应职位空缺的情况下才能接收转任公务员。此外，转任如果是跨地区、跨部门、跨单位进行的，则将改变公务员的隶属关系，必须按规定办理人事调动手续。转任过程中，既要考虑到转出单位的工作情况、转任人的正当要求，更要考虑转入单位的职位结构和未来组织发展对人才的需求结构及规模；既要有一定的人才储备，也要避免人才浪费；既要满足现在工作任务对人才的需要，更要用战略的眼光获取未来的战略人才。

三、挂职锻炼制度

(一) 挂职锻炼的含义与特点

公职人员交流制度中的挂职锻炼，是指机关和国有企事业单位等有计划地选派在职公职人员在一定时间内到上级机关、基层机关或者企业、事业单位担任一定职务，经受锻炼，丰富经验，增长才干的人事交流活动。《公务员法》第66条规定："根据培养锻炼公务员的需要，可以选派公务员到下级机关或者上级机关、其他地区机关以及国有企业事业单位挂职锻炼。公务员在挂职锻炼期间，不改变与原机关的人事关系。"与上述两种形式相比，挂职锻炼是一种特殊的交流形式。其特殊性表现在以下三个方面：

1. 不办理人事调动手续。挂职锻炼这种交流形式只改变锻炼人员的工作关系，不改变其行政隶属关系，不办理人事调动手续。锻炼人员在人事行政上仍受原单位管理，在业务工作上受接收单位的领导。锻炼期间不占用接收机关或单位的编制定额和职数。

2. 时间限定性。挂职锻炼是一种有时间限定的异地性交流，而不是长期的易地工作，目前，挂职锻炼的期限一般为1～3年。对拟安排使用而进行挂职锻炼的公务员，时间上则比较灵活，可长可短，短则几个月，长则几年均可。挂职锻炼人员在锻炼结束后仍回原单位，并由原单位安排工作和职务。

3. 内外混合型交流形式。挂职锻炼既可以在公务员内部及基层进行，也可以在公务员机关外部企业事业单位进行，是一种内外混合型交流形式。

【阅读参考】**挂职锻炼促进机关作风转变**

近年来，各地各部门不断加强对选派干部到信访部门挂职工作的组织领导，认真研究干部选派和培养锻炼的步骤及方法，进一步完善管理和考核制度。挂职干部纷纷认为，这一工作取得了一举多得的效果。在信访岗位上，挂职干部“补”上了做好新时期群众工作的重要一课。选派到信访部门挂职锻炼的大多数都是刚刚走上领导岗位的年轻干部。挂职以前，他们多是坐在机关里，接触基层、接触群众的机会较少。在挂职期间，干部们普遍反映他们每天与信访群众打交道，所见所闻尽是群众的疾苦，不知不觉中，与群众的距离拉近了，与群众的感情融洽了。贴近民众、倾听疾苦，信访岗位的工作经历，使干部的作风建设显著加强。在与信访干部的朝夕相处中，挂职干部普遍受到了正确的权力观、地位观、利益观的深刻教育，亲民、爱民、为民的意识更强了，对工作的热情更高了，对自己的要求更严了，有力地促进了机关作风的转变。

（资料来源：http://www.gov.cn/jrzg/2009-06/14/content_1339704.htm.）

（二）挂职锻炼的组织管理

挂职锻炼有两种。第一种是无领导经验的职员，为取得全面的领导经验，到基层单位担任某一领导职务；第二种是初任职的青年职员，缺乏实践经验，到基层单位任职，从事具体业务工作，了解实际情况，积累经验，增长才干。无论是现职公职人员还是新任的公职人员，派出锻炼的目的都是培养年轻干部，开发公共部门的人力资源，形成良好的干部梯队。

要使挂职锻炼制度化，就要进行有组织的管理。除党委和政府组织人事主管统一组织外，公共部门可以与特定的基层单位建立联系，为公职人员输出挂职寻求途径。在挂职锻炼期间，派出单位的人事部门与基层单位保持沟通，及时了解挂职人员在基层单位的工作能力和表现情况，将锻炼期间的考核业绩与其今后的奖惩、任用、晋升等环节联系起来，防止“锻炼好坏一个样”，使挂职锻炼流于形式的现象，避免挫伤优秀人员锻炼的积极性。同时，人事部门对挂职人员在挂职锻炼期间，应享受的生活福利和补贴等待遇给予明确的规定，使公职人员既安心也乐于到基层锻炼，体会锻炼对他们成长的意义。

第四节　公职人员的辞职、辞退与解聘

一、公务员辞职、辞退

（一）辞职

1. 辞职的含义和作用

辞职是指公务员根据本人的意愿提出，并经过任免机关批准，依法解除其与机关的职务关系；或者担任领导职务的公务员依照法律规定的条件和程序辞去所担任的领导职务。前者称为辞去公职，其直接结果是丧失公务员身份，公务员和机关的职务关系归于消灭；后者称公务员辞去领导职务，其直接结果是公务员丧失原来担任的领导职务，职务关系变更，但没有失去公务员身份。辞去公职作为机关工作人员的重要出口，其主要作用体现在以下两个方面：

（1）实现了对公务员就业权利的有效保障。世界上大多数国家的宪法都规定公民有就业权，就业权本身就包括自主择业的权利。我国宪法也明确规定公民有劳动的基本权利，劳动权自然包括自主择业权。辞职正是公务员根据本人愿望进行的职业再次选择，体现出对其就业权利的有效保障。

（2）有利于人才的合理流动和机关工作效率的提高。允许公务员辞职可以使他们有可能根据社会的需要，自身的志趣、条件和发展潜力，自主地、适当地重新选择职业和单位，改变用非所学、用非所长的局面，避免出现人员的部门所有制和单位所有制，增加人员的合理流动性，有助于促进人才合理流动和配置，提高机关工作效率。辞职制度的建立还为机关人员分流提供有效途径，有助于公务员队伍结构的优化，调动广大公务员的积极性和创造性。

2. 辞去公职的条件和程序

我国的相关法规只规定了辞职的限制性条件，就是说，除了所列举的条件之外都可以辞去公职。如根据《公务员法》的规定，公务员辞去公职的限制性条件主要有：一是未满国家规定的最低服务年限的；二是在涉及国家秘密等特殊职位任职或者离开上述职位不满国家规定的脱密期限的；三是重要公务尚未处理完毕，且须由本人继续处理的；四是正在接受审计、纪律审查，或者涉嫌犯罪，司法程序尚未终结的；五是法律、行政法规规定的其他不得辞去公职的情形。

因此，辞去公职是一种法律行为，如要产生相应的法律效力，必须履行一定的法律程序。根据《公务员辞去公职规定（试行）》（人社部发［2009］69 号），公务员辞去公职按下列程序办理：

（1）公务员向任免机关提出书面申请，填写公务员辞去公职申请表。

（2）任免机关组织人事部门审核。

（3）任免机关审批，作出同意辞去公职或者不同意辞去公职的批复，同意辞去公职的应当同时免去其所任职务。《公务员法》第 80 条规定：“公务员辞去公职，应当向任免机关提出书面申请。任免机关应当自接到申请之日起三十日内予以审批，其中对领导成员辞去公职的申请，应当自接到申请之日起九十日内予以审批。”公务员在辞去公职审批期间不得擅自离职。对擅自离职的，给予开除处分。

（4）任免机关将审批结果以书面形式通知公务员所在单位和申请辞去公职的公务员，并将同意辞去公职的批复送同级公务员主管部门备案。公务员辞去公职申请表和同意辞去公职的批复等存入本人档案。经批准辞去公职的公务员，离职前应当办理公务交接手续。必要时，按照规定接受审计。对拒不办理公务交接手续的，按照有关规定给予处分，情节严重的，给予开除处分。

3. 辞去公职后的待遇及要求

（1）公务员辞去公职后，自批准之日的次月起停发工资，社会保险按照有关规定执行。

（2）公务员辞去公职后重新就业的，其辞去公职前在机关的工作年限合并计算。

（3）公务员辞去公职的，原系领导成员的公务员在离职三年内，其他公务员在离职二年内，不得到与原工作业务直接相关的企业或者其他营利性组织任职，不得从事与原工作业务直接相关的营利性活动。

公务员辞去公职后有违反前款规定行为的，由原所在机关的同级公务员主管部门责令限期改正；逾期不改的，由县级以上工商行政管理部门没收该人员从业期间违法所得，责令接收单位将该人员予以清退，并根据情节轻重，对接收单位处以被处罚人员违法所得1倍以上5倍以下的罚款。

（二）辞退

1. 辞退的含义和作用

公务员的辞退是指机关依照法律、法规规定，解除与公务员的任用关系。辞退是机关依法做出的一种单方面行为，无须事先征得相关公务员的同意，体现了机关的自主用人权。其作用主要表现在：

（1）辞退制度有利于加强对公务员的监督约束，提高工作效率。我国传统的干部人事制度存在干部“能进不能出”的弊端，除那些严重违法乱纪被开除的以外，对因为工作或其他原因不适应机关工作的人员，机关没有辞退的权力，影响了机关的管理效率。允许机关依法辞退少数不履行公务员义务、丧失公务员条件的人员，使不适合公务员职业的人员从事社会的其他职业，可以形成优胜劣汰的良好机制，保证公务有效执行。

（2）辞退制度有利于保护公务员的合法权益不受侵犯。在保证机关辞退权行使的同时，也要着眼于保护公务员的合法权益，对机关的辞退权予以必要的制约，防止机关滥用辞退权。公务员辞退制度对机关辞退公务员的条件、程序、权限作了明确规定，从法律上明确了机关辞退公务员的规则，保证了辞退权的正当行使，同时也保护了公务员的合法权益。

（3）辞退制度是保持公务员队伍整体素质提高的重要措施。辞退制度允许机关依法辞退不适合机关工作的人员，可见作为公务员的“出口”渠道之一，是一项不可或缺的重要制度，在保证公务员队伍的新陈代谢和优化精干方面具有重要作用。

2. 辞退的条件和程序

根据《公务员法》第83条的规定，有下列情形之一的公务员，予以辞退：（1）在年度考核中，连续两年被确定为不称职的；（2）不胜任现职工作又不接受其他安排的；（3）因所在机关调整、撤销、合并或缩减编制员额需要调整工作，本人拒绝合理安排的；（4）不履行公务员义务，不遵守公务员纪律，经教育仍无转变，不适合继续在机关工作，又不宜给予开除处分的；（5）旷工或者因公外出、请假期满无正当理由逾期不归连续超过15天，或者一年内累计超过30天的。

同时,《公务员法》第 84 条规定,有下列情况之一的公务员,不得辞退:(1)因公致残,被确认丧失或者部分丧失工作能力的;(2)患病或者负伤,在规定的医疗期内的;(3)女性公务员在孕期、产假、哺乳期内的;(4)法律、行政法规规定的其他不得辞退的情形。

辞退制度的建立有利于机关的人员优化,保持机关的活力。但辞退涉及公务员的切身利益,为了保证公务员的合法权益,防止辞退权力的滥用,根据《公务员辞退规定(试行)》(人社部发[2009]71号)的规定,辞退公务员按照下列程序进行:

(1)所在单位在核准事实的基础上,提出建议并填写辞退公务员审批表报任免机关。

(2)任免机关组织人事部门审核。所谓任免机关是指有权任免被辞退公务员的机关,在接到辞退建议后,任免机关应进行认真的审查和复核。审查内容包括:事由是否真实、充分,理由能否成立,有无打击报复情况等。经审查后,根据情况作出批准辞退、退回原单位补充调查研究以及终止辞退程序等决定。

(3)任免机关审批。作出辞退决定的,以书面形式通知呈报单位和被辞退的公务员,同时抄送同级公务员主管部门备案。县级以下机关辞退公务员,由县级公务员主管部门审核并报县级党委或者人民政府批准后作出决定。任免机关批准后,应以书面形式通知本人。这是为了让公务员获知被辞退的事实和理由,并使其在必要时行使申诉权和控告权,保障自身的合法权益。《公务员法》第 85 条规定:"辞退公务员,按照管理权限决定。辞退决定应当以书面形式通知被辞退的公务员。"

(4)辞退公务员审批表和辞退决定等存入本人档案,任免机关根据有关规定可以直接作出辞职决定。《公务员法》第 86 条规定,公务员被辞退的,离职前应当办理公务交接手续,必要时按照规定接受审计。根据《公务员辞退规定(试行)》,对被辞退的公务员,拒不办理公务交接手续的,按有关规定给予处分,情节严重的,给予开除处分。公务员对辞退决定不服的,可以按照规定申请复核或者提出申诉。复核、申诉期间不停止辞退决定的执行。

3. 辞退的相关事宜

(1)公务员被辞退后重新就业的,其被辞退前在机关的工作年限合并计算。公务员被辞退后,应当按照有关规定转递档案。在 90 日内重新就业的,应当在就业单位报到后 30 日内,按照干部人事档案转递的有关规定,将档案转至有关的组织人事部门保管;在 90 日内未就业或者重新就业单位不具备保管条件的，按照流动人口人事档案管理的有关规定转递档案。

（2）被辞退的公务员，可以领取辞退费或者根据国家有关规定享受失业保险，其他社会保险按照有关规定执行。

（3）领取辞退费的，机关在其档案转出 15 日内，将辞退费一次性向接收档案的人才服务机构拨付。

①公务员被辞退前连续工作满一年以上的，自被辞退的次月起，由有关的人才服务机构按月发放辞退费。

②辞退费发放标准为公务员被辞退前上月基本工资。

③辞退费发放期限根据被辞退公务员在机关的工作年限确定。工作年限不满 2 年的，按照 3 个月发放；满 2 年的，按照 4 个月发放；2 年以上的，每增加 1 年增发 1 个月，但最长不得超过 24 个月。

二、事业单位人员解聘、辞聘

2002 年 7 月，国务院办公厅转发原人事部《关于在事业单位试行人员聘用制度的意见》（国办发［2002］35 号），要求事业单位除按照国家公务员制度进行人事管理的以及转制为企业的以外，都要逐步试行人员聘用制度。事业单位建立和推行人员聘用合同制度是我国事业单位用人制度的一项重大改革。通过破除事业单位事实上的用人终身制，引入竞争机制，全面推行聘用制，实现事业单位人事管理由身份管理向岗位管理转变，由单纯的行政管理向法制管理转变，由行政依附关系向平等人事主体转变，由国家用人向单位用人转变。根据实行聘用制的有关要求，事业单位可按规定与职工解除聘用合同，即解聘。同时，事业单位职工也可以按照规定提出解除聘用合同，即辞聘，通过解聘、辞聘制度，保障双方合法权益。因此，总的来看，事业单位实行聘用制度保障了事业单位的用人自主权，可以充分发挥人才作用，疏通事业单位人员的出口通道，增强用人制度的灵活性，解决能进能出的问题。

（一）解聘的情形

根据国务院办公厅转发人事部《关于在事业单位试行人员聘用制度的意见》及原国家人事部《关于印发〈事业单位试行人员聘用制度有关问题的解释〉的通知》的规定，受聘人员有下列情形之一的，聘用单位可以随时单方面解除聘用合同：（1）连续旷工超过 10 个工作日或者一年内累计旷工超过 20 个工作日的；（2）未经聘用单位同意，擅自出国或者出国逾期不归的；（3）违反工作规定或者操作规程，发生责任事故，或者失职、渎职，造成严重后果的；（4）严重扰乱工作秩序，致使聘用单位、其他单位工作不能正常进行的；（5）被判处有期徒刑以上刑罚的，或者被劳动教养的或者被人民法院判处拘役的；（6）对在试用期内被证明不符合本岗位要求又不同意单位调整其工作岗位的，聘用单位也可以随时单方面解除聘用合同。

受聘人员有下列情形之一的，聘用单位可以单方面解除聘用合同，但是应当提前30日以书面形式通知拟被解聘的受聘人员：（1）受聘人员患病或者非因公负伤，医疗期满后，不能从事原工作也不能从事由聘用单位安排的其他工作的；（2）受聘人员年度考核或者聘期考核不合格，又不同意单位调整其工作岗位的，或者虽同意调整工作岗位，但到新岗位后考核仍不合格的。

但相关管理文件同时也规定受聘人员有下列情形之一的，聘用单位不得解除聘用合同：（1）受聘人员患病或者负伤，在规定的医疗期内的；（2）女职工在孕期、产期和哺乳期的；（3）因公负伤，治疗终结后经劳动能力鉴定机构鉴定为1～4级丧失劳动能力的；（4）患职业病以及现有医疗条件下难以治愈的严重疾病或者精神病的；（5）受聘人员正在接受纪律审查尚未作出结论的；（6）属于国家规定的不得解除聘用合同的其他情形的。

（二）辞聘的情形

有下列情形之一的受聘人员，可以单方面解除聘用合同：（1）在试用期内的；（2）考入普通高等院校的；（3）被录用或者选调到国家机关工作的；（4）依法服兵役的。除上述情形外，受聘人员提出解除聘用合同未能与聘用单位协商一致的，受聘人员应当坚持正常工作，继续履行聘用合同；6个月后再次提出解除聘用合同仍未能与聘用单位协商一致的，即可单方面解除聘用合同。但对在涉及国家秘密岗位上工作，承担国家和地方重点项目的主要技术负责人和技术骨干不适用此项规定。

【案例研究】

2006年，江苏某高校教师王某经学校同意参加公务员考试并被某机关录取。王某办理完学校工作交接手续到机关报到后，尽管机关人事处向该校送达调档函，但学校却迟迟不同意转交王某档案。原因是学校认为，王某在与学校于2004年12月签订的有关住房买卖契约中规定，学校以内部集资价卖给王某住房一套，但王某须在学校服务满5年，否则须将房子按其购房时集资价交由学校回购。但王某到机关报到后，未退还住房，学校根据其相关的管理规定，认为王某未完成解聘手续，故不转其档案。王某不服，提请仲裁。

仲裁委员会认为：王某参加公务员考试，符合国家有关规定，但这并不意味考上公务员即可免除应当承担的一切义务。而且王某与学校签订的住房买卖契约及该校有关教职工离校住房管理规定与国家有关房改政策没有冲突，因此，王某应当承担与学校签订的有关住房买卖契约中服务期的约定义务。同时，按照国人部发［2003］61号文第5条的规定："聘用合同解除后，单位和个人应当在3个月内办理人事档案转移手续。单位不得以任何理由扣留无聘用关系职工的人事档案；个人不得无故不办理档案转移手续。"因此，学校应按国家有关规定为王某办理聘用合同解除手续，待王某完成辞聘手续后，学校应及时转出王某档案。

（三）解聘、辞聘的待遇

原人事部《关于在事业单位试行人员聘用制度的意见》规定：有下列解除聘用合同情形之一的，聘用单位应当根据被解聘人员在本单位的实际工作年限向其支付经济补偿：

1. 聘用单位提出解除聘用合同，受聘人员同意解除的；

2. 受聘人员患病或者非因工负伤，医疗期满后，不能从事原工作也不能从事由聘用单位安排的其他工作，聘用单位单方面解除聘用合同的；

3. 受聘人员年度考核不合格或者聘期考核不合格，又不同意聘用单位调整其工作岗位的，或者虽同意调整工作岗位，但到新岗位后考核仍不合格，聘用单位单方面解除聘用合同的。

经济补偿以被解聘人员在该聘用单位每工作1年，支付其本人1个月的上年月平均工资为标准；月平均工资高于当地月平均工资3倍以上的，按当地月平均工资的3倍计算。聘用单位分立、合并、撤销的，应当妥善安置人员；不能安置受聘人员到相应单位就业而解除聘用合同的，应当按照上述规定给予经济补偿。

受聘人员与所在聘用单位的聘用关系解除后，聘用单位要按照国家有关规定及时为职工办理社会保险关系调转手续，做好各项社会保险的衔接工作。

第五节　军队转业干部安置

一、军转安置的含义、原则、程序

（一）军转安置的含义

军转安置指各级政府为退出现役的军官和文职干部到地方工作所做的转业安置。1997年3月公布施行的《中华人民共和国国防法》中规定：“国家妥善安置退出现役的军人，为转业军人提供必要的职业培训，保障离休退休军人的生活福利待遇。县级以上人民政府负责安置转业军人，根据其在军队的职务等级、贡献、专长安排工作。接收转业军人的单位应当按照国家有关规定，在生活福利待遇、教育、住房等方面给予优待。”2001年，中央颁发了《军队转业干部安置暂行办法》，此后还制定了一系列配套制度，实行了计划分配与自主择业相结合的安置方式。2007年，针对军转安置工作中出现的一些新情况、新特点，中央又出台了《关于进一步做好军队转业干部安置工作的意见》，改进了计划分配军转干部安置办法，完善了自主择业军转干部安置政策，调整了部分军转干部安置地区去向条件。目前，军转安置工作从过去单一的计划分配，发展到包括接收安置、培训教育、管理服务等多方面、综合性的干部和人才队伍建设系统工程。

（二）军转安置的原则及程序

1. 军转安置的原则

军队干部转业到地方工作，是国家和军队的一项重要制度。2001年1月19日颁发并实行的《军队转业干部安置暂行办法》第5条规定：“军队转业干部安置工作，坚持为经济社会发展和军队建设服务的方针，贯彻妥善安置、合理使用、人尽其才、各得其所的原则。”在这里，妥善安置是前提，合理使用是目的。同时，国家对军队转业干部实行计划分配和自主择业相结合的方式安置。即根据《军队转业干部安置暂行办法》第22条规定：“担任师级职务的军队转业干部或者担任营级以下职务（含科级以下文职干部和享受相当待遇的专业技术干部）且军龄不满20年的军队转业干部，由党委、政府采取计划分配的方式安置。”担任团级职务的军队转业干部或者担任营级职务且军龄满20年的军队转业干部，可以选择计划分配或者自主择业的方式安置。

《关于进一步做好军队转业干部安置工作的意见》（中发［2007］8号）进一步明确规定："军龄满20年的师、团、营级职务（含相应职级文职干部和享受相当待遇的专业技术干部）军队转业干部，本人提出申请，经组织审核批准，可以选择自主择业的方式安置。"

2. 军转安置的程序

目前，我国军转安置工作的议事协调机构是"国务院军队转业干部安置工作小组"，其办事机构设在国家人力资源和社会保障工作主管部门。转业干部的安置计划先由军队拟制，经总政和国家军转安置工作主管部门审定后下达各省（自治区、直辖市）。军队干部转业工作部门再按计划将转业干部档案移交地方军转安置部门审查。安置实行指令性计划分配和采取考核选调、考试考核与双向选择相结合的办法。

二、军转安置的作用及效果

新中国成立以来，特别是进入改革开放历史新时期以来，在党中央、国务院和中央军委的领导下，我国军转安置工作沿着"坚持为经济社会发展和军队建设服务"的正确方向，在开拓中前进、在继承中发展、在改革中创新，取得显著成绩和丰硕成果。

（一）促进了经济社会发展

长期以来，一代又一代军转干部，为支持地方建设、推进改革开放、保卫国家和人民群众生命财产安全作出了重大贡献，在急难险重任务中发挥了主力军和突击队作用，受到了人民群众的衷心爱戴。实践证明，对军转干部安置合理，使用得当，可以有效地发挥他们的潜能，使他们在新的岗位发挥自己的聪明才智。将军队转业干部通过各种方式妥善安置到全国各条战线，有力促进了经济建设和各项事业发展。

（二）促进了国防和军队现代化建设

当前，国际形势继续发生着深刻变化，国外敌对势力对我国加紧进行渗透破坏活动，我国周边安全环境中不稳定、不确定的因素有所增加，国防和军队建设对保障国家安全和维护国家利益的作用进一步凸显。做好军转干部安置工作，有利于实现军队干部的新老交替，优化军队干部队伍结构，增强军队的生机活力，确保军队更好地履行捍卫国家主权、维护社会稳定的神圣使命。大批军队转业干部得到妥善安置，解除了现役干部的后顾之忧，凝聚了军心，鼓舞了士气，有力推动了军队革命化、现代化、正规化建设。

（三）促进了干部和人才队伍建设

军转干部是党和国家干部队伍的组成部分，是重要的人才资源。军转安置工作是新时期干部工作和人才工作的重要组成部分。军转干部经过长期培养锻炼，具有较强的政治素质、管理能力和专业技能。近年来，军转干部的结构发生了新的变化，整体素质不断提高。接收好、安置好、使用好军转干部，做到人尽其才、各得其所，为我国改革开放和社会主义现代化建设提供了重要的干部和人才保证。

（四）促进了社会大局稳定

军转安置工作牵动军队，联动社会。各级党委、政府始终站在维护社会大局稳定的高度，妥善安置了大批军队转业干部，为军队和社会稳定作出了重要贡献。广大军队转业干部政治坚定，对党忠诚，贯彻落实党的路线方针政策态度坚决。他们转业到地方工作，不仅是地方建设的重要力量，也是维护社会稳定的重要力量。他们组织纪律性强，作风过硬，热心为群众服务，善于做思想政治工作，善于处理和解决棘手问题，尤其是在政法、执法监管部门，在基层一线工作的同志，发挥的作用更加突出，在人民群众中树立了良好形象。

思 考 题

1. 公共部门人力资源配置的含义及原则是什么？
2. 简述人才市场与人才流动的关系。
3. 事业单位人员解聘的条件有哪些？
4. 调任和转任的条件和程序是什么？
5. 简述公务员辞职的条件和程序。

第七章

教育培训

本章导读

公共部门人力资源培训，不仅可以使公职人员人力资本增值，实现公共部门战略规划和公职人员职业生涯规划，还可以满足公众对公共部门服务水平和质量的要求。本章从理论角度分析培训的含义、作用和意义，界定培训相关概念如职业能力、能力模型、能力评价、能力建设、能力开发等的区别和联系，介绍我国干部教育培训的历史沿革，从法律法规以及政策制度角度介绍我国干部教育培训的做法，分析不同性质公共部门教育培训的特点，介绍培训需求调查分析、培训计划制订、培训课程组织实施、培训效果评估等教育培训的方式和方法，分析我国公共部门教育培训存在的主要问题，展望发展趋势。

第一节　教育培训概述

人是事业发展的根本保证，国家社会、经济的发展离不开优秀的人才。从《国家中长期人才发展规划纲要》中可以看出，国家已将公共部门人力资源培训纳入整个社会发展的长期规划之中。公共部门人力资源作为维护政权稳定、促进社会进步的精英力量，它的发展方向和人才结构模式势必成为政府长期宏观规划的重要组成部分。因此，公共部门人力资源培训是一项战略性的任务。

一、培训的含义

干部教育培训是指按照党和国家事业发展要求，根据经济社会发展和干部履行岗位职责的需要，以全面提高干部的思想政治素质、科学文化素质、业务素质和健康素质为目标，有计划、有组织地对干部进行教育、培养和训练的活动。干部教育培训是加强党的执政能力建设和先进性建设的重要环节，是培养造就高素质干部队伍的重要举措，是推动学习型政党、学习型社会建设的重要保障，也是干部健康成长、全面发展的重要基础性工作。①

二、培训的作用和意义

（一）培训的作用

培训是一项对组织的战略执行具有重要作用的管理活动。具体来说，可以保证干部与组织发展保持同步。因为培训应是以实现组织战略规划为宗旨的；发现人才，发掘人才，使人力资源的利用达到最佳状态；调整人与事之间的矛盾，实现人事和谐；提高工作效率，降低成本，减少故障；变革组织文化，提高干部胜任能力，增强组织的核心竞争力；尽到一个现代组织应尽的责任。

另外，对于我国公务员队伍而言，培训还有其特殊的作用。其一，人力资源培训符合行政改革与行政发展的要求，有利于加速我国行政管理科学化进程。政府的职能和行政管理的内容总受国家经济、社会发展状况以及国家工作重心转移的影响而不断发展和变化。其二，有利于机关履行工作职能，进一步提高工作效能，建设优质、高效、廉洁的国家公务员队伍，促进社会科学发展。尽管最新的资料显示，“我国高素质专业化的国家公务员队伍正在形成，队伍结构得到明显改善”。但应注意到，我国公务员队伍素质离“高素质”“专业化”的要求还有较大差距，特别是公务员适应市场经济所需要的知识比较缺乏。要改变公共部门目前人力资源的状况，仅仅依靠专门的、正规的学校教育是远远不够的。②

（二）重要意义

1. 公共部门人力资源培训是推动社会发展的基本动力

人才是社会发展的基础，人力资源开发的对象是公共部门中所有的公职人员。人力资源开发有利于充分挖掘和利用公职人员的潜能和才智，不断地发挥人的主观能动性和聪明才智，为推动社会发展提供源源不断的动力。

2. 公共部门人力资源培训是行政改革和行政发展的必然要求

---

① 中共中央组织部. 中国共产党组织工作教程［M］. 北京：党建读物出版社，2006. 249.

② 刘帮成，胡近. 公共部门人力资源开发与管理［M］. 上海：上海交通大学出版社，2009：110.

当今政府逐步向服务型政府转变，这就要求政府不仅要关注效率的增长，还必须要关注公众的需求，以公众满意为目标，提高服务质量。所以，公共部门人力资源培训在这个转型中充当至关重要的角色，通过培训塑造一支能够胜任公共部门新型运作方式的人才队伍。

3. 公共部门人力资源培训是现代化大生产的客观要求

随着现代化大生产的不断发展，大量新工艺、新工程、新岗位、新职务不断涌现，分工越来越细，劳动组织越来越复杂，专业化与协作化的要求越来越高。在现代化生产的过程中，职业技能的教育和培训已经成为现代企业进行生产经营活动的基础。这个趋势对公共部门的影响将是日益明显的。

4. 公共部门人力资源培训是提高企业整体竞争力的重要手段

人力资源投资必然会产生效益，经过教育培训的员工，劳动熟练程度得到提高，掌握新知识、新技术的能力进一步加强。随着员工知识技能的提高，产出增加，产品质量得到改善，生产成本随之下降，从而提高了企业的经济效益，增强了整体竞争实力。公共部门的人力资源培训也会有同样的成效。

5. 公共部门人力资源培训是实现公职人员职业生涯发展的重要平台

公共部门人力资源培训作为干部更新知识和技能的重要手段，与其个人的职业生涯规划相结合，成为实现职业生涯发展的重要途径。现代人力资源管理强调在确保组织利益的同时，充分尊重成员个人的发展意愿，从而使人力资源管理呈现双向平衡。公共部门人力资源培训可以帮助公职人员构建清晰的职业发展路径，有利于将组织目标与个人发展相统一，从而为公职人员职务晋升和未来发展创造条件。

三、培训的相关概念及其区别和联系

（一）培训的相关概念

1. 职业能力

职业能力是人们从事某种职业的多种能力的综合。例如，一位教师只具有语言表达能力是不够的，还必须具有对教学的组织和管理能力，对教材的理解和使用能力，对教学问题和教学效果的分析、判断能力等。

由于职业能力是多种能力的综合，因此，我们可以把职业能力分为一般职业能力、专业能力和综合能力。

2. 能力模型

能力是人的综合素质在现实行动中表现出来的、正确驾驭某种活动的实际本领、能量和熟练水平，是实现人的价值的一种有效方式。

在中国公务员能力素质结构中，能力是指那些有助于公共管理者取得更高的个人及组织绩效的心理特征。它不仅直接影响着行政活动的效率，也是公共管理者个人发展的潜力表现，是公务员能力素质结构中的支撑力量。当前，中国公务员能力素质结构中的能力因素应该包括决策与领导能力、危机处理能力、沟通能力、思维能力、自我管理与发展能力。

能力素质模型又称胜任素质，是从组织战略发展的需要出发，以强化竞争力、提高实际业绩为目标的一种独特的人力资源管理的思维方式、工作方法、操作流程。

对当前中国公务员能力素质结构的研究可以借鉴胜任力模型。1973 年美国哈佛大学教授、心理学家麦克里兰（McClelland）提出了“胜任力”模型，又叫做“素质冰山模型”。他指出，胜任力包含某领域知识、认知或行为技能，也包含动机、特质、自我形象、态度或价值观等。胜任力可被描述为在水中漂浮的一座冰山，水上部分包括行为、知识和技能，这些容易被感知，水下部分则包括价值观与社会角色、自我形象、特质和社会动机，这些属于深层胜任特征。以上共同构成了个体的素质能力。借鉴胜任力模型，结合公共领域的工作实际，可以构筑出中国公务员的能力素质结构模型，它包括技术、知识、能力和品德四个层面，品德和能力是人最终行为表现的决定因素（见图 7—1）。①

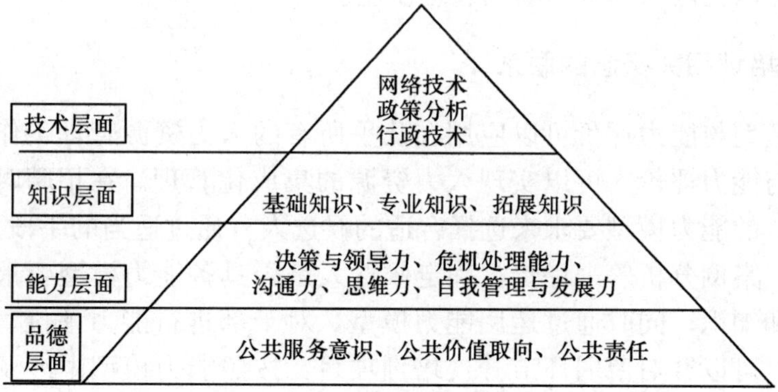

图 7—1 中国公务员能力素质结构模型

① 张再生，张廷君. 基于中国公务员能力素质结构模型的 MPA 课程［J］. 学位与研究生教育，2008(8).

3. 能力评价

能力评价是通过一种或多种途径取得职业活动绩效的证据，并把这些证据对照特定职业能力标准，从而判断职业能力水准的过程。能力评价是利用能力模型对组织成员能力进行测量与分析的过程，是能力模型转化为应用的重要环节。

能力评价遵循客观准确、简便可行、突出应用的设计原则。评价的意义在于发现员工能力的“短板”，并制定针对性的措施，提升员工能力，促进员工发展，进而提升组织整体绩效。

4. 能力建设

能力建设是指提高个人、组织能力的过程。能力建设内容广泛，其中包括针对个人开展的培训也包括针对组织开展的培训。

对组织进行的能力建设具体有如下特点：一是开展适合提高目标群体的能力和满足他们需求的活动；二是将会使目标群体的表现得以提高；三是必须可持续发展，即项目结束后，能力提高可以持续发展下去。只有群体积极参与，能力建设才能发挥作用。

5. 能力开发

狭义的能力开发，主要指干部教育培训，而现代能力开发的概念则要广阔得多。概略而言，能力开发系统主要有三个方面的内容：以提高干部知识技能水平为目的的教育训练体系，使干部能够充分发挥能力的组织机构和环境，为确保以上两项任务所需的管理制度。

（二）培训相关概念的联系

能力模型与能力评价可以应用在几乎所有的人力资源管理工作中。通过能力模型与能力评价，可以实现人力资源的集成化管理。在招聘时，可以根据待聘岗位的能力模型要求来选择合适的候选人，通过适当的手段，如面试、试题考核、案例分析等来评价、确定候选人是否具备能力模型要求的职业素养、能力和知识；同时通过运用能力模型，对干部进行能力评价。在培训和发展方面，可以针对薄弱环节开展培训项目，按照能力模型中涉及的能力要素设置各种培训课程。可以为干部指明发展的道路，清晰自身能力提升方向和阶段性发展目标，并据此制订有针对性的个人发展计划，使干部与岗位、工作小组较好地适应，最终实现长期稳定的绩效，从而促进干部对自己的职业生涯和组织的发展负责。在考核方面更可以根据干部在各方面的行为表现是否达到预定的目标，作出比较客观的评估，为考核、晋升提供了依据。并以此为基础，决定其岗位的晋升、薪酬调整的幅度或其他激励措施的实施。

能力建设与能力开发，存在双向的共生效应和互补效应。加强能力建设，能够推动能力开发，利于开发提升公共部门人力资源管理水平。同时，整体配套的人力资源管理反过来又能促进能力建设。

四、干部教育培训的历史沿革

按照干部教育培训在各个时期发展的重点、主要成就和历史轨迹，可将其划分为三个阶段。

（一）新民主主义革命与战争时期的干部教育发展历程及其特点

1. 建党初期，干部教育与革命形势发展休戚与共

党创建之初，一方面大力开展对工农的普及教育，另一方面创办新型学校。湖南自修大学、农民运动讲习所、黄埔军校是其中的典型代表。在有条件的地方开办党校，党的干部教育采取灵活多样的方式，各级党校成为培训党员、干部的重要基地。通过宣传马克思主义和普及科学文化知识，启发工农群众的革命觉悟，为中国革命培养教育了一大批革命干部，直接推动了中国革命的发展，初步形成了理论联系实际的干部教育风格，为党的干部教育提供了宝贵的经验。

2. 土地革命时期，干部教育成为党的重大任务之一

党在土地革命时期，创办了军官教导队、党团训练班，对党员、干部进行军事培训，并加强政治、文化教育。进入苏区后，党在局部执政的条件下，开始独立领导干部教育工作，提出了科学的干部教育思想，初步构建了党的干部教育体系，并积累了宝贵经验，为土地革命提供了人力资源保障。

3. 抗日战争时期，干部教育学习热潮的兴起

抗日战争时期是中国共产党干部教育迅速发展时期，也是党的干部教育理论逐步形成的时期，党的干部教育初具体系，党对干部教育的管理趋向正规化和系统化，积累了丰富的干部教育思想。

4. 解放战争时期，干部教育重心逐步转移

解放战争时期，特别是三大战役胜利后，革命的形势发生了根本性的转折，干部教育的重心发生转移，各级干部学校在提高广大干部的马克思列宁主义理论修养和文化知识水平的同时，突出了经济工作和城市工作，培训内容的范围明显扩大，使党的干部队伍素质得到了迅速提高。

（二）社会主义革命与建设时期干部教育的发展历程及其基本特点

1. 新中国成立后的过渡时期，干部教育全面铺开

新中国成立伊始，中国共产党把干部教育当作施政的一项基本方针摆在了相当重要的地位。党在新中国成立后的过渡时期进行社会主义改造对干部文化业务和政治学习提出新的要求。干部业务培训和文化教育的加强，为社会主义改造和国家“一五”计划的实施，打下了坚实的基础。

2. 新中国成立之初的社会主义改造基本完成后，干部教育形成小高潮

在社会主义改造基本完成后，中国共产党继承和发扬民主革命时期党的干部教育工作的优良传统，坚持贯彻理论联系实际的教育原则，以党的领导干部为主要教育对象，以在职干部教育培训为重点，注重在实践中增长才干，强调服务于党的中心工作。党的干部教育不仅涵盖了全国范围内的党内与党外、中央与基层的所有干部，而且各方面教育培训的力度也都大大加强了。

3. “文化大革命”期间，干部教育日趋停顿

“文化大革命”直接扼杀了中国共产党对执政条件下干部教育的进一步探索。在此期间，干部学校被迫停办，干部教育陷入停滞不前、逐渐萎缩的状态。这一停顿对我国干部队伍建设造成的损失是不可估量的。

（三）改革开放新时期的干部教育发展历程及其基本特点

1. 改革开放初期，干部教育大规模、正规化发展

这一时期，党的干部教育培训工作与现代化建设和社会主义的前途紧密联系在一起，干部教育培训根据党的工作重点确定教育的重点，强调教育“要精、要管用”。这为改善干部队伍结构，培养一支能够担当领导改革与建设重任的优秀干部队伍发挥了重要作用。

2. 党的十四大到十五大，干部教育制度化建设步伐逐步加快

各地普遍建立了干部教育培训工作领导小组或干部教育联席会议制度，形成了在党委的统一领导下，由组织部门主管，有关部门分工负责，中央、地方和部门分级分类管理的管理体制。建立健全了党委中心组学习制度、干部在职自学制度和领导干部学习考核制度，初步形成了以需求为导向，实行组织按计划调训与干部自主参训相结合的充满活力的干部教育培训运行机制。

3. 党的十六大以来，大规模培训干部、大幅度提高干部素质战略任务逐步落实

党的十一届三中全会以来，特别是党的十六大以来，我国的干部教育培

训迎来了新的发展高峰。干部教育培训更加重视理论武装，更加重视能力建设，加强了干部教育培训的自身建设，增强了干部教育培训的针对性和实效性，干部教育培训工作取得了很大成绩。

回顾党的干部教育培训事业发展历史可以看到，我们党在长期的干部教育培训工作实践中，积累了许多成功和新鲜的经验。主要有：一是坚持把思想理论武装放在首位，始终用不断发展着的马克思主义理论教育干部；二是紧紧围绕党和国家工作大局，始终为党和国家的中心任务服务；三是坚持把提高广大干部的素质和能力作为根本任务来抓，不断增强干部教育的针对性和实效性；四是坚持改革创新，不断增强干部教育培训的时代性和前瞻性。[①]

第二节 教育培训的方法选择

一、相关法律法规和政策制度

我国的公共部门人力资源培训是在党和国家的法律政策的指导下，分别在国家机关、事业单位和国有企业中开展的。

1.《宪法》第19条规定，国家发展各种教育设施，对工人、农民、国家工作人员和其他劳动者进行政治、文化、科学、技术、业务的教育。第27条规定，一切国家机关实行精简原则，实行工作人员的培训和考核制度。

2.2003年12月26日颁布的《中共中央、国务院关于进一步加强人才工作的决定》提出，人才资源能力建设是人才培养的核心。树立大教育、大培训观念，在提高全民思想道德素质、科学文化素质和健康素质的基础上，重点培养人的学习能力、实践能力，着力提高人的创新能力。围绕创新能力建设，根据各类人才的特点，研究制定人才资源能力建设标准。改革教育培训的机制、内容和方法，加大教育培训力度。坚持学习与实践相结合、培养与使用相结合，促进人才在实践中不断增长知识，提升能力。加强爱国主义、集体主义、社会主义教育，树立正确的世界观、人生观、价值观，发扬拼搏奉献精神、艰苦创业精神、团结协作精神和诚实守信精神，促进各类人才的全面发展。

3. 为推进干部教育培训工作科学化、制度化、规范化，培养造就高素质的干部队伍服务，2006年1月21日，中央组织部发布了《干部教育培训工作

① 陈雨田. 新时期干部教育学习转型［M］. 北京：党建读物出版社，2009：6—17.

条例（试行）》，规定了干部有接受教育培训的权利和义务。综合运用组织调训与自主选学、脱产培训与在职自学、境内培训与境外培训相结合等方式，促进干部素质和能力的全面提高。建立干部教育培训的考核和激励机制，将干部的教育培训情况作为干部考核的内容和任职、晋升的重要依据之一。干部教育培训应当遵循“以人为本，按需施教；全员培训，保证质量；全面发展，注重能力；联系实际，学以致用；与时俱进，改革创新”的原则。《干部教育培训工作条例（试行）》系统总结了党的干部教育培训工作的历史经验，紧密联系新形势、新任务的需要，形成了干部教育培训的基本规章，充分反映了干部教育培训工作的规律和特点，标志着党的干部教育培训事业进入一个新的发展阶段。[①]

【阅读链接】

《干部教育培训工作条例（试行）》学习辅导［M］. 北京：党建读物出版社，2006.

4. 2007 年 1 月 14 日，中共中央发布的《2006—2010 年全国干部教育培训规划》提出，每年有组织、有计划地培训省部级干部 500 人左右、厅局级干部 8 800 人左右、县处级干部 10 万人左右。突出抓好党政正职领导干部的教育培训，保证完成规定的脱产进修任务，着力提高他们的思想政治素质和宏观决策、驾驭全局、综合协调的能力。制订后备干部培训计划，每 3 年至少安排他们参加一次党校、行政学院、干部学院主体班次的培训。充分利用地方党校、行政学院、干部院校和远程教育等渠道，加大以乡镇干部为主体的农村基层干部、以街道干部为主体的城市基层干部和以中小企事业单位干部为主体的企事业基层干部的教育培训力度。根据各级领导班子建设的需要，做好女干部、少数民族干部、党外干部的教育培训工作。

5. 为进一步提高干部教育培训科学化水平，培养造就高素质干部队伍，推进马克思主义学习型政党建设，根据党的十七大、十七届四中全会精神和《干部教育培训工作条例（试行）》，2010 年 6 月 17 日颁布实施的《2010—2020 年干部教育培训改革纲要》，对中国未来十年的干部教育培训改革进行战略部署，是深化干部教育培训改革的重要指导性文件，凸显出中国整合资源“开门培训”、干部教育培训与干部人事改革相衔接等一系列亮点与新意，

① 中共中央组织部干部教育局.《干部教育培训工作条例（试行）》学习辅导［M］. 北京：党建读物出版社，2006：22.

中国干部教育培训转型趋向明显：把干部学习培训情况作为对干部任职考察的重要内容；提任县处级以上领导干部要达到规定培训时间要求；探索干部免职脱岗培训、后备干部个性化定制培训；对主要领导干部、重点岗位干部可实行点名调训；积极利用境外著名大学和其他培训机构开展干部培训；纪检监察机关要将干部学习培训期间的表现纳入监管范围；优化整合部门、行业干部教育培训机构原则上不再新建；市属区级和县级党校可精简重组，培训任务由市级承担；探索建立符合干部教育培训特点的师资准入和退出机制；2012 年基本建成功能完备、资源共享、规范高效的干部网络培训体系。

6.《国家中长期人才发展规划纲要（2010—2020 年）》是新中国成立以来第一个中长期人才发展规划，是当前和今后一个时期全国人才工作的指导性文件。人才规划提出：把社会主义核心价值体系教育贯穿人才培养开发全过程，不断提高各类人才的思想道德水平。建立人才培养结构与经济社会发展需求相适应的动态调控机制，优化教育学科专业、类型、层次结构和区域布局。创新人才培养模式，全面推进素质教育。坚持因材施教，建立高等学校拔尖学生重点培养制度，实行特殊人才特殊培养。改革高等学校招生考试制度，建立健全多元招生录取机制，提高人才培养质量。建立社会参与的人才培养质量评价机制。完善发展职业教育的保障机制，改革职业教育模式。完善在职人员继续教育制度，分类制定在职人员定期培训办法，倡导干中学。构建网络化、开放式、自主性终身教育体系，大力发展现代远程教育，支持发展各类专业化培训机构。支持建立军民结合、寓军于民的军队人才培养体系。适应科学发展要求和干部成长规律，开展大规模干部教育培训，加强干部自学。实施党政人才素质能力提升工程，构建理论教育、知识教育、党性教育和实践锻炼“四位一体”的干部培养教育体系。

【新闻摘录】

（人民网北京 5 月 26 日电）中共中央、国务院召开的全国人才工作会议 5 月 25 日至 26 日在北京举行。胡锦涛在讲话中指出，人才资源是第一资源，人才问题是关系党和国家事业发展的关键问题，人才工作在党和国家工作全局中具有十分重要的地位。我们党历来高度重视人才工作，在革命、建设、改革各个历史时期，制定和实施了一系列重大方针政策，为党和人民事业发展培养和集聚了宏大的人才队伍。经过新中国成立 60 多年特别是改革开放 30 多年的努力，我国已经从人才资源相对匮乏的国家发展成为人才资源大国，各类人才在改革开放和社会主义现代化建设中大显身手。同时，当前我国人才发展总体水平与世界先进水平相比还有较大差距，与我国经济社会发展需要相比还有很多不适应的地方，特别是高层次创新型人才匮乏，人才创新创业能力不强，人才资源开发投入不足。根据新形势新任务和人才工作面临的新情况新问题，党中央、国务院颁布了《国家中长期人才发展规划纲要（2010—2020年）》。贯彻落实好这个纲要，对全面提高人才发展水平、加快建设人才强国，对全面建设小康社会、加快推进社会主义现代化、实现中华民族伟大复兴具有重大而深远的意义。

二、党政机关的人力资源教育培训

党政机关的人力资源教育培训工作以培训制度为依据，以提高思想政治素质为重点，以能力建设为主题，以改革创新为动力，以整合资源为手段，切实增强公务员贯彻落实科学发展观、把握全局、科学决策、处理利益关系、务实创新等能力，努力培养造就一支以发展着的马克思主义武装头脑，政治上靠得住、工作上有本事、作风上过得硬、人民群众信得过，善于治国理政的党政干部队伍。

（一）培训对象

党政机关全体干部，重点是县处级以上领导干部及其后备干部。

（二）培训类别

按照《公务员法》规定，公务员培训分为初任培训、任职培训、专门业务培训和在职培训。其中对担任专业技术职务的公务员，应当按照专业技术人员继续教育的要求，进行专业技术培训。

1. 初任培训

初任培训是对新录用公务员进行的培训，培训内容主要包括政治理论、依法行政、公务员法和公务员行为规范、机关工作方式方法等基本知识和技能，重点提高新录用公务员适应机关工作的能力。初任培训由组织、人力资源社会保障部门统一组织。专业性较强的机关按照组织、人力资源社会保障部门的统一要求，可自行组织初任培训。初任培训应当在试用期内完成，时间不少于12天。

【阅读参考】台湾地区具有实际操作意义的基础训练和实务训练（大陆称“初任培训”）

台湾地区于 2002 年 1 月 30 日公布施行“公务人员训练进修法”，于 2002 年 7 月 16 日发布“公务人员训练进修法施行细则”，明确了机关培训业务的权责与分工。台湾考试录取人员的培训由“公务人员保障暨培训委员会”办理，主要分为基础训练和实务训练，一般为期 4 个月到 1 年。基础训练由“公务人员保障暨培训委员会”办理，目的是培训初任公务员应具备的基本观念、品德操守、服务态度和行政程序与技术。实务训练委托用人机关办理，目的是增进工作所需的知识技能、品德操守、服务态度。培训期满、考试成绩及格的，用人机关将其任命在所培训的职缺上任职。根据“考试院公务人员保障暨培训委员会（保训会）”统计，2010 年高普考录取参加基础训练人员 2 637 人，高考班有 1 855 人参训，13 人不及格，普考班有 769 人参训，7 人不及格，共计 20 人不及格。

“考试院”正拟修“公务人员考试法修正草案”，拟将现行“一试定江山”的公务员考试，修改为两阶段招考，把现行录取后才进行的基础训练，纳为第二阶段评分项目，并与笔试成绩合计后，再决定正额与增额录取人员。

【案例研究】我国公务员初任培训体系的设计——以上海市徐汇区为例

2005 年，上海市人事局就出台了《新录用公务员基层实习锻炼试行办法》，明确指出新录用公务员在规定的试用期内要到乡镇、街道、居委会、村委会以及企事业单位等基层单位或岗位锻炼一年。无故不参加者不予任职；基层实习锻炼考核不合格的，取消公务员录用。以此为背景，上海市徐汇区人事局（现为人力资源和社会保障局）创新性地整合各方资源，将新录用公务员下基层实习锻炼制度纳入初任培训体系，从管理方法、培训需求分析、培训时间、培训方式、培训内容、评估模式等方面努力创新，经过五年的积极探索与实践，构建了一套方式多样、主体多元、理论与实践相结合的多层次的公务员初任培训体系。这个体系可以概括为“一个胜任力模型、两次测评、三次实践、四次集中培训”。由于徐汇区对新录用公务员的管理是先培养考察、后定职定岗，因此该体系中构建的胜任力模型是针对合格公务员的通用能力，而不是针对具体岗位。根据胜任力模型提供的能力要素，建立培训考核的指标体系，明确培训目标。再对初任公务员进行能力测评，然后将初任公务员的实际胜任力水平与胜任力要求进行对比，找出其差距，这差距就是培训需求。为了对这种培养模式的效果进行评估，2007 年 10 月，测评中心针对 2005 年和 2006 年两届新录用公务员在岗工作状况做了一次问卷调查，问卷由公务员所在部门的主管负责填写。调查结果显示，这两年新录用的公务员在岗工作状况总体表现得到了任职部门的基本认可，认为受训公务员的工作行为“完全符合（45%）”与“比较符合（44%）”岗位要求的总计达到了 89%。在六大胜任指标中，最得到肯定的是“奉献精神”和“公共服务意识与能力”两方面，属于能力方面的其他四大指标的行为表现也大都得到认可，从而验证了这套培训体系的有效性。在 2008 年、2009 年两年的初任培训结束后，测评中心都对其培训效果进行了回访，并听取了反馈意见。这两年到岗的公务员均能较好地适应岗位要求，完成工作任务，用人部门也较为满意。

2. 任职培训

任职培训是按照新任职务的要求，对晋升领导职务的公务员进行的培训。培训内容主要包括政治理论、领导科学、政策法规、廉政教育及与所任职务相关业务知识等，重点提高其胜任领导工作的能力。任职培训应当在公务员任职前或任职后一年内进行。担任县处级副职以上领导职务的公务员任职培训时间原则上不少于 30 天，担任乡科级领导职务的公务员任职培训时间原则上不少于 15 天。调入机关任职以及在机关晋升为副调研员以上及其他相当职务层次的非领导职务的公务员，依照前款规定参加任职培训。

3. 专门业务培训

专门业务培训是根据公务员从事专项工作的需要进行的专业知识和技能培训，重点提高公务员的业务工作能力。专门业务培训的内容、时间和要求由机关根据需要确定。

4. 在职培训

在职培训是对全体公务员进行的以更新知识、提高工作能力为目的的培训。在职培训的内容、时间和要求由各级组织、人事部门和机关根据需要确定。

（三）培训方式

1. 组织调训

组织调训，是指公务员主管部门有目的、有计划、有针对性地选调公务员到指定的施教机构参加脱产学习。具有目的性、计划性、服务性、强制性、集中性等特点。

2. 自主选学

自主选学是近年来在培训实践中创造的一种新的培训方式，是指在公务员主管部门规定的培训项目中，公务员自主选择参加培训的方式和内容。具有自主性、开放性、引导性、实用性等特点。

3. 在职自学

在职自学，是指在公务员主管部门和公务员所在单位的指导下，公务员以提高自身素质和能力为目的，利用业余时间进行自学。具有号召性、自主性、目标性等特点。

4. 网络培训、远程教育和电化教育

网络培训、远程教育和电化教育是指依靠现代信息技术支持，迅速发展并被广泛使用的公务员培训方式，具有覆盖面广、共享性好、灵活方便、节约性等特点。

（四）适用的法律法规

自1993年我国实行国家公务员制度以来，我国的公务员培训法规体系逐步完善，公务员培训类别体系逐步建立，公务员培训保障措施不断优化。

1.《国家公务员出国培训暂行规定》

1995年9月21日颁发的《国家公务员出国培训暂行规定》，规定国家公务员出国培训方式主要分为短期培训和长期进修两种。国家公务员出国培训派出单位应根据需要对国家公务员在国外培训的成绩和表现以及回国后的应用效果，进行必要的考核。考核结果将作为其任职和培养使用的依据之一。

2.《公务员法》

2006年1月1日起正式实施的《公务员法》对公务员培训的基本原则、种类、培训机构和培训结果的运用作出了专章规定，明确了参加培训是公务员应享有的权利，“行政机关根据工作职责的要求和提高素质的需要，对公务员进行分级分类培训。国家建立专门的公务员培训机构。机关根据需要也可以委托其他培训机构承担公务员培训任务”。《公务员法》将各级党的机关、人大机关、政协机关、民主党派机关、法院和检察院中的工作人员也纳入了公务员管理的范围。

3.《“十一五”全国人事干部教育培训规划》

根据“十一五”期间人事人才工作发展的需要，全面落实大规模培训干部的战略任务，原国家人事部于2007年2月9日印发了《“十一五”全国人事干部教育培训规划》，加强培训制度建设，提高培训质量。要求5年内把全国人事干部轮训一遍，使广大人事干部的思想政治素质、业务能力、文化素养和工作技能进一步提高，依法行政和公共服务能力进一步增强。

4.《公务员培训规定（试行）》

2008年6月27日，中共中央组织部和人力资源和社会保障部印发《公务员培训规定（试行）》，按照职位职责要求和不同层次、不同类别公务员特点对全体公务员进行培训，将公务员培训情况、学习成绩作为公务员考核的内容和任职、晋升的依据之一。

5.《国务院办公厅关于转发人力资源社会保障部、国家公务员局2011—2015年行政机关公务员培训纲要的通知》（国办发［2011］14号）

2011年3月21日，国务院办公厅下发了《国务院办公厅关于转发人力资源社会保障部、国家公务员局2011—2015年行政机关公务员培训纲要的通知》（国办发［2011］14号），进一步明确了“十二五”时期公务员培训工作的指导思想、总体要求和工作目标，为提高公务员培训工作科学化水平，培养造就高素质专业化的公务员队伍指明了方向。《2011—2015年行政机关公务员培训纲要》，在公务员培训激励约束规定上有两方面重要变化：一是提出公务员学习培训考核不合格的，年度考核不得确定为优秀等次；二是要求提拔担任县处级以上领导职务公务员，须在提任后1年内完成规定培训，仍未完成的要延长试用期。

三、事业单位的人力资源教育培训

近年来，党中央和国务院相继出台了《2010—2020干部培训改革纲要》和《2010—2020年国家中长期人才发展纲要》等纲领性文件，对事业单位各类人员培训的原则、方法、管理都提出了要求，进一步明确了新形势下事业单位工作人员培训的发展方向。

（一）培训的概念

事业单位工作人员培训是指事业单位为了实现公益目的、履行职能职责的需要，采用各种方式对事业单位人员进行有目的、有计划地培养和训练的管理活动。其目标是使事业单位人员不断提高管理能力、更新知识结构、拓展业务技能，更加胜任现职工作或有能力从事更高要求的工作，从而促使组织效率的提高和目标的实现。

事业单位工作人员培训具有以下特点：从培训对象上看，培训具有全员性质，从新聘用的人员到已在单位工作多年的人员，从管理人员到专业技术人员、工勤技能人员等，都要定期接受培训；从培训重点来看，培训要强调针对性、实效性，不同类型、不同层次人员培训的侧重各不相同；从培训形式上看，具有灵活性，可采取长期培训与短期培训相结合、离职培训与在职培训相结合、学历培训与非学历培训相结合；从培训的机构来看，培训渠道较多，可以是各级党校、行政学院，也可以是各类高校、科研机构和市场化的培训机构。事业单位工作人员培训与一般的学校常规学历教育有所区别，它是一种终身的、可持续发展的继续教育，是常规教育的延续；与公务员培训相区别，其培训形式多样、培训队伍更加庞大，培训的专业性更强、涉及领域更广，培训的时间、范围和方法更加灵活。

（二）培训的原则

事业单位工作人员培训的基本原则是开展培训的纲领性规范，它贯穿于事业单位工作人员培训管理的时间安排、内容确定、组织协调、效果评估等各个环节。

1. 工作需要原则

培训要从实际工作需要出发，要根据不同时期社会发展的不同需要，不同职类、层次、职位、领域的事业单位人员的需求来制订培训计划。如对新聘用的人员和晋升领导职位的人员，对管理人员、专业技术人员、工勤人员就不能采取同一的培训内容和方法。另外，我国由于东部、中部、西部各地区经济社会发展有所差异，因此要注重培训的地方特色；我国是多民族国家，在少数民族地区开展事业单位培训还要结合民族习惯和民族特点进行，要着力做到管理创新、科技进步、素质提高。

2. 学以致用原则

学以致用原则是指把培训与培训后的使用衔接、统一起来。在事业单位的人事管理活动中，科学、合理、有效地用好各类人员既是出发点又是归宿。事业单位培训要围绕社会事业发展大局和单位自身发展需要来谋划，突出工作人员在学习培训中的主体地位，强化培训需求导向，真正事业发展需要什么就培训什么，人才成长缺什么就补什么，更好地为科学发展服务、为人才成长服务。

3. 注重质量原则

事业单位培训要有序开展、严格管理、追求质量。要根据人员在单位中所处的层次、工作的职责和任务，分级有序实施培训，设计不同的培训内容，采取与之相应适的培训方式。为了确保培训的质量，必须把握好四个问题：一是从本部门、本地区、本行业、本单位的实际需求出发，制订涵盖所有工作人员的培训计划；二是要在培训全过程中加强监管，做到使培训对象学有所获、学有所成、学有所用；三是要把培训与考察任职、晋升、奖惩、工资福利衔接起来，以督促、鼓励受训人员在培训期间认真学习；四是要将培训结果转化成为培训人员个人素质的切实提高和组织工作效能的有效提高，保证培训取得最佳效益。

4. 全面提高原则

全面提高原则要求培训过程中注重培训人员素质全方位提高，构建新形势下事业单位人员能力体系。当前事业单位改革更强调对公众责任、为公众提供更好的公共服务、厘清经营与服务的关系。相应地，对事业单位人员的工作理念、行为方式、能力体系的转变都提出了要求，所以在培训中应当更加注重培训人员素质的全面提高。

（三）培训的种类

事业单位工作人员培训的种类总体上可分为初聘培训、在岗培训、转岗培训和专项培训四种。这四种形式相互补充，形成相互衔接的培训体系。

1. 初聘培训

初聘培训是指对新聘用事业单位人员进行的职前培训，旨在使其了解自己所承担工作的性质和责任，熟悉工作的环境和程序，掌握基本的工作方法和相关业务知识，培养应有的工作态度和职业道德观念，为正式上岗做好准备。初聘培训的内容一般涵盖政治理论、管理知识、专业技能、法律法规以及职业道德教育。

2. 在岗培训

在岗培训是指对在职的事业单位工作人员进行以更新知识为目的的全员培训。根据不同岗位的要求和公共服务的需要，对全体事业单位人员进行分批有计划的培训。在岗培训具有强制性，尤其是专业技术人员必须纳入继续教育培训的管理。

3. 转岗培训

转岗培训是指对事业单位工作人员岗位变动进行的培训和对事业单位管理、专业技术、工勤三类人员相互转换岗位前进行的业务培训，旨在使其掌握新岗位开展工作所需要的组织领导能力和专业知识技能。转岗培训内容一般涵盖新岗位所需要的法律知识、专业知识和专业技能，注重全面提高培训对象的综合素质。对晋升管理岗位、专业技术岗位的人员还要着力优化知识结构、拓宽专业知识，通过培训使其掌握新知识、新技能、新信息。

4. 专项培训

专项培训是指根据事业单位各岗位的需要进行的专门知识技能培训，旨在通过专门业务培训使事业单位人员掌握本岗位知识，提高事业单位人员专业化水平和适应专项工作需要。专项培训的内容重点在于提供专业领域中具有前沿性和实用性的知识技能，以适应形势和环境的发展变化。

(四) 培训的方法

1. 讲授培训法

讲授培训法就是通常所说的课程学习和主题讲座，如对事业单位管理人员进行管理方法课程培训和对专业技术人员进行学科课程培训。运用讲授培训法进行培训时，讲师要把握三点原则：第一，逻辑性较强。应用讲授培训法进行培训时，讲授的内容通常较多，可以采用课程式学习，通过介绍理论知识再联系实际，这一思路比较容易吸引学员的注意。第二，把握课程难点。对于课程的难点要事先进行分析，以备在授课的时候进行详细讲解，分配时间有所侧重，使授课内容详略得当，有效地提高学员的接受效果。第三，主题突出。每节课程应该设计独立的主题，既要使课程之间有紧密的相关性，又不可忽视每节课独立主题的重要作用，以便学员根据单独的课程主题掌握培训内容。

2. 案例培训法

案例培训法是目前培训界应用最多的培训方法之一，该培训方法着重于培训师与学员之间的互动，结合学员的实际工作或学习的需要，提供现实工作中的事实案例，由学员发挥自己的学识和经验通过讨论来解决案例中提出的问题，侧重于培养学员的实际工作和解决问题的能力。如在事业单位管理人员培训中引入应急事件处理的案例，通过案例分析提高学员处理突发事件的水平。案例培训法成败的关键在于提供的案例是否与培训学员需要解决的问题相关。因此，培训师在开发或选择案例之前要深入研究学员的培训需求，然后选择涵盖学员普遍性问题的案例。此外，选择案例时要注意案例的真实性，如果是自己开发的，就要着重注意案例的可信性，并力争使案例生动，引起学员的兴趣。

3. 体验式培训法

体验式培训法，打破传统培训实施的“灌输式”模式，将自身融入学习环境中，通过自我实践获得知识。一是现场体验法。组织事业单位人员深入到管理的现场和专业实验场景当中，通过参观、考察、动手实验来提升事业单位人员的专业能力和管理水平，如组织教学人员展开课程观摩，组织研究人员进行实验操作等。二是音像体验。通过播放观看专业科教影片或是管理方面的影音资料，使事业单位人员获得知识、提升能力从而实现体验教学的目的。三是社会实践。如组织事业单位管理人员通过深入农村、社区，掌握基层事业单位人力资源现状，对原有认知体系进行整合和加工，提高决策水平，全面提高自身素质和培养创新能力。

4. 情景模拟培训法

情景模拟培训法，即树立灵活学习的理念，打破传统学习固定身份、固定角色的学习模式，通过改变人的行为，模拟真实的环境，实现对未来可能面临的问题进行再现的过程。一是角色扮演。首先围绕中心议题，即模拟的对象，可以是某个具体事件的模拟，也可以是某个管理活动的模拟。如模拟事业单位人事管理中的申诉复议或是监督等管理情景来提高事业单位管理人员的应变能力和应用政策法规能力。二是计算机模拟。主要是借助计算机平台和网络环境进行模拟培训，训练和培养受训者的计划决策、组织协调的能力。通过创造模拟真实环境，使人在参与中身临其境，最终由计算机计算出结果。三是拓展训练。通过心理训练、户外训练等方式，将培训教学由单纯的学习知识转变为提升心理适应能力、学习潜能以及管理技巧等，从而提升事业单位人员沟通直辖市能力和团队合作能力。

5. 研讨学习培训法

研讨学习培训法，即树立团队学习的理念，打破传统培训强调个人学习的观念，树立个人在互相学习获取知识和技能的观念。在培训中强调知识的共享、团队协作与沟通交流。一是专题研究。这种研究方式主要是针对单个具体政策或课题进行深入的研究，如对事业单位编外人员问题进行课题研究，通过集中讨论和信息共享来更加深入找到解决问题的办法。这种方法的优势在于学习目标明确，极大地激发了受训者的研究兴趣，锻炼了其开展调研、研究解决问题的能力。二是受训者论坛。大家就相关问题进行研讨。研讨前，受训者对研讨议题进行精心准备，收集资料。在研讨中，受训者与培训师的地位是平等的，不会有人因观点或结论错误而受到惩罚，每个人都各抒己见。最终由培训师进行点评。通过受训者论坛，可以让知识在团队中自由传递，实现彼此对不同行业、部门和领域有更多理论和实践的了解。

6. 网上学习培训法

网上学习培训是利用一切现代信息技术手段而进行学习的方法。打破传统培训受时间、地域限制的观念，将培训学习贯穿于整个工作和生活之中。

四、国有企业的人力资源教育培训

（一）国有企业人力资源培训的种类

国有企业人力资源培训主要有新员工培训、在职员工培训、经营管理层培训三种。

1. 新员工培训

对刚进入企业的新员工，要重点培养他们的“企业精神”。目的是通过培训使他们了解企业的历史、现状、未来的发展计划，工作环境、单位的规章制度、企业的组织文化、绩效评估制度和奖惩制度等，培养他们对企业的感情和集体主义、团结协作精神，从而为企业提供一支专业知识、业务能力与工作态度均符合企业发展要求的员工队伍。

2. 在职员工培训

在职员工培训，是指对已在岗的员工为提升他们的工作绩效而实施的知识更新、技能提升和态度转变等一系列培训活动。在职员工培训具有培训方式多样性、培训内容广泛性、培训内容适应性和前瞻性等特点。

3. 经营管理层培训

在经营管理层干部的工作中有较多的决策性因素，而且除了纵向指挥系统外，还要进行广泛的横向协调。主要培养经营管理者应具有的长远战略眼光、参与国际国内市场的竞争能力和驾驭复杂局面的领导能力；适应推进产业结构优化升级、实现经济发展方式转变的要求，重点抓好国有重要骨干企业、金融机构领导班子成员及其后备人员的教育培训；抓紧培训企业所急需的战略规划、自主创新、资本运作、企业党建等方面的人才，为增强企业核心竞争力、推动企业的改革与发展提供人才保证。

（二）国有企业经营管理人员的培训内容

国有企业经营管理人员的培训内容主要包含三个方面。

1. 工商管理知识的培训

根据《“九五”期间全国企业管理人员培训纲要》，对企业管理人员普遍进行一次工商管理培训。这是企业转机建制、适应“两个转变”的迫切需要，也是企业领导人员驾驭企业走向市场的基础性培训。《“十五”期间全国企业经营管理人员培训纲要》则强调“以继续举办和规范工商管理培训为重点”，在原有的社会主义市场经济、企业经营战略、人力资源开发、国际贸易等内容的基础上，补充国际商务、跨国经营、企业发展战略、企业发展目标与企业重组、利用国际资本市场等内容。

2. 适应性知识的培训

一方面要了解和熟悉国家经济体制改革中涉及企业的重点问题和新出台的有关法律、法规、方针政策。主要是做好《国有大中型企业建立现代企业制度和加强管理的基本规范》与世界贸易组织基本规则的培训，使企业的经营管理人员了解和掌握基本规范的主要内容和要求，了解世界贸易组织基本规则的内涵、我国的承诺和应对措施，为国有企业建立现代企业制度和加强管理、尽快与国际经济接轨、提高国际竞争力做好基础工作。另一方面要掌握企业改革、企业管理和发展等方面的知识。主要是围绕企业改革和发展中的热点、难点问题，广泛开展管理创新、技术创新、市场营销等方面的培训。同时，着眼于21世纪的发展要求，开展金融、科技、财税、法律知识以及企业管理信息化建设、电子商务、网络技术、知识经济等内容的培训。

3. 现代管理领域的培训

以急需紧缺的管理专业门类为主，开展包括投融资管理、企业资产重组和上市管理、营销管理、财务管理、质量管理、物流管理、工程管理以及企业制度、结构调整、国际化经营、资源节约与利用等方面的培训课程，每年培训7万～10万名中高级管理人才。积极引进和开发各类现代管理课程，不断丰富完善我国管理知识体系。依托行业协会、国内重点大学、科研院所和企业，面向企事业单位进行各类管理知识的培训，提高各类企事业单位和社会组织经营管理的科学化、现代化水平。注重管理知识培训与管理实务相结合，理论培训与提高实际管理能力相结合，不断提高管理知识培训的针对性和实效性。

（三）适用的法律法规

我国国有企业人力资源培训工作主要是依据《宪法》《劳动法》《国有大中型企业建立现代企业制度和加强管理的基本规范》《“十五”期间全国企业经营管理人员培训纲要》《企业职工培训规定》等法律法规进行的。

第三节 教育培训的思考

一、不同类别公共部门教育培训的比较

（一）相同点

我国的公共部门人力资源教育培训都是在党和国家的政策、法律的指导下开展的。目的是提高广大干部的工作技能，以及知识、理论的提升，并借此改变个人的观念、态度、想法，改进行为，最大限度地使个人素质与工作需求相匹配，适应不断变化的政治、经济、文化环境的需要，从而促进干部工作绩效的提高以及公共组织目标的有效实现。

培训活动是一个连续、周而复始的过程。行政机关、事业单位、国有企业都在自己的培训规划中引入了一个从培训需求分析、培训计划制订、培训的组织与实施、培训效果的评估与反馈（培训效果转化），再到进一步确定培训需求的体系设计。

1. 培训需求分析

培训需求分析是培训基本流程的首要环节，它是制订培训计划、组织实施培训和评估培训效果的基础和前提，其准确与否直接决定整个培训活动的有效性。

培训的需求分析是指，组织在从事培训与开发活动之前，从长远的发展目标或近期目标出发，采用各种方法和技术，对组织及其成员的现有素质构成、知识和技能的种类等进行系统鉴别与分析，以明确组织培训与开发方向和内容的一系列管理活动。

培训需求包括三个层次，即个人的培训需求、公共部门组织的培训需求和战略发展的培训需求。从组织分析入手，以任务分析为核心，结合人员分析，得出培训的目标、对象和内容。

（1）个体层次上的培训需求分析。主要包括：个人考核绩效记录、自我评价、知识技能测验、态度评量。在个体分析中，重点是根据现有干部目前的状况，评价与理想状况之间的差距，这个差距就是培训的内容。

（2）组织层次上的培训需求分析。培训需求的组织分析主要从组织环境分析、组织目标分析、组织特质分析和组织资源分析，准确地找出组织存在的问题与人员素质的关系，以确定培训是否是解决这类问题的最有效的方法。

（3）战略层次上的培训需求分析。随着社会变迁的加剧，组织在外部压力下常常面临突变的可能性。培训需求的未来分析，即战略分析，已越来越受到人们的重视并被提到重要的战略位置之上。主要包括以下几个方面：组织优先权的改变，人事预测，组织态度调查。

2. 培训计划制订

培训计划是在需求分析的基础上建立起来的，在一定意义上，是培训需求分析的直接成果。

培训计划的含义是，公共组织根据发展的目标和对公职人员未来培训需求状况的预测，而专门制订的计划、设计组织近期与未来培训活动的方案。培训计划通过合理的制度安排和资源投入，使组织的培训付诸实际行动之中。根据本公共组织战略目标，制订一系列培训计划，有长期培训计划、年度培训计划以及单项培训计划。

培训计划包括以下主要内容：

（1）明确培训目标。培训目标是基于培训需求分析而确定的，它反映了公共组织对培训项目的基本意图和期望，是确定培训内容和方法的基本依据，又是评估培训效果的主要标准。公共组织培训目标的确定必须明确、具体并且是可衡量的，具体要落实到干部的角色和道德意识的提升、专业知识、人际关系和宏观管理技能的提高上。实践中每一项培训活动目标都涵盖这三个方面：知识目标（培训后受训者知识技能的提高）、行为目标（培训后受训者工作行为的提高）和结果目标（培训后组织所获得的最终结果）。

（2）明确培训对象。确定培训对象是培训规划的首要任务，公共部门在确定培训对象时，应当考虑以下因素：一是培训对象的来源（行业、部门、单位），二是培训对象的类型，三是培训对象的层次，四是培训对象的规模，五是培训对象的知识背景等，以便因人施教。

（3）确定培训师资队伍。培训师的知识结构、专业水平及个人能力将直接影响培训的效果。组织需要根据培训的类型和受训者的特点，选择一支与培训需求相一致的师资队伍。

（4）确定培训内容和教材。课程设计的指导思想要贯彻和体现培训目标，使培训目标通过一系列的课程内容能够转化为受训者的行为表现并达到一定的绩效标准。教材的选择应根据培训目标和具体的培训内容，充分体现理论联系实际的原则。

（5）确定培训的具体操作事项。主要包括根据培训目标选择培训机构、时间、地点、方式、培训设备、培训方法和考核方式等。

（6）估算培训成本。培训成本最简单的方法是将培训中花费的各种直接费用相加，得出总额，但这种计算方法只能是大致估计，精确性不高。在计算培训成本时，还必须考虑培训对象因参加培训而付出的机会成本。

3. 培训的组织与实施

培训的组织与实施是对培训目标与计划在实践中的具体落实、实施和管理，主要包括培训教育机构的确定、培训课程与教材开发管理、培训师资开发管理以及其他培训设备、经费等的使用和管理问题。

（1）培训的主管机构

培训主管机构的基本职能是制定公职人员培训的法规和政策，拟定公职人员培训管理的标准；制定公职人员培训的总体规划并在其实施过程中进行宏观调控和政策解释；按照分类分级管理的原则，对干部教育培训机构进行指导和控制；组织开展培训的理论研究和研讨活动等。

（2）干部教育培训机构

国家和地方各级政府行政学院、党校、干部管理学院、高等院校和科研院所、社会培训机构和境外培训机构。

（3）课程与教材开发管理

1998 年 3 月，人事部下发《关于统一使用国家公务员初任培训公共科目教材的通知》，进一步规范了国家公务员初任培训教材的使用。

2006 年 1 月，《干部教育培训工作条例（试行）》在总结过去干部培训教材建设经验基础上，提出了“适应不同类别干部教育培训的需要，着眼于提高干部的综合素质和能力，逐步建立开放的、形式多样的、具有时代特色的教材体系”的目标；提出了“开发与利用相结合”和“一纲多本、编审分开”的教材建设原则。逐步建立开放的、形式多样的、具有时代特色的教材体系。

针对干部教育培训的对象普遍具有较丰富的工作经验或领导工作经历，有明确的培训需求和学习风格，注重个体参与，讲究方式方法多样性的特点，在课程设计上，应综合运用多种教学方法开展教学。比如讲授式、研究式、案例式、模拟式、体验式等。

（4）培训师资开发管理

按照“素质优良、规模适当、结构合理、专兼结合”的原则，建设高素质的干部教育培训师资队伍。从多年的实践来看，可采取以下途径：一是大力培养现有教师，二是积极引进优秀人才，三是选用社会优质教师资源。

（5）培训经费的管理

《干部教育培训工作条例（试行）》提出：“干部教育培训经费列入各级政

府年度财政预算，随着财政收入增长逐步提高，保证干部教育培训工作的需要。”目前，干部教育培训经费列入预算的主要包括两个部分：一是专项经费，包括重要培训项目经费和干部教育培训机构基本建设经费；二是职工教育培训经费，一般按干部职工工资总额的1.5%～2.5%，列入部门公用经费预算，作为干部日常教育培训费用。

4. 培训效果的评估与反馈

培训效果评估是评价干部通过培训所获得的知识、技能和能力以及将其运用于工作中的程度。

（1）培训评估前的准备

在培训效果评估之前，要选择和确定评估标准。建立评估指标体系，通过设定通用指标和特有指标，在具体评估工作中选择适合的指标进行评价，并进行动态添加。

（2）培训评估的环节

公共部门人力资源培训的评估贯穿于培训活动的整个过程。在培训需求分析阶段，主要对受训者进行训前状况摸底，了解受训者与自己的实际工作高度相关方面的知识、技能和能力水平，目的是为了与培训后的状况进行比较以测定培训的效果；在培训计划制订阶段，主要依据评估标准对培训目标的合理性、可行性，以及培训计划是否全面和准确等问题进行评价；在培训课程的组织与实施阶段，主要是评估培训的具体实施与培训计划有无偏离，课程组合、培训教材开发以及培训师资、培训机构的选择是否合适等，还有培训方式、授课形式、授课内容及效果等多方面的培训组织角度评价；在培训效果的评估与反馈阶段，主要是比较和衡量成本收益，确定培训评价报告，总结培训中的经验和教训，并进行跟踪反馈，为组织下一次的培训活动提供帮助和支持。

（3）培训有效性评估模型

培训有效性评估模型有多种，公共组织可以根据使用最为广泛的柯克帕特里克的四层次模型，评估公共部门人力资源的培训活动。

一是反应评估。主要是考核受训者对培训教师的看法，培训内容是否合适，培训的教材、进度是否适当，教学设备是否齐全，教学环境是否合适等，通常通过调查问卷法、现场观察法、访谈法等形式来进行。反应层面的评估虽然是最基本的评估，但带有极强的主观色彩，评价可能缺乏客观性。

二是学习评估。主要是检查受训者通过培训掌握了多少知识和技能，可以通过书面考试和撰写学习总结的形式进行。

三是行为评估。考核受训者通过培训是否将掌握的知识和技能应用到实际工作中去，是否提高了工作绩效。可以采用观察法、比较法、问卷法或面谈法，通过绩效考核的方式进行。这项评估需要花费大量的时间和精力，成本较高。

四是结果评估。它是从组织效益评估和培训总体评估两个方面进行的评价，是培训有效性评估中最困难的评估，也是最高层次的评估。

（4）统计分析评估信息生成评估报告

制作表格对收集的评估信息进行分析统计，利用一些直方图、饼图、分布曲线图体现出趋势与分布情况等，并进行培训投资与收益的分析，生成评估报告。以报告的形式来体现培训的效率，通过与培训之前的培训效率进行纵向比较，和同行之间的培训效率进行横向比较，与本组织实际达到的效率和应该达到的效率进行基准对比，从而找出差距和改进措施。

（5）培训评估信息的跟踪与反馈

建立及时有效的评价效果反馈机制，以便组织重新审视整个培训过程，并根据评估结果对培训各环节的具体措施加以改进和完善。

（6）调整培训项目

在以上基础之上，培训管理部门就可以依照客观数据和记录对培训项目和培训方向进行调整，从而增强培训效果，提高培训质量。

（二）不同点

国家公务员培训制度是指国家行政机关及国家公务员共同维护的培训规程、体系格局及其有效的运行机制。国家公务员培训是全国性的对具有国家公务员身份的人进行初任、任职、更新知识和专门业务培训，是一项严格有序、有组织的行政人才资源开发，目的在于不断提高广大公务员的政治思想水平和业务能力，改善其素质结构，使其具备必要的知识和技能，使之与社会发展和岗位规范的要求协调一致，以提高国家行政机关的工作效率。

我国事业单位种类繁多、功能各异，事业单位的人力资源开发主要针对事业单位中从事专业技术工作的在职专业技术人员（含专业技术管理人员）的继续教育。我国继续教育的起步晚，但发展很快，范围广、途径多，产生了显著的人才、科技和社会效益。2004 年 12 月，胡锦涛同志在全国人才工作会议上指出："人才问题是关系党和国家事业发展的关键问题。全党同志必须从全局和战略的高度，以高度的政治责任感和使命感，把实施人才强国战略作为党和国家一项重大而紧迫的任务抓紧抓好。"并且要求："要进一步完善普通教育、职业教育、成人教育和高等教育相衔接的教育体系，完善继续教育和培养制度，建立健全人才培养机制。”我国党和政府已经开始从战略高度对继续教育予以关注。在政府的倡导和推动下，按照实施科教兴国和人才强国战略要求，有计划地分领域、分类别、分层次对专业技术人员开展教育培训，重点抓好高层次、高技能专业技术人才的培训，建成了覆盖面广的继续教育培训体系。通过培训，不断提高广大干部为改革开放和经济社会发展服务的本领，努力培养造就一支拔尖的创新人才队伍。与公务员培训相比，其培训形式多样，培训队伍更加庞大，培训的专业性更强，培训涉及的领域更广，在培训时间、范围和方法上更加灵活。

企业面临激烈的市场竞争，随着科学技术日新月异的发展，国有企业管理人员的培训，是随着经营的变化而设置的，所以具有针对性较强、周期短、速成的特点。在实际培训中，企业战略不同则培训的内容及重点不同；管理人员的知识水平和承担的工作任务不同，培训的知识和技能也不同。目的是使培训成果转换成生产力，并能迅速促使企业竞争优势的发挥与保持。

二、教育培训存在的主要问题

我国积极采取多种途径、多种模式加大干部培训力度，提高干部培训质量，不断探索和尝试新的培训方法，取得了一定成效。但与新形势干部培训的要求相比，在机制、评价、内容、方式方法等方面，还存在一些不容忽视的问题。

（一）有关教育培训的法律规定过于笼统

我国干部教育培训的立法主要体现在《公务员法》《公务员培训规定（试行）》和一些部门规章中。虽然《公务员法》已经将公务员培训上升到法律高度，对培训的基本原则、种类、培训科目、施教机构和培训管理作出了原则性的规定，但是对有关公务员培训过程中的细节问题，没有具体明确的法律规定。我国干部教育培训工作的规范化、有序化、法制化仍有很长一段路要走，这是影响我国干部教育培训工作实效的因素之一。

（二）干部培训的激励机制有待于进一步完善

实际操作中缺乏很有力的制度和措施的保证。没有把干部参加学习培训的情况作为考核、任用的重要依据，在考核干部时注重了干部在德、能、勤、绩、廉方面的表现，而忽视了干部对政治理论和业务知识的培训学习，使干部产生了一种学与不学一个样，学与不学照样提拔重用的错误认识。

（三）培训内容结构不合理，培训效果有限

培训内容失衡，重理论而轻实践，重知识而轻能力。课程设计还在很大程度上停留在大一统层面，忽略岗位差异、地区差异、学员个体差异，忽视按需施教、分类培训，涉及扩充知识、增强能力和训练创造性思维的内容较少，培训的实践性较差、针对性不强，理论学习与解决实际工作中的问题脱节，既使培训失去了目的，也使参训人员缺少动力，造成学非所用的现象。

（四）培训方式单一，难以提高学习的兴趣

培训的方式不够灵活，教学的互动性不强。干部培训的方式依旧是以面对面"满堂灌"为主，以教材为主，以课堂教学为主，没能很好地体现出参训人员的主体地位，教学过程中实践锻炼少、案例分析少、调查研究少，这种灌输式、填鸭式的培训方式陈旧，不具备吸引力和感染力，缺乏应用性、科学性、灵活性，使参训干部处于被动学习的状态，难以调动干部的学习积极性，培训的效果难以保证。

（五）对培训效果缺乏深层次评估，不够注重培训成果的转化

目前，我国还没有一整套公认的干部教育培训的管理体系，对涉及衡量培训质量的一系列基础问题都还没有深入研究，缺乏培训质量评估体系。一些公共部门对培训活动的评估缺乏一套系统的记录，即使有记录，也缺乏专业管理，大都是零散无序的。培训评估也仅仅对培训课程中所授予的知识和技能进行考核，而没有深入到被培训者培训后的工作行为、态度改变、绩效改善、能力提高上。

三、我国干部教育培训的发展趋势

（一）公共部门的培训目标与组织目标、个人职业生涯规划相结合

随着战略人力资源管理思想在中国的普及，公共部门也逐渐意识到，干部培训应该是与其总体战略、文化和目标一致的，也逐渐意识到，无论提供何种方式及何种内容的培训，其目的都是为了实现组织的目标。同时，培训既要考虑组织发展的需要，又要考虑干部个人发展的需要，与他们个人的职业生涯规划结合起来，满足组织发展与干部个人成长两方面的需要。

（二）强调培训实施的有效管理

公共部门对培训实施过程的管理，不仅包括培训时间、地点、目标、内容、课时、授课教师、受训对象范围、考核方法、受训环境等的培训前准备，还要对整个培训过程进行监督与管理。同时，研究制定国家公职人员培训的管理办法，建立培训施教机构资格认定等制度，加大对培训市场的整治，规范专业培训机构的市场化行为，规范高等院校学历培训的规格，为培训营造一个良好的培训氛围。把培训与人力资源其他环节紧密结合、相互渗透，从人力资源管理的制度设计上去激励和约束每个干部自觉参与培训。

（三）培训内容越来越趋于系统化、多样化和全面化

以能力模型为基础，进行培训需求分析，确定培训内容，并紧跟社会需求不断更新，使培训内容越来越趋于系统化、多样化和全面化，更具有针对性、实效性。

（四）采用多种方式进行培训

信息技术的不断发展使人力资源的培训方式也随之产生了深刻的变化，运用先进的互联网工具、现代视听技术和通信技术进行人力资源培训逐渐成为人力资源开发的一个新的趋势。灵活多样的培训方法走上培训实践的舞台，并显示出其高效性和实用性，如运用光盘进行人机对话、自我辅导培训、远程培训、网络多媒体培训、培训超市菜单式学习等。从2001年开始，中央国家机关新录用公务员的初任培训，就是通过网上培训的形式由中国国家培训网组织实施的。

【案例研究】厦门市依托培训超市开展菜单式培训

“干部在线”网站的开通是厦门市落实大规模培训干部任务的一项重要举措，是对传统干部教育培训方式的一项重要补充，在内容、形式和管理等方面也有较大突破。网站内容丰富，主要由培训课程、学术报告、党校课堂和在线考场等模块组成。截至2011年10月，推出政治经济、形势与任务、公共管理、法律、科技、文化等方面20门课程和7个系列近1 400堂讲座，汇集了杨振宁、丁肇中、林毅夫等国内外著名专家的深度报告。在线学习的干部可以根据工作性质和不同工作岗位的需要，针对个人知识体系的薄弱环节，自主选择培训课程。对在职公务员进行学分累积制管理，结合不同职务公务

员的学习需要，要求每位公务员在网站的学习每年都要达到48学时。

依托培训超市开展菜单式培训。近年来，厦门市针对社会热点、难点问题，结合公务员自身岗位特点和工作需要，每年都推出系列专题讲座，以菜单的形式供全市公务员选修。2006—2010年，共围绕136个专题举办了189个班次的专题讲座，参训人数近4万人次。该项培训主题新颖、针对性强、涉及面广，覆盖了时政、经济、法律、人文等诸多领域，其中，海西建设中厦门的对台优势、闽南文化的历史与传承、应急管理与危机处理、谈判艺术与商务礼仪、公务人员养生健康、法治精神与依法治市等专题广受欢迎，应要求先后举办了多个班次。

(五) 重视对培训的需求评估及效果评估，注重培训成果的转化

从组织的目标和战略来看，没有评估的培训很难实现培训目标和组织目标，评估比培训过程本身有着更为重要的意义，因此注重培训的需求评估及效果评估将会是未来干部教育培训工作的一个主要趋势。遵循“需求分析—制订计划—培训实施—效果评估”的运作程序，来保证培训的效果。

(六) 深层次、全员培训和资格证书培训盛行

我国吸收和引进了国外全员培训和终身教育、继续教育的观念，逐步形成了包括公务员培训、专业技术人员继续教育、企业管理人员培训在内的比较完整的培训体系。其内容可以是一般知识性培训，也可以是针对特殊需要的专门培训。还有各种各样的成人教育，如夜大、电大、函授、学位教育等，也常被作为培训的手段。此外，还通过一定的形式，向培育组织文化、团队精神、劳资关系等方向发展，使公共部门管理行为进入更深层次的领域，这是一个具有重要战略意义的发展趋势。在我国，通过适当的培训项目或课程，使得受训者获得相应的任职资格或技术等级，已经成为一种发展趋势。

思 考 题

1. 培训的含义是什么?
2. 培训的相关概念及其联系与区别是什么?
3. 试论柯克帕特里克的四层次模型。
4. 培训的体系设计包含哪四个环节?
5. 如何使初任培训更具有实际操作意义?

第八章

职称与职业资格

本章导读

职称制度是我国专业技术人员管理的一项基本制度，经历了技术职务任命制、专业技术职称评定制、专业技术职务聘任制度以及专业技术职务聘任与职业资格并行的多个阶段。职称制度经过30多年的改革和探索，积累了丰富的经验。根据建设创新型国家、促进专业技术人才管理、推进事业单位人事制度改革等方面的要求，本章按照“以职业分类为基础，统筹专业技术职务聘任制和专业技术人员职业资格制度，建立健全专业技术人员职称框架体系”的总体思路，对专业技术职务聘任、职业准入资格、职业水平评价进行了论述。

第一节　职称制度的概述

职称制度是我国专业技术人员管理的一项基本制度。伴随着我国经济社会的发展，职称制度得到不断发展和完善。

一、概念与功能

（一）职称

职称最初的含义是：“区别专业技术或学术水平的等级称号”，是授予专业技术人员的“衔”或“称号”。但由于历史等多方面原因，“职称”这个概念的使用十分广泛，包括了职务、职位、学衔、称号、资格等多种含义。1986年，我国统一实行了专业技术职务聘任制，不再实行具有学衔、技术等级含义的“职称”制。但基于人们的习惯，“职称”这个用语被沿袭下来。

我们现在讲的职称制度，主要是由两部分内容组成。一是专业技术职务聘任制。专业技术职务聘任制度始于1986年，其基本内容是：专业技术职务是根据实际工作需要设置的有明确职责、任职条件和任期，并需要具备专门的业务知识和技术水平才能担负的工作岗位。它不同于一次获得后而终身拥有的学位、学衔等各种学术、技术称号。建立专业技术职务聘任制度，应当根据实际需要设置专业技术工作岗位，规定明确的职责和任职条件；在定编定员的基础上，确定高、中、初级专业技术职务的合理结构比例；由行政领导在经过评审委员会评定的、符合相应条件的专业技术人员中聘任；有一定的任期，在任职期间领取专业技术职务工资。二是专业技术人员职业资格证书制度。进入社会主义市场经济后，从1994年起我国开始实行职业资格证书制度，专业技术人员职业资格制度成为职称制度的重要组成部分。

（二）职称的功能

职称是经济发展、社会进步、科技创新的必然产物，对专业技术人才成长与发展，促进用人单位人才开发，具有十分重要意义。概括起来，现行的职称具有以下功能：

1. 评价功能

职称的核心功能是评价。通过业内专家对专业技术人员学术水平、工作能力、业绩及其社会贡献进行科学、准确、客观评价，为社会或企事业单位用人提供基本依据，降低用人单位和人才的匹配及使用成本，有效控制用人风险。

2. 激励功能

职称具有激励功能。通过职称评价，专业技术人员的学术水平、技术水平、工作业绩得到了本专业同行和社会应有的评价和承认，满足其专业发展、归属和社会交往、成就的需要，有力地激励专业技术人员的成就动机，为今后的专业发展奠定基础。同时，客观公正的职称评价在专业技术人员中形成以业绩评价、能力评估为基础的竞争激励机制，通过有效评价，为专业技术人员发展提供阶段性目标，鼓励专业技术人员不断学习、钻研业务，提高专业能力和水平，激发和调动专业技术人员工作积极性和创造性，发挥专业技术作用。

3. 导向功能

职称具有导向功能。职称评价的标准、条件、方法的设定，对专业技术人才的成长、发展具有重要的影响。突出以品德、知识、能力、业绩为主的评价标准，健全以能力和业绩为导向的专业技术人员评价机制，有利于树立科学人才观，落实“不唯学历、不唯职称、不唯资历、不唯身份”，充分调动各类专业技术人才的积极性，发挥专业技术人才的创造力，促进专业发展。

二、我国职称制度的历史沿革

新中国成立以来，我国的职称制度主要经历了技术职务任命制、专业技术职称评定制、专业技术职务聘任制三个发展阶段，见表8—1。

表8—1　　我国职称制度的历史沿革

类别	技术职务任命制	专业技术职称评定制	专业技术职务聘任制
年代	1949—1976年	1977—1985年	1986年至今
制度效力	1954—1957年 1960—1964年	1978—1983年	1986年至今
经济背景	计划经济	计划经济	计划经济、社会主义市场经济
工资关系	与等级工资制挂钩	不挂钩	与工资制度挂钩
评定方式	领导任命	专家评定	专家评定、单位聘任
系列数量	5个	22个	29个
系列名称	高等学校、科学研究、工程技术、新闻出版、卫生	高等学校、工程技术、农业技术、卫生技术、自然科学研究、统计、翻译、编辑、新闻记者、图书档案资料、经济、会计、体育教练、中专教师、工艺美术、文博研究、技校教师、社会科学研究、播音员、科技情报研究、科技管理、海关	高等学校、自然科学研究、社会科学研究、工程技术、农业技术、卫生技术、中等专业学校、技工学校、中学、小学、实验技术、经济、会计、统计、新闻、播音、翻译、档案、出版、图书资料、文博、艺术、工艺美术、教练员、律师、公证、海关、船舶、民用航空飞行技术
岗位要求	有	没有	有
任职期限	任命期内	终身	聘任期内
名词解释		技术职称为“工作成就、学术水平和业务能力”的标志	专业技术职务是根据实际工作需要设置的有明确职责、任职资格和任期，并需要具备专门的业务知识和技术水平才能担负的工作岗位，不同于一次获得后而终身拥有的学位、学衔等各种学术、技术称号

（一）新中国成立初期：技术职务任命制

新中国成立初期的职称制度，基本上实行技术职务任命制，是对新中国成立前已取得的技术职务予以保留，由各单位领导和组织部门考核、任命。1952年7月，由当时的政务院公布的技术职务暂行工资表，列有如下技术职务名称：

工程技术人员：工程师、技术员、助理技术员、实习生；

高等学校教师：教授、副教授、讲师、教员、助教；

科学研究人员：研究员、副研究员、助理研究员、研究实习生；

卫生技术人员：主任医师、主治医师、医师、医士等；

新闻出版人员：编审、主任记者、编辑、记者、助理编辑、助理记者、见习编辑、实习记者等。

这一时期职称制度的特点是：实行技术职务任命制和职务等级工资制，技术职务根据实际需要和机构编制确定，与工资分配制度紧密联系，技术职务的名称同时作为工资标准等级而存在。晋升职务，工资也相应提高。

同时，20世纪五六十年代，我国曾前后两次试图建立学术、技术称号制度，即根据高等教育、科学研究、工业农业技术、医务工作等领域科技人员在工作岗位上达到的学术水平、工作能力和工作成就授予学术职务称号，但由于各种原因没有实行。随着“文化大革命”的爆发，职称工作被迫终止。

（二）1978—1983年职称制度恢复与重建：专业技术职称评定制

1977年，邓小平同志指出：“要恢复科研人员职称，大专院校也应恢复教授、讲师、助教等职称。”同年9月，《中共中央关于召开全国科学大会的通知》中明确指出：“应该恢复技术职称，建立考核制度，实行技术岗位责任制。”全国科学大会后，教育部、卫生部、中国科学院率先恢复了技术职称，发布了职称条例。接着，国务院科技干部局提出在工程技术人员中建立技术职称，并指出技术职称是工作成就、技术水平和业务能力的标志。

从1978年至1983年的五年多的时间，经国务院和职称主管部门批准的职称系列共22个，全国经过评定和套改获得技术职称和业务职称的人员共595万人，其中高级职称9.4万人，中级职称153万人。涉及高等学校教师、自然科学研究人员、社会科学研究人员、工程技术人员、农业技术人员、卫生技术人员、新闻记者、编辑、图书档案资料人员、文物博物人员、经济人员、会计人员、统计人员、翻译人员、中等专业学校教师、技工学校教师、体育教练、工艺美术人员、播音员、科学技术情报研究人员、科学技术管理人员、海关工作人员共22类专业技术人员。

从这一时期的探索实践来看，职称评定制度继承了20世纪五六十年代建立的学衔制度的思想，呈现以下几方面主要特点：一是职称只是表明专业技术人员的水平、能力和工作成就的称号，由专家评审确定；二是没有岗位要求和数量限制；三是不与工资待遇挂钩；四是没有任期，一次获得，终身享有。

从历史的角度来看，职称评定制度对增强专业技术人员的责任感、提高他们的社会地位、促进党的知识分子政策的落实、稳定专业技术队伍、激励专业技术人员的进取精神、发现人才、促进人才成长和各项事业的发展等都起了积极作用。

但是，由于职称制度本身的缺陷以及经验不足和历史遗留问题太多等原因，职称评定工作也出现了一些问题。中央在1983年9月《关于整顿职称评定工作的通知》中归纳了以下几个问题：一是评定职称缺乏基本制度和总体规划，没有统一的领导，审批权限不一致，评审标准不具体。二是把学术、技术职称给予了不是从事有关学术和技术工作的人员，以至于不适当地扩大了评定职称的范围，使相当一部分获得学术、技术职称的人，名不副实。三是评定学术、技术职称同评定工资级别、提高政治待遇和生活待遇不适当地联系在一起，从而助长了某些单位和个人搞争名夺利的不正之风。基于此，中央决定："把全国职称评定的工作暂停下来，进行一次认真的检查、总结和全面整顿。用一年左右的时间，在总结经验教训的基础上，重新审定和调整原有的职称系列。"

（三）1986—1993年专业技术职务聘任制阶段

1986年，中央决定改革职称评定，实行专业技术职务聘任制度。同年1月，中共中央、国务院转发了中央职称改革领导小组《关于改革职称评定、实行专业技术职务聘任制度的报告》。同年2月，国务院颁布了《关于专业技术职务聘任制度的规定》。至此，以实施专业技术职务聘任制为核心的职称改革工作正式推开。到1988年，共有高教、自然科学研究、社会科学研究、卫生、农业、工程、经济、会计、统计、审计、中专、技校、中学、小学、档案、文博、图书资料、翻译、律师、公证、新闻、播音、出版、体育教练、船舶、飞行、艺术、工艺美术、实验等29个职称系列，各系列设置高、中、初级职务，基本覆盖了各行业、各部门的各类专业技术人员，形成了我国职称制度的基本框架。

由于政策不配套以及具体工作中存在“随意扩大评审范围”等问题，1990 年聘任制工作在出现短暂停顿后得到恢复进入正常化、规范化的轨道。在随后的实践中，人事部门针对职称工作中的问题，对改进和完善专业技术职务聘任制进行了多方面的探索。例如，在部分系列中推行“评聘分开”，即任职资格评审与单位职务聘任分离；改进评价方式，部分系列推行以考代评、考评结合，增加面试、答辩等形式；完善评审标准，会同 33 个部门出台了 190 个高、中级职务评审的量化标准；完善评审方法，改革评审委员会的组建方式，建立专家库，推行公示制度；改进管理办法，不再下达职称指标，改由各地各部门制定结构比例；拓展服务对象，探索非公有制单位人员参加评审的办法。这些措施取得了一定的成效，但并未改变专业技术职务聘任制的基本制度。

(四) 1994 年以后职称制度的改革

按照党的十四届三中全会关于实现学历文凭和职业资格两种证书制度的要求，为适应社会主义市场经济体制的要求，在继续实行专业技术职务聘任制的同时，参照发达国家的通行做法，逐步推行专业技术人员职业资格证书制度。在涉及经济社会发展的一些重点领域和涉及国家人民生命财产安全的重要职业，建立并实施了如注册建筑师、建造师、执业药师、注册安全工程师等 50 多项专业技术人员职业资格。

国务院办公厅于 1995 年下发了《关于加强职称改革工作统一管理的通知》（国办发［1995］1 号），强调深化职称改革的方案、职称系列的调整和有关政策措施等重大问题，必须由党中央、国务院批准。1997 年 3 月，人事部印发《关于重申离退休人员不再评审专业技术职务任职资格的通知》，明确规定已离退休的人员，不再评审专业技术职务任职资格。凡不符合国家职称改革政策规定和未经人事（职改）部门批准同意组建的评审委员会，所评审的结果一律无效。

(五) 新时期以来深化职称制度改革的探索

进入 21 世纪，我国进入职称制度改革发展的关键时期。按《中共中央、国务院关于进一步加强人才工作的决定》（中发［2003］16 号）和《中华人民共和国国民经济和社会发展第十一个五年规划纲要》要求，坚持改革创新，建立以能力和业绩为导向、科学的社会化的人才评价机制。基本的考虑是：

按照社会主义市场经济发展的要求和专业技术人才队伍的特点，逐步建立科学、分类、动态、开放的职称体系，形成以能力、业绩为导向，重在社会、业内认可的专业技术人才评价机制和“个人自主申报、业内公正评价、单位择优使用、政府指导监督”的工作运行机制。对职称和资格难以分离的职业，探索实行评聘结合的办法；对社会通用性和人员流动性较强的职业，探索实行社会化的职业水平评价办法；对关系公共利益和人民生命财产安全的职业，依法实行职业准入制度。按照适应社会主义市场经济体制的需要，各地区、各部门积极探索，深化职称制度改革，服务人才强国战略。

2006 年年底，时任人事部部长的张柏林对职称制度改革提出了总体要求，即按照统筹规划、分类改革、先易后难、分步实施的思路，加快职称制度改革研究和试点工作，并力争有所突破。具体的内容包括：研究制定深化职称制度改革的意见，对专业技术人员实行分类管理，全面改革专业技术职务聘任制度，有序发展水平评价类资格制度，依法推行行政许可类资格制度，构建科学、分类、动态，符合实际的职称体系，形成以能力和业绩为导向的专业技术人员评价机制，建立面向全社会各类人才的管理制度。同年 3 月，人事部印发了《关于完善职称外语考试有关问题的通知》，明确了完善职称外语考试的有关问题，对十类人员作出免考或放宽职称外语考试条件的规定。

2009 年 1 月，经国务院同意，人力资源社会保障部、教育部联合印发了《关于深化中小学教师职称制度改革试点的指导意见》，决定在吉林省、山东省和陕西省各选择一个地级市开展中小学教师职称制度改革试点工作。这项改革试点重点围绕拓展教师职业发展通道，完善评价标准，创新评价方法，形成以能力和业绩为导向，以社会和业内认可为核心，覆盖各类中小学教师的评价机制，建立与事业单位岗位聘用制度相衔接的职称制度。

（六）职称改革的主要成绩

职称改革经过 30 多年的探索，积累了丰富的经验，取得了巨大成就，无论对专业技术人员积极性的调动，还是对专业技术人才队伍建设，都发挥了极为重要的作用。

1. 营造了尊重知识，尊重人才的社会氛围

职称制度是党的知识分子政策的重要组成部分，体现了对知识、对劳动的尊重，提高了专业技术人员的社会地位。同时，职称制度改革的贯彻落实，对专业技术人员学习科学技术知识、努力做好本职工作和优化人才配置，推动学习型社会、单位、组织建设，提高全民族的素质，促进经济和社会发展，

都起到了重要的作用。

2. 促进了专业技术人才队伍建设

职称制度是专业技术人员管理的基础性制度。它涵盖了我国各类专业技术人才群体，已成为各个行业领域对专业技术人才学术技术水平衡量和确认的标准，以及进行分类管理的基础。职称制度的建立和实行，打破了禁锢人才、一潭死水的局面，焕发了专业技术人才队伍的活力，搞活人才队伍管理，推动了专业技术人才继续教育和科学技术发明，促进优秀人才脱颖而出，为建设一支门类齐全、结构合理、素质优良的专业技术人才队伍作出了重要贡献。

3. 保护了专业技术人员的利益

职称制度在专业技术人员的工资收入分配中具有不可替代的作用。现行政策规定，专业技术人员评聘什么职务岗位，享受什么待遇。体现了多劳多得、按劳分配的原则，有力地调动了专业技术人员的工作积极性和创造性，对队伍建设起到了导向和激励作用。

三、我国深化职称制度改革的发展方向

2003 年，《中共中央国务院关于进一步加强人才工作的决定》提出研究制定深化职称制度改革的指导意见。2006 年胡锦涛同志在两院院士大会上强调，要改进和完善职称制度。近些年来，党中央、国务院对深化职称制度改革也提出了一系列要求。2009 年，人力资源和社会保障部在全国专业技术人才工作会议上提出我国深化职称制度改革的“调整功能定位、健全分类体系、完善评价机制、实现科学管理”的职称制度改革总体思路。《国家中长期人才发展规划纲要（2010—2020 年）》提出，“要统筹推进专业技术职称和职业资格制度改革”，“加快推进职称制度改革，规范专业技术人才职业准入，依法严格管理；完善专业技术人才职业水平评价办法，提高社会化程度；完善专业技术职务任职评价办法，落实用人单位在专业技术职务（岗位）聘任中的自主权”。

【阅读参考】改进和完善高层次人才制度

走中国特色自主创新道路，必须培养造就宏大的创新型人才队伍。人才直接关系我国科技事业的未来，直接关系国家和民族的明天。杰出科学家和科技人才是国家科技事业发展的决定性因素。要坚持人才资源是第一资源，全面实施人才强国战略，按照促进人的全面发展的要求，实行有利

于人才成长的政策措施，营造有利于人才成长和发挥作用的体制机制和环境。要遵循创新型科技人才成长规律，不拘一格，广纳群贤，在创新实践中发现人才、使用人才；在创新活动中培育人才、锻炼人才；在创新事业中凝聚人才、成就人才。要改进和完善职称制度、院士制度、政府特殊津贴制度、博士后制度等高层次人才制度，完善项目投资体系和结构，形成有利于优秀人才脱颖而出的体制机制。要把教育摆在优先发展的地位，更新教育观念，深化教育改革创新，全面推进素质教育，调整学科和专业结构，创新人才培养模式。要加大引进人才、引进智力工作的力度，尤其是要积极引进海外高层次人才和智力，吸引广大出国留学人员回国创业。

——胡锦涛在中国科学院第十四次院士大会和中国工程院第九次院士大会上的讲话

【新闻摘录】

职称制度改革总体思路明确

人力资源和社会保障部部长尹蔚民2009年9月10日在全国专业技术人才工作会议上表示，我国已明确了调整功能定位、健全分类体系、完善评价机制、实现科学管理的职称制度改革总体思路。

尹蔚民表示，调整功能定位，就是要进一步强化职称的评价功能，改革以单位内部人事管理为基础的专业技术职务聘任制，建立符合各类专业技术人才特点和成长规律、与企业劳动用工制度和事业单位聘用制度相衔接的面向全社会专业技术人才的评价制度；健全分类体系，就是以职业分类为基础，统筹专业技术职务聘任制和专业技术人才职业资格制度，建立健全专业技术人才职称框架体系，完善专业技术人员职业准入资格评价制度、职业水平评价制度和职务评价制度，实现职称的分类管理；完善评价机制，就是进一步拓展评价层级、拓宽评价范围、完善评价标准、创新评价手段，以能力、业绩为导向，建立健全社会和业内认可的评价机制，实现对专业技术人员的科学评价；实现科学管理，就是进一步转变政府职能，打破体制内外的界线，加强社会管理，推进公共服务。

（一）深化职称制度改革的基本考虑

深化职称制度改革的基本考虑是：坚持以邓小平理论、“三个代表”重要思想、科学发展观为指导，根据社会主义市场经济体制要求，按照科学人才观的要求，遵循专业技术人才成长规律和特点，以能力、业绩为导向，以分类管理为基础，以构建专业技术人才评价机制为核心，形成科学、分类、动态、面向全社会专业技术人才的职称体系，为客观公正评价专业技术人才提供指导保障，为企事业单位合理使用专业技术人员提供基础依据，为专业技术人员的职业发展开辟宽广的通道。

（二）深化职称制度改革的主要方向

深化职称制度改革的主要方向，归纳起来包括以下几个方面：

1. 调整功能定位

强化职称的评价功能。调整和明确职称定位，改革计划经济下形成的以单位内部人事管理为基础的专业技术职务聘任制，建立与事业单位聘用制度相衔接、相配套的专业技术人员评价制度，实现职称从单位内部职务管理为核心向各类专业技术人员专业水平与职业能力评价为核心的转变。

2. 健全分类体系

建立分类管理的职称体系。统筹专业技术职务聘任制与职业资格制度，形成以职业分类为基础，符合专业技术人员职业发展规律和要求，健全完善的分类管理体系，实现职称从单一制度模式向分类管理制度模式的转变。

总的考虑是，新的职称制度体系是由专业技术职业准入资格制度、专业技术职业水平评价制度和专业技术职务任职评价制度共同构成的统一整体。

3. 完善评价机制

完善人才评价机制。完善评价标准，调整参评条件，创新评价方法，改变在职称评审和职业资格取得中重学历轻能力、重书本轻业绩的问题，树立正确的人才评价导向，建立健全以能力和业绩为导向的专业技术人员评价机制。

4. 实现科学管理

建立面向全社会各类专业技术人才的管理制度。按照转变政府职能、加强社会管理、推进公共服务的要求，打破体制内外的限制，建立面向全社会各类专业技术人才的职称制度，为全社会各种所有制单位专业技术人员搭建服务平台，实现职称由承担用人单位人事管理功能向为全社会用人单位提供评价服务的转变。

第二节　专业技术职务聘任制度

一、专业技术职务的概述

专业，英语 profession，法语 spécialiste，德语 der Freire Beruf，日语“专门家”，指某些拥有特殊技艺的人，如医生、律师从事的职业。在我国，专业技术人员主要是指受过专门教育和职业培训，掌握现代化大生产专业分工中某一领域的专业知识和技能，在各种经济成分的机构中专门从事各种专业性工作和科学技术工作的人员。根据《中华人民共和国职业分类大典》，作为大类的专业技术人员，主要包括科学研究人员、工程技术人员、农业技术人员、飞机和船舶技术人员、卫生专业技术人员、经济业务人员、金融业务人员、法律专业人员、教学人员、文学艺术工作人员、体育工作人员、新闻出版和文化工作人员、宗教职业者、其他专业技术人员等。

专业技术职务是根据实际工作需要设置的有明确职责、任职条件和任期，并需要具备专门的业务知识和技术水平才能担负的工作岗位，不同于一次获得后而终身拥有的学位、学衔等各种学术、技术称号。专业技术职务系列由国务院有关部门根据需要提出，经中央职称改革领导小组审核后报国务院批准。目前专业技术职务共有 29 个系列，形成了一个庞大、面广、复杂的体系（详见附件一）。专业技术职务又分高、中、初级三个档次，其中有的系列高级专业技术职务又分为正高级和副高级两个层次，有的系列初级专业技术职务又分为助理级和员级两个层次。

二、评聘专业技术职务相关的考试

（一）职称外语考试

职称外语考试是提高专业技术人才队伍整体素质的一项重要措施，根据实际情况对专业技术人员进行一定的外语要求符合专业技术人员评价方向。

目前，按照“严格要求，实事求是，区别对待，逐步提高”的原则职称外语考试实行全国统考，并划分为相应的等级。全国职称外语等级统一考试的语种为：英语、日语、俄语、德语、法语、西班牙语，其中英语分为综合、理工、卫生 3 个类别，每个类别分为 A、B、C 3 个级别，日语、俄语、德语、法语、西班牙语不分类别，只划分为 A、B、C 3 个级别（详见附件二）。

为了防止职称外语考试“一刀切”和形式主义，2007年人事部下发《完善职称外语考试有关问题的通知》（国人部发［2007］37号），对免考或放宽职称外语成绩要求作出具体规定：一是对经证明具有较高外语能力的专业技术人员，可不参加职称外语考试，包括具有国家认定的相应留学经历的；申报副高级职称时职称外语考试成绩达到要求，申报正高级职称需再次参加同一级别考试的；出版过外文专著、译著或以其他方式证明具备较高外语水平，并经一定程序确认的。二是对符合下列条件之一的专业技术人员，可放宽外语成绩要求或不参加职称外语考试：经审核确认，能力业绩突出、在本行业本地区作出重要贡献的；在乡镇以下基层单位（经省级政府人事部门批准，可放宽至县级以下基层单位）从事专业技术工作的；在地市以下单位，长期在野外从事农业、林业、水利、采矿、测绘、勘探、铁路施工、公路施工等专业技术工作的；年龄较大并长期从事专业技术工作的。三是符合下列条件之一的专业技术人员，可不参加职称外语考试：从事具有中国特色、民族传统的临床中医药、民族医药、工艺美术、古籍整理、历史时期考古等专业技术工作的；取得外语专业大专以上学历并从事本专业工作，申报职称有第二外语要求的；申报各系列初级职称的。

【案例分析】

伴随职称制度进一步深化改革，有关取消或改革职称外语考试的呼声近年来一直不绝于耳。主张保留的人认为，在全球化的今天，外语是了解世界、增进对外交流的工具，对和国际接轨的会计、商务等专业技术人员来说，掌握外语是很有必要的。如果职称外语不合格，就意味着此人距离获取该职称还有一定差距，假如取消了职称外语考试，就等于掩盖了这种差距，甚至降低了评职称的门槛，其后果只能是造成职称的贬值。

主张废止的人对将外语作为评职称先决条件提出质疑，一些专业技术人员认为这种考试对提高外语水平或普及外语没有太大的实际意义。多数人为了评职称，放下手中的工作去突击学习外语，由于没有基础，全靠死记硬背，一旦通过考试，外语便又没了用武之地，很快就被忘干净了。此外，过度强调职称外语，也为培训班漫天飞、处处找枪手、把考试作为赚钱工具等不良现象提供了滋生的温床。因此，职称外语实在是劳民伤财。

2007年中国人事科学研究院完善职称外语考试研究课题组在原人事部网站针对“完善职称外语考试有关建议”向社会公开征求意见。

根据中国人事科学研究院提交的政府决策参考，原人事部于2007年3月下发《关于完善职称外语考试有关问题的通知》（国人部发［2007］37号），从三个方面规定十类人员可以不参加职称外语考试或放宽外语成绩的要求。通知还指出，职称外语考试要坚持从实际出发，区别对待，防止职称外语考试"一刀切"和形式主义。通知强调，外语是专业技术人员学习国外先进知识和技术，开展对外学术技术交流的重要工具。逐步提高专业技术人员外语水平是一项必须坚持的长期任务。在专业技术人才队伍建设中，要按照各专业技术职务试行条例的规定，继续坚持对职称外语的要求，引导广大专业技术人员不断提高外语能力，更好地学习国外先进知识和技术，加强对外学术技术交流。

【阅读链接】

职称外语"一刀切"屡受质疑到底要怎样改？http://edu.people.com.cn/GB/5384009.html.

人事部：职称外语考试防一刀切　十类人可不参加. http://news.xinhuanet.com/edu/2007-03/25/content_5894520.htm.

（二）专业技术人员计算机应用能力考试

2001年，原人事部印发了《关于全国专业技术人员计算机应用能力考试的通知》，决定从2002年开始，推行全国专业技术人员计算机应用能力考试，引导专业技术人员学习掌握计算机知识，提高计算机应用能力。计算机应用能力考试成为申报专业技术职务任职资格的前置条件之一。

计算机考试设置不同级别和相应的考试模块，详见附件三。对通过规定全部模块考试的应试者，颁发《全国专业技术人员计算机应用能力考试合格证书》，合格证书是评聘中、高级专业技术职务的依据。

（三）专业技术资格考试

在总结我国历次职称改革经验，参照国际通用办法的基础上，我国于20世纪90年代探索用考试办法取得专业技术职务的任职资格，以此客观公正评价专业技术人员水平、能力，确保专业技术职务质量，有效选拔任用有用之才。目前，实行专业技术资格全国统一考试的有经济、统计、会计、审计、船舶、计算机技术与软件、卫生、翻译八个专业（详见附件四）。凡参加全国统一组织的"资格考试"成绩合格者，由国家统一颁发专业技术资格证书，在全国范围内有效。经全国统一考试获得专业技术资格的人员，表明其已具备担任相应职务的水平和能力，获得专业技术资格不与工资待遇挂钩。单位在岗位需要时，可根据有关规定，从获得专业技术资格的人员中择优聘任。

三、专业技术职务任职资格评审

目前，大多数专业技术职务采取任职资格评审制度。专业技术职务任职资格评审实行分级管理，由政府人事（职改）部门授权组建具有权威性、公正性的跨部门、跨单位的同行专家组成的评审组织，按照颁布的标准条件和规定程序对申请人进行评价。

（一）专业技术资格评审对象与范围

在各种所有制经济成分的企事业单位专业技术工作岗位上工作的专业技术人员，只要遵守中华人民共和国宪法和法律，具备良好的职业道德和敬业精神，符合各专业中、高级技术评审条件所规定的申报条件，都可自主申报专业技术资格。

申报专业技术职称（资格），由个人提交材料，直接向申报服务机构申报。在办理申请的同时，提交经本单位确认无误的本人学历、专业经历证明，外语考试成绩和反映本人专业技术水平的业绩材料及相应证明文件的原件或复印件，其中包括能够代表本人专业技术水平的论文、著作、译作和设计、技术报告等科学技术成果。

凡是行使政府职能的机构不开展专业技术职务评聘工作。

对已达到国家规定离、退休年龄的专业技术人员均不再评审专业技术职务任职资格。

不具备国家规定的学历、资历条件，但确有真才实学、成绩显著、贡献突出的专业技术人员可以按破格方式提出申报，但必须符合为破格申报专业技术资格而制定的评审条件。

（二）专业技术资格评审委员会

根据评审工作的需要，应建立相应的专业技术资格评审委员会（以下简称评委会），负责评审专业技术人员是否符合相应资格条件。各部门和地方可根据实际需要分别建立高级、中级、初级职务评审委员会。

（三）专业技术资格评审程序

专业技术职务任职资格评审程序主要包括申报、审核、评价、确认等环节。

1. 申报

专业技术人员根据申报条件，向相应职称管理部门或评价机构进行申报，并提交本人达到或具备申报条件要求的相关材料。

2. 审核

单位人事（职改）部门根据相应管理权限对申报材料进行审核推荐。人事部门要对推荐对象的业绩、成果、学历、资历、外语等基本条件进行审核考查核实后向评审委员会提供考绩档案和考核结论材料以及群众的评价和反映。

3. 资格评审

按人职发［1994］14号文件规定，资格评审的基本程序是：（1）资格评定办事机构在评审会议前15天将有关材料分别送达评审委员。（2）评议组根据各专业技术资格的标准条件对申请人审评材料进行初审，包括必要的考核、答辩等，测定其实际水平，并写出初审意见。不设评议组的，由评委会委员分工负责上述工作。对每个申请人的考核、答辩每次必须有3名以上委员出席进行。（3）每次参加评审会议的委员不少于9人，会议由主任委员或副主任委员主持。先由评议组或初审委员介绍初审意见，然后在民主评议的基础上进行无记名投票表决。赞成票数达到出席会议评委总数的2/3通过有效。（4）会议结束时，评委会应在专业技术资格评定表中写明评审结论，由主任委员或副主任委员签字，并加盖评委会印章。

评委会应建立会议记录制度。记录内容包括开会日期、出席评委、会议议程、评审对象、评委发言摘要、投票结果等。记录要有会议主持人及记录人签名，并做好归档保密工作。

随着职称评审工作的不断发展，各地在规范评审程序、确保评审质量方面进行了很多有益探索，严格遵循“公正、准确、保密”的原则，严格掌握标准条件，保证评审质量。在评审评委亲属的专业技术资格时，该评委应主动回避或被告知回避。

4. 审批

评委会评审结果由相应部门审核确认。资格评定办事机构应在评审工作结束后一个月内，将经审定的评定结果通知申请人。获得专业技术资格的人员应在规定时间内持评定结果通知书，到资格评定办事机构或其指定的代办机构办理专业技术资格证书。

四、专业技术职务的聘任或任命

事业单位的专业技术职务一般实行聘任制。事业单位的各级专业技术职务，由行政领导在经过评审委员会评定的符合相应任职条件的专业技术人员中聘任。专业技术职务的聘任或任命都不是终身的，应有一定的任期，每一任期一般不超过5年。如工作需要，可以连聘连任。

聘任或任命单位对受聘或被任命的专业技术人员的业务水平、工作态度和成绩，应进行定期或不定期的考核。考核成绩记入考绩档案，作为提职、调薪、奖惩和能否续聘或任命的依据。

第三节 专业技术人员职业资格制度

一、职业资格制度的概述

职业资格制度是国际上通行的一种专业技术人员管理制度，该制度源于英、德、日等工业发达国家，这些国家相继以立法的形式建立了职业资格制度。职业资格制度并不着眼于学校内系统性学历教育，而是在产业、行业规范化的基础上，建立对从业者与社会管理者的人才标准以及职业的法律及道德规范，它注重的是人的知识、能力、技能因素，以及现代化社会中职业性管理人才的规范。

改革开放以来，为适应经济发展和社会进步的要求，我国借鉴了世界上一些发达国家在职业资格管理上的通行做法，着手建立中国的职业资格许可制度。1980年，我国颁布了《律师暂行条例》，提出了第一项职业资格制度。1994年，根据《中共中央关于建立社会主义市场经济体制若干问题的决定》，提出要制定各种职业的资格标准和录用标准，实行学历文凭和职业资格两种证书制度，逐步实行公开招聘，平等竞争，促进人才合理流动。根据这一要求，政府有关部门积极研究在相应领域推行职业资格证书制度的措施、办法，稳妥地推行了职业资格证书制度。

根据《劳动部、人事部关于颁发〈职业资格证书规定〉的通知》（劳部发［1994］98号）界定，职业资格是从事某一职业必备的学识、技术和能力的基本要求。职业资格证书制度是国家对申请人专业（工种）学识、技术、能力的认可，是求职、任职、独立开业和录用的主要依据。

在实行职业资格证书制度之初，职业资格证书按照层级来分，可分为从业资格和执业资格。从业资格是指从事某一专业（工种）学识、技术和能力的起点标准。执业资格是指政府对某些责任较大、社会通用性强、关系公共利益的专业（工种）实行准入控制，是依法独立开业或从事某一特定专业（工种）的学识、技术和能力的必备标准。[①] 按照管理权限来分，职业资格分别由原劳动部、人事部综合管理，其中，原劳动部负责以技能为主的职业资格鉴定和证书的核发和管理，原人事部负责专业技术人员的职业资格评价和证书的综合管理。目前，我国原人事部、劳动部及其他有关政府部门牵头已建立推行了100多项职业资格制度。与此相对应，已颁发了100多项职业资格证书。在具体推行职业资格制度时，坚持做到科学论证和严格审批管理，一般都要组织专家进行系统论证，征求相关部门和行业的意见，遵循规范的前期论证审批程序。在组织实施环节，在考试、注册、执业等管理环节有明确的规章制度，一些专业在推行职业资格制度的初期，就通过立法进行规范管理，如《注册会计师法》《律师法》《执业医师法》《注册建筑师条例》。

2010年，党中央、国务院颁布的《国家中长期人才发展规划纲要(2010—2020年)》明确指出："完善重在业内和社会认可的专业技术人才评价机制。加快推进职称制度改革，规范专业技术人才职业准入，依法严格管理；完善专业技术人才职业水平评价办法，提高社会化程度；完善专业技术职务任职评价办法，落实用人单位在专业技术职务（岗位）聘任中的自主权。"这一方面点明了职业资格证书制度在整个职称制度改革中的定位，即职业资格证书制度是职称制度改革的组成部分，是专业技术人才评价的重要途径；另一方面，也为职业资格证书制度的改革提供了条件、指明了方向，即在职业分类基础上的职业准入资格和职业水平评价共同构成的职业资格框架，将成为我国职业资格未来改革与发展的重点，它对深化职称制度改革、完善专业技术人才评价机制，具有十分重要的意义。

二、专业技术职业准入资格

（一）专业技术职业准入资格的内涵与种类

职业准入资格，又称职业许可（license）、执业资格。根据《人事部关于印发〈职业资格证书制度暂行办法〉的通知》（人职发［1995］6号）界定，执业资格是政府对某些责任较大，社会通用性强，关系公共利益的专业技术

① 《人事部关于印发〈职业资格证书制度暂行办法〉的通知》(人职发［1995］6号)。

工作实行的准入控制，是专业技术人员依法独立开业或独立从事某种专业技术工作学识、技术和能力的必备标准。

(二) 专业技术职业准入资格考试、注册

专业技术职业准入资格，就其本质而言，是对涉及公共安全、人身健康、人民生命财产安全等特定职业，国家依据有关法律、行政法规或国务院决定设置行政许可类职业资格，是一种国家许可行为。因此，专业技术人员要参加相应的考试，获得由国家授予的相应职业资格证书。取得职业资格证书的人员，必须经过注册，符合相关规定才能执业。

1. 职业资格的考试

专业技术职业准入资格。国务院人力资源社会保障部门会同有关业务主管部门根据职责分工组织职业资格考试大纲的拟定、命题和注册管理工作。经考试合格的人员，由国家授予由人力资源和社会保障部统一印制的职业资格证书，该证书是其具备专业水平能力的证明，同时，也是从事特定专业的法定凭证，在全国有效。

实行职业资格考试的专业不再组织该专业相应层次的专业技术资格评审，取得职业资格可以作为申报高一级专业技术资格评审的条件之一。

2. 职业资格的注册

取得职业资格证书者，应在规定期限到指定的注册管理机构办理注册手续；逾期不办者，不能以相应资格的名义上岗执业。再次注册时，应经单位考试合格并取得知识更新、参加业务培训的证明。

3. 获得职业资格人员的聘任

通过全国统一考试取得职业资格的人员，单位根据工作需要可聘任相应级别专业技术职务。

三、专业技术职业水平评价

(一) 专业技术职业水平评价的内涵与种类

1. 职业水平评价的内涵

专业技术人员职业水平评价是一项基于职业能力水平的考核活动，属于标准参照型考试。职业水平证书，在一定意义上可以证明某人已经达到或掌握了某一领域的基本要求；但与此同时，证书仅表明某人达到专业技能、能力水平，不能阻止或者限制没有获得证书的人提供同样的服务。

从性质上来看，职业水平证书表明持证人的知识、能力、水平，是其人力资本投资的一种证明。因此，专业技术人员职业水平评价制度，就是根据经济社会发展需要，按照必要性、合理性的原则，对社会通用性强、专业性强、技能要求高的职业，建立非行政许可性质的专业技术职业水平评价制度，为各类用人单位和各类专业技术人员提供公共的人才评价服务。

2. 职业水平评价的种类

从发展的角度来看，专业技术人员职业水平评价的发展还刚刚起步。为了适应形势的发展，有些地市已经在专业技术人员职业水平评价资格管理方面迈出了重要步伐。目前，我国共建立了投资建设项目管理师、管理咨询人员、通信专业技术人员、机动车检测维修专业技术人员、社会工作者、招标采购专业技术人员、广告专业技术人员等 19 项职业水平评价类职业资格。[①]

（二）专业技术职业水平评价的考试与聘任

1. 专业技术职业水平评价考试

符合相应报考条件的相关人员，由本人提出申请，按规定携带有关证明材料，到指定的考试管理机构报名。经考试管理机构审核合格后，向申请人核发准考证。申请人凭准考证及有关证明，在指定的时间、地点参加考试。

参加考试的人员要在规定的考试年度，通过相应的考试科目，方能取得相应级别、相应类别的职业水平证书。职业水平证书由人力资源和社会保障部统一印制，该证书在全国范围内有效。

2. 取得专业技术职业水平证书后的聘任

通过考试并取得职业水平证书的人员，用人单位可根据有关规定和本单位工作需要聘任其相应的专业技术职务。

思 考 题

1. 简述改革开放以来我国职称制度改革的发展历程。
2. 在新形势下，如何深化职称制度改革？突破重点和关键环节是什么？
3. 简析专业技术职务聘任制。
4. 什么是职业准入资格？什么是职业水平认证？

---

① 上海市职业能力考试院网站，www.spta.gov.cn.

附件

附表 1　　现行各系列专业技术职务名称和档次一览表

序号	系列	专业技术职务名称				
		高级		中级	初级	
1	高等学校教师	教授	副教授	讲师	助教	
2	社会科学研究	研究员	副研究员	助理研究员	研究实习员	
3	自然科学研究	研究员	副研究员	助理研究员	研究实习员	
4	卫生技术	主任医师	副主任医师	主治（主管）医师	医师	医士
		主任药师	副主任药师	主管药师	药师	药士
		主任护师	副主任护师	主管护师	护师	护士
		主任技师	副主任技师	主管技师	技师	技士
5	工程技术	高级工程师		工程师	助理工程师	技术员
6	农业技术	农业技术推广研究员	高级农艺师、高级畜牧师、高级兽医师	农艺师、畜牧师、兽医师	助理农艺师、助理畜牧师、助理兽医师	农业、畜牧、兽医技术员
7	新闻专业	高级记者	主任记者	记者	助理记者	
		高级编辑	主任编辑	编辑	助理编辑	
8	出版专业	编审	副编审	编辑	助理编辑	
				技术编辑	助理技术编辑	技术设计员
				一级校对	二级校对	三级校对
9	图书资料专业	研究馆员	副研究馆员	馆员	助理馆员	管理员
10	文物博物专业	研究馆员	副研究馆员	馆员	助理馆员	管理员
11	档案专业	研究馆员	副研究馆员	馆员	助理馆员	管理员
12	工艺美术专业	高级工艺美术师		工艺美术师	助理工艺美术师	工艺美术员
13	技工学校教师	高级讲师		讲师	助理讲师	教员
		高级实习指导教师		一级实习指导教师	二级实习指导教师	三级实习指导教师
14	体育教练员	国家级教练	高级教练	教练	助理教练	
15	翻译专业	译审	副译审	翻译	助理翻译	
16	广播电视播音	播音指导	主任播音员	一级播音员	二级播音员	三级播音员
17	海关专业	高级关务监督		关务监督	助理关务监督	关务员
18	会计专业	高级会计师		会计师	助理会计师	会计员
19	统计专业	高级统计师		统计师	助理统计师	统计员

续表

<table>
<tr><th rowspan="2">序号</th><th rowspan="2">系列</th><th colspan="7">专业技术职务名称</th></tr>
<tr><th colspan="2">高级</th><th>中级</th><th colspan="4">初级</th></tr>
<tr><td>20</td><td>经济专业</td><td colspan="2">高级经济师、高级国际商务师</td><td>经济师、国际商务师</td><td colspan="2">助理经济师、助理国际商务师</td><td colspan="2">经济员</td></tr>
<tr><td>21</td><td>实验技术</td><td colspan="2">高级实验师</td><td>实验师</td><td colspan="2">助理实验师</td><td colspan="2">实验员</td></tr>
<tr><td>22</td><td>中等专业学校教师</td><td colspan="2">高级讲师</td><td>讲师</td><td colspan="2">助理讲师</td><td colspan="2">教员</td></tr>
<tr><td>23</td><td>中学教师</td><td colspan="2">中学高级教师</td><td>中学一级教师</td><td colspan="2">中学二级教师</td><td colspan="2">中学三级教师</td></tr>
<tr><td>24</td><td>小学教师（含幼儿园）</td><td colspan="2"></td><td>小学高级教师</td><td>小学一级教师</td><td colspan="2">小学二级教师</td><td>小学三级教师</td></tr>
<tr><td rowspan="9">25</td><td rowspan="9">艺术专业</td><td>一级编剧</td><td>二级编剧</td><td>三级编剧</td><td colspan="4">四级编剧</td></tr>
<tr><td>一级作曲</td><td>二级作曲</td><td>三级作曲</td><td colspan="4">四级作曲</td></tr>
<tr><td>一级导演</td><td>二级导演</td><td>三级导演</td><td colspan="4">四级导演</td></tr>
<tr><td>一级演员</td><td>二级演员</td><td>三级演员</td><td colspan="4">四级演员</td></tr>
<tr><td>一级演奏员</td><td>二级演奏员</td><td>三级演奏员</td><td colspan="4">四级演奏员</td></tr>
<tr><td>一级指挥</td><td>二级指挥</td><td>三级指挥</td><td colspan="4">四级指挥</td></tr>
<tr><td>一级美术师</td><td>二级美术师</td><td>三级美术师</td><td colspan="4">四级美术师</td></tr>
<tr><td rowspan="2">一级舞美设计师</td><td>二级舞美设计师</td><td>三级舞美设计师</td><td colspan="4">四级舞美设计师</td></tr>
<tr><td>主任舞台技师</td><td>舞台技师</td><td colspan="4">舞台技术员</td></tr>
<tr><td>26</td><td>公证员</td><td>一级公证员</td><td>二级公证员</td><td>三级公证员</td><td colspan="2">四级公证员</td><td colspan="2">公证员助理</td></tr>
<tr><td>27</td><td>律师</td><td>一级律师</td><td>二级律师</td><td>三级律师</td><td colspan="2">四级律师</td><td colspan="2">律师助理</td></tr>
<tr><td rowspan="4">28</td><td rowspan="4">船舶技术</td><td colspan="2">高级船长</td><td>船长大副</td><td colspan="2">二副</td><td colspan="2">三副</td></tr>
<tr><td colspan="2">高级轮机长</td><td>轮机长大管轮</td><td colspan="2">二管轮</td><td colspan="2">三管轮</td></tr>
<tr><td colspan="2">高级电机员</td><td>通用电机员、一等电机员</td><td colspan="2">二等电机员</td><td colspan="2"></td></tr>
<tr><td colspan="2">高级报务员</td><td>通用报务员、一等报务员</td><td colspan="2">二等报务员</td><td colspan="2">限用报务员</td></tr>
<tr><td rowspan="4">29</td><td rowspan="4">民用航空飞行技术</td><td>一级飞行员</td><td>二级飞行员</td><td>三级飞行员</td><td colspan="4">四级飞行员</td></tr>
<tr><td>一级领航员</td><td>二级领航员</td><td>三级领航员</td><td colspan="4">四级领航员</td></tr>
<tr><td>一级飞行通讯员</td><td>二级飞行通讯员</td><td>三级飞行通讯员</td><td colspan="4">四级飞行通讯员</td></tr>
<tr><td>一级飞行机械员</td><td>二级飞行机械员</td><td>三级飞行机械员</td><td colspan="4">四级飞行机械员</td></tr>
</table>

附表 2　　全国职称外语等级考试划分与适用人员对照表

考试等级	A	B	C
适用人员	①高教、科研、卫生、工程系列中申报高级专业技术职务或其他系列中申报正高级专业技术职务者 ②申报高级国际商务师者	①卫生、工程系列中在县及县以下所属单位工作的人员申报高级专业技术职务者 ②高教、科研、工程、卫生系列中申报中级专业技术职务者 ③高级专业技术职务未分正副的系列（工程系列除外）申报高级专业技术职务或其他系列中申报副高级专业技术职务者	①翻译系列中申报中级专业技术职务（第二外语）或其他系列申报高级专业技术职务（第二外语）者 ②卫生、工程系列中在县及县以下所属单位工作的人员晋升中级专业技术职务或其他系列中晋升中级专业技术职务者

附表 3　　计算机应用能力考试类别

序号	科目（模块）代码	科目（模块）名称	备注
1	102	中文 Widows XP 操作系统	应试人员任选其一
	103	红旗 Linux Desktop 6.0 操作系统	
2	211	Word 2007 中文字处理	应试人员任选其一
	205	Word 2003 中文字处理	
	204	WPS Office 办公组合中文字处理	
	208	金山文字 2005	
3	212	Excel 2007 中文电子表格	应试人员任选其一
	206	Excel 2003 中文电子表格	
	209	金山表格 2005	
4	213	Powerpoint 2007 中文演示文稿	应试人员任选其一
	207	Powerpoint 2003 中文演示文稿	
	210	金山演示 2005	
5	303	Internet 应用	
6	302	Frontpage 2000 网页制作	应试人员任选其一
	305	Frontpage 2003 网页设计与制作	
	304	Dreamweaver MX 网页制作	
7	401	Visual Foxpro 5.0 数据库管理系统	
8	402	Access 2000 数据库管理系统	
9	503	AutoCAD 2004 制图软件	
10	502	Photoshop 6.0 图像处理	应试人员任选其一
	506	Photoshop CS4 图像处理	

续表

序号	科目（模块）代码	科目（模块）名称	备注
11	504	Flash MX 2004 动画制作	
12	505	Authorware 7.0 多媒体制作	
13	901	Project 2000 项目管理	
14	403	用友财务（U8）软件	应试人员任选其一
	404	用友财务（T3）会计信息化软件	

附表 4　　专业技术资格考试

系列		设置级别
经济		初、中级资格考试
统计		初、中、高级资格考试
会计		初、中、高级资格考试
审计		初、中、高级资格考试
船舶	渔业船舶（分驾驶、轮机、电机、报务）	员级、助理级、中级
	航运船舶（分驾驶、轮机、通信、引航）	员级、助理级、中级
计算机技术与软件		设置初、中、高级资格考试
卫生		设置初、中级资格考试
翻译		一级、二级、三级

附表 5　　我国目前专业技术人员职业准入（执业）资格

序号	名称	设置依据	实施承办部门或机构
1	注册咨询工程师（投资）	国务院对确需保留的行政审批项目设定行政许可的决定第 11 项 〔《注册咨询工程师（投资）执业资格制度暂行规定》（人发［2001］127 号）〕	发展改革委
2	价格鉴证师	国务院对确需保留的行政审批项目设定行政许可的决定第 13 项 〔《价格鉴证师执业资格制度暂行规定》（人发［1999］66 号）〕	发展改革委
3	价格评估人员	国务院对确需保留的行政审批项目设定行政许可的决定第 8 项	发展改革委
4	教师资格	教师法、教师资格条例	教育部

续表

序号	名称	设置依据	实施承办部门或机构
5	假肢与矫形器制作专业技术人员	国务院对确需保留的行政审批项目设定行政许可的决定第 68 项 〔《假肢与矫形器制作师执业资格制度暂行规定》（人发［1997］38 号）〕	民政部（中国康复器具协会）
6	法律职业资格	法官法、检察官法、律师法、公证法	司法部
7	会计从业资格	会计法	财政部
8	注册会计师	注册会计师法	财政部（中国注册会计师协会）
9	注册核安全工程师	放射性污染防治法、放射性同位素与射线装置安全和防护条例 〔《注册核安全工程师执业资格制度暂行规定》（人发［2002］106 号）〕	环境保护部
10	注册建筑师	注册建筑师条例 〔《建设部、人事部关于建立注册建筑师制度及有关工作的通知》（建设［1994］第 598 号）〕	住房城乡建设部
11	勘察设计 注册土木工程师（岩土）	建筑法、建设工程勘察设计管理条例 〔《注册土木工程师（岩土）执业资格制度暂行规定》（人发［2002］35 号）〕	住房城乡建设部
	勘察设计 注册土木工程师（水利水电工程）	建筑法、建设工程勘察设计管理条例 〔《注册土木工程师（水利水电工程）制度暂行规定》（国人部发［2005］58 号）〕	水利部、住房城乡建设部
	勘察设计 注册土木工程师（港口与航道工程）	建筑法、建设工程勘察设计管理条例 〔《注册土木工程师（港口与航道工程）执业资格制度暂行规定》（人发［2003］27 号）〕	交通运输部、住房城乡建设部
	勘察设计 注册土木工程师（道路工程）	建筑法、建设工程勘察设计管理条例 〔《勘察设计注册土木工程师（道路工程）制度暂行规定》（国人部发［2007］18 号）〕	交通运输部、住房城乡建设部
	勘察设计 注册结构工程师	建筑法、建设工程勘察设计管理条例 〔《注册结构工程师执业资格制度暂行规定》（建设［1997］222 号）〕	住房城乡建设部

续表

序号	名称		设置依据	实施承办部门或机构
11	勘察设计	注册公用设备工程师	建筑法、建设工程勘察设计管理条例 〔《注册公用设备工程师执业资格制度暂行规定》（人发〔2003〕24 号）〕	住房城乡建设部
		注册电气工程师	建筑法、建设工程勘察设计管理条例 〔《注册电气工程师执业资格制度暂行规定》（人发〔2003〕25 号）〕	住房城乡建设部
	勘察设计	注册机械工程师	建筑法、建设工程勘察设计管理条例 〔《勘察设计注册机械工程师制度暂行规定》（国人部发〔2005〕87 号）〕	住房城乡建设部
		注册化工工程师	建筑法、建设工程勘察设计管理条例 〔《注册化工工程师执业资格制度暂行规定》（人发〔2003〕26 号）〕	住房城乡建设部
		注册冶金工程师	建筑法、建设工程勘察设计管理条例 〔《勘察设计注册冶金工程师制度暂行规定》（国人部发〔2005〕85 号）〕	住房城乡建设部
		注册采矿/矿物工程师	建筑法、建设工程勘察设计管理条例 〔《勘察设计注册采矿/矿物工程师制度暂行规定》（国人部发〔2005〕86 号）〕	住房城乡建设部
		注册石油天然气工程师	建筑法、建设工程勘察设计管理条例 〔《勘察设计注册石油天然气工程师制度暂行规定》（国人部发〔2005〕84 号）〕	住房城乡建设部
		注册环保工程师	建筑法、建设工程勘察设计管理条例 〔《关于印发注册环保工程师制度暂行规定》（国人部发〔2005〕56 号）〕	环境保护部、住房城乡建设部
12	注册城市规划师		国务院对确需保留的行政审批项目设定行政许可的决定第 98 项 〔《注册城市规划师执业资格制度暂行规定》（人发〔1999〕39 号）〕	住房城乡建设部
13	房地产估价师		城市房地产管理法 〔《房地产估价师执业资格制度暂行规定》（建房〔1995〕147 号）〕	住房城乡建设部

续表

序号	名称	设置依据	实施承办部门或机构
14	注册验船师	船舶和海上设施检验条例、渔业船舶检验条例 〔《注册验船师制度暂行规定》(国人部发[2006] 8号)〕	交通运输部、农业部
15	医师资格	执业医师法	卫生部
16	乡村医生资格	乡村医生从业管理条例	卫生部
17	护士执业资格	护士条例	卫生部
18	拍卖师	拍卖法 〔《拍卖师执业资格制度暂行规定》(人发[1996] 130号)〕	商务部、国资委(中国拍卖行业协会)
19	棉花质量检验师	棉花质量监督管理条例 〔《棉花质量检验师执业资格制度暂行规定》(人发[2000] 70号)〕	质检总局
20	注册计量师	计量法 〔《注册计量师制度暂行规定》(国人部发[2006] 40号)〕	质检总局
21	特种设备检验检测人员(含无损检测)	特种设备安全监察条例	质检总局
22	出入境检验检疫报检员	国务院对确需保留的行政审批项目设定行政许可的决定第251项	质检总局
23	进出口商品检验鉴定机构从业人员	进出口商品检验法、进出口商品检验法实施条例	质检总局
24	统计人员从业资格	统计法、国务院对确需保留的行政审批项目设定行政许可的决定第339项	统计局
25	专利代理人	专利代理条例	知识产权局
26	导游人员	导游人员管理条例	旅游局
27	地震安全性评价工程师	国务院对确需保留的行政审批项目设定行政许可的决定第375项 〔《地震安全性评价工程师制度暂行规定》(国人部发[2005] 72号)〕	地震局
28	精算专业人员	保险法	中国保监会
29	保险代理从业人员	保险法、国务院对确需保留的行政审批项目设定行政许可的决定第420项	中国保监会

续表

序号	名称	设置依据	实施承办部门或机构
30	保险经纪从业人员	保险法、国务院对确需保留的行政审批项目设定行政许可的决定第425项	中国保监会
31	保险公估从业人员	国务院对确需保留的行政审批项目设定行政许可的决定第415项	中国保监会
32	注册测绘师	测绘法 〔《注册测绘师制度暂行规定》(国人部发［2007］14号)〕	测绘局
33	执业药师	药品管理法 〔《执业药师资格制度暂行规定》(人发［1999］34号)〕	食品药品监管局

根据《职业资格清理规范第一批公告目录》整理得出。

第九章

绩效管理与考核制度

本章导读

考核是绩效管理的一个重要环节。本章简述绩效管理与考核的相关概念、基本理论和重要作用，回顾我国公共部门开展绩效管理与考核的历史情况。对我国公共部门绩效管理与考核的相关法律法规和政策进行梳理，分门别类地就公务员、事业单位工作人员、国有企业人员等的绩效考核内容、方法、程序、考核结果应用等方面进行说明。比较不同的公共部门在绩效管理与考核方面的做法，明确其共性特点和个性特征，分析我国公共部门绩效管理与考核的发展趋势与基本走向。

第一节　绩效管理与考核概述

一、相关概念

（一）绩效

绩效（performance）一词起源于管理学，可以理解为成绩和效果。对绩效的定义分为两类：一是从工作结果角度进行定义，认为绩效是指工作主体在一定时间与条件下完成某一任务所取得的业绩、成效、效果、效率和效益。二是从行为角度进行定义，认为绩效是人们所做的与组织目标相关的、可观测的事情。事实上，这两类定义方法都有其合理之处，行为与结果不可分割。绩效是行为和产出的结合，管理员工的行为可促进产出的合理实现，管理员工的产出旨在形成目标导向。绩效是指某一组织或员工在一定时间与条件下完成某一工作任务所表现出的工作行为和所取得的结果。

当绩效这一概念被应用于公共部门时，反映的是公共部门绩效，其含义变得更为宽泛，是指公共部门在社会经济管理活动中的行为效果，是公共部门在行使职能、实现目标的过程中体现出的能力。

由于绩效的产生很容易受到主客观、内外观等多种因素的影响，因此，绩效往往随着组织和员工工作行为等相关因素的变化而变化，呈现明显的多因性、多维性和动态性的特征。多因性表现在影响绩效的因素有很多种；多维性表现在绩效涉及工作计划、工作态度、工作能力、工作成绩多个方面；动态性表现在可以通过努力不断改进组织绩效水平。

（二）绩效考核及考核

绩效考核是绩效管理的一项重要组成部分，是指相关部门按照管理权限，采取一定的评价标准和程序，对员工的工作行为和工作效果进行评价的过程。

考核是考核者对考核对象在工作中的政治素质、业务表现、行为能力和工作成果等方面的情况，进行系统、全面的考查与评价，并以此作为其奖惩、职务升降、工资增减、培训和辞退等的客观依据，从而提升组织产出水平（质量和满意度）的管理活动。

（三）绩效管理

绩效管理是指利用绩效信息设定统一的绩效目标，进行资源配置与优先顺序的安排，以帮助管理者维持或改变既定目标计划，并且报告其结果与目标相符程度的管理系统。其核心在于，绩效管理通过决定组织战略以及通过组织结构、技术系统和程序等来加以实施，主要从组织的角度来考虑目标制定、绩效改进和考查，而在这个过程中个体员工虽然会受到影响，但不是绩效管理所要考虑的主要对象。

绩效管理是一项核心的人事管理制度，科学合理的绩效管理制度能够促进员工自身的发展，有助于组织战略目标的实现。绩效管理是一个完整的管理过程，是为了提升个人、部门和组织的绩效，更好地实现组织的战略目标，由各级管理者和员工共同参与的绩效计划制订、绩效辅导沟通、绩效考核评价、绩效结果应用、绩效目标提升的持续循环过程。侧重于信息沟通和绩效提高，强调事前的沟通与承诺，往往拥有一套为保证组织完成其战略目标而设计的一系列规章和制度，包括绩效计划、绩效沟通、绩效考核、绩效反馈和绩效考核结果的运用。

（四）绩效管理与考核

组织绩效管理着眼于组织绩效，主要考查组织绩效的完成情况。只有将组织绩效与个人绩效有效地结合起来才能充分发挥绩效管理的功效。绩效管理与考核这两者存在差别（见表 9—1）。考核是绩效管理的一部分，是绩效管理的一个重要环节。考核注重对个人工作行为和结果的考评，而绩效管理则关注组织整体的绩效。绩效管理将个人发展目标与组织目标协调起来，强调在实现组织目标的同时，帮助员工成长以及实现其个人发展的需要。绩效管理特别强调员工的参与，以及考评各方持续动态的沟通。

表 9—1　　绩效管理与考核的区别

绩效管理	考核
◎一个完整的管理过程	○管理过程中的局部环节和手段
◎侧重于信息沟通与绩效提高	○侧重于判断和评价
◎伴随管理活动的全过程	○定期或不定期
◎事先沟通与承诺	○事后的评价

绩效管理与考核是相互联系的。一方面，绩效管理离不开考核。个人考核承担了公共部门组织的一部分战略目标，并把公共部门的战略目标分解到组织中的每个员工。因此，对个人绩效进行考核，能够改进和提高整个公共部门组织的绩效，确保公共部门组织的短期目标和长期目标相联系。另一方面，考核不能脱离绩效管理体系。有效的考核不仅取决于考核本身，而且在很大程度上取决于整个绩效管理过程。

从“考核”到“管理”，体现了管理理念的深刻变革。随着新公共管理运动的兴起，绩效管理这一起源于私营企业的管理工具被广泛地应用到公共部门。公共部门正越来越多地认同并追求“双赢”或“共赢”的管理理念，公共部门的绩效管理正是一个力图实现组织、管理者与普通员工共赢的过程。目前，我国的政府部门、事业单位和国有企业都在不同程度上开展了绩效管理的工作。

二、重要作用

绩效管理与考核工作是公共部门人力资源管理的一项基础性工作。公共部门进行绩效管理和考核，可以正确地评价公共部门工作人员的德才表现和工作实绩，对公关部门提高自身效率具有重要作用。

（一）科学配置人才的基础

职务任用的标准是德才兼备，人员配置的原则是因事择人、人适其事、用人所长。而这些原则的落实都离不开考核，公共部门只有对工作人员进行全面科学的考核，才能全面掌握每个人的道德品质、业务能力和工作业绩，才能确定哪些人具有担任领导的能力，哪些人可以做管理者，也才能知道从事专业技术工作人员的业务水平，掌握他们的业绩，了解员工对组织目标的贡献程度，作为人员甄选（升迁、任免、调遣、加薪）的依据，真正实现把人员安排到合适岗位上的目的。

（二）管理者不可或缺的工具

首先，绩效管理是制订培训计划的工具。绩效管理以考核的形式了解到公共部门工作人员的政治思想素质、专业知识和工作能力等方面存在的不足，为有针对性地开展培训工作提供参考。同时考核在一定程度上也是对培训效果的检验。其次，绩效管理是组织内部沟通的工具。绩效管理在公共部门管理者与其所管理的工作人员之间架起一座沟通的桥梁，是管理与被管理者不断沟通、持续改进的过程。管理者通过设置绩效目标，明确工作要求和工作标准。在考核之后，通过考核结果的反馈，管理者对工作人员的工作进行评介，提出改进要求。管理者与其所管理的工作人员通过共同参与绩效管理与考核活动，增加管理者与被管理者之间沟通思想、协调工作的机会。

（三）激励工作人员的有效手段

绩效管理与考核一方面可以明确公共部门工作人员的努力方向，使其了解单位的期望，获悉单位对其的评价，自身的努力结果得到单位承认，可以认识到自己发展的潜力，这无疑会进一步激发其工作热情；另一方面，确定考核等级本身就是一种激励，是赏罚分明的激励手段。绩效管理与考核将考核结果与奖惩相结合，根据考核结果确定奖励和惩罚的对象以及等级，做到赏罚分明。科学合理的绩效管理和考核，能够肯定成绩、提出不足、鼓励先进、鞭策后进，在公共部门内部形成一种竞争意识，产生一种激励作用，促使公共部门工作人员认真履行职责，努力工作，提高业绩。同时也可以促使被考核者意识到自己在业务能力和工作方式等方面存在的不足，更好地提升自我的综合素质。

三、绩效管理与考核的基本原则

公共部门进行绩效管理与考核时，必须遵循一些基本原则，这些原则既是公共部门绩效管理与考核的重要理论依据，又是行之有效的考核体系应具备的基本条件。关于绩效管理与考核的原则，其理论溯源主要包含辩证唯物主义理论、公平理论、“人本主义”理论等。

公共部门在开展绩效管理与考核时要以邓小平理论、“三个代表”重要思想为指导，秉持“以人为本”的理念，深入贯彻落实科学发展观，坚持群众路线，全面、客观、公正、准确地考评公共部门内各岗位工作人员的政治业务素质和职责履行情况。按照有利于建立目标明确、运行高效的管理体制和运行机制，有利于人才队伍建设和调动职工积极性，有利于促进工作人员自身和单位事业发展的要求，努力建立良好的绩效考核体系。绩效管理与考核要充分体现服务意识、责任意识、法治意识和效率意识。

（一）公正与公开的原则

公共部门绩效管理与考核最基本的原则是公开和公正原则。具体体现为决定绩效管理与考核政策的过程要公开，实施考核与管理工作的过程要公开，考核的结果要公开。绩效管理与考核不仅仅是某一个部门，更不是某一个人的责任，而是组织内部各级管理者及其下属工作人员共同的责任，每一个人都承担着相应的考核职责，这就要求绩效管理与考核工作必须遵循公正与公开的原则，只有公正和公开，才能取得上下认同，从而推动其具体实施。

（二）可靠性与正确性的原则

可靠性又称信度，是指某项测量的一致性和稳定性。考核的信度是指，考核方法应保证所收集到的人员能力、工作结果、工作行为与态度等信息的稳定性和一致性，它强调不同考核者对同一个人或一组人评价的一致性。如果考核因素和考核尺度是明确的，那么，考核者就可以在同样的基础上对工作人员的工作表现和结果进行评价，从而有助于改善考核的信度。

正确性又称效度，是指某项测量能有效地反映其所测量内容的程度。考核的效度是指，考核方法测量人的能力与绩效内容的准确性程度，它强调的是内容效度，即考核反映特定工作内容（行为、结果和责任）的程度。可靠性与正确性是保证绩效考核有效性的充要条件，所以，绩效管理与考核的政策要想获得成功，就必须具有良好的信度和效度。

（三）可行性与实用性的原则

可行性是指，任何一个绩效管理与考核的方案，其所需时间、物力、财力要为使用者的客观环境条件所允许。因此，可行性要求，制定绩效管理方案或考核办法时，应根据考核目标进行合理设计，并对其进行可行性分析，如限制因素分析、目标效益分析和潜在的问题分析等。

实用性包括两方面的含义：一是考核工具和方法应适合不同测评目的的要求，要根据测评目的来设计考核工具；二是指所设计的考核方案应适应不同部门、不同岗位人员素质的特点和要求。

（四）反馈与提升的原则

考核结果要及时面向公共部门工作人员进行反馈，做得好的部分继续发扬，不足之处及时加以纠正和弥补。缺少反馈的考核没有多少意义，也无法在公共部门构成完整的绩效管理体系。因此必须构建有效的沟通反馈系统，对公共部门工作绩效的形成过程进行引导，进而对工作绩效的最终结果进行控制。

（五）定期化与制度化的原则

绩效管理与考核是一种连续性的管理过程，因而必须定期化、制度化。绩效管理与考核既是对员工能力、工作结果、工作行为与态度等的评价，也是对他们未来行为表现的一种预测。因此，只有程序化、制度化地进行考核，才能真正了解工作人员的潜能，才能发现公共部门组织中存在的问题，从而有利于组织绩效的提升。

四、绩效管理与考核的主要方法

绩效管理与考核的方法很多，但没有适合一切组织、一切目的的通用方法。各种绩效管理和考核的方法都有其适用对象和使用范围，因此，公共部门进行绩效管理与考核的一个重要问题，就是根据组织的实际情况甄选一种或几种方法，无论运用哪一种绩效管理或考核的方法，都必须遵循上述基本原则。

不同的考核方法，其侧重点有所不同。有的侧重考核主体，有的侧重考核对象；有的侧重个人特征评测，有的侧重工作行为评价，还有的侧重行为结果评估。不同的侧重点，反映在具体的考核方法上，就表现为，制定不同的考核办法，呈现不同的实施效果。以下简要介绍几种常用的绩效管理与考核的方法。

（一）目标管理法

目标管理法是20世纪七八十年代在西方工商企业界兴起的，是现代管理中比较普及的一种绩效管理方法。目标管理法在我国公共部门人力资源管理中得到广泛运用，其最直接的表现形式是目标责任制和签订“目标责任书”。

目标管理法依托“目标管理”制度，通过促使个人为完成组织使命而努力，来实现组织的有效性。目标管理法是一个递进性的循环过程，其具体程序是：确定总体目标和执行各层的具体目标，制订计划和绩效标准，绩效考核，检查调整。也就是说，由主管和下属共同讨论，确定在一定时期内需达到的目标以及检验目标的标准；执行后到所规定的期末，主管和下属双方共同对照既定目标和检验目标的标准，测评下属的实际绩效；然后双方进一步协商制定下一阶段的目标。

目标管理法具有很多优点，比如目标和标准是经过共同讨论后设定的，所以更为清晰和明确，也更为公平；整个过程需要考核者与下属经常共同讨论，具有民主性；有助于及时发现问题，进行及时引导；金钱和时间的花费相对较小。

目标管理法同样存在一些缺点。一是考核重点为工作结果，缺少具体行为步骤的指导；二是存在比较大的主观性，考核结果在很大程度上取决于上下级之间的关系；三是可能牺牲长期目标来达到短期目标；四是由于公共部门的特殊性，目标制定和协调需要经过一个较长的周期，在任务量的适度性、可比性和挑战性方面较难调整，一旦出现问题或信息沟通的不畅，容易导致工作的停顿。

（二）关键绩效指标法

关键绩效指标是绩效管理的重要手法，也是确定绩效考核指标的重要工具。关键绩效指标以确定组织目标和分析岗位为基础，对各工作岗位的工作职责和任务进行分析、归纳和提炼，将组织战略目标经过层层分解最终落实到员工身上，成为员工个人目标。关键绩效指标是一个标准体系，它必须是定量化的，如果难以定量化，那么也必须是行为化的。关键绩效指标是连接个体绩效与组织目标的一个桥梁。关键绩效指标是针对组织目标起到增值作用的工作产出而设定的指标，基于关键绩效指标对绩效进行管理，就可以保证真正对组织有贡献的行为受到鼓励。

关键绩效指标的制定需要遵循 SMART 原则（见表 9—2）。S 代表的是 Specific，意思是“具体的”，是指选择指标要具体、适度细化、有针对性；M 代表的是 Measurable，意思是“可度量的”，是指选择指标要量化和行为化，具有客观性；A 代表的是 Attainable，意思是“可实现的”，表明指标必须是可以实现的，在付出努力的情况下可达到，目标不可过高或过低；R 代表的是 Realistic，意思是指“现实的”，要求指标可证明、可观察；T 代表的是 Time-bound，意思是指“有时限的”，强调实现时限，关注效率。

表 9—2　　SMART 原则

确定绩效指标必须符合的 SMART 原则，五个原则缺一不可： 1. 绩效指标必须是具体的（Specific）； 2. 绩效指标必须是可以衡量的（Measurable）； 3. 绩效指标必须是可以达到的（Attainable）； 4. 绩效指标必须是实实在在的，可以证明和观察的（Realistic）； 5. 绩效指标必须具有明确的截止期限（Time-based）。

【阅读链接】

［美］帕门特．关键绩效指标：KPI 的开发、实施与应用［M］．北京：机械工业出版社，2008.

饶征，孙波．以 KPI 为核心的绩效管理［M］．北京：中国人民大学出版社，2003.

（三）360 度绩效评估法

360 度绩效评估法是一种全方位考核的方法，从本人、上司、直接部属、同事以及服务对象等各个角度，来了解个人的政治品质、人际关系、领导能力、行政能力等，从工作关系的所有主体获得关于绩效信息反馈的过程。360 度考核作为一种全员参与的考核方式，通过增加考核者的人数来提高考核的准确性。对公共部门来说，通过这种全方位绩效考核，可以解决那些绩效难以量化的考核问题，可以通过各方面的反馈来评测工作成果和工作情况。

360 度绩效评估法运用在公共部门中，具体体现为：

1. 上级考核

上级是指被考核者的直接主管，对被考核者承担着直接的领导、管理与监督责任，对是否完成工作任务，是否达到预定的目标等情况比较熟悉了解，而且在思想上也没有更多的顾忌，能比较客观地进行评估。所以，在考核中，一般以上级主管的考核为主，其考核分数对被考核者的考核结果影响很大。上级考核的弊端在于：上级如有偏见，不能保证考核的公平公正性，甚至会挫伤下属的积极性。

2. 同级考核

同级考核是最可靠的考核资料来源之一。这是因为：同事通常与被考核者共同处事，密切联系，比上级更能清楚地了解被考核者；同事的考核提供了许多独立的判断，可以提供多种考核意见。同级考核的弊端在于：常受人际关系状况的影响，可能不愿意相互评估，也可能存在偏袒的现象。

3. 下级考核

被考核者的下级有独特的观察视角，下属考核使上司在工作中受到有效监控，不至于有独裁武断的倾向。下属考核的弊端在于：不敢实事求是地表达意见，可能会夸大上司的优点，隐匿对上司的不满；上司并不真正重视下属的意见，即使承诺改错，也只停留在口头；下属对上司的工作不可能有全盘的了解，往往侧重于个别方面，易产生片面的看法。

4. 自我考核

自我考核能充分调动被考核者的积极性，特别是对那些以“自我实现”为目标的人更显重要。有助于消除工作人员对考核过程的抵触，能有效地刺激他们与上司就工作绩效展开讨论。自我考核的弊端在于：倾向于把自己的绩效高估，与上司或同事的考核结果不同。

（四）强制分布法

强制分布法，也称为“强制正态分布法”“硬性分配法”，是根据正态分布原理，即俗称的“中间大、两头小”的分布规律，在考核标准确定后，在考核进行前就设定好考核水平的分布比例，然后按照一定的分配比例将被考核者分布到每一个考核等级上去。

运用强制分布法确定的等级清晰明了，从而解决考核结果过于集中的问题；操作简单，只需要确定各层级比例，简单计算即可得出结果；强烈的正负激励同时运用，会给员工带来强烈刺激，调动其工作的积极性。因此，此种方法广泛地用于公共部门这类组织规模比较大的年终考核中。但是，强制分布法也存在一些负面因素。容易造成平均主义，不适用于组织规模较小的小团体；或可能导致与权益保障相关的抗议，美国公务员考核很早就不再使用强制分布法，日本经过近年的改革也已经取消了强制分布法。

（五）平衡计分卡法

平衡计分卡是把战略放在组织管理的核心地位，描述战略在组织各个层面的具体体现。它把绩效管理与考核的地位上升到组织的战略层面，使之成为组织战略的实施工具。其以组织战略为基础，将各种考核指标整合成为一个有机的整体，既包含了传统上重视的财务指标，又包括对顾客满意度、内部流程、学习和成长的衡量。财务视角，是从组织资源所有人的角度来看组织增长、利润率以及风险战略；顾客视角，是从顾客角度来看组织创造价值和差异化的战略；内部运作流程视角，是使各种业务流程满足顾客和所有人的战略；学习和成长视角，是创造一种支持组织变化、革新和成长的战略。

平衡计分卡的实施步骤为：第一，平衡计分卡的设计，包括建立组织的远景与战略，成立平衡计分卡小组并将目标与战略解释为一系列完整的目标和评价方法，提出具体的绩效指标；第二，平衡计分卡的具体执行，包括战略的执行，记录并考核行为，将结果与组织目标和要求对照；第三，加强内部的沟通；第四，将考核结果与人事政策相结合；第五，对平衡计分卡的修正。

【阅读链接】

［美］卡普兰，诺顿. 平衡计分卡：化战略为行动［M］. 广州：广东经济出版社，2004.

萧鸣政. 人力资源开发与管理——在公共组织中的应用［M］. 北京：北京大学出版社，2009.

五、我国公共部门绩效管理与考核的发展历程

我国公共部门绩效管理与考核制度是以我国干部人事考核制度为基础发展形成的，而我国的干部考核制度，是以新民主主义革命时期党的干部考核工作为基础，逐步建立和发展起来的。在不同历史时期，形式与内容的侧重点各有不同。

在新民主主义革命时期，为了防止和清除奸细，更好地了解干部的长处

和弱点，充分发挥每位干部的才能，主要采用“审查”的干部考核方式；新中国成立以后，我国对干部的考核主要是在干部提拔任用时，实行的是一种鉴定制度，即对以前的工作进行考察和鉴定，但这一时期的干部考核工作并没有形成定期化、标准化的制度；“文化大革命”时期，干部考核工作遭到破坏；党的十一届三中全会以后，干部考核工作才逐渐恢复并得到新的发展。1979 年，中共中央组织部《关于实行干部考核制度的意见》规定：干部考核要坚持德才兼备的原则，干部考核内容主要是德、能、勤、绩四个方面，要实行领导和群众相结合的方法，把平时考察和定期考核结合起来对干部进行定期的全面的考核。自此，我国干部考核工作逐渐走上正轨。

1993 年《国家公务员暂行条例》的颁布，标志着我国国家公务员制度的建立。该条例第五章对公务员考核进行了专门规定，公务员考核制度初步建立。1994 年，人事部制定的《国家公务员考核暂行规定》对非领导职务公务员考核原则、考核内容和标准、考核方法和程序、考核结果的使用等问题作出了规定，公务员考核制度正式建立起来。1995 年，人事部颁发《事业单位工作人员考核暂行规定》，1997 年中组部发布《关于做好国有企业领导班子考核建设工的通知》，至此，我国的三个公共部门主体基本上形成了各自的考核体系。

2000 年，中共中央办公厅印发的《深化干部人事制度改革纲要》（中办发［2000］15 号）指出，要“完善党政领导干部考核制度，建立健全党政领导干部定期考核制度。普遍实行届中和届末考核。在建立党政领导班子任期目标责任制和党政领导干部岗位职责规范的基础上，研究制定以工作实绩为主要内容的考核指标体系。建立考核举报、考核申诉、考核结果反馈等制度。改进实绩考核方法，加大考核结果运用的力度。”“完善国有企业领导人员考核办法，对国有企业领导人员实行年度考核和任期考核。根据岗位职责的特点，确定考核指标和考核标准，重点考核经营业绩和工作实绩。改进考核方法，研究制定国有企业领导人员业绩考核评价指标体系，在国有企业中逐步推广。建立国有企业领导人员的业绩档案。”党政领导干部考核制度逐步完善。

2000 年，人事部下发的《关于进一步加强国家公务员考核工作的意见》，进一步完善了考核法规，形成比较系统的公务员考核制度体系。2006 年 1 月 1 日起施行的《公务员法》第五章规定了公务员考核制度的具体内容，公务员考核制度进一步走向规范化和法制化。

2009 年，中共中央办公厅发布的《2010—2020 年深化干部人事制度改革规划纲要》，提出要建立健全党政领导干部定期考核制度，研究制定以工作实绩为主要内容的考核指标体系，并对事业单位和国有企业人员的考核进行明确说明。2011 年中组部发布了《关于加强对干部德的考核意见》，至此，我国公共部门绩效管理和考核的法规政策进一步完善。

第二节　公务员考核

一、相关法律、法规、规章和政策

我国现行的与公务员考核相关的法律法规和规章政策主要有：1998 年 5 月由中组部颁发的《党政领导干部考核工作暂行规定》，2005 年 4 月由全国人大颁发并于 2006 年开始执行的《公务员法》，2007 年由中组部和人事部联合颁发的《公务员考核规定（试行）》，中共中央办公厅于 2009 年 12 月颁发的《2010—2020 年深化干部人事制度改革规划纲要》，2011 年 11 月由中组部发布的《关于加强对干部德的考核意见》等（见表 9—3）。

表 9—3　　公共部门绩效管理与考核相关法律法规和规章政策

类别	法规名称	颁布时间	发布主体	性质（法律、法规、规章、政策）
公务员考核的相关法律法规	党政领导干部考核工作暂行规定	1998 年 5 月	中组部	规章
	公务员法	2005 年 4 月	全国人大	法律
	体现科学发展观要求的地方党政领导班子和领导干部综合考核评价试行办法	2006 年 7 月	中组部	规章
	公务员考核规定（试行）	2007 年 1 月	中组部、人事部	规章
	2010—2020 年深化干部人事制度改革规划纲要	2009 年 12 月	中共中央办公厅	规章
	关于加强对干部德的考核意见	2011 年 11 月	中组部	规章
事业单位工作人员考核的法律法规	关于实行专业技术职务聘任制度的规定	1986 年 12 月	人事部	规章
	企事业单位评聘专业技术职务若干问题暂行规定	1990 年	人事部	规章

续表

类别	法规名称	颁布时间	发布主体	性质（法律、法规、规章、政策）
事业单位工作人员考核的法律法规	事业单位工作人员考核暂行规定	1995年	人事部	规章
	关于加快推进事业单位人事制度改革的意见	2000年7月	人事部	规章
	教育部关于做好义务教育学校教师绩效考核工作的指导意见	2008年	教育部	规章
	2010—2020年深化干部人事制度改革规划纲要	2009年12月	中共中央办公厅	规章
国有企业领导人考核的相关法律法规	全民所有制工业企业厂长工作条例	1986年	国务院	法规
	关于做好国有企业领导班子考核建设工作的通知	1997年	中组部	规章
	国有资本金效绩评价规则	1999年	财政部	规章
	中央企业负责人经营业绩考核暂行办法	2003年制定，2006年、2009年两次修改	国务院国有资产监督管理委员会	规章
	中央企业综合绩效评价管理暂行办法	2006年4月	国务院国有资产监督管理委员会	规章
	中华人民共和国企业国有资产法	2008年10月	全国人民代表大会	法律
	2010—2020年深化干部人事制度改革规划纲要	2009年12月	中共中央办公厅	规章
	中央企业领导班子和领导人员综合考核评价办法	2009年17号文	中组部	规章
	中央企业境外国有资产监督管理暂行办法	2011年6月	国务院国有资产监督管理委员会	规章

《党政领导干部考核工作暂行规定》主要适用于中共中央、国务院的工作部门（含派出机构）、全国人大常委会、全国政协的有关工作机构的领导班子和领导干部；最高人民法院、最高人民检察院的领导班子和领导干部；地方县以上（含县级）党委、人大常委会、政府、政协、纪委、法院、检察院的

领导班子和领导干部；地方县以上（含县级）党委、政府的工作部门（含派出机构）和人大常委会、政协的有关工作机构的领导班子和领导干部。该暂行规定对党政领导干部的考核方式、内容、程序，考核结果的评定和运用，考核机关以及考核的纪律与监督等进行了整体性的规定。

《公务员法》在第五章考核中对公务员考核的方式、内容、方法，考核结果的应用等作出了规定。《公务员考核规定（试行）》对非领导成员公务员的考核作出了具体的规定，其中对考核的原则、考核内容和标准、考核的程序、考核结果的使用以及其他相关事宜作出了明确的规定。

《2010—2020年深化干部人事制度改革规划纲要》提出要完善党政领导干部考核制度，建立健全党政领导干部定期考核制度。普遍实行届中和届末考核。研究制定以工作实绩为主要内容的考核指标体系。建立考核举报、考核申诉、考核结果反馈等制度，改进实绩考核方法，加大考核结果运用的力度。同时要研究制定防止干部考察失真失实的对策。

《关于加强对干部德的考核意见》明确加强对干部政治品质和道德品行的考核。考核政治品质，主要考核干部在政治方向、政治立场、政治态度、政治纪律、党性原则等方面的表现。考核道德品行，主要考核干部的社会公德、职业道德、个人品德、家庭美德。要把考核干部在关键时刻、重要事件中的表现作为考核干部德的主要途径，对干部德的考核要注重群众公论。要在全面考核的基础上，根据不同层级和岗位分级分类考核干部的德。对中高级干部要突出考核理想信念、政治立场、与党中央保持一致和贯彻落实科学发展观和群众路线等方面的情况，对高级干部还要按照政治家的标准来要求。对基层领导干部特别是县乡领导干部，要突出考核宗旨意识、群众观念、办事公道和工作作风等方面的情况。

二、公务员考核的内容、方法和程序

（一）领导干部考核

对领导干部的考核主要指的是考核中共中央、国务院的工作部门（含派出机构）、全国人大常委会、全国政协的有关工作机构的领导班子和领导干部；最高人民法院、最高人民检察院的领导班子和领导干部；地方县以上（含县级）党委、人大常委会、政府、政协、纪委、法院、检察院的领导班子和领导干部；地方县以上（含县级）党委、政府的工作部门（含派出机构）和人大常委会、政协的有关工作机构的领导班子和领导干部。

1. 考核方式

对领导班子和领导干部的考核，包括平时考核、任职前考核、定期考核、届末考核。平时考核是对领导班子和领导干部所进行的经常性考核。考核机关通过检查工作、个别谈话、专项调查、派人参加领导班子民主生活会和年度总结工作会等多种形式和渠道，了解考核对象的有关情况。任职前考核即考察，主要采取个别谈话、发放征求意见表、民主测评、实地考察、查阅资料、专项调查、同考察对象面谈等方法，广泛深入地了解情况。定期考核采取届中、届末考核的形式进行。没有明确届期的，每两年或三年进行一次定期考核。

2. 考核内容

领导班子的考核内容包括：（1）思想政治建设情况：理论学习、政治表现、贯彻执行党的路线方针政策、全心全意为人民服务、执行民主集中制、维护中央权威、团结协作、选人用人、廉政建设等情况。（2）领导现代化建设的能力：包括总览全局、科学决策、求实创新、开拓进取和处理复杂问题等能力。（3）工作实绩：在经济建设、社会发展和精神文明建设、党的建设等方面所取得的成绩和效果；在推进改革、维护稳定方面取得的成绩和效果。对部门领导班子，还要重点考核其发挥职能作用，完成各项工作任务，为经济建设服务的情况等。

领导干部的考核内容包括：（1）思想政治素质：理论素养和思想水平、政治方向和政治立场、群众观点和群众路线、政治品德和道德品质。（2）组织领导能力：运用马克思主义的立场、观点和方法，分析、研究、解决实际问题的能力；组织协调、科学决策、开拓创新的能力；发现人才、培养干部、知人善任的能力；对党政正职领导干部，还要重点考核其驾驭全局、处理复杂问题的能力。（3）工作作风：发扬民主、听取不同意见的情况；联系群众、深入实际调查研究，求真务实的作风；勇于改革，敢于负责，坚持原则，勤奋敬业的情况。（4）工作实绩：在完成任期目标和履行岗位职责过程中所提出的工作思路、采取的措施、发挥的具体作用以及所取得的成绩等。（5）廉洁自律：保持和发扬艰苦奋斗的优良传统，遵守中央关于党政领导干部廉洁自律的有关规定，清正廉洁，以身作则，自重、自省、自警、自励的情况；执行党风廉政建设责任制的情况；对亲属及身边工作人员加强教育、严格要求的情况。

3. 考核程序

考核准备。拟订考核方案，组成考核小组，培训考核人员，商定考核工作的实施方案。

召开述职大会。进行考核动员，领导班子主要负责人代表领导班子述职，同时做个人的述职报告，领导班子其他成员做本人的述职报告。考核党委、政府的领导班子和领导干部时，参加述职会议的人员应包括同级党委、人大常委会、政府、政协、纪委、法院、检察院的领导干部；所属工作部门（含派出机构）的主要领导干部；下一级党政领导班子的主要领导干部；有关企业、事业单位的主要负责人；工会、共青团、妇联等人民团体和民主党派负责人。考核党委、政府各工作部门的领导班子和领导干部时，参加述职会议的人员应包括考核对象所在单位的中层干部，受该工作部门领导或指导的下级单位的负责人，其他需要参加的人员。

民主测评。包含民意测验和民主评议，其中民意测验应根据考核内容列出评价项目和评价等级，由参加民意测验的人员填写评价意见，民主评议由考核组主持，采用召开小型座谈会或书面评议的形式举行。

个别谈话。个别谈话要注意代表性，具体人选由考核组确定，一般包含同级、下级领导干部、组织人事部门和纪检部门人员；分管部门的代表；考核对象本人以及其他人选。

调查核实。具体方法可采用查阅资料、采集核实有关数据、审计、实地考察、专项调查、征求意见、理论学习情况测试等。考核组在考核对象所在的地区或单位工作结束时，应就干部和群众反映的问题和意见与被考核的领导班子成员集体或个别交换意见。

撰写考核材料。考核组在综合分析的基础上，写出考核材料，并向考核机关报告考核情况。

综合分析。评定考核结果由考核机关提出意见，报党委（党组）批准。

反馈。考核结果应正式通知考核对象，考核对象如果对结果有异议，可以提出申诉。

（二）非领导成员公务员的考核

1. 考核方式

公务员的考核分为平时考核和定期考核。定期考核以平时考核为基础。平时考核重点考核公务员完成日常工作任务、阶段工作目标情况以及出勤情况，可以采取被考核人填写工作总结、专项工作检查、考勤等方式进行，由主管领导予以审核评价。定期考核采取年度考核的方式，在每年年末或者翌年年初进行。

2. 考核内容

对公务员的考核，以公务员的职位职责和所承担的工作任务为基本依据，全面考核德、能、勤、绩、廉，重点考核工作实绩。德，是指思想政治素质及个人品德、职业道德、社会公德等方面的表现；能，是指履行职责的业务素质和能力；勤，是指责任心、工作态度、工作作风等方面的表现；绩，是指完成工作的数量、质量、效率和所产生的效益；廉，是指廉洁自律等方面的表现。

3. 考核程序

公务员考核按照管理权限和规定的程序进行，由机关公务员管理部门组织实施。机关在年度考核时可以设立考核委员会。考核委员会由本机关领导成员、公务员管理及其他有关部门人员和公务员代表组成。

年度考核程序分为五个阶段。一是被考核公务员按照职位职责和有关要求进行总结，并在一定范围内述职；二是主管领导在听取群众和公务员本人意见的基础上，根据平时考核情况和个人总结，写出评语，提出考核等次建议和改进提高的要求；三是对拟定为优秀等次的公务员在本机关范围内公示；四是由本机关负责人或者授权的考核委员会确定考核等次；五是将考核结果以书面形式通知被考核公务员，并由公务员本人签署意见。

三、公务员考核的结果使用

（一）领导干部考核结果的使用

领导干部考核结果分为优秀、称职、基本称职、不称职四个等次。考核结果应作为领导干部选拔任用、职务升降、奖惩、培训、调整级别和工资等的重要依据。（1）职务晋升。选拔担任上一级领导职务的人选，应从考核中被评定为优秀、称职的干部中产生。（2）晋升级别和工资。领导干部在考核中被评定为优秀、称职等次的，按有关规定晋升级别和工资。（3）诫勉和调职。领导干部在考核中被评定为基本称职的，考核机关应对其提出诫勉，限期改进。视具体情况，也可以调整其领导职务。（4）免职和降职。领导干部在考核中被评定为不称职的，应视具体情况，按干部管理权限和法定程序作如下处理：免去现任领导职务、责令辞去领导职务、降职。

（二）非领导成员公务员考核的结果使用

公务员定期考核的结果分为优秀、称职、基本称职和不称职四个等次。

定期考核的结果应当以书面形式通知公务员本人。考核结果作为调整公务员职务、级别、工资以及公务员奖励、培训、辞退的依据。

“称职”以上等次的结果使用。公务员年度考核被确定为“称职以上”等次的，一是累计两年被确定为称职以上等次的，在所定级别对应工资标准内晋升一个工资档次；二是累计五年被确定为称职以上等次的，在所任职务对应级别范围内晋升一个级别；三是确定为称职以上等次，且符合规定的其他任职资格条件的，具有晋升职务的资格，连续三年以上被确定为优秀等次的，晋升职务时优先考虑；四是被确定为优秀等次的，当年给予嘉奖，连续三年被确定为优秀等次的，记三等功；五是享受年度考核奖金。

“基本称职”等次的结果使用。公务员年度考核被确定为基本称职等次的，要对其诫勉谈话，限期改进；本考核年度不计算为按年度考核结果晋升级别和级别工资档次的考核年限；一年内不得晋升职务；不享受年度考核奖金。

“不称职”等次的结果使用。公务员年度考核被确定为不称职等次的，其结果使用情况为：降低一个职务层次任职；本考核年度不计算为按年度考核结果晋升级别和级别工资档次的考核年限；不享受年度考核奖金；连续两年年度考核被确定为不称职等次的，予以辞退。

【案例分析】

2008年以来，江苏省南通市连续出台多个公务员考核文件，将公务员的个人考核由机关向社会延伸，由工作向生活延伸，由8小时之内向8小时之外延伸，在考核领域、考核标准、考核手法等方面开拓创新，公务员的考核成效明显提升。

考核体系新增诚信指标。南通市将诚实守信纳入公务员考核体系，制定出台了《南通市公务员诚信考核工作实施意见》。公务员诚信考核主要包括职业道德、家庭美德、社会公德、个人品德四个方面，由23项基本指标、11项奖励指标、25项否定指标组成，每项考核指标都赋予相应的分值，严格实行量化考核。

考核方法实行举报查实制。通过整合组织资源、社会资源，充分发挥公共管理机构、信用服务机构、社区的作用，多层次、多渠道、全方位地做好公务员诚信信息采集工作。

考核结果使用与公务员奖惩、职务升降、年度考核、津补贴发放、辞退等挂钩。通过建立公务员的道德约束机制，有效地规范了公务员的道德行为，提升了公务员的形象。

细化考核标准便于操作。每年年初全市各部门都要根据市委、市政府年度重点工作目标任务，结合部门职责将目标任务层层分解到各处室和每个公务员，目标任务分为共性目标和业务目标。共性目标主要包括政治态度、道德品质、敬业精神、依法行政、工作作风、廉政勤政、遵章守纪等要素。业务目标主要包括岗位责任目标及衡量标准、完成的时限及质量要求、创新创优目标及产生的效益等要素。所制定的业务目标要求高点定位，并将创新放在首位。

（资料来源：中国人事报，2009-02-25.）

第三节　事业单位工作人员考核

一、相关法律、法规、规章和政策

与我国事业单位工作人员考核的相关法律法规和规章制度主要有：1986年人事部颁发的《关于实行专业技术职务聘任制度的规定》、1990年人事部颁发的《企事业单位评聘专业技术职务若干问题暂行规定》、1995年人事部颁发的《事业单位工作人员考核暂行规定》、2000年人事部颁发的《关于加快推进事业单位人事制度改革的意见》、2002年国务院转发人事部《关于在事业单位试行人员聘用制度的意见》、2008年教育部颁发的《关于做好义务教育学校教师绩效考核工作的指导意见》、2009年中共中央办公厅颁布的《2010—2020年深化干部人事制度改革规划纲要》等（见表9—3）。

《关于实行专业技术职务聘任制度的规定》，要求建立专业绩效评审委员会，具体负责评议、审定专业技术人员是否符合相应专业技术职务任职条件。《企事业单位评聘专业技术职务若干问题暂行规定》，要求各地区、各部门要指导企事业单位结合各自的特点，建立健全专业技术人员考核制度和考绩档案。考核应按干部管理权限进行，注重政治标准，以履行岗位职责的工作实绩为主要内容，实行定性考核与定量考核相结合，平时考核与任期期满考核相结合。考核要广泛听取领导、专家和群众的意见。考核结果要记入考绩档案，作为续聘、低聘、解聘或晋升、奖惩的依据。

《事业单位工作人员考核暂行规定》，明确事业单位考核的范围包括各级国家行政机关所属事业单位的各级各类职员、专业技术人员和工人。考核的内容包括德、能、勤、绩四个方面，重点考核工作实绩。考核结果分为优秀、合格、不合格三个等次。事业单位工作人员的考核，实行领导与群众相结合，平时与定期和结合，定性与定量相结合。考核的程序包括自述—领导评价—考核组织审核—负责人确定考核等级—通知本人等几个方面，考核的结果作为晋升、职称评定的依据。《关于在事业单位试行人员聘用制度的意见》将考核结果方面的规定修改为优秀、合格、基本合格、不合格四个等次。

《2010—2020年深化干部人事制度改革规划纲要》中提出要建立健全事业单位领导人员的任期目标责任制，加强对任期目标完成情况的考核。建立政府宏观指导和管理下的公开、公平、公正的社会化评价机制。以岗位职责和聘用合同为依据，建立适合不同专业技术工作特点和岗位特点的考核指标体系。

二、考核内容、方法和程序

（一）考核内容

事业单位工作人员考核内容主要包括德、能、勤、绩四个方面，重点考核工作实绩。德，主要考核政治、思想表现和职业道德表现；能，主要考核业务技术水平、管理能力的运用发挥，业务技术提高、知识更新情况；勤，主要考核工作态度、勤奋敬业精神和遵守劳动纪律情况；绩，主要考核履行职责情况，完成工作任务的数量、质量、效率，取得成果的水平以及社会效益和经济效益。

（二）考核方法和考核程序

1. 考核方法

事业单位工作人员的考核，实行领导与群众相结合、平时与定期相结合、定性与定量相结合。考核要注重实效，简便易行，宜于操作。考核由事业单位负责人负责。必要时，事业单位负责人可以授权同级副职或有关机构负责人负责考核。

考核分为平时考核和年度考核，必要时可增加聘期考核。平时考核随时进行，由被考核人根据工作任务定期考核，主管领导负责核查。年度考核一般每年年末或翌年年初进行。年度考核以平时考核为基础，采取个人总结、绩效分析、民主测评、综合评价等符合事业单位和岗位特点的方法。

2. 考核程序

年度考核的基本程序是：（1）被考核人个人总结、述职；（2）主管领导人在听取群众意见的基础上，根据平时考核和个人总结写出评语，提出考核等次意见；（3）考核组织对主管领导人提出的考核意见，进行审核；（4）事业单位负责人确定考核等次；（5）将考核结果以书面形式通知被考核人。

事业单位工作人员对年度考核结果如有异议，可以在接到考核结果通知之日起十日内向考核组织申请复核，考核组织在十日内提出复核意见，经部门或单位负责人批准后以书面形式通知本人。其中，如复核结果仍被确定为不合格等次的人员对复核意见不服，可以向上一级主管单位人事机构提出申诉。年度考核工作结束后，考核结果存入本人档案。

三、事业单位工作人员考核的结果使用

事业单位工作人员年度考核结果分为优秀、合格、不合格 3 个等次。聘期考核结果分为合格和不合格 2 个等级。年度考核结果记入工作人员本人档案，作为调整岗位、工资的依据。聘期考核结果作为是否续订聘任合同的重要依据。由于事业单位工作人员实行的是分类管理和聘任制度，所以事业单位工作人员在考核结果使用方面与公务员存在着细微的差别。

事业单位工作人员考核的结果应用情况为：（1）年度考核中被确定为合格以上等次：按照有关规定晋升工资档次和发给奖金；职员连续三年考核被确定为合格以上等次的，具有晋升职务的资格；连续两年以上被确定为优秀等次的，具有优先晋升职务的资格；专业技术人员年度考核被确定为合格以上等次的，具有续聘的资格；工人连续两年考核被确定为优秀等次的，具有聘任技师的优先资格。（2）年度考核被确定为不合格等次：受聘人员年度考核或聘期考核不合格的，聘用单位可以调整受聘人员的岗位或者安排其离岗接受必要的培训后调整岗位。岗位变化后，应当相应改变该受聘人员的岗位工资待遇，并对其聘用合同做相应变更。受聘人员无正当理由不同意变更的，聘用单位有权单方面解除聘用合同。（3）考核结果的使用，与事业单位评选先进活动、开展奖励表彰工作紧密结合。

第四节　国有企业的绩效管理与考核

一、相关法律、法规、规章和政策

目前，与我国国有企业绩效管理与考核相关的法律法规和规章政策主要有：1986 年国务院颁发的《全民所有制工业企业厂长工作条例》；1997 年中

组部颁发的《关于做好国有企业领导班子考核建设工作的通知》；1999年财政部颁发的《国有资本金效绩评价规则》；2003年国务院国有资产监督管理委员会制定，2006年、2009年两次修改的《中央企业负责人经营业绩考核暂行办法》；2009年中共中央办公厅颁发的《2010—2020年深化干部人事制度改革规划纲要》等（见表9—3）。《全民所有制工业企业厂长工作条例》规定，厂长任期内实行任期目标责任制。任期责任目标的实施，应当作为对厂长考核、监督和决定可否连任的主要依据之一。《关于做好国有企业领导班子考核建设工作的通知》中，对做好国有企业领导班子考核、建设工作的指导思想，考核、建设工作的重点和目标要求，考核的对象、内容和方法，加强领导班子建设的措施等作出了具体的规定和说明。《中央企业负责人经营业绩考核暂行办法》规定，企业负责人的经营业绩，实行年度考核与任期考核相结合、结果考核与过程评价相统一、考核结果与奖惩相挂钩的考核制度，并对年度经营考核、任期经营考核的程序作出了具体的规定。

《2010—2020年深化干部人事制度改革规划纲要》指出："对国有企业领导人员实行年度考核和任期考核。根据岗位职责的特点，确定考核指标和考核标准，重点考核经营业绩和工作实绩。改进考核方法，研究制定国有企业领导人员业绩考核评价指标体系。在国有企业中逐步推广。建立国有企业领导人员的业绩档案。"

二、国有企业领导人考核的内容、方法和程序

（一）考核内容

考核内容主要包括：遵章守纪情况，经营管理和国有资产保值增值情况，推进企业精神文明建设情况，思想作风、精神状态、职业道德、勤奋敬业和廉洁自律情况。

遵章守纪情况的主要内容为：近几年来企业领导班子贯彻执行党和国家的方针、政策情况，遵守党纪和国家的法律、法规情况。

企业经营管理和国有资产保值增值情况包含：年度经营业绩考核指标和任期经营业绩考核指标。（1）年度经营业绩考核指标包括基本指标与分类指标。首先，基本指标包括利润总额和经济增加值指标。利润总额是指经核定的企业合并报表利润总额，利润总额计算可以加上经核准的当期企业消化以前年度潜亏，并扣除通过变卖企业主业优质资产等取得的非经常性收益；经济增加值是指经核定的企业税后净营业利润减去资本成本后的余额。其次，

分类指标由国资委根据企业所处行业特点，针对企业管理“短板”，综合考虑企业经营管理水平、技术创新投入及风险控制能力等因素确定，具体指标在责任书中明确。(2) 任期经营业绩考核指标包括基本指标和分类指标。首先，基本指标包括国有资本保值增值率和主营业务收入平均增长率。国有资本保值增值率是指企业考核期末扣除客观因素（由国资委核定）后的国有资本及权益同考核期初国有资本及权益的比率。计算方法为：任期内各年度国有资本保值增值率的乘积。企业年度国有资本保值增值率以国资委确认的结果为准。主营业务收入平均增长率是指企业任期内三年主营业务的平均增长情况。其次，分类指标由国资委根据企业所处行业特点，综合考虑企业技术创新能力、资源节约和环境保护水平、可持续发展能力及核心竞争力等因素确定，具体指标在责任书中确定。

在考核中需要根据不同企业不同岗位的特点，将考核项目加以细化。既要考核领导班子的整体状况，又要考核领导成员个人表现。对企业行政领导人员，要着重考核民主决策、管理能力、经济效益和工作实绩，以及企业技术更新、设备改造、新产品开发和国内外市场开拓情况。对企业党组织负责人，要着重考核在企业党的建设、精神文明建设方面的成效和工作实绩，尤其是参与企业重大问题决策、发挥党组织政治核心作用、围绕企业生产经营加强职工思想政治工作的情况。

（二）考核方法

国有企业领导人考核的主要方法为：审计、述职、考察、评价、反馈。首先，需要认真分析近几年企业财务决算或财务审计情况，对企业经营和财务状况作出评价。其次，企业领导人员向有关主管部门、产权代表和职工代表大会述职，并作企业的工作报告。在此基础上，对企业领导班子和领导人员进行民主评议和民主测评。再次，听取企业领导班子成员、中层管理人员以及主管部门和纪检、监察、审计、税务和国有资产管理、银行等有关方面的意见。最后，对领导班子及其成员作出客观公正的评价，既充分肯定成绩，又实事求是指出问题。考核意见要采取适当方式及时反馈。

（三）考核程序

1. 年度考核

年度经营业绩责任书完成情况按照下列程序进行考核：(1) 每年 4 月底前，企业负责人依据经审计的企业财务决算数据，对上年度经营业绩考核目标的完成情况进行总结分析，并将年度总结分析报告报送国资委，同时抄送派驻本企业的监事会。（2）国资委依据经审计并经审核的企业财务决算报告和经审查的统计数据，结合企业负责人年度总结分析报告并听取监事会对企业负责人的年度评价意见，对企业负责人年度经营业绩考核目标的完成情况进行考核，形成企业负责人年度经营业绩考核与奖惩意见。（3）国资委将最终确认的企业负责人年度经营业绩考核与奖惩意见反馈各企业负责人及其所在企业。企业负责人对考核与奖惩意见有异议的，可及时向国资委反映。

2. 任期考核

任期经营业绩按照下列程序进行考核：（1）考核期末，企业负责人对任期经营业绩考核目标的完成情况进行总结分析，并将总结分析报告报送国资委，同时抄送派驻本企业的监事会。（2）国资委依据任期内经审计并经审核的企业财务决算报告和经审查的统计数据，结合企业负责人任期经营业绩总结分析报告并听取监事会对企业负责人的任期评价意见，对企业负责人任期经营业绩考核目标的完成情况进行综合考核，形成企业负责人任期经营业绩考核与奖惩意见。（3）国资委将最终确认的企业负责人任期经营业绩考核与奖惩意见反馈各企业负责人及其所在企业。企业负责人对考核与奖惩意见有异议的，可及时向国资委反映。

三、国有企业领导人考核的结果使用

根据企业负责人经营业绩考核得分，年度经营业绩考核和任期经营业绩考核最终结果分为A、B、C、D、E五个级别，完成全部考核目标值（经济增加值指标除外）为C级晋级点。国资委依据年度经营业绩考核结果和任期经营业绩考核结果对企业负责人实施奖惩，并把经营业绩考核结果作为企业负责人任免的重要依据。

对于未完成任期经营业绩考核目标，或者连续两年未完成年度经营业绩考核目标，且无重大客观原因的，对企业负责人予以调整。对业绩优秀及在自主创新、管理增效、节能减排方面取得突出成绩的，给予任期特别奖。实行企业负责人经营业绩考核谈话制度。对于年度考核结果为D级和E级、发生重大生产安全责任事故和重大环境污染责任事故、严重违规经营和存在重大经营风险等情形的企业，经国资委主任办公会议批准，由国资委业绩考核领导小组与企业主要负责人进行谈话，帮助企业分析问题、改进工作。

四、国有企业领导人绩效考核的发展趋势

我国在 2003 年和 2009 年两次修改《中央企业负责人经营业绩考核暂行办法》，并在其间出台了一些配套文件，对完善国资监管，推动中央企业改革发展发挥了重要作用。

总体来看，我国的国有企业绩效考核呈现以下趋势：第一，注重对经济增加值的考核，在总结第二任期经济增加值考核试点工作的基础上，从第三任期开始，对所有中央企业实施经济增加值考核。第二，突出企业价值创造，不断提升股东回报和投资效益，确保国有资产保值增值。第三，加强对企业自主创新、做强主业和控制风险的考核，引导企业关注长期、稳定和可持续发展。第四，推动企业建立健全全员业绩考核体系，增强企业管控力和执行力，确保国有资产保值增值责任层层落实；强化考核结果运用，完善激励约束机制。①

【阅读链接】

陈永为，为国有企业绩效考核开药方. http://finance.sina.com.cn/leadership/mroll/20090813/16076613346.shtml.

第五节　比较分析与发展趋势

党政机关、事业单位、国有企业作为我国公共部门的三大主体，在实际的考核过程中既存在很大的共性，又具有各自的特点，并且在新形势下呈现一些新的发展趋势。

一、共性特点

考核类别区分。从考核的种类上看，都可以划分为平时考核和年终考核。其中平时考核侧重于对被考核对象日常工作表现的考核，为年终考核提供基本依据；年终考核是根据相关的政策规定，严格按照相关的流程进行考核。年终考核是一种较为正式的考核，考核的结果作为奖金、职位和薪酬调整的依据。

考核内容框架。从考核内容的总体框架上看，都有德、能、勤、绩、廉

---

① 国资委政策法规局. 关于《中央企业负责人经营业绩考核暂行办法》的解读［EB］. http://www.sasac.gov.cn/n1566/n11183/n11260/6918600.html.

的全面考核。并且在考核的过程中大都侧重于对绩的考核。

考核结果应用。从考核的结果应用上看，考核结果都作为被考核对象在职位调整、奖金调整等方面的依据。

二、个性特点

（一）考核对象不同

虽然同是公共部门，由于政府公务员实行的是职位职级制度，事业单位实行的是岗位设置制度，国有企业实行的是岗位管理制度，这三种公共部门的考核对象划分存在明显差异。

公务员考核的考核对象区分为领导干部考核和非领导职务考核。领导职务的考核综合考核经济建设、政治建设、文化建设、社会建设和党的建设五个方面的成效，考核贯彻科学发展观、驾驭全局、处理利益关系、务实创新、选人用人等方面的能力。

事业单位也有领导干部考核，同时，事业单位工作人员区分为管理人员、专业技术人员、工勤人员等不同岗位系列，其考核内容和标准也存在不同。

国有企业领导人的考核在国家层面，省、市层面都有相应的规章予以规定，考核对象主要为董事长、副董事长、董事、总经理、副总经理、总工程师、总会计师、党委书记等。国有企业员工的绩效管理和考核完全交由各个企业内部进行，没有全国大一统的规定或规范。

（二）考核的具体内涵不同

公务员考核维度包括德、能、勤、绩、廉，其中，“廉”的维度不同于其他公共部门；事业单位的考核维度包括德、能、勤、绩，重点考核工作实绩；国有企业领导人的考核内容和标准完全不同于公务员和事业单位，考核内容各有侧重，对董事会成员重点评价制定战略规划、科学民主决策、实施风险管控、执行国有资本经营预算、完善选人用人机制和推动可持续发展等方面的情况；对经理班子成员重点评价执行董事会决议、组织生产经营、自主创新、管理效能、财务管理、人力资源管理、安全生产、完成经营效益目标等方面的情况；对党委（党组）成员重点评价保证监督党的路线方针政策和法律法规贯彻执行、参与重大问题决策、选人用人和人才队伍建设、党组织建设、思想政治工作、党风廉政和反腐倡廉工作、精神文明和企业文化建设、维护职工合法权益及企业稳定等方面的情况。

（三）考核方法和程序不同

公务员考核的程序与事业单位基本一致，非领导职务一般为：被考核人进行总结，填写年度考核登记表；主管领导为被考核人写出评语，提出考核等次意见；考核委员会对主管领导人提出的考核意见进行审核；部门负责人确定考核等次；将考核结果通知被考核人。而国有企业的非领导职务员工考核由企业内部规定，各个企业各具特色。

在具体考核方式上，事业单位专业技术人员的考核比较注重项目统计以及科研成果的统计，国有企业领导人员考核比较注重经济责任制审计和基于360度考核理论的多维度测评。

（四）考核等次表述和考核结果的应用不同

公务员的考核等次为优秀、称职、基本称职、不称职，事业单位工作人员考核等次为优秀、合格、不合格，国有企业领导人员任期考核评价结果分为优秀、称职、基本称职和不称职四个等级。

公务员考核结果更多地使用在晋职、晋级和加薪上，事业单位工作人员考核结果更多地使用在绩效薪酬上，国有企业领导人员的考核结果使用主要体现在绩效改进和职务调整上。

三、发展趋势和基本走向

目前新公共管理理论的影响面已经非常广泛，公共部门的顾客导向、弹性与效率成为全社会的诉求，绩效管理与考核是公共部门提高工作效率和公共服务质量的必由之路。由于绩效管理与考核本身在技术上的难题以及公共部门在绩效方面的特殊性，我国公共部门在实际的绩效管理与考核的过程中尚存在诸多局限。为此，适应经济社会的发展和公众对公共服务的需求，我国公共部门在理论和实践中不断探索，形成以下发展趋势：

（一）重视相关理论指导，借鉴先进考核方法

如果缺乏相关理论的系统指导，公共部门绩效管理与考核在实践中会带有盲目性。近年我国比较注重学习绩效管理和考核的基本理论和基本方法，不断吸收好的经验和做法，我国公共部门的绩效管理和考核进一步走向合理化。公共服务意识不断提升，公共管理水平和公共服务质量也在不断提高。随着公共部门绩效管理实践的发展，一些先进的绩效管理理念和方法被广泛

地应用到绩效考核的过程中。如目标管理、平衡计分卡、360度绩效考评等方法在实际考核中不断得到运用，考核的过程也进一步走向公开透明化。

（二）将组织绩效评估与个人绩效考核相结合

绩效管理促使组织绩效与个人绩效之间建立起有机的联系。我国正稳步有序推进政府绩效管理工作，北京、吉林、福建、广西、四川、新疆、杭州、深圳以及发展改革委、财政部、国土资源部、环境保护部、农业部、质检总局等14个地区和部门开展政府绩效管理试点，取得了初步成效。截至2012年3月，全国共有24个省（区、市）和20多个国务院部门不同程度地探索开展了政府绩效管理工作。2012年我国进一步加大政府绩效管理试点工作力度，在建立健全绩效管理机制制度、指标体系、考评方法和运用考评结果等方面继续深入探索。在政府绩效管理工作的探索过程中，各地区和各部门不约而同地将个人考核与组织绩效管理紧密结合，通过考核促进激励，不断提升工作人员的积极性，促使个人绩效的提高，从而实现组织整体绩效提升的目的。

（三）公众评议和民主测评在考核中的权重增加

公共部门的利害关系人非常多，彼此的目标可能是冲突的，在绩效管理和考核过程中，要避免偏差、排除干扰、明确目标、取得共识，这是非常困难的事情。公共部门人力资源的绩效管理与考核需要群众的广泛参与。我国公共部门绩效考核基本上实行的是领导与群众考核相结合的办法。近几年来，公众评议和民主测评在绩效管理和考核中所占的比重呈现一种上升趋势，这种考核方式对绩效管理和考核的结果，会产生越来越大的影响。

（四）注重考核指标的量化

绩效管理和考核的一个重要前提，就是尽可能地将绩效以量化方式呈现，再据此进行绩效评估和考核。对于公共部门而言，如何将公共服务进行量化却是个难题。公共部门提供的产品或服务是一些非商品性的产出，不可能产生一个反映其生产机会成本的货币价格，其服务品质的好坏很难用具体的数量来衡量，同时，由于公共部门缺乏提供同样服务的竞争单位，也无法取得可以进行比较的成本与收益数据，这就给对公共部门及其职员的绩效衡量提出了挑战。我国公共部门一直对量化管理和量化考核孜孜以求，进行了各种尝试，研究并实践出很多量化办法，有些值得进一步提炼升级和推广普及。

（五）进一步健全绩效管理和考核信息系统

绩效管理与考核是一个信息的收集、筛选、处理、输出的过程。考核的有效性在很大程度上取决于信息本身以及信息传输的质量。公共部门具有很多不同于私人部门的特点，绩效信息在传递过程中很难保证真实、客观和全面。社会公众与公共部门之间往往缺乏信息传递和交流的渠道，信息不能及时、准确、畅通地传递，这极大地降低了绩效考核的质量。随着信息网络社会的到来，我国电子政务不断发展。近年来，我国公共部门在人力资源绩效信息的管理方面也进展迅速，信息汇集、存储、分析、利用能力进一步提高，一些地区进行在线实时绩效管理，取得了良好的效果。

【新闻摘录】

灌南县推进公务员绩效考核试点

连日来，灌南县人社局深入检察院、司法局等绩效考核试点单位进行调研，通过查看台账资料，听取情况汇报，了解各单位在试点过程中发现的问题，总结试点工作经验，努力探索出一条适合我县县情的公务员绩效考核新路子。

公务员实行绩效考核，在考核形式上改变了过去由个人述职、领导评定、群众测评相结合的老套路，采取了机关内部目标考核办法，将目标任务分配到科（股）室，科（股）室按岗位职责责任到人，进而考核公务员个人，将绩效考核结果与公务员的“帽子”“面子”和“票子”相挂钩，打破机关中普遍存在的平均主义现象，提高机关行政效能和执行力，转变机关工作作风，形成科学的公务员考核评价体系。

（资料来源：王生，朱凤林. 灌南人才工作网，http://www.jsrcgz.gov.cn/2111111206/2111111374/2111111802/2011/11/2111176148. html，2011-11-28.）

思 考 题

1. 绩效管理与考核是一种什么样的关系？
2. 公共部门的绩效管理有何重要意义？
3. 怎样理解目标管理和目标责任制？
4. 公务员考核制度的历史演变过程如何？
5. 事业单位绩效考核结果如何使用？

第十章

工资收入分配与管理

本章导读

本章主要介绍工资收入分配的基本概念和基本理论，比较分析新中国成立以来我国公共部门的工资收入分配制度的历史演变情况及其特点，介绍公共部门现行的工资收入分配制度的主要内容，探讨国外公共部门薪酬管理的基本理论、基本技术和基本方法的前沿动态及发展趋势，分析我国公共部门工资收入分配改革的基本走向。

第一节　工资收入分配的基本概念与基本理论

一、基本概念

（一）工资（wage）

目前，国内关于“工资”定义的权威说法有两个：一是商务印书馆《现代汉语词典》的“工资”，是指作为劳动报酬按期付给劳动者的货币或实物；二是《工资支付暂行规定》中的“工资”，是指用人单位依据劳动合同的规定，以各种形式支付给劳动者的工资报酬。现在看来，这两个概念因为历史原因在某些地方需要作进一步的修改，如工资只能以法定货币形式支付。但结合起来分析，现在使用的“工资”有三层意思：（1）工资是劳动报酬的货币形式；（2）工资的依据是劳动合同；（3）接受工资的主体是劳动者（这里的劳动者应该包括所有雇员，即相对于雇主的另一方）。

国外关于“工资”的定义和我们有所不同。英语里与“工资”含义最为接近的词是 wage。据《韦氏英英词典》的解释，wage 是指根据合同并以小时、天数或计件为基础付给劳动或服务的报酬。又据《牛津现代高级词典》

的解释，wage是指够维持生活的报酬，一般用在周薪（weekly wage）和最低工资（minimum wage）的表述中。再看和我们语境比较接近的香港、台湾地区，在这两个地区的劳资关系法案中，工资主要用在建筑餐饮服务业佣工和家庭佣工的劳资关系中。因此，国外和我国港台地区所使用的工资wage主要有两个含义：（1）它是指因劳动或服务而产生的报酬，而不包括因管理、资本、技术等因素产生的收入；（2）它的使用一般限于蓝领阶层，也就是我们常称的生产操作人员。从这里看出，国内使用的“工资”概念比国外和港台地区要宽泛，把管理、技术所产生的报酬都纳了进来，然而正是这样，导致了对“薪水”概念的误读。

（二）薪水（salary）

薪水也被称作薪资。这个词目前还没有出现在国内的法律文件中，只在《现代汉语词典》有收录：“薪水”即是工资。这显然是援引了工资的概念。和薪水直接对应的英文是salary。同样，根据韦氏和牛津两个权威辞书的解释，salary是指按月发放的年俸，限指白领阶层的收入。从台湾、香港地区的法案中查找，薪资也主要用来表述政府职员、公司白领雇员的收入。从上面的对比中我们可以看出，国内的“薪水”范畴比salary要广，包括了普通雇员的劳动报酬。正是这样，才出现了工资和薪水（薪资）不分，相互替代的现象。

（三）薪酬（compensation）

现在，我们会经常听到薪酬这个概念，它常常出现在现代人力资源管理的文献中，通常被作为工资或薪水的同义词。但这种认识却是错误的。据韦氏和牛津词典注录，salary和compensation两词都有薪水、薪资的意思，但是compensation一般被用来指雇员的一揽子整体性薪资，即除了上面所说的薪水外，还包括种种奖励、红利、福利以及其他收入等，前者一般被译为薪水，后者被译为薪酬，目前国外的资料都采用这个说法。compensation的直译是某种补偿，放在现代人力资源管理的语境中理解，有两个层次的含义。

第一，在现代人力资源管理的理念中，雇员具有双重性质，一方面，他本身是劳动力商品，具有商品的市场价格；另一方面，他又被视为人力资本的占有者，而既然是资本，就必然要求分得资本的利润。所以在此情况下，雇员得到的不仅有相当于劳动力市场价格的薪资，还有资本性的收益。此外，企业还要支付雇员的法定社会保障费用即法定福利，这部分支付是固定不变的。这三者之和构成了对雇员劳动或服务的全部补偿。假设 C 代表薪酬，W 代表雇员的劳动力价格，W'代表雇员人力资本的收益，B 代表法定福利，那么 $C=W+W'+B$。

第二，C 反映的只是静态情况，而劳动力（资本）市场是动态的，买卖双方都处于不停的博弈过程中。随着当前世界经济的转轨，经济增长不再主要依靠物质资本，而是主要依靠知识资本或者人力资本。因此，对高素质人才的需求直接导致企业最终要获得自己需要的雇员，不得不支付高于 C 的薪酬，即除了支付正常情况下的静态薪酬，还要支付竞价后高出 C 的动态薪酬，这里用 C'表示。目前，国外企业支付的动态薪酬主要是除法定福利之外的各种商业福利，如养老医疗保险、父母赡养开支、带薪休假、托儿服务、危重家属帮助计划等，这里用 B'表示。所以，最后雇员得到的薪酬应该是静态薪酬与动态薪酬之和，即表示为：

$$\text{薪酬}=C+C'=W+W'+B+B'$$

只有最终实现了静态和动态的薪酬，作为人力资本占有者的雇员才得到了全方位的补偿，这才是薪酬应有之义，脱离开现代人力资源管理这个背景，就很难全面理解薪酬的实质。

通过上面分析，可以得出这样的结论：对工资、薪水和薪酬三者进行区分是有必要的，因为它们对应着不同层次的劳动力价值，而不同层次的劳动力价值不仅在单纯的数量大小上，而且在劳动力价值的构成上也是不同的。工资只适用于简单的、易度量的劳动力商品，它所代表的主要是劳动力商品的市场交换价格；薪水代表的是拥有一定技能和知识的劳动力商品的价格，这个时候劳动力对经济增长的知识贡献度已经得到部分认同，雇员获得了比单纯劳动力商品价格高一些的收入；而薪酬所对应的劳动力实际上已经不再是普通意义上的劳动力，而是包含了较强资本性的劳动力或称为人力资本。

（四）收入（income）

在国内，常常使用“收入”的概念，收入的内涵非常宽泛，既包括各种劳动收入，也包括各种非劳动收入。劳动收入是指各类劳动者通过劳动获得的各种报酬。从城镇看，是指包括城镇就业人员通过劳动所获得的工资、奖金、各种津贴、补贴等工薪收入，单位发放的与劳动密切相关的各种福利待遇，单位建立的按劳动贡献大小确定的补充保险，以及人们利用业余时间从事相关劳动所获得的稿酬、讲课费、咨询费、劳务费等。从农村看，是指包括农民生产的各种农、林、牧、副、渔等类产品及出售产品所得，乡镇企业就业人员的工薪收入，外出打工的农民工的各种劳务收入等。

非劳动收入，顾名思义，是指劳动收入以外的通过其他途径获得的各种收入。主要包括财产性收入、经营性收入、转移性收入和其他收入等。其中，财产性收入是指各种投资收入，如投资所得股份分红、股息，购买国债所得债息，股票市场炒股所得，银行存款利息收入，以及凭借各种知识产权、土地房产权等所得的收入，如技术发明成果、专利折合股份所得分红、商标商誉转让所得收入、稿费之外另付的版税、土地使用权转让所得、房租，等等。经营性收入是指经营所得超过平均利润率并由股东会同意支付给经营者的部分，如大胆决策所获得的超过市场平均利润收入中应支付给经营者的部分，营销策略吸引人而获得的超过平均利润率收入中应支付给经营者的部分，等等。转移性收入是指遗产、馈赠以及通过再分配所得的国家支付的救济金、扶贫款，等等。其他收入是指除以上三类以外的各种非劳动收入，如购买彩票中大奖等。

二、基本理论

(一) 西方经济学中关于工资决定的理论

西方经济学中关于工资决定的理论主要包括古典经济学派、新古典经济学派和制度学派工资决定理论。

1. 古典经济学派的工资决定理论

古典经济学派在工资决定方面一直认为，工资是劳动力价格的体现，它必须等于维持这种劳动力所需的生活资料的价值。最早对劳动力价值进行论述的是英国经济学家威廉·配第（William Petty）。他指出，工资是维持工人生活所必需的生活资料的价值。此后，英国经济学家亚当·斯密（Adam Smith），英国政治经济学家大卫·李嘉图（David Ricardo）等人在这基础上做了进一步的阐述。他们认为，对于需要靠劳动力过活的工人，他们的工资水平至少必须能够维持他们的生活，并且，“在大多数情况下，工资还得稍稍超过足够维持生活的程度，否则劳动者就不能赡养其家室而传宗接代了”。此后，马克思在继承了古典经济学理论劳动价值说的基础上，进一步指出，劳动力也是一种商品，这种商品的价格是由生产这种劳动力所需的社会必要劳动时间决定的。同时，作为劳动力商品价格的工资，它的形成与决定同样受到供求规律和竞争规律的制约，供求与竞争因素的作用使工人的工资水平在劳动力价值的基础上上下波动。

2. 新古典经济学派的工资决定理论

19世纪后期，美国经济学家约翰·贝茨·克拉克（John Bates Clark）在边际生产力分配理论中从劳动力市场需求的角度阐释了决定工资的另一个因素，即边际生产力。边际生产力理论认为，由于边际报酬递减规律的作用，可变要素的边际收益产品随着可变要素的不断增加，最初上升，而超过某一点后，开始下降。在这种情况下，任何一个以利润最大化为目标的企业使用可变要素的原则是边际成本与相应的边际收益相等，这个原则也是企业确定劳动力价格的原则。后来，英国剑桥学派的领袖人物阿尔弗雷德·马歇尔（Alfred Marshall）糅合了古典经济学派有关分配理论的思想和边际学派的边际理论，以供给均衡价格论为基础，建立起供给均衡工资理论，从生产要素的需求和供给两方面说明工资的市场决定机制。他认为，工资同其他商品的价格一样，是由供给价格与需求价格两个方面共同决定的，其中决定需求价格的因素是劳动的边际生产力，而决定供给价格的因素包括了劳动力的生产成本和劳动的闲暇效用。马歇尔的这种以市场机制为工资决定基础的分配理论为此后的西方工资理论打下了基础，许多工资决定理论就是在此基础上展开的，包括其中影响力比较大的“集体谈判工资理论”。

3. 制度学派的工资决定理论

与新古典学派的认为相反，制度学派否定了市场性因素对工资起决定作用的说法，而从制度因素角度来解释工资的决定。他们认为，现实中的劳动力市场通常呈现二元分割的格局，同时处于一种不完全竞争的状态。在这种情况下，工资水平的高低并不是简单地由供给和需求双方作用决定，还包括各种影响市场供需变化的制度性因素，这些制度性因素弱化了供给力量在工资决定中的作用。因此，通过对现实劳动力市场的研究分析，制度学派认为，劳动者工资率取决于两方面，一是劳动者所处的产业或部门，另一个是劳动者所拥有的人力资本。

新古典学派与制度学派关于工资决定认识的分歧其实可以看成是理论与现实的不完全一致。新古典学派从理论上回答了“合理的工资水平究竟由什么决定”这个问题，而制度学派则是从现实的角度研究影响工资水平的因素。

（二）我国的工资收入分配理论

1. 按劳分配

按劳分配，是在生产资料社会主义公有制条件下，对社会总产品作了各项必要的社会扣除以后，把劳动量作为个人消费品分配的主要标准和形式，按照个人提供给社会的劳动的数量和质量分配个人消费品，多劳多得，少劳少得。按劳分配原则是马克思在《哥达纲领批判》中首先提出的，列宁在《国家与革命》中进一步加以阐发。对这一原则的认识及其在我国社会主义建设中的贯彻，有一个曲折的发展过程。

在社会主义社会，由于社会生产力发展还没有能够达到产品极大丰富的程度，工农之间、城乡之间、脑力劳动和体力劳动之间还存在差别，劳动还未成为人们生活第一需要等原因，只能实行按劳分配的原则，多劳多得，少劳少得，不劳动者不得食。从我国实际情况出发贯彻按劳分配原则，是邓小平建设中国特色社会主义理论的一个重要构成部分。按劳分配是社会主义公有制的产物，又是社会主义公有制的实现，是对剥削制度的根本否定，是历史的一大进步。社会主义经济中产品的分配方式是以按劳分配为基础的，按劳分配是社会主义公有制中个人消费品分配的基本原则，按劳分配是公有制在分配领域的实现。旧的社会分工是按劳分配的直接原因。按劳分配的具体含义和实现形式，在市场经济条件下与非市场经济条件下有所不同。在社会主义市场经济条件下，按劳分配可以通过不同形式实现。我国实行的是以按劳分配为主体，多种分配方式并存。

2. 按生产要素分配

按生产要素分配，是指生产要素所有者凭借要素所有权，从生产要素使用者那里获得报酬的经济行为，是社会根据各种生产要素在商品和劳务生产过程中的投入比例和贡献大小给予的报酬，即要素所有者的所有权在经济上的实现。它包括三层含义：（1）参与分配的主体是要素所有者，依据是要素所有权；（2）分配的客体是各种生产要素共同作用创造出来的价值；（3）分配的衡量标准，涉及按生产要素的质量、数量还是按贡献大小进行分配。因此，按生产要素分配的内在依据是生产要素的所有权，其直接表现和标准是生产要素的数量和质量以及生产要素贡献的大小。

按生产要素分配是党的十五大报告首先提出来的。原文为“坚持按劳分配为主体、多种分配方式并存的制度。把按劳分配和按生产要素分配结合起来”。党的十六大和十七大报告，对这个问题的提法有所变化。党的十六大报告的提法是“确立劳动、资本、技术和管理等生产要素按贡献参与分配的原则，完善按劳分配为主体、多种分配方式并存的分配制度”。党的十七大报告的提法是“要坚持和完善按劳分配为主体、多种分配方式并存的分配制度，健全劳动、资本、技术、管理等生产要素按贡献参与分配的制度”。与十五大政治报告相比，明确地把劳动列进生产要素，明显是一个进步。我国正处于社会主义初级阶段，实行的是社会主义市场经济，鼓励按生产要素分配，主要是由生产要素所有权和市场经济的内在客观要求这两方面决定的。

按劳分配与按生产要素分配的区别：一是两种分配方式的产权主体不同。按劳分配的产权主体只能是公有制；而按生产要素分配方式则适用于包括公有制在内的多种产权主体。二是两种分配方式所处的地位不同。在社会主义市场经济条件下，按劳分配方式是主体，起主导作用，这一条要坚持不动摇。按生产要素分配只是与按劳分配并存的多种分配方式中的一种，它要与按劳分配相结合。三是两种分配方式所遵循的原则不同。按劳分配方式所遵循的是公平优先的原则，其不足之处是忽视市场因素的影响，忽视效率。按生产要素分配方式所遵循的是效率优先原则，一切要素都要通过市场来实现优化配置，市场决定分配，高效率必然获得高效益、高回报。其不足之处是忽视非市场因素，忽视公平。四是两种分配方式的分配对象不同。按劳分配的对象只是个人收入分配，按生产要素分配的对象则既有个人收入分配（如要素所有权属于公民个人的），又有国民收入分配（如要素所有权属于国家和集体的）。此外，两种分配方式和性质以及各自反映的生产关系也不同。

第二节　我国四次工资制度改革的主要内容与特点

工资收入分配制度是经济体制的重要组成部分，随着经济的发展而发展，随着社会的变革而变革。新中国成立以来，我国机关事业单位的工资制度分别在 1956 年、1985 年、1993 年和 2006 年进行了四次大的改革，每一次改革都与当时的经济政治体制相适应，并呈现不同的时代特征。

一、1956 年建立等级工资制

1956 年，我国进行了第一次全国性的工资改革。这次改革的背景和动因是：新中国成立后，我们党领导各族人民有步骤地实现了从新民主主义革命到社会主义革命的转变，同时进行了有计划的经济建设。1953 年国家实施第一个五年计划，开始了大规模经济建设，随着经济的恢复和发展，劳动生产率有了较大提高，国家财政状况趋于好转，改善人民生活被提到了重要的议事日程。解放初期实行的实物供给制、包干制或半包干制、工资分制等多种形式并存的工资制度，已不适应经济发展的需要，不能体现按劳分配原则，不利于调动广大职工的积极性。1956 年我国社会主义建设和社会主义改造正处于高潮，为了更好地鼓励广大职工的生产积极性，巩固和激发全体职工的劳动热情，争取提前和超额完成第一个五年计划，国务院决定进行全国性工资制度改革。

（一）改革的主要内容

这次工资制度改革的主要内容包括三个方面：一是由供给制与工资制并存改为全部实行工资制，直接以货币来规定工资标准。二是国家机关、企事业单位实行了统一的等级工资制。其中：行政人员分为30个等级，科学研究人员、高校教学人员分为13个等级。各系列之间等级可以互相换算（如高教8级相当于行政17级等）。三是根据不同地区的地理环境条件以及物价和消费水平，把全国划分成11类工资区，各类工资区的同一等级的工资标准之间的工资系数相差3%，最高11类区比最低1类区工资系数高出30%。个别边远艰苦地区还实行了地区生活费补贴。

（二）改革的主要特点

这次工资制度改革的主要特点表现在三个方面。

1. 突出了级别因素，工资结构只设置了级别工资一项，其特点是“一职数级、上下交叉”。“一职数级”，即把每一个职务划分为几个工资等级，根据德才和资历，将担任同一职务的工作人员分别归入不同的级别，并确定不同的工资标准；“上下交叉”，即相邻两个职务对应的级别部分重叠。这种等级既是工资等级也是行政等级，它不仅代表一个工作人员工资收入多少，而且决定生活和政治待遇的高低。等级工资制对新中国的“吏制”产生了深刻影响，从此“级别”成为中国除农民以外各类社会人群政治经济生活排序的重要标准。

2. 统一了工资制度和工资标准。机关、事业单位和企业实行统一的等级工资制，并实行“一条龙”形式的工资标准（即30个级别的工资标准一级一薪从高到低依次排列），从根本上改变了旧中国遗留下来的极为混乱的工资制度。

3. 体现了地区和行业差异。通过制定和平衡各种工资标准，对不同的地区实行不同的工资类别，对不同行业不同类别人员实行不同的工资标准，在一定程度上体现了地区和行业的差异性。

（三）实际运行情况

1956年的工资制度改革是在周恩来总理的直接领导下进行的。周总理对建立全国统一的工资制度极为重视，亲自主持研究方针政策，亲自指导制定改革方案和工资标准。他在1957年9月召开的中国共产党第八届中央委员会第三次扩大会议的全体会议上所作的《关于劳动工资和劳保福利问题的报告》中指出："现行的国家机关干部工资制度，采取一职数级、上下交叉的办法，基本上是符合我国情况的。"

1956年工资制度改革的成绩是很大的，它使全国职工的工资制度趋向统一、合理，改变了当时的职工工资增长过缓与劳动生产率增长不适应的情况，职工生活得到明显改善，劳动积极性不断高涨，对保证第一个五年计划的胜利完成起到了重大作用。这是一次具有划时代意义的工资制度改革，奠定了此后长达30年之久的工资制度的基础。

从1956年4月到1985年6月近30年时间里，我国一直实行等级工资制，没有进行大的改革，只做了一些局部调整。随着社会经济形势的不断发展，由于受到政治经济等多方面的影响，一直没有实行干部的正常晋级和增资调整，以至于影响到工资制度的持续运转能力，等级工资制的弊端逐渐显露出来。主要表现在：一是职级脱节、劳酬不符。工资等级与职务脱节，职务升降不影响工资，容易出现职工干多干少、干好干坏一个样等现象。起初在确定工作人员工资等级时，基本上还是以其当时所负责任轻重和贡献大小为依据的。但是经过二三十年的时间，一些年轻的同志逐步担任重要工作，职务上去了，担子加重了，对社会的贡献大了，但工资级别却很低，出现了严重的职级不符问题，明显违背按劳分配的原则。二是正常增长机制缺失。1956年工资制度虽然建立了正常晋级渠道，但由于种种客观原因和具体措施不健全，在以后实际执行过程中没有按预先设想实现升级和增资，等级工资慢慢滑向了平均主义。三是工资制度本身还存在工资标准过多、过繁、不便于操作，工资结构功能单一，没有体现工资的不同职能，工资管理体制过于集中导致政企政事不分等问题。

二、1985年机关事业单位实行结构工资制

1985年，我国进行了第二次工资制度改革。这次工资制度改革的背景和动因是："文化大革命"结束以后，我国政治、经济形势逐步好转。随着我国改革开放逐步推进，经济生活中已经出现了多种经济成分，单一的计划经济体制的坚冰逐渐被打破。1984年，党的十二届三中全会提出实行有计划的商品经济，进而提出在分配上要打破平均主义、吃"大锅饭"的做法，社会观念有了重大变化。同时，由于1956年的工资制度运行30年，没有按预先设想实现正常升级和增资，"职级脱节、劳酬不符"的矛盾逐渐凸显，不改革已经不能适应经济体制和社会发展的要求。

（一）改革的主要内容

这次工资制度改革的内容主要包括三个方面。一是将机关事业单位工资制度与企业分离，机关事业单位由等级工资制改为以职务工资为主的结构工资制，工资构成分为基础工资、职务工资、工龄津贴和奖励工资四个部分，每部分各司其职，互为补充；企业工资与经济效益挂钩，内部自主分配。二是提出建立正常的晋级增资制度，每年要根据国民经济计划的完成情况，适当安排国家机关、事业单位工作人员的工资增长指标。三是为鼓励中小学校和中等专业学校、技工学校的教师、幼儿教师和护士长期从事本职业，除按规定发给工龄津贴外，另外分别加发教龄津贴和护龄津贴。

（二）改革的主要特点

这次工资制度改革的主要特点表现在三个方面。

1. 突出了职务因素。强调贯彻按劳分配的原则，体现岗位职责的差异，通过设置“职务工资”，使工作人员的工资与本人的职务、责任和劳绩相联系，解决了 1956 年等级工资制“职级脱节、劳酬不符”的矛盾。

2. 初步建立了正常的晋级增资制度。工作人员的实际工资水平随职务的晋升逐步提高，从根本上改变过去工资分配中要么长期不动、要么大家“齐步走”的局面，在当时这是贯彻社会主义按劳分配原则的重大进步。

3. 体现了政企分开、事企分开的原则。从分配制度上，首次将企业工资从机关事业单位工资体系中分离出去，它的意义不仅仅是全国不再实行单一的工资模式，而是反映了政治经济体制改革的深化，适应了社会主义经济快速发展需要。

（三）实际运行情况

1985 年的结构工资制执行后，不仅使广大工作人员增加了工资，而且逐步消除工资分配中吃“大锅饭”的平均主义积弊，解决了多年积累的“职级脱节、劳酬不符”的问题，为理顺工资关系迈出了第一步。工资制度改革后的几年中，每年都有一部分人升级，提高了中小学教师和专业技术人员的工资标准，解决了其他人员在工资中存在的问题，1989 年进行了一次普调，同时提高了离退休人员的生活待遇。

1985 的工资制度改革，既是工资制度本身发展的要求，也是整个经济体制改革的要求，是经济体制改革一项重要的组成部分。它不仅在工资发展史上具有重要的意义，而且对理顺我国改革开放初期的经济关系，促进国民经济健康发展也具有重要意义。但是，由于这次工资制度改革是在我国经济体制和干部人事制度没有进行全面改革的情况下实施的，缺乏相应的配套措施，加上制度本身在设计上存在的某些偏差，因此这一制度只执行了 8 年时间(从 1985 年 7 月到 1993 年 9 月)。结构工资制在运行中产生了一些矛盾。一是由于职务工资在工资结构中所占比重过大，职务越高，工资越多，从而强化了官本位意识，以职务作为衡量劳动的唯一尺度，单纯依靠提职务涨工资的做法，不可避免地成为机构升格和滥提职务的诱因。二是不论是机关还是事业单位，不论是行政人员还是专业技术人员，不论是干部还是工人，均实行同样的工资结构、工资标准制度模式，不能体现各自的工作性质和岗位特点，政事不分的问题没有得到解决。三是缺乏工资标准正常调整机制和宏观调控、微观搞活的工资管理体制。

三、1993 年机关实行职务级别工资制，事业单位实行专业技术职务工资制

1993 年，我国进行了第三次工资制度改革。这次工资制度改革的背景和动因是：党的十三大明确提出，“要加快工资制度改革，逐步建立起符合企业、事业单位和机关各自特点的工资制度与正常的工资增长机制”。特别是 1992 年邓小平南巡发表了重要讲话，为我国进一步扩大改革开放吹来一股强劲的春风，党的十四大确定了建立社会主义市场经济体制，国家机关开始推行公务员制度，工资制度适应新形势的变化而进行改革势在必行。此外，从 20 世纪 80 年代中后期到 90 年代初期，物价波动很大，1985 年结构工资制提出的工资标准正常调整机制并没有得到运行，职工实际工资水平与货币工资水平相比有所下降，结构工资过分强调职务因素也带来很多弊端，需要进行改革和完善。

(一) 改革的主要内容

这次工资制度改革的主要内容包括四个方面。一是机关事业单位建立不同的工资制度。机关公务员实行以职务工资和级别工资为主体的职务级别工资制即职级工资制。基本工资由职务工资、级别工资、基础工资和工龄工资四部分构成。事业单位专业技术人员分五大类行业实行不同类型的工资制度：教育、科研、卫生等事业单位实行专业技术职务等级工资制，地质、测绘、交通、海洋等事业单位实行专业技术职务岗位工资制，文化艺术表演团体实

行艺术结构工资制，体育运动员实行体育津贴奖金制，金融单位实行行员等级工资制。事业单位管理人员实行职员等级工资制。事业单位的工资构成分为固定部分和活的部分两块。固定部分主要体现工作人员的水平高低、责任和贡献大小，活的部分主要体现工作人员实际工作量的多少。二是建立正常增资机制。正常增加工资的途径主要有三种：结合年度考核定期晋升工资档次；随着职务、级别的晋升等相应增加工资；国家根据国民经济发展等情况定期调整工资标准。三是建立地区津贴制度。取消工资区类别制度，改为实行艰苦边远地区津贴制度和地区附加津贴制度。四是改革奖金制度。在严格考核的基础上，对称职（合格）以上人员发放年终一次性奖金。奖金标准为本人当年 12 月份的基本工资。

（二）改革的主要特点

这次工资制度改革的主要特点表现在四个方面。

1. 在机关公务员基本工资构成中重新增设了级别工资，改变了以前工资主要依赖于职务的格局。机关公务员的基本工资由职务工资、级别工资、基础工资和工龄工资四部分组成，与 1985 年实行的结构工资制相比，增加了级别工资。这主要是从机关的实际出发考虑的，由于职数限制，相当一部分人员难以晋升职务，设置级别工资可以使工作人员不提升职务也可以通过晋升级别提高待遇。

2. 适当下放事业单位工资管理权限，更好地体现工资的激励作用。在事业单位工资构成中，设置“活津贴”模块。“活津贴”与工作人员的实际工作数量和质量挂钩，单位享有自主分配权，更好地体现了工资的激励功能，从根本上动摇“大锅饭”“铁饭碗”的思想，真正实现优劳优酬。

3. 建立了工资正常晋升机制和工资动态调整机制。工作人员在职务不变的情况下，可以正常晋升工资档次和工资级别；在职务变动后，可以按新的职务晋升到相应的工资档次和级别中；国家根据经济发展、物价水平和财力情况，对工资标准适时进行调整，以保证实际工资水平稳步增长，提高职工生活水平。

4. 机关与事业单位工资制度分离。建立了符合各自特点的工资制度，机关实行职务级别工资制，事业单位实行专业技术职务等级工资制。

（三）实际运行情况

1993 年的工资制度实施了 13 年（从 1993 年 7 月到 2006 年 7 月），总体运行比较平稳，取得了积极成效。主要表现在：一是工资水平有了较大幅度的提高；二是初步建立了工资正常晋升机制和工资动态调整机制，“两年晋档”和“五年晋级”工作如期正常进行，国家根据经济发展、财力增长和物价变动等情况，先后几次调整了工资标准；三是事业单位内部收入分配自主权逐步扩大，逐步形成了以岗位、绩效为主要内容，形式多样、自主灵活的多元化分配办法；四是根据实际情况对工资制度不断进行改革完善，适当延伸了职务工资档次，增设了级别工资的倒级差，实施了艰苦边远地区津贴，兑现了年终一次性奖金等。

但是，随着我国社会主义市场经济体制的建立和各项制度改革的不断深化，机关事业单位工资收入分配制度中逐渐暴露出一些突出矛盾和问题。主要表现在：一是公务员基本工资结构切块过多，功能重叠，原来设计的功能不能协调发挥作用。二是事业单位工资分类管理办法不尽合理，工资与职称挂得过紧，不能有效地体现岗位和绩效的因素，搞活内部分配缺乏规范的指导，津贴平均发放现象普遍存在。三是机关事业单位制度内工资差距过小。四是工资外收入分配秩序比较混乱，缺乏有效的调控。地区附加津贴没有实施，各地各单位自行发放津贴补贴，不仅名目繁多，出台方式也五花八门，资金来源比较混乱，导致地区间和部门间工资差距越来越大。

四、2006 年机关实行职务与级别相结合的工资制度，事业单位实行岗位绩效工资制

2006 年，我国进行了第四次工资制度改革。这次改革的背景和动因是：21 世纪以来，民生问题和社会公平问题一直是社会关注的热点问题。随着市场经济的深入发展，我国在经济方面取得了许多成绩，但是在收入分配方面，地区之间、行业之间、不同人群之间的收入差距却在不断扩大。为逐步理顺收入分配关系，建立科学合理、公正公平的收入分配体系，充分调动广大干部职工的积极性、主动性和创造性，党中央、国务院决定，在 2006 年我国《公务员法》正式实施的第一年，改革公务员工资制度，规范公务员收入分配秩序。同时，改革事业单位工作人员收入分配制度，适当提高相关人员特别是社会保障对象的待遇和生活补助水平。

（一）改革的主要内容

这次工资制度改革的内容主要包括六个方面。一是建立了职务与级别相结合的公务员工资制度。基本工资由职务工资和级别工资构成。二是事业单

位实行岗位绩效工资制度。岗位绩效工资由岗位工资、薪级工资、绩效工资和津贴补贴四部分组成，其中岗位工资、薪级工资为基本工资。三是完善艰苦边远地区津贴制度。建立范围和类别评估指标体系，适当扩大实施范围，增设津贴类别，提高津贴标准。四是规范公务员收入分配秩序。在改革工资制度的同时，对地方和单位自行发放的津贴补贴进行清理规范。采取“限高、稳中、托低”等措施，逐步使同一地区不同部门的津贴补贴水平大体相当。采取设立津贴补贴调控线、征收调节基金和将一部分津贴补贴纳入基本工资等办法，缩小不同地区间的收入差距。同时提出，在规范津贴补贴的基础上，实施地区附加津贴制度。五是进一步完善了工资的正常增长机制。六是逐步建立起分级分类的工资管理体制。

（二）改革的主要特点

这次工资制度改革的主要特点表现在四个方面。

1. 改革公务员基本工资制度，通过适当增设级别（由 15 个级别增加到 27 个级别)，加大上下职务对应级别的交叉，增大级别工资在基本工资中所占比重，增强了级别在工资分配中的激励作用，体现向基层倾斜。

2. 适应事业单位由身份管理向岗位管理转变的要求，使工作人员的收入与岗位职责、工作业绩、实际贡献相联系，初步形成灵活多样的收入分配激励约束机制。

3. 机关与事业单位工资，在制度形式、运行机制上进一步脱钩。

4. 这次改革不是简单地加工资，而是将改革收入分配制度和规范收入分配秩序同时并举。

（三）实际运行情况

2006 年的工资制度实施以来，运行平稳，进展顺利，收效明显。主要表现在：一是建立科学合理的公务员工资制度，进一步理顺了工资关系，进一步增强了级别的激励功能，体现了向基层倾斜，有利于缓解“千军万马挤独木桥”的矛盾；二是建立符合事业单位特点的岗位绩效工资制度，进一步实现了与公务员工资制度的脱钩；三是规范了公务员收入分配秩序，有效遏制了地方、部门和单位乱发津贴补贴的现象。

但是，由于收入分配问题涉及面广，情况十分复杂，解决难度大，不可能通过一次改革解决所有的问题。这次机关事业单位工资收入分配制度改革，有的问题只是初步得到解决，有的问题暂时难以解决，改革进程中还可能出现新的问题。目前存在的突出问题主要表现在：一是公务员地区间工资收入差距仍然较大，事业单位收入分配分化现象依然严重；二是配套政策尚未及时出台，基本工资标准的正常调整机制没有建立，机关的级别与待遇挂钩政策、地区附加津贴制度、工资调查制度、事业单位高层次人才分配激励机制和单位主要领导收入分配激励约束机制等配套政策亟待出台。

五、我国公共部门工资收入分配制度的发展脉络与启示

（一）四次工资制度改革的发展脉络

通过上述研究，我们发现我国四次工资制度发展演变的大致脉络如下：一是公务员基本工资结构的改革始终围绕职务与级别的不同功能与权重展开，1956年主要突出级别工资，1985年主要突出职务工资，1993年兼顾职务与级别因素，2006年进一步提升级别工资的比重。二是工资决定因素从主要依据保障因素、资历因素逐步向依据职务、岗位、业绩、能力、资历等多因素转变。三是工资正常增长机制从无到有，从基本工资档次的正常增长和工资标准的定期调整到工资调查制度的逐步建立。四是工资管理体制从高度集权逐步向分级分权转变，地方和部门的分配自主权逐步加大。五是工资分配的理论基础从“按劳分配”向“按劳分配为主体、多种分配方式并存”再向“按劳分配和按生产要素分配相结合”转变。四次工资制度的发展演变和改革特点比较详见附表。

（二）四次工资制度改革的启示

总结四次工资制度改革的实践，我们可以总结出三点认识。一是工资分配制度不是孤立的。工资分配制度是经济体制的重要组成部分，要与社会发展、经济体制改革相适应，保持紧密的互动关系，随着社会的发展而发展，随着经济体制的变革而变革。当工资分配与社会发展、经济体制之间出现不协调时，必须进行工资分配制度改革。只有这样，才能理顺工资分配关系，促进社会经济发展；反之，就会引发各种矛盾和问题。二是工资分配制度有自身的运行规律。一方面，工资分配制度确定后，不宜朝立夕改，应该保持相对的稳定性；另一方面，工资分配制度不一定能与经济体制改革和收入分配理论发展同步，具有一定的滞后性。因此，工资分配制度改革必须坚持积极稳妥的方针，既要不断进行改革，尽量缩短滞后的时间，又要把握好时机，决不能操之过急。三是解决工资分配问题要有新思路和新办法。要根据新情

况和新要求，不断进行工资分配制度的创新，用改革的办法解决前进中的问题。既要坚持原有制度中科学合理的办法，又要在总结经验的基础上寻找新的办法。要在继承中发展，在发展中继承。

第三节　公共部门现行工资制度的主要内容

一、机关公务员现行的职务与级别相结合的工资制度的主要内容

（一）工资结构

1. 公务员的工资结构

公务员基本工资由职务工资、级别工资两项构成。

职务工资主要体现公务员的工作职责大小，一个职务对应一个工资标准，为体现岗位职责的差别，领导职务和非领导职务对应不同的职务工资标准。公务员按所任职务执行相应的职务工资标准。

级别工资主要体现公务员的资历、职务和工作实绩。每一级别设若干个工资档次，每一职务层次对应若干个级别。公务员根据所任职务、德才表现、工作实绩和资历确定级别和级别工资档次。2006 年工资制度改革时，增设了级别，相应调整职务级别对应关系。将公务员对应的级别数由 15 个增加到 27 个，各职务对应的级别数相应增加，科员、办事员从对应 6 个级别增加到对应 9 个级别，副科级从对应 5 个级别增加到对应 8 个级别，给低职务公务员提供了充分的级别晋升空间。适当加大不同职务对应级别的交叉幅度，使低职务公务员能晋升到较高的级别。

2. 机关工人的工资结构

技术工人仍实行岗位技术等级工资制，基本工资构成由岗位工资、技术等级（职务）工资和奖金三项调整为岗位工资和技术等级（职务）工资两项。岗位工资根据工作难易程度和工作质量确定，按初级工、中级工、高级工三个技术等级和技师、高级技师两个技术职务设置，分别设若干工资档次。技术等级（职务）工资根据技术水平高低确定，一个技术等级（职务）对应一个工资标准。

普通工人仍实行岗位工资制，基本工资构成由岗位工资和奖金两项调整为岗位工资一项。

(二) 工资增长机制

结合基本工资结构的调整，相应调整正常晋升工资的办法。

一是公务员晋升职务后，执行新任职务的职务工资标准，并按规定晋升级别和增加级别工资。

二是公务员年度考核称职及以上的，一般每五年可在所任职务对应的级别内晋升一个级别，一般每两年可在所任级别对应的工资标准内晋升一个工资档次。公务员的级别达到所任职务对应最高级别后，不再晋升级别，在最高级别工资标准内晋升级别工资档次。机关工人年度考核合格及以上的，一般每两年可在对应的岗位工资标准内晋升一个工资档次。

此外，工资制度改革方案中提出，建立工资调查制度，定期进行公务员和企业相当人员工资水平的调查比较。国家根据工资调查比较的结果，结合国民经济发展、财政状况、物价水平等情况，适时调整公务员基本工资标准。工资调查制度建立前，国家根据国民经济发展、财政状况和物价水平等因素，确定调整基本工资标准的幅度。

二、事业单位现行的岗位绩效工资制的主要内容

(一) 工资结构

事业单位实行岗位绩效工资制度。岗位绩效工资由岗位工资、薪级工资、绩效工资和津贴补贴四部分组成，其中岗位工资和薪级工资为基本工资。

1. 岗位工资

岗位工资主要体现工作人员所聘岗位的职责和要求。事业单位岗位分为专业技术岗位、管理岗位和工勤技能岗位。专业技术岗位设置 13 个等级；管理岗位设置 10 个等级；工勤技能岗位分为技术工岗位和普通工岗位，技术工岗位设置 5 个等级，普通工岗位不分等级。不同等级的岗位对应不同的工资标准。工作人员按所聘岗位执行相应的岗位工资标准。

2. 薪级工资

薪级工资主要体现工作人员的工作表现和资历。对专业技术人员和管理人员设置 65 个薪级，对工人设置 40 个薪级，每个薪级对应一个工资标准。对不同岗位规定不同的起点薪级。工作人员根据其工作表现、资历和所聘岗位等因素确定薪级，执行相应的薪级工资标准。

3. 绩效工资

绩效工资主要体现工作人员的实绩和贡献，分为基础性绩效工资和奖励性绩效工资两部分。基础性绩效工资主要体现地区经济发展水平、物价水平、岗位职责等因素，在绩效工资中所占比重原则上大一些，一般按月发放。不同类型事业单位基础性绩效工资所占比重，根据实际情况有所区别。奖励性绩效工资主要体现工作量和实际贡献等因素，根据考核结果发放，采取灵活多样的分配方式和办法。绩效工资实行分级分类管理，国家对事业单位绩效工资分配进行总量调控和政策指导；强化地方和部门职责，对不同类型事业单位实行不同的管理办法；事业单位在核定的绩效工资总量内，按照规范的程序和要求，自主分配。

事业单位实施绩效工资与清理规范津贴补贴相结合，按国务院统一部署分三步实施。第一步义务教育学校从2009年1月起实施，第二步公共卫生与基层医疗卫生事业单位从2009年10月起实施，第三步其他事业单位按“分类指导、分步实施、因地制宜、稳慎推进”的方针，从2010年起实施。

4. 津贴补贴

分为艰苦边远地区津贴和特殊岗位津贴。

（二）正常调整机制

1. 正常增加薪级工资。在年度考核的基础上，对考核合格及以上等次的工作人员每年正常增加一级薪级工资。

2. 岗位变动调整工资。工作人员岗位变动后，按新聘岗位执行相应的工资标准。

3. 调整基本工资标准。国家根据经济发展、财政状况、企业相当人员工资水平和物价变动等因素，适时调整工作人员基本工资标准。

4. 调整津贴补贴标准。国家根据经济发展、财政状况及调控收入分配关系的需要，适时调整艰苦边远地区津贴标准和特殊岗位津贴补贴标准。

（三）工资管理体制

实行工资分级管理，明确中央、地方和部门的管理权限，完善收入分配调控政策，规范工资收入支付方式，加强工资收入支付管理，建立统分结合、权责清晰、运转协调、监督有力的宏观调控机制，将事业单位工作人员的工资收入纳入调控范围。加强监督检查，健全纪律惩戒措施，维护国家收入分配政策的严肃性。

实行工资分类管理。对从事公益服务的事业单位，根据其功能、职责和资源配置等不同情况，实行工资分类管理。基本工资执行国家统一的政策和标准，绩效工资根据单位类型实行不同的管理办法。

【新闻摘录】

中共中央、国务院《关于分类推进事业单位改革的指导意见》2012 年 4 月 16 日发布。17 日，中央编办等部门负责人谈及事业单位改革问题时指出，改革后只有从事公益服务事业单位保留在事业单位序列，其收入分配制度改革以完善工资分配激励约束机制为核心。深化收入分配制度改革。以完善工资分配激励约束机制为核心，健全符合事业单位特点、体现岗位绩效和分级分类管理要求的工作人员收入分配制度。结合规范事业单位津贴补贴实施绩效工资，进一步做好义务教育学校、公共卫生与基层医疗卫生事业单位实施绩效工资工作；对其他事业单位按照分类指导、分步实施、因地制宜、稳慎推进的原则，实施绩效工资。各地区各部门要根据改革进程，探索对不同类型事业单位实行不同的绩效工资管理办法，分步实施到位。完善事业单位工资正常调整机制。

三、国有企业高管人员薪酬管理办法

2009 年 9 月 16 日，经国务院同意，人力资源和社会保障部会同中央组织部、监察部、财政部、审计署、国资委等单位联合下发了《关于进一步规范中央企业负责人薪酬管理的指导意见》（以下简称《指导意见》），以建立健全中央企业负责人收入分配的激励和约束机制。

《指导意见》主要从适用范围、规范薪酬管理的基本原则以及薪酬结构和水平、薪酬支付、补充保险和职务消费、监督管理、组织实施等方面，进一步对中央企业负责人薪酬管理作出了规范。

（一）基本原则

《指导意见》从我国实际出发，总结近年来改革的实践经验，借鉴国际上加强企业高管薪酬管理的做法，确定了规范中央企业负责人薪酬管理的五项基本原则：一是坚持市场调节与政府监管相结合；二是坚持激励与约束相统一；三是坚持短期激励与长期激励相兼顾；四是坚持负责人薪酬增长与职工工资增长相协调；五是坚持完善薪酬制度与规范补充保险、职务消费等相配套。通过加强对中央企业负责人薪酬管理，使中央企业负责人薪酬做到结构合理、水平适当、管理规范。

（二）薪酬结构及水平

《指导意见》明确了企业负责人的薪酬结构主要由基本年薪、绩效年薪和中长期激励收益三部分构成。由于我国对股权激励等中长期激励的配套改革政策还在试行中，指导意见对中长期激励先作了可审慎探索的原则性规定，重点对基本年薪和绩效年薪作了规范。

《指导意见》从我国处于社会主义初级阶段的基本国情和实行社会主义市场经济的要求出发，兼顾调动中央企业负责人积极性和调控企业负责人与职工工资收入差距两个方面，规定企业主要负责人的基本年薪与上年度中央企业在岗职工平均工资相联系，绩效年薪根据年度经营业绩考核结果确定。

为切实形成企业负责人绩效年薪与实际经营业绩紧密挂钩的机制，《指导意见》要求加强对企业负责人经营业绩的考核，将年度业绩考核和任期业绩考核结合起来，根据不同行业和企业的生产经营特点科学设计体现经营盈利与风险控制的考核指标，合理确定经营目标，规范考核程序，严格考核管理，根据业绩考核结果确定负责人绩效年薪。

《指导意见》要求企业负责人的基本年薪按月支付。绩效年薪按照先考核后兑现的原则，根据年度经营业绩考核结果，由企业一次性提取，分期兑现。

（三）补充保险和职务消费

《指导意见》对企业负责人的补充保险和职务消费作出了原则规定。在补充保险方面，企业在依法参加基本社会保险的基础上，为负责人建立企业年金和补充医疗保险的，要按照国家有关规定确定缴费和待遇标准。在职务消费方面，要从严控制职务消费，企业要按有关规定建立健全职务消费管理制度。

（四）监督管理和组织实施

《指导意见》还明确了有关部门对中央企业负责人薪酬分配的监管职责，强调要对企业负责人薪酬制度实施过程和实施结果进行监督检查，及时对违规行为进行处理。

根据《指导意见》，各有关部门和中央企业将从促进中央企业健康、持续发展出发，各司其职，密切配合，共同做好规范中央企业负责人薪酬管理工作。人力资源社会保障部将会同财政部、国资委等及时总结实践中的有效做法，不断完善中央企业负责人薪酬管理政策。

【阅读参考】国外国企高管薪酬管理

美国。国有企业董事会成员的薪酬由美国国会通过的国有企业专项法案规定，这些高管人员基本执行联邦公务员薪酬制度。与美国私营企业尤其是大型上市公司高管人员相比，薪酬水平明显低一大块，美国国有企业高管人员薪酬通常为10万～30万美元，2006年标准普尔500强公司总裁年平均薪酬为1 506万美元，后者比前者高几十倍，内部与雇员相差4～10倍左右。

英国。对国有企业实行分类管理的办法，把国有企业分为三类：民生型竞争企业、战略型垄断企业与混合型企业，然后分别根据经营压力、风险程度、经营效益等多因素考量，逐步建立适应国有企业特点的多样化薪酬制度。2007年度，英国邮政董事会执行董事兼CEO的薪酬总额约为99.9万英镑，董事会执行董事平均薪酬为56万英镑，雇员人均年薪酬总额为3.6万英镑左右，董事平均薪酬是雇员平均薪酬的16倍左右。2006年英国富时100指数公司首席执行官的平均报酬达到317万英镑，而一般雇员平均年收入约为2.5万英镑，二者相差127倍。

法国。法国对国有企业工资总额实行预算管理，企业和财政部之间有一个工资谈判，企业没有自主权。即使企业效益好，也不能随意大规模增加工资。企业高管还得与工会谈判。大型国有企业的董事长是公务员，由总理任命，享受公务员待遇；总经理不是公务员，由董事长招聘，工资收入由财政部确定，没有统一标准，根据企业规模、职工人数、营业额等因素计算，没有浮动部分，也不实行年薪制；财政部的公务员不能到曾管辖过的国有企业任职，高级行政官员到国有企业任职，在国家行政法院存有专门卷宗，并受到法院的严格审查。

日本。日本国有企业高管收入需按照日本国会制定的有关规定发放，其薪酬标准、薪酬结构、薪酬调整等通常由日本人事院按照日本《国家公务员法》有关条款及其他规则执行。以日本邮政为例，其董事会成员薪酬整体分为三部分：基本报酬、退休福利储备金、奖金储备。2007年度，日本邮政董事会成员获得的年度基本报酬总额合计1亿日元、3 400万元退休福利储备金、1 700万日元奖金储备。高管平均收入约为本企业雇员的2.5倍。

第四节 公共部门现行津贴补贴制度的主要内容

一、公务员津贴制度的主要内容

公务员的津贴补贴主要包括地区附加津贴、艰苦边远地区津贴和岗位津贴。

（一）地区附加津贴制度

地区附加津贴制度是公务员工资制度的一项重要内容，主要体现各地经济发展水平、物价消费水平等方面的差异，是妥善处理地区间公务员工资收入差距的重要措施。实施地区附加津贴制度，要在国家政策指导和宏观调控下，使公务员的工资收入水平与当地经济社会发展情况相适应，国家通过采取切实有效的宏观调控措施，逐步把地区间公务员的工资收入差距控制在合理的范围内。2006 年公务员工资制度改革方案规定，在规范津贴补贴的基础上，经过一段时间的实践并总结经验后，再实施地区附加津贴制度。

（二）艰苦边远地区津贴制度

艰苦边远地区津贴主要反映不同地区自然地理环境、社会发展等方面的差异，是对机关事业单位职工在艰苦边远环境下工作生活的适当补偿，也是扶持艰苦边远地区提高工资水平的重要措施。国家对艰苦边远地区津贴实行统一管理，所需财政资金由中央财政负担。这项制度从 2001 年开始实施，2006 年进行了完善。艰苦边远地区津贴的实施范围和类别，以县级行政区域为单位确定。根据艰苦边远程度的不同划分为 6 类，分别执行不同的津贴标准，一类区最低，六类区最高。在同一类区内，津贴标准按职务适当拉开差距。列入实施范围的机关事业单位在职和离退休人员享受此项津贴。

为了科学合理地确定艰苦边远地区津贴实施范围和类别，按照国务院的要求，通过委托科研机构进行课题研究，2006 年建立了实施范围和类别的评估指标体系，根据评估指标对各地艰苦边远程度进行量化评估，评估结果作为确定实施范围和类别的基本依据。综合考试各地的不同情况，选取自然地理环境和人文社会发展两个方面共 7 个指标。自然地理环境方向包括海拔、土被系数、水资源适宜度、地表崎岖度和人生气候指数 5 个，人文社会发展方面有边远性指数和人文发展指数 2 个。

建立艰苦边远地区津贴的动态调整机制。根据各地自然地理环境和社会发展等情况的变化，定期对实施范围和类别进行评估调整。根据国家经济发展、财政状况及调控地区工资差距的需要，适时调整津贴标准。

（三）岗位津贴制度

岗位津贴是对在特殊岗位工作的公务员给予的政策倾斜。只有在特殊岗位上工作时才能享受相应的津贴，离开岗位时享受的津贴即行取消。国家对岗位津贴实行统一管理。除国务院和国务院授权的人力资源和社会保障部、财政部外，任何地区、部门和单位不得自行建立岗位津贴项目或调整岗位津贴实施范围和标准。

除地区津贴和岗位津贴外，公务员还有住房等其他一些津贴补贴。

二、事业单位津贴制度的主要内容

事业单位津贴补贴主要分为艰苦边远地区津贴和特殊岗位津贴补贴。

（一）艰苦边远地区津贴

事业单位工作人员的艰苦边远地区津贴制度、政策和标准，与机关工作人员相同。

（二）特殊岗位津贴补贴

特殊岗位津贴补贴主要体现对事业单位苦、脏、累、险及其他特殊岗位工作人员的政策倾斜。国家统一制定特殊岗位津贴补贴政策，根据经济发展、财政状况及调控收入分配关系的需要，适时调整特殊岗位津贴补贴标准。除国务院和国务院授权的人力资源和社会保障部、财政部外，任何地区、部门和单位不得自行建立特殊岗位津贴补贴项目、扩大实施范围和提高标准。

第五节　公共部门薪酬管理制度改革的思考

一、我国公共部门薪酬管理存在的突出问题

2006年机关事业单位工资制度改革，在完善机制、规范分配秩序和缩小工资收入差距等方面，都朝着公平分配的目标前进了一大步。但由于收入分配问题涉及面广，情况十分复杂，解决难度大，有的问题还只是初步得到解

决，有的问题暂时难以解决。当前，存在的突出问题主要表现在：

一是工资收入差距有所缓解，但是不合理的收入差距依然存在。从机关来看，通过规范公务员津贴补贴和完善艰苦边远地区津贴制度，使公务员部门和地区工资收入差距有所缓解。但是，发达地区与欠发达地区、财政状况好的城市与财政状况差的城市、层级高的机关和基层机关的收入差距依然较大。目前，公务员地区收入差距主要来自于地方津贴补贴。经济越发达的地区，公务员地方津贴补贴越高，总收入也越高。从事业单位来看，由于事业单位绩效工资尚未全面实施到位，机关与事业单位收入差距进一步拉大，事业单位之间的收入差距也未能得到有效控制。

二是分类管理的基本工资制度已经确立，但是科学合理的工资水平决定和正常增长机制尚未形成。由于公务员与企业相当人员工资水平的调查比较制度正处在建立之中，科学合理的工资水平确定与调整机制尚未形成，调整工资标准的时间和幅度，都带有不确定性。目前的工资收入结构中，基本工资比重明显偏低，津贴补贴比重过大，不利于发挥基本工资的作用。

三是工资的激励作用有所增强，但是对基层公务员和部分事业单位的有效激励仍显不足。我国公务员 60%在县以下部门工作，92%为科以下干部。基层公务员条件艰苦，工作辛苦，但由于行政层级限制，职务上不去，工资待遇很低，严重影响了基层公务员队伍的稳定和基层政权建设。事业单位绩效工资还处于制度入轨阶段，部分事业单位还存在收入水平与公益服务质量脱节、与经济效益联系过紧的现象，一些创收能力强、经济效益好的单位收入水平普遍较高，而一些公益性较强、创收能力较弱的单位收入水平普遍偏低，分配办法未能充分体现单位的业绩和贡献。

四是工资的透明化和规范化取得进展，但福利待遇和职务消费等方面仍需加快改革。与工资收入相比，福利与职务消费更为隐蔽，不透明、不规范，带来的实际收入差距更加悬殊。一是由于没有改革规范职务消费，一些人员超出规定享受职务消费，实际待遇不仅大大高于同职务人员，甚至高于较高职务的人员；二是由于住房改革政策不统一，住房待遇的差别远远超过工资收入的差距；三是其他福利待遇也存在较大差距。如医疗、子女入学教育、休假疗养等。

二、国外实施公平分配的经验与借鉴

不同的国家存在不同的贫富差距程度与社会保障模式。如美国是中等程度贫富差距，较高程度的社会保障模式；巴西等一些发展中国家是高程度贫富差距，低程度社会保障模式；韩国是低程度贫富差距，低程度社会保障模式；而瑞典等欧洲国家是低程度贫富差距，高程度社会保障模式。尽管模式不同，仍然有一些共同规律值得我们借鉴。

一是注重初次分配的适时适度调节。北欧各国政府较多地介入了劳动力市场的运行和劳资关系的协调，广泛地建立了劳动工资的调停、集体谈判等制度和劳工法庭，初次分配出现的问题较少，为再分配的调节奠定了较好的基础。德国在国民收入初次分配中所起的作用，政府主要通过三条渠道对初次分配发生作用。

二是注重分配起点和分配过程的公平。韩国模式代表了东亚大多数国家的分配模式，即较小的贫富差距伴之以较低的社会保障和社会福利。作为发展中国家，“发展第一，分配第二”的思路是符合国情和生产力发展水平的，所以，韩国这种模式还是值得借鉴的。韩国具体的政策主要包括提供平等教育机会；扩大就业；工业反哺农业；大力发展教育，使高学历者不再稀缺，使由于人力资本的差异引起的收入分配差异降至最低等。在社会保障和社会福利程度一直上不去的情况下，尽可能做到起点和过程的公平，从而保证了结果的公平。

三是开展薪酬调查，建立科学合理的公共部门收入水平决定机制。从收入水平决定机制来看，美国联邦雇员工资水平主要依据对非联邦政府雇员的工资调查而定，联邦雇员工资确定的四条基本原则中有三条与薪酬调查相关。加拿大联邦公务员工会与财政部门进行集体谈判的主要依据也是薪酬调查。

四是开展地区购买力差异测算，为建立科学的公共部门地区附加津贴制度奠定基础。联合国雇员的工作地点差异津贴，其目的是保证联合国的工作人员无论在哪里工作，他们的薪酬净额均拥有与在纽约工作的人员同等的购买力。这种工作地点差异津贴对我国建立地区附加津贴很有借鉴意义。

五是推进福利待遇货币化、规范化，缩小公共部门制度外收入差距。美国、加拿大联邦雇员的福利制度非常清晰、透明、公开，几乎不存在灰色的职务消费。而我国公务员的收入差距更多来自于福利待遇、职务消费等带来的实际收入差距悬殊。因此，应按照货币化、制度化和规范化的方向，改革工资收入外的各项工作和生活待遇，实行公开透明的分配。

六是加大社会保障力度，提高低收入阶层的福利待遇。美国、法国、德国、瑞典、芬兰等国家的社会保障制度也比较完善。“穷人很悠闲，富人很辛苦。”因此，即使各社会阶层之间有较大的收入差距，也不会引起社会的不稳定。鉴于此，我们必须加大社会保障力度，提高低收入阶层的福利待遇。统筹全社会的社会保障，建立覆盖城乡居民的社会保障体系；完善以社会保险为基础，以基本养老、基本医疗、最低生活保障制度为重点，以慈善事业、商业保险为补充的社会保障体系。

七是加大对高收入者和高消费品的税收力度。美国、芬兰、日本等国已形成了一套较为完善的税制体系及税务管理体系，对正处于税制改革和征管改革攻坚时期的我国，有很多有益的启示。从1985年起，美国联邦个人所得税的税率表、各种扣除和抵免额等，每年均按物价指数调整，相当于大幅提高了起征点，这对占美国家庭总数90%以上的中低收入家庭非常有利。高收入者是美国个人所得税纳税的主体。据统计，年收入在10万美元以上的群体所缴纳的税款每年占美国全部个人税收总额的60%以上，是美国税收最重要的来源。

八是收入分配差距应与区域经济协调发展相结合。从基尼系数看，美国的居民收入差距已经超过了我国，分组资料也显示美国的贫富分化已经悬殊。但是，美国各州之间的居民收入差距并不大，高低之比不超过1.8∶1，可以说，美国居民收入的悬殊是建立在地区之间相对均衡的收入水平之上的，即较低的地区差别条件下，存在较高的个人收入差距。而在我国收入分配中出现的问题是：较高的地区差别与较高的个人收入差别并存，特别是农村居民收入的地区差明显偏高，这对于解决我国居民收入分配中的问题较为不利。

三、我国公共部门工资收入分配改革的思考

（一）尽快建立地区附加津贴制度，缩小公务员地区间工资收入差距

规范公务员津贴补贴工作开展以来，在缩小地区工资差距方面采取了一些措施，取得了一定成效，但地区差距大的矛盾仍然存在。按照党中央、国务院的部署，规范津贴补贴只是一项阶段性工作，重在解决津贴补贴发放秩序混乱的问题。从根本上处理好地区工资差距，要尽快研究建立地区附加津贴制度，使调控地区工资差距实现科学化和制度化。否则，规范津贴补贴过程中的矛盾将更加突出，已取得的成效会大打折扣。实施地区附加津贴制度，要在充分吸收规范津贴补贴工作成果的基础上，建立与国民经济发展相协调、与各地社会经济状况相适应、与企业相当人员工资水平相联系的津贴水平规定机制和动态调整机制，形成调控有力、纪律严明的管理体制和监督制约机制，构建合理有序的地区之间工资收入分配关系，发挥工资的激励和导向作

用。还要妥善处理地区附加津贴调整和基本工资调整的关系，促进优化工资收入结构，逐步提高基本工资在工资收入中所占比重。同时，要按照艰苦边远地区津贴制度规定，继续落实艰苦边远地区津贴的动态调整机制，提高津贴水平，缩小艰苦边远地区与发达地区的工资差距。

（二）继续深化事业单位收入分配制度改革，遏制事业单位收入分化现象

事业单位结合清理规范津贴补贴实施绩效工资以来，通过采取调控手段和措施，一定程度上遏制了事业单位行业间、单位间收入差距的扩大趋势。为规范收入分配秩序、解决收入分化加重现象，应进一步深化事业单位收入分配制度改革。一是全面推进事业单位实施绩效工资工作。建立以社会效益和公益服务质量为主要内容的绩效考核体系，根据事业单位类型、社会公益目标任务和考核情况合理确定绩效工资总量，防止单位片面追求经济效益，促进提高公益服务水平和质量。二是完善宏观调控，完善工资分级管理体制，合理划分中央地方和部门的管理权限，逐步形成统分结合、责权清晰、运转协调、监督有力的宏观调控机制。合理调控地区间、行业间的差距，逐步将差距控制在合理范围内。三是加强工资分配管理。完善事业单位收入中可用于工作人员收入分配的资金管理政策，加强工资收入支付管理和工资政策执行情况的监督检查。严肃收入分配纪律，加大对违反政策行为的查处力度。

（三）尽快推进福利待遇货币化、规范化，缩小制度外收入差距

我国公共部门的收入差距更多来自于福利待遇、职务消费等带来的实际收入差距悬殊。一是由于没有改革规范职务消费，一些人员超出规定享受职务消费；二是由于住房改革政策不统一，住房待遇的差别远远超过工资收入的差距；三是其他福利待遇也存在较大差距，如医疗、子女入学教育等。考虑到相关改革如住房、医疗、用车等，涉及不同的职能部门，必须进一步明确职责分工，加强协调配合，形成整体合力。切实加强引导，在认真总结地方和部门改革经验的基础上，稳步推进。同时，要严肃纪律，坚决防止和查处借改革名义变相提高福利待遇的行为。

（四）尽快建立工资调查制度，构建科学合理的收入水平决定机制

从收入水平决定机制来看，国外政府雇员工资水平主要依据对非政府雇员的工资调查而定。但是，我国还没有建立起科学合理的公务员工资水平决定机制。我们应按照《公务员法》规定，实行工资调查制度，定期进行公务

员和企业相当人员工资水平的调查比较，为确定和调整公务员工资水平提供科学依据。一是在深入研究和科学论证的基础上，尽快建立工资调查制度，国家组织权威机构统一实施，确保调查结果的准确度和公信力。二是客观分析公务员和企业相当人员工资收入构成，合理确定工资调查比较的内容，确保调查结果的可比性。三是随着经济社会发展和企业工资收入水平的变化，定期进行调查比较，相应完善公务员工资收入水平的正常调整机制，确保公务员工资收入水平与国民经济发展相协调，与社会进步相适应。

（五）妥善解决离退休人员待遇，形成合理的补偿机制

妥善解决退休人员待遇，保证离退休人员分享改革发展的成果，是实现公平分配的具体体现，对构建社会主义和谐社会具有十分重要的意义。总的方向是要统筹考虑机关事业单位与企业退休人员待遇，最终实现两者的衔接和配套。当前可以着重从两个方面完善退休人员待遇政策，形成合理的补偿机制。一是机关事业单位养老保险制度建立前，在职人员调整工资标准时，离休人员相应增加离休费，退休人员适当增加退休费。二是加快推进机关事业单位养老保险制度改革。三是着力提高企业退休人员待遇。进一步完善企业养老保险制度，健全补充养老保险制度，提高企业退休人员待遇，逐步缩小与机关事业单位退休人员待遇的差距。

（六）加大社会保障力度，提高低收入阶层的福利待遇

在一些高福利和社会保障制度比较完善的国家，即使社会各阶层之间有较大的收入差距，也不会引起社会的不稳定。因此，我们必须加大社会保障力度，提高低收入阶层的福利待遇。统筹全社会的社会保障，建立覆盖城乡居民的社会保障体系；完善以社会保险为基础，以基本养老、基本医疗、最低生活保障制度为重点，以慈善事业、商业保险为补充的社会保障体系；促进企业、机关、事业单位基本养老保险制度改革，探索建立农村养老保险制度；完善城乡居民最低生活保障制度，逐步提高保障水平；完善失业、工伤、生育保险制度；采取多种方式充实社会保障基金，加强基金监管，实现保值增值；健全廉租住房制度，加快解决城市低收入家庭住房困难。

（七）加大对高收入者和高消费品的税收力度

税收调控是二次分配的一种重要方式，是对个人收入差距“抑高保低”的重要财政手段。但在我国个人所得税中，高收入者的贡献率并不高，反而

使工薪阶层成了纳税主体。因此，当前我国必须增强公民依法纳税意识，进一步完善税收结构，提高个人收入所得税在税收收入中的比例，加大高收入者和高消费场所的税收力度，防止高收入阶层的偷税漏税。

（八）加强监督管理，确保公共部门收入分配规范有序

加强监督管理，就是要按照社会主义市场经济的要求，与经济体制、行政管理体制等改革相适应，建立综合运用经济、行政和法律手段的工资收入分配宏观调控体系，确保机关事业单位工资收入分配政策的贯彻落实。这是规范工资收入分配秩序的重要措施，也是维护公平分配的有力保障。

加强监督管理的主要措施：一是强化国家对工资收入分配的管理职能。充分发挥国家在机关事业单位工资收入分配中的主导作用，根据机关事业单位的不同性质，实行不同的管理办法，该管的坚决管住、管好，不该管的坚决放开、搞活。采取强有力的措施，坚决取缔非法收入，合理调节过高收入，着力提高低收入，切实维护公平分配。二是完善工资收入分配管理体制。充分发挥中央和地方两个积极性，按照责、权、利对等的原则，坚持和落实分级管理，进一步落实地方管理机关事业单位工资收入分配的职责，逐步转变管理方式，从具体审批转向重点研究政策、规范程序、调控总量和加强监督检查。三是加快机关事业单位工资收入分配的立法进程，抓紧制定《公务员工资条例》和《事业单位工资条例》等法规，改变长期以来单纯靠政策管理的状况，逐步实现依法管理。通过建立健全工资收入分配的法规体系，不断增强政策的执行、监管和查处力度，为形成规范有序的机关事业单位工资收入分配秩序提供法律保障。

思考题

1. 如何建立科学合理的地区附加津贴制度？
2. 如何统筹实施不同类型事业单位的绩效工资？
3. 如何有效规范国有企业负责人的薪酬管理？

附件

附表　　　我国四次工资制度改革的主要内容与特点比较

工资制度		1956 年第一次工资制度改革	1985 年第二次工资制度改革	1993 年第三次工资制度改革	2006 年第四次工资制度改革
制度名称		等级工资制	结构工资制	机关：职务级别工资制 事业单位：专业技术职务工资制	机关：职务与级别相结合的工资制度 事业单位：岗位绩效工资制
实施范围		机关、事业单位、企业	机关、事业单位	机关、事业单位	机关、事业单位
工资制度基本内容	改革主要内容	1. 由供给制与工资制并存改为全部实行工资制，直接以货币来规定工资标准 2. 机关、事业和企业实行统一的等级工资制 3. 根据不同地区的地理环境条件及物价和消费水平，把全国分成 11 个工资区	1. 机关、事业与企业工资制度分离，机关事业单位实行以职务工资为主的结构工资制，企业工资与经济效益挂钩，内部自主分配 2. 首次提出建立正常的晋级增资制度	1. 机关事业单位建立不同的工资制度 2. 初步建立正常增资机制 3. 提出建立地区津贴制度	1. 机关建立了职务与级别相结合的工资制度 2. 事业单位实行岗位绩效工资制度 3. 规范公务员收入分配秩序 4. 进一步完善工资的正常增长机制
	基本工资结构	级别工资	基础工资、职务工资、工龄津贴、奖励工资	机关：职务工资、级别工资、基础工资、工龄工资 事业单位：专业技术职务工资、津贴	机关：职务工资、级别工资 事业单位：岗位工资、薪级工资
	最高最低工资比例	28∶1	10.2∶1	机关：6.6∶1 事业单位：4.6∶1	机关：12∶1 事业单位：8.6∶1
	工资决定主要因素	级别	职务	机关单位：职务、级别 事业单位：职务（职称）、绩效	机关单位：职务、级别 事业单位：岗位、绩效、资历
	正常增长机制	定期或不定期晋升级别（运行中没有实施）	每年根据国民经济计划的完成情况，适当安排工资增长指标	1. 根据考核结果晋升基本工资档次或级别 2. 根据财政状况不定期调整工资标准	1. 根据考核结果晋升工资档次或级别 2. 建立工资调查制度，定期调整工资标准

续表

工资制度		1956年第一次工资制度改革	1985年第二次工资制度改革	1993年第三次工资制度改革	2006年第四次工资制度改革
工资制度基本内容	管理体制	高度集权，工资制度、工资标准和工资调整全国统一	1. 机关事业单位工资制度全国统一 2. 扩大了企业内部分配自主权	1. 基本工资制度全国统一 2. 逐步扩大了事业单位内部分配自主权	1. 基本工资制度全国统一 2. 事业单位绩效工资自主分配
主要特点		1. 突出了级别因素，一职数级、上下交叉 2. 统一了工资制度和工资标准 3. 体现了地区和行业差异	1. 突出了职务因素，强调体现岗位职责的差异 2. 体现了政企分开、事企分开的原则	1. 在工资构成中重新增设了级别工资，改变了以前工资主要依赖于职务的格局 2. 机关与事业单位的工资制度形式上分开	1. 进一步加大级别工资比重，适当增设级别，加大上下职务对应级别的交叉 2. 改革工资制度和规范分配秩序同时进行 3. 机关与事业单位的工资管理办法进一步脱钩
实际运行情况	主要成效	1. 从根本上改变了旧中国遗留下来的极为混乱的工资制度，奠定了此后近30年之久的工资制度的基础 2. 在提升职工工资水平的同时，较好地调整了产业工资与地区工资的关系	1. 逐步消除工资分配中吃“大锅饭”的平均主义积弊，克服了“职级不符、劳酬脱节”问题 2. 初步理顺了各类人员之间的工资关系	1. 工资水平有了较大幅度的提高 2. 事业单位内部收入分配自主权逐步扩大 3. 初步建立了工资正常增长机制	1. 体现向基层倾斜，缓解“千军万马挤独木桥”的矛盾 2. 事业单位从身份管理向岗位管理转变 3. 规范了公务员收入分配秩序
	存在问题	1. 职级不符、劳酬脱节 2. 运行中正常增长机制缺失 3. 工资标准过多过繁，工资结构单一	1. 职务工资比重过大，导致官本位 2. 没有体现各类人员的差别 3. 缺乏相应的配套措施	1. 公务员基本工资结构单元功能重叠 2. 事业单位基本工资不能有效体现岗位和绩效的因素 3. 工资外收入分配秩序比较混乱	1. 公务员地区间工资收入差距仍然较大，事业单位收入分配分化现象依然严重 2. 相关配套政策尚未及时出台

第十一章

福利与保险管理

本章导读

福利与保险是现代公共部门人力资源开发与管理的重要内容，也是“以人为本”管理思想的具体体现。在整个社会保障体系中，福利属较高层次，社会保险属中间层次（也是主要部分），社会救助属较低层次。在现代公共部门中，福利与保险，已经不仅限于其保障功能，更有着吸引、留住和激励优秀人才的重要作用。本章共分为四小节，分别包括福利与保险制度概述、福利制度、社会保险制度、制度比较与趋势探索等。

第一节　福利与保险制度概述

一、基本概念

（一）福利

福利制度是为解决公职人员工作、生活及家庭基本需要和特殊困难，在工资和保险之外对其给予经济帮助和生活照顾的一种保障制度，是公共部门为改善和提高其公职人员生活质量、解决生活困难而采取的一系列措施。

我国公共部门现阶段的福利制度，具有如下特征：

奖励性。我国公共部门的公职人员福利，虽然不属于工资范畴，但从本质上仍是其总薪酬的一部分，或者叫“间接报酬”，是公共部门给公职人员个人和家庭成员的一种奖励。

普惠性和差异性并存。福利制度的一个特征是普惠性，即不以履行缴费等相关义务为前提。有些福利是无条件的，全体公职人员共享，如假期；而有些福利则带有一定条件，比如一些针对困难人员的福利，因此，又带有一定的差异性。

（二）社会保险

社会保险制度是国家对因年老、疾病、伤残、生育、失业等原因而暂时或永久丧失劳动能力的公职人员，提供一定的生活保障，以解除其后顾之忧的一种社会保障制度。

目前，我国机关、事业单位等公共部门尚未完全建立起社会保险制度，国有企业已经建立起社会保险制度。首先，机关、事业单位基本上执行退休金制度，而非基于缴费的保险制度。其次，中央机关执行的是公费医疗制度，而非医疗保险制度。地方机关已经普遍参加社会医疗保险，可以通过政府举办的补充保险来弥补新、旧制度的报销待遇差距。当然，一些社会保险的试点工作已经着手开展，比如 2009 年开始的 5 省市事业单位养老金改革试点工作，部分地区公务员参加社会养老保险缴费试点等。最后，国有企业已经较早地建立起各项社会保险制度（五险）。

我国机关、事业单位与国有企业在保险制度方面体现出不同的特征。机关、事业单位的特征为国家保障性、全覆盖性、身份依附性等；国有企业（包括已经参加或部分参加社会保险的机关和事业单位）的特征为强制性、基本保障性、再分配性等。

1. 机关事业单位的保险制度特征

国家保障性。如前所述，目前机关、事业单位仍然普遍实行退休金制度，退休金根据其工作年限，按照退休前基本工资的一定比例计发，并加上一定的补贴；中央机关仍普遍实行公费医疗制度，地方政府机关也可通过政府举办的补充医疗保险弥补新、旧待遇差距。因此，总体而言，机关事业单位的保障制度带有明显的国家保障特征。

全覆盖性。机关事业单位的保险更多的体现国家保险性质（非社会保险），与缴费无关。而企业则不同，只有参加了相应的保障制度（比如养老、医疗等），才能享受相应的待遇，目标是“广覆盖”。

身份依附性。机关事业单位的保险制度尚未社会化，身份依赖性明显，失去身份即失去待遇。这与企业的社会保险制度不同，后者的权益与身份无关，只与缴费记录有关。

2. 国有企业的保险制度特征

强制性。强制性是指社会保险制度由政府通过立法形式强行建立和实行的。我国《社会保险法》已经出台，国家通过立法确定各项保险制度计划的范围，其覆盖范围内所有的人员都必须参加该计划。

再分配性。再分配性是社会保险的重要特征和要求，也是区别于普通商业保险的重要特征，后者遂有风险分散功能，但并不强调再分配功能。

（三）福利与社会保险的异同

公共部门的公职人员福利和保险同属社会保障体系，同属公职人员总薪酬范畴，其中福利是间接薪酬，保险是薪酬的延伸。但二者之间也有以下区别：

性质不同。保险一般是由国家采取强制方法实施的，强调权利义务对等，必须缴纳一定的费用；福利则带有一定普惠性，不强调权利义务对等。

目标不同。保险的目标在于保障公职人员及其家庭的基本生活水平，促进社会和谐、稳定；福利则不同，我国的福利制度既有提高生活质量的功能，也有一定的救助功能。

关键概念

福利概念较为宽泛，可以指工资、奖金外的所有报酬（包括货币形式和非货币形式的），也可以指一切非货币性报酬。将社会福利放进社会保障体系来看，社会保障体系通常可以分为社会救助、社会保险、社会福利等三个层次，其中社会福利是最高层级的。无论采用狭义抑或是广义的福利概念，福利皆具有刚性特征，一个国家的福利水平必须与其经济社会发展水平相适应，否则不仅不可持续，而且还会引发一些社会问题。

二、遵循原则

（一）福利

公共部门公职人员福利制度的实施，必须遵循以下原则：

国家财力相适应原则。所谓国家财力相适应，是指公共部门的公职人员福利所需资金主要还是靠国家财政拨款。因此，公共部门的公职人员福利制度的建立和发展，要以国民经济发展状况为基础，福利待遇水平应该与经济发展和国家财力相适应，标准既不能过高，又不能过低。

组织承受能力相协调原则。所谓组织承受能力相协调，是指公共部门公职人员的部分福利，是由组织根据自身生存与发展的需要灵活设计的，其所需资金是组织自筹投入的。因此，其福利水平高低和投入的多少，必须与组织的经济承受能力相协调。

工资、保险制度相配套原则。公职人员福利是个人消费品分配的辅助形式，公职人员福利制度是一个系统工程。公职人员福利制度设计，需要正确处理与工资、保险制度之间的关系，即与工资、保险制度相配套，使它们充分发挥不同的职能和作用。

员工利益相平衡原则。所谓员工利益相平衡，是指公共部门的公职人员平等享受最基本的福利待遇。平等享受福利待遇是公共部门公职人员福利在执行过程中的最基本的一个原则。

地区、部门发展相一致原则。所谓地区、部门发展相一致，是指各地区、各部门要根据本地、本部门的发展程度和水平状况，采取符合自身基本经济水平和财政支付能力的福利计划项目与投入水平设计。允许不同地区的地方政府在国家统一的福利方针、政策的指导下，根据不同地区的实际条件，因地制宜地制定适合本地区特点的福利制度，既有利于满足不同地区公职人员的实际需要，又能充分发挥中央和地方财力。

（二）社会保险

保基本。保基本是建立和完善我国社会保障制度的一个基本原则，是适应我国经济社会发展水平的必然要求。比如我国基本养老保险制度明确了保障基本生活的目标。

责任分担。对于国有企业来说，社会保险（如养老保险）的资金来源由单位、个人共同缴费构成。这也是我国社会保险制度改革的一个重要方面。

三、福利和社会保险的作用

（一）福利的作用

福利制度对于保障公职人员身心健康、精力充沛，解决公共部门公职人员的生活困难，调动工作积极性和创造性，吸引和稳定优秀人才等诸多方面，都起着不可替代的重要作用。

经济困难的救济作用。为保障公职人员的基本生活需要，国家和公职人员所在单位向公职人员发放一定数量的经济补贴、生活救助等福利费，以帮助公职人员渡过难关。

部分支出的弥补作用。为了保证公职人员的正常工作和身心健康，通过采取适当的补贴补助，以弥补公职人员的部分过多支出或额外支出。

恢复精力的保障作用。公共部门的公职人员长期从事比较紧张、繁重的工作，设置各种休假制度，主要是促进公职人员恢复工作精力，保护身体健康，更好地开展工作。

劳动力再生产的促进作用。公共部门公职人员都面临生育、生病、伤残和死亡等自然规律或不可避免的事故等问题，给予公职人员本人及其家庭一定的物质帮助或资金补助或给一定假期休养等，以缓解其经济负担，保障公职人员及其家庭成员身心健康，保证劳动力再生产的顺利进行。

（二）社会保险的作用

社会保险制度的建立与完善，无论是对于微观上保障个人基本生活，还是对于宏观上调节和促进经济社会发展，都有着重要的作用。

基本生活的保障作用。保险制度起着分散风险、保障基本生活的作用。比如长寿风险、医疗风险、工伤风险等。

促进人才流动的作用。建立统一的保险制度，有利于不同部门及单位，乃至不同地区间的人力资源流动，从而支持经济和社会的发展。

社会运行的稳定作用。保险制度是社会运行的“安全网”和“减震器”。社会保险通过收入再分配效应，可以有效地缩小贫富差距，缓和社会矛盾，减少社会不稳定因素，促进社会的安定。

经济发展的支撑作用。保险制度的建立与完善，特别是社会保险所积累的基金，对经济和社会发展起着重要的支撑作用。社会保险具有储蓄性的特点，规模巨大的社会保险基金收入成为影响国民经济运行不可忽略的力量。

互助互济的和谐作用。保险制度这种互助互济的模式，促进了在公共道德标准上集体主义的演进，同时相互依赖的经济现实无疑又将促进人类自身的社会化程度和群体内的和谐相处。

四、福利与社会保险制度的发展沿革

（一）福利制度发展沿革

改革开放以来，我国福利制度逐步改变了过去那种国家财政补贴进行隐性或实物分配的制度形式，积极探索建立与社会主义市场经济体制相适应的福利制度。

我国的福利制度改革，呈现出如下特点：

福利货币化、货币工资化。在计划经济年代，单位的福利比较单一，多为实物分配。改革开放以来，逐步倡导并实行福利货币化、货币工资化。

福利项目更加规范。随着我国经济的发展和社会的进步，公共部门福利项目也逐步增加。但随着工资改革的进一步推进，各项津补贴制度逐步走向统一规范。

福利标准逐步提高。过去，公共部门公职人员的福利水平是比较低的。随着经济社会的发展，公共部门福利标准逐步提高，享受期限也越来越长（如产假）。

（二）社会保险制度发展沿革

1. 机关事业单位

近年来，随着我国社会保障事业的不断发展，机关事业单位有关试点工作已经稳步展开。总体而言，改革呈现如下特点：

退休费制度为主。2010 年通过的《社会保险法》规定，公务员和参照公务员法管理的工作人员养老保险的办法由国务院规定。当前，机关基本执行退休费制度。退休费标准按照《关于机关事业单位离退休人员计发离退休费等问题的实施办法》（国人部发［2006］60 号）和《关于公务员工资制度改革和事业单位工作人员收入分配制度改革实施中有关问题的意见》（国人部发［2006］88 号）执行，后者规定了工作不满 20 年的退休费计发办法。少数地区进行了机关社会养老保险的试点，如深圳将新录用的聘用制公务员纳入社会养老保险；事业单位养老保险制度改革开始试点。国务院于 2008 年印发试点通知，即《关于印发事业单位工作人员养老保险制度改革试点方案的通知》（国发［2008］10 号），决定在山西省、上海市、浙江省、广东省、重庆市先期开展试点，事业单位养老保险制度模式与城镇职工基本养老保险制度框架基本一致，同时提出建立职业年金制度。未进行试点的地区仍执行现行事业单位退休费制度。2012 年 5 月 2 日，国务院常务会议提出改革机关事业单位养老保险制度。

逐步参加基本医疗保险。目前，中央机关执行的是公费医疗，地方机关执行的基本医疗保险制度，即《国务院关于建立城镇职工基本医疗保险制度的决定》（国发［1998］44 号），同时享受医疗补助政策，基本保障了待遇水平不降低。事业单位则也是部分参加了医疗保险。

部分参加失业保险。目前，事业单位已经参加失业保险。相关的制度安排是1999年《失业保险条例》(国务院令第258号)。

其他。机关目前未从制度上纳入工伤保险，事业单位则已经纳入。机关事业单位的生育费用，则通常采取一种单位内部的福利形式给予报销。

2. 国有企业

企业按照规定参加“五险”，即基本养老保险、基本医疗保险、失业保险、生育保险、工伤保险等。

基本养老保险制度。改革开放以来，我国社会保障制度改革最早从企业养老保险制度改革开始，目前执行的统账结合的基本养老保险制度，即1997年《关于建立统一的企业职工基本养老保险制度的决定》(国发［1997］26号)。早在1951年，原政务院就颁发了《劳动保险条例》，缴费在全国总工会和地方工会间统筹。“文化大革命”后企业退休金改在营业外列支，变成了企业保险。1984年，党的十二届三中全会通过《中共中央关于经济体制改革的决定》后，各地纷纷开始重建养老保险社会统筹的试点工作。1991年，在总结各地试点经验的基础上，国务院颁布了《关于企业职工养老保险制度改革的决定》(国发［1991］33号)，首次正式提出建立基本养老保险与企业补充养老保险和职工个人储蓄性养老保险相结合的制度的目标，从制度上正式确定了在全国重新实行养老保险社会统筹，并明确了企业与职工缴费的相关规定。考虑到各地、各企业的实际情况，缴费水平设置灵活，在制度上允许不同地区、不同企业在缴费率、待遇政策等方面有一定的差距。1993年，党的十四届三中全会发布的《中共中央关于建立社会主义市场经济体制若干问题的决定》提出，城镇职工养老由单位和个人共同负担，实行社会统筹和个人账户相结合。自此，个人账户被正式提出来，个人缴费的性质和归属有了较为明确的方向。根据这一精神，国务院于1995年正式颁布了《关于深化企业职工养老保险制度改革的通知》，正式提出社会统筹与个人账户相结合(此前虽有个人缴费，却并未明确设置个人账户)，要求逐步做到对各类企业和劳动者统一制度、统一标准、统一管理和统一调剂使用基金的“四个统一”。之后，针对制度不统一、企业负担重、统筹层次低、管理制度不健全等问题，国务院于1997年出台了《关于建立统一的企业职工基本养老保险制度的决定》，要求统一基本制度，包括企业、个人缴费比例，待遇计发办法等，统账结合制度正式建立。2005年，国务院发布实施《国务院关于完善企业职工基本养老保险制度的决定》(国发［2005］38号)，对缴费比例和计发办法作了一定调整。

基本医疗保险制度。企业职工按照《国务院关于建立城镇职工基本医疗保险制度的决定》（国发［1998］44号）。并且按规定建立起了补充医疗保险等。这一制度的发展经历了1951年《劳动保险条例》规定的劳保医疗，1952年《关于全国各级人民政府、党派、团体及所属单位的国家工作人员实行公费医疗预防的指示》规定的公费医疗等过程。改革开放后，面对新的形势，各地开始改革试点。1993年，党的十四届三中全会发布的《中共中央关于建立社会主义市场经济体制若干问题的决定》明确提出要建立社会统筹和个人账户相结合的社会医疗保险制度，并于1994年在江苏镇江和江西九江开始试点（“两江”试点），1996年扩大了试点范围。1998年《国务院关于建立城镇职工基本医疗保险制度的决定》（国发［1998］44号）正式颁布实施。

失业保险制度。企业按1999年《失业保险条例》（国务院令第258号），参加失业保险。这一制度安排经历了1986年《国营企业职工待业保险暂行规定》，1993年《国有企业职工待业保险规定》。之前的两个制度安排仅仅限于国营和国有企业职工，《失业保险条例》则将范围扩大至城镇各类企事业单位。

工伤保险。按规定，企业参加工伤保险，相关制度安排是2010年《国务院关于修改〈工伤保险条例〉的决定》（第586号）。

生育保险。在《女职工保健工作暂行规定》（［1986］卫妇字第7号）、《女职工劳动保护规定》（1988年国务院9号令）的基础上，原劳动部出台了企业职工生育保险试行办法（劳部发［1994］504号），各地根据这一办法陆续出台了有关生育保险条例。2011年11月21日，国务院法制办公室公布《女职工特殊劳动保护条例（征求意见稿）》，对妇女生育待遇作了进一步规定和说明。

第二节　福利制度

根据国家现行规定及公共部门灵活设计实施的项目，我国公共部门公职人员福利制度，主要有假期类制度、优抚类制度、福利性制度、补贴类制度和其他类福利等五大类。相对而言，在福利制度方面，机关事业单位与企业基本上是一致的；在保险方面，机关事业单位与企业则有着较大的区别。

一、假期制度

（一）法定节假日

法定节假日是国家为统一全国的年节及纪念日而放假的日子，最早于

1949年12月23日政务院第十二次政务会议通过公布。当时，全民性法定假日为7天。改革开放以后，为了适应经济社会发展和人文需求，不断改革调整节假日制度。

1999年9月18日，国务院第270号令对年节和纪念假日作了调整，具体规定是：新年，放假1天；春节，放假3天；劳动节，放假3天；国庆节，放假3天。据此，全民性法定假日已增加至10天。同时，还公布了其他部分人员放假的节日及纪念日是：妇女节，妇女放假半天；青年节，14周岁以上的青年放假半天；儿童节，13周岁以下的少年儿童放假1天；建军节，现役军人放假半天。此外，还明确规定一些少数民族习惯的节日，由各少数民族聚居地区的地方人民政府，按照各该民族习惯，规定放假日期。按上述规定，春节、劳动节和国庆节3个节假日放假时间为3天，加上前后两个双休日后，连续休假时间达到了一周，形成了三个“黄金周”，“黄金周”的实施产生了明显的经济和社会效应。

2007年12月14日，国务院颁布《国务院关于修改〈全国年节及纪念日放假办法〉的决定》，规定从2008年1月1日起，全体公民放假的节日为：新年，放假1天；春节，放假3天；清明节，放假1天；劳动节，放假1天；端午节，放假1天；中秋节，放假1天；国庆节，放假3天。据此，全民性法定假日已增加至11天。同时，还公布了其他部分人员放假的节日及纪念日是：妇女节，妇女放假半天；青年节，14周岁以上的青年放假半天；儿童节，不满14周岁的少年儿童放假1天；建军节，现役军人放假半天。少数民族习惯的节日，由各少数民族聚居地区的地方人民政府，按照各该民族习惯，规定放假日期。

（二）探亲假

探亲假是为了解决职工与分居两地的配偶、父母团聚问题而给予的照顾。

1958年2月9日，国务院颁布《关于工人、职员回家探亲的假期和工资待遇的暂行规定》，明确了职工与分居两地的配偶、父母探亲政策。已婚职工同配偶不住在一起以及未婚职工与父母不住在一起，又不能利用公休假日团聚的，可享受探亲假。假期除路程假外，可在家住12天，假期内工资照发。

1981年3月14日，经五届全国人大常委会第十七次会议批准，国务院颁布了《国务院关于职工探亲待遇的规定》，对原暂行规定作了修订。目前，国家机关、企事业单位和民主党派、人民团体工作人员，均执行这一规定。根据这一规定，现行探亲假制度的主要内容是：凡在国家机关、人民团体和事业单位工作满 1 年的正式工作人员，与配偶不住在一起、又不能在公休假日团聚的，可以享受探望配偶的待遇；与父母都不住在一起、又不能在公休假日团聚的，可以享受探望父母的待遇（职工与父母一方能够在公休假日团聚的，则不能享受探望父母的待遇）。职工探望配偶的，每年给予一方探亲假一次，假期为 30 天。未婚职工探望父母，原则上每年给假一次，假期为 20 天。如果因工作需要，本单位当年不能给予假期，或者职工自愿两年探亲一次的，可以两年给假一次，假期为 45 天。已婚职工探望父母的，每四年给假一次，假期为 20 天。上述假期均包括公休假日和法定节日在内。凡实行休假制度的职工（例如学校的教职工），应该在休假期间探亲；如果休假期较短，可由本单位适当安排，补足其探亲假的天数。职工在规定的探亲假期和路程假期内，按照本人的标准工资发给工资。职工探望配偶和未婚职工探望父母的往返路费，由所在单位负担。已婚职工探望父母的往返路费，在本人标准工资 30% 以内的，由本人自理，超过部分由所在单位负担。

（三）年休假制度

年休假是国家为保护职工的身体健康，每年安排职工集中一段时间进行轮休作出的规定。

党中央、中央人民政府于 1951 年、1952 年先后制定了干部休假制度，但由于种种原因，这一制度执行了两年就停止了。此后 20 多年，国家对年休假一直未作统一规定。自 20 世纪 80 年代改革开放以来，许多地区、部门根据实际情况，先后制定了各自的年休假办法。

随着我国政治经济形势的逐步好转，党中央、国务院于 1991 年 6 月以电报的形式发出《关于职工休假问题的通知》。规定各地区、各部门在确保完成工作、生产任务，不另增人员编制和定员的前提下可以安排职工的年休假。原则规定："确定职工休假天数时，要根据工作任务和各类人员的资历、岗位等不同情况，有所区别，最多不超过两周。"还要求各省、自治区、直辖市和各部门制定具体实施办法，并分别报中央组织部、人事部备案。

在总结各地区、各部门改革经验的基础上，国务院于 2007 年 12 月颁布了《职工带薪年休假条例》，接着，人事部印发了《机关事业单位工作人员带薪年休假实施办法》，对年休假的条件、假期及待遇作了明确规定。机关、团体、企业、事业单位、民办非企业单位、有雇工的个体工商户等单位的职工连续工作 1 年以上的，享受带薪年休假。职工在年休假期间享受与正常工作期间相同的工资收入。职工累计工作年限已满 1 年不满 10 年的，年休假 5

天；已满 10 年不满 20 年的，年休假 10 天；已满 20 年的，年休假 15 天。国家法定休假日、休息日不计入年休假的假期。

条例还对不享受年休假的情况作出了规定，一是职工依法享受寒暑假，其休假天数多于年休假天数的；二是职工请事假累计 20 天以上且单位按照规定不扣工资的；三是累计工作年限已满 1 年不满 10 年的职工，请病假累计 2 个月以上的；四是累计工作年限已满 10 年不满 20 年的职工，请病假累计 3 个月以上的；五是累计工作年限满 20 年以上的职工，请病假累计 4 个月以上的。

条例强调，各单位应当保证职工享受年休假。根据工作情况和职工本人意愿，统筹安排职工年休假。可以在 1 个年度内集中安排，也可以分段安排。单位因工作需要不能安排职工年休假的，经职工本人同意，可以不安排职工休年休假。对职工应休未休的年休假天数，单位应当按照该职工日工资收入的 300％支付年休假工资报酬。

（四）病事假制度

病事假制度是对职工因生病和处理私人事务需要请假所作的规定。

1. 病假制度

早在 1955 年 12 月，国务院对国家机关工作人员病假期间生活待遇作出了规定。根据改革开放实践需要，国务院于 1981 年 4 月发布了《国家机关工作人员病假期间生活待遇的规定》，对职工病假期间待遇作了规定：在 2 个月以内的，发给原工资。病假超过 2 个月的，从第 3 个月起，工作年限不满 10 年的，发给本人工资的 90％；工作年限满 10 年的，工资照发。病假超过 6 个月的，从第 7 个月起，工作年限不满 10 年的，发给本人工资的 70％；工作年限满 10 年及 10 年以上的，发给本人工资的 80％；1945 年 9 月 2 日以前参加革命工作的人员，发给本人工资的 90％。获得省、自治区、直辖市人民政府和国务院各部门授予的劳动模范、劳动英雄称号，仍保持荣誉的，病假期间的工资，经省、自治区、直辖市人民政府和国务院各部门批准，可以适当提高。在病假期间，职工可以继续享受所在单位的生活福利待遇。职工在病假期间享受上述生活待遇，应有医疗机构证明，并经主管领导机关批准。事业单位工作人员病假期间的生活待遇参照机关执行。该规定执行以来，对于保障生病职工的身体健康发挥了积极作用。

2. 事假制度

对于事假，国家一直没有作过统一规定，一般是职工需要处理临时的、短期的私人事务时，向单位领导提出申请。目前，有的地区和部门为了加强管理，提高工作效率，结合本地的实际情况制定了事假办法，并起到了一定的积极作用。

（五）产假制度

产假是为了维护女职工的合法权益，保护其健康而给予的倾斜政策。

妇女产假涉及国家的生育政策，同时也和经济发展与工作需要等因素有着紧密联系。国务院法制办 2011 年 11 月 21 日公布了《女职工特殊劳动保护条例（征求意见稿）》并征求社会各界意见。征求意见稿参照国际劳工组织公约的规定，拟将女职工产假由 90 天增至 14 周，并规定了相应的产假待遇。征求意见稿在 1988 年发布施行的《女职工劳动保护规定》基础上，根据我国经济社会发展的实际情况，作出相应调整和规定。1988 年，为了贯彻计划生育国策，国务院颁布了《女职工劳动保护规定》，对 1955 年 4 月颁布的《关于女工作人员生产假期的通知》作了较大的修改。规定“女职工产假为 90 天，其中产前休假 15 天。难产的，增加产假 15 天。多胞胎生育的，每多生育一个婴儿，增加产假 15 天。女职工怀孕流产的，其所在单位应根据医务部门的证明，给予一定时间的产假”。同时，还对女职工怀孕期间的夜班劳动、产前检查、哺乳期时间等各方面做出了具体规定，从时间上对女职工给予了保护和照顾。按照国务院规定的精神，全国各地还结合国家实行计划生育政策和本地区的具体情况，做出了适当延长生育假期的规定，有的达到 100 天甚至半年之久。产假政策的制定和实施，不仅维护了广大女职工的休息权利，保障她们的身体健康，还对促进计划生育、调动女职工工作积极性起到了积极作用。

2012 年 4 月 18 日，国务院常务会议审议并原则通过《女职工劳动保护特别规定（草案）》，草案调整了女职工禁忌从事的劳动范围，将女职工生育享受的产假由 90 天延长至 98 天，并规范了产假待遇。

（六）婚丧假制度

婚（丧）假是职工本人结婚或职工的直系亲属（父母、配偶和子女）死亡时给予的假期。国家规定婚、丧假均给予 1～3 天假期。

二、优抚制度

优抚制度历来是福利制度的一部分。主要指职工在死亡后，国家为其办理丧葬及对其亲属提供物质帮助，体现了对亡者的尊重及其家属的负责态度。

（一）丧葬补助费

丧葬补助费是为处理职工丧事适当给予职工家属的一次性补助，补助标准由各省、自治区、直辖市结合本地区实际情况确定，中央国家机关及其所属事业单位执行所在地的标准。丧葬补助费实行包干使用，发给职工家属统筹用于有关装殓和遗体告别等项费用开支。

（二）一次性抚恤金

一次性抚恤金是职工死亡后，支付给其供养直系亲属的费用，体现了对职工因公死亡或病故的抚恤和优待。改革开放以来，随着经济社会的发展和以人为本精神的落实，一次性抚恤金的标准和计发办法，进行过多次调整。一次性抚恤金标准，根据因公牺牲、病故等不同情况确定。

（三）遗属生活困难补助

根据“困难大的多补助，困难小的少补助，不困难的不补助”的原则，遗属生活困难补助由单位对符合条件的亲属发给定期或临时补助，标准一般以能维持当地群众生活为原则，具体标准由各省、自治区、直辖市规定。中央国家机关及其所属事业单位，执行所在地的标准。补助的对象为依靠死者生前供养的下列亲属：父（包括抚养死者长大的抚养人）、夫年满 60 岁，或者基本丧失劳动能力的；母（包括抚养死者长大的抚养人）、妻年满 50 岁，或者基本丧失劳动能力的；子女（包括遗腹子女、养子女、前妻或前夫所生子女）、弟妹年未满 16 岁，或者年满 16 岁尚在普通中学学习，或者基本丧失劳动能力的。

三、福利费的提取与使用

福利费的提取和使用，是国家为解决职工的生活困难问题而建立的一种专项费用制度。

福利费制度首建于 1954 年。1957 年国务院议字第 19 号文件对福利费的掌管、申请、审批、提取比例、适用范围和补助对象等作出规定，并强调中央机关工作人员的福利费，经过国务院人事部门作必要的调剂以后，由各机关的人事工作部门掌管使用；各地方机关工作人员的福利费，经过各级政府的人事部门作必要的调剂以后，由县级以上各级人事工作部门统一掌管使用。

福利费用一般按单位职工的基本工资总额的一定比例提取。1998 年，人事部、财政部、国管局印发了《关于调整在京中央国家机关和事业单位工作人员福利费标准的通知》（人发［1998］106 号），调整了在京中央国家机关工作人员福利费的提取比例，规定福利费如有节余，可转下年度继续使用。

（一）福利费的提取比例

公共部门的福利费来源于机关及事业单位财政预算，福利费的提取比例为：各省、自治区、直辖市以下地方各级机关及其所属事业单位工作人员的福利费，按照工资总额的 2.5％提取；在京中央国家机关和事业单位工作人员福利费，按照全部工作人员基本工资的 2.5％提取；驻京外地区的中央国家机关和事业单位工作人员福利费的提取比例，按驻在地标准执行。

（二）福利费的使用范围

福利费以解决职工及其家庭的生活困难为主，困难大的多补助，困难小的少补助，酌情予以定期或临时补助。在职工生活困难问题解决后，如果还有结余，可适当补贴集体福利设施和慰问住院职工。

四、现行福利制度变化

与改革开放以前的干部福利制度比较，现行公职人员福利制度已经有了一定的改变。如理发室、浴室、托儿所、幼儿园、食堂、文化活动室等方面的福利程度已经降低，以前的“机关办社会”或“单位办社会”的状况已经有所转变。特别是在最大的福利——公有福利房方面早已启动了改革的步伐，公职人员的住房已经进入市场化、货币化时代。随着服务产业的兴起和成熟，机关的某些福利项目可以逐步放弃，但需要同时提高公职人员收入的货币化程度；不能完全放弃的福利项目，也应使之实现最大程度的社会化。另外，随着人民物质文化水平的不断提高，福利项目的设计应该更多地转向公职人员的精神需求方面，如在 1991 年设立的年休假制度就是一种很好的福利制度，其他如在公职人员团队建设和人际沟通方面，鼓励掌握多种语言或获取更高的学位等方面设计一些福利项目，使福利制度由以物质福利为主的模式逐步转向以精神福利为主的模式。

我国的福利制度概念较为宽泛，在提高生活水平和质量的基础上，还发挥着一定的社会救助功能。相比保险制度而言，福利制度普惠性特征更加突出，不强调缴费义务，在保障基本生活，促进身心健康，帮助困难群体等方面发挥着重要作用，是经济发展、社会和谐的重要支撑。

【案例分析】难以承受福利之重

最近一段时间，欧洲多个国家政府表示，将针对本国福利制度的弊端着手进行改革。

瑞典号称世界福利国家的典范，拥有一套“从摇篮到坟墓”的社会保障体系。而这一福利制度对瑞典发展的利弊，也往往成为该国大选的主要争论焦点。2010年7月的最新民调结果显示，宣布将对福利制度进行改革的“右派”政党联盟获得了更多选民支持。瑞典北欧斯安银行的经济总监克拉斯·埃克隆德不无抱怨地对记者说，他每个月的收入有近60%要用于交税，这几乎使他丧失了“多赚些钱的积极性”，长此以往，像他这样的高收入人群会因为高税收而变得不思进取，而那些低收入者或是失业者则可靠政府的福利衣食无忧，也同样会失去工作的愿望，最终将导致国家的低效率，所以，瑞典的福利制度必须进行改革。

埃克隆德介绍说，瑞典的税收高到了令人“恐怖”的程度，瑞典政府把税收大多投入到社会福利上之后，也使瑞典的福利政策好到了令人“恐怖”的程度。高水平的失业津贴让很多人失去了重新就业的积极性。

瑞典的情况应该说只是欧洲众多福利国家中的一个缩影。很多曾到过欧洲、美国和亚洲的人说，欧洲是最适宜人生活的地方，其中重要的原因之一便是其“劫富济贫”式的税收并由此带来的优越的福利制度。可随之而来的后果便是，欧洲在近年来经济增长缓慢，特别是很多欧洲人都患上了“福利病”。

福利刚性特征要求各个国家在制定福利政策时必须谨慎，既要紧密结合自身经济社会发展水平，又要考虑财政可持续性。否则，当发生经济不景气时将面临严重财政压力，福利政策和福利支出面临进退维谷的局面，本轮欧洲债务危机就是一个缩影，各国都应从中汲取教训。我国是尚处于并将长期处于社会主义初级阶段，相关福利制度的制定必须仅立足于这一基本国情，不可超越发展阶段。(资料来源：雷达. 人民日报，2010-07-20.)

第三节　社会保险制度

《社会保险法》是我国社会保险领域最权威的法律，必须始终坚持、自觉遵循。如前所言，企业已经参加了“五险”（养老、医疗、失业、工伤、生育），而机关、事业单位则尚未普遍参与。下文将分别介绍“五险”的实施情况。

一、养老保险

（一）机关事业单位

退休金制度。机关事业单位仍主要实行退休费制度。根据《关于机关事业单位离退休人员计发离退休费等问题的实施办法》（国人部发［2006］60号）和《关于公务员工资制度改革和事业单位工作人员收入分配制度改革实施中有关问题的意见》（国人部发［2006］88号）的规定，机关事业单位的基本退休费按照退休前基本工资的一定比例计发，具体情况见表11—1。

表11—1　　机关事业单位离退休待遇情况

机关（按职务＋级别）		事业（按岗位＋薪级）	
工龄	待遇比例	工龄	待遇比例
$x<10$年	50％		
$10\leqslant x<20$年	70％	$10\leqslant x<20$年	70％
$20\leqslant x<30$年	80％	$20\leqslant x<30$年	80％
$30\leqslant x<35$年	85％	$30\leqslant x<35$年	85％
$x\geqslant35$年	90％	$x\geqslant35$年	90％

另外，除基本离退休费外，离退休人员还享受离退休人员补贴和其他一些补贴。

另外，2006年88号文规定，对特殊贡献人员提高退休费比例，继续按国发［1978］104号文件的有关规定执行。按国发［1986］22号、中办发［1985］67号、厅字［1985］340号、劳人薪［1985］22号和劳人险［1983］3号文件规定享受原工资100％退休费的退休老专家、起义人员、新中国成立前参加工作的老工人，可按同职务在职人员的平均增资额增加退休费。

养老保险制度改革试点。随着2008年《国务院关于印发事业单位工作人员养老保险制度改革试点方案的通知》下发，山西、上海、浙江、广东、重庆五省市事业单位养老保险试点正式开始。但大多地方的做法是按保险制度缴费，按退休制度计发。20世纪90年代初，一些地区开始探索机关事业单位养老保险制度改革，总体而言，试点至今仍在推进阶段。

（二）企业

城镇各类企业及其职工、个体工商户和灵活就业人员都参加企业职工基本养老保险。1997年26号文和2005年38号文对企业职工基本养老保险的缴费、待遇等作了如下规定：

缴费。企业缴费的比例，一般不得超过企业工资总额的20%，计入社会统筹，个人缴费为本人缴费工资的8%，计入个人账户。

待遇计发。2005年38号文实施后，养老金计发大致有四种情况。第一种情况：1997年26号文实施后参加工作、缴费年限（含视同缴费年限，下同）累计满15年的人员，退休后按月发给基本养老金，由基础养老金和个人账户养老金组成。其中，基础养老金月标准以当地上年度在岗职工月平均工资和本人指数化月平均缴费工资的平均值为基数，缴费每满1年发给1%，个人账户养老金月标准为个人账户储存额除以计发月数。第二种情况：1997年26号文件实施前参加工作，2005年38号文实施后退休且缴费年限累计满15年的人员，在发给基础养老金和个人账户养老金的基础上，再发给过渡性养老金。第三种情况：2005年38号文实施后到达退休年龄但缴费年限累计不满15年的人员，不发给基础养老金；个人账户储存额一次性支付给本人，终止基本养老保险关系。第四种情况：2005年38号文实施前已经离退休的人员，仍按国家原来的规定发给基本养老金，同时执行基本养老金调整办法。

待遇调整。2005年38号文提出“建立基本养老金正常调整机制，根据职工工资和物价变动等情况，国务院适时调整企业退休人员基本养老金水平”。2005—2013年，已经连续9年增加企业退休人员基本养老金。2013年1月9日国务院常务会议决定，自2013年1月1日起，继续提高企业退休人员基本养老金水平，提高幅度按2012年企业退休人员月人均基本养老金的10%确定。

二、医疗保险

我国基本医疗保险制度包括职工基本医疗保险、城镇居民基本医疗保险和新型农村合作医疗制度，分别覆盖城镇从业人员、城镇非从业人员和农村居民。目前，我国全民医保基本实现。

职工基本医疗保险。按照法律法规，包括企业、机关、事业单位和社会团体在内的所有城镇所有用人单位及其职工，应当参加职工基本医疗保险。职工基本医疗保险费由用人单位和职工共同缴纳。用人单位缴费率应控制在职工工资总额的6%左右，职工缴费率一般为本人工资收入的2%。随着经济发展，用人单位和职工缴费率可作相应调整。基本医疗保险基金由统筹基金和个人账户构成。职工个人缴纳的基本医疗保险费，全部计入个人账户。用人单位缴纳的基本医疗保险费分为两部分，一部分用于建立统筹基金，一部分划入个人账户。划入个人账户的比例一般为用人单位缴纳的30%左右，具体比例由统筹地区根据职工年龄等因素确定。

城镇居民医疗保险和新型农村合作医疗。筹资渠道主要包括个人缴费和政府补贴。2012年，城镇居民医保和新农合政府补助标准在每人每年240元左右。按照相关规划，到2015年，城镇居民医保和新农合政府补助标准提高到每人每年360元以上，个人缴费水平相应提高，并探索建立与经济发展水平相适应的筹资机制。

待遇。目前，职工医保、城镇居民医保和新农合政策范围内统筹基金最高支付限额分别基本达到当地职工年平均工资的6倍以上、当地居民年人均可支配收入的6倍以上、全国农民年人均纯收入的8倍以上，且均不低于6万元。按照相关规划，到2015年，职工医保、城镇居民医保、新农合政策范围内住院费用支付比例均达到75%左右，明显缩小与实际住院费用支付比例之间的差距；进一步提高最高支付限额。城镇居民医保和新农合门诊统筹覆盖所有统筹地区，支付比例提高到50%以上；稳步推进职工医保门诊统筹。

三、失业保险

失业保险是国家为保障失业人员基本生活、促进其再就业的一项社会保障制度。根据现行《失业保险条例》，城镇企业、事业单位及其职工应当依法参加失业保险。用人单位按照工资总额的2%，职工按本人工资的1%缴纳失业保险费。

享受待遇条件。失业人员享受失业保险待遇必须符合以下条件：按照规定参保缴费满1年，非因本人意愿中断就业，且已办理失业登记并有求职要求。失业人员在领取失业保险金期间重新就业或出现享受基本养老保险待遇等其他法定情形的，不再享受待遇。

待遇。符合条件的失业人员可以申领失业保险金等生活待遇，也可以得到相关就业帮助，包括职业介绍补贴、职业培训补贴等。失业保险金发放期限根据失业人员前所在单位和本人累计缴费时间确定。失业人员失业前所在单位和本人按照规定累计缴费时间满1年不足5年的，领取失业保险金的期限最长为12个月；累计缴费时间满5年不足10年的，领取失业保险金期限最长为 18 个月；累计缴费满 10 年以上的，领取失业保险金的期限最长为 24 个月。重新就业后，再次失业的，缴费时间重新计算，领取失业保险金的期限可以与前次失业应领取而尚未领取的失业保险金的期限合并计算，但是最长不得超过 24 个月。失业保险金发放水平不低于当地城市居民最低生活保障标准，具体由省级人民政府确定。

四、工伤保险

工伤保险是为了保障因工作遭受事故伤害或者患职业病的职工获得医疗救治和经济补偿，促进工伤预防和职业康复，分散用人单位工伤风险的一种社会保险制度。

《工伤保险条例》规定，中华人民共和国境内的企业、事业单位、社会团体、民办非企业单位、基金会、律师事务所、会计师事务所等组织和有雇工的个体工商户应当参加工伤保险，为本单位全部职工或者雇工缴纳工伤保险费。

缴费。工伤保险费由用人单位缴纳，职工个人不缴费。工伤保险实行行业差别费率和用人单位浮动费率，工伤保险费缴纳数额为本单位职工工资总额乘以单位缴费费率之积。

工伤认定和劳动能力鉴定。职工因事故伤害（或者患职业病）后，由社会保险行政部门依据《工伤保险条例》有关规定，认定其是否属于工伤或者视同工伤。职工经认定为工伤的，由劳动能力鉴定委员会组织对其伤残程度（丧失劳动能力程度）进行鉴定。

待遇。根据工伤认定和劳动能力鉴定的结果，由社会保险经办机构按规定发放相应标准的工伤保险待遇。工伤保险待遇主要分为三类：（1）工伤医疗和工伤康复待遇，包括工伤医疗费用、工伤康复费用和辅助器具安装配置费用等；（2）伤残待遇，包括一次性伤残补助金、伤残津贴、生活护理费等；（3）工亡待遇，包括一次性工亡补助金、丧葬补助金、供养亲属抚恤金等。

五、生育保险

生育保险是通过国家立法，在职业妇女因生育子女而中断劳动时由国家或社会给予社会保障和物质帮助的一项社会制度。其宗旨在于通过提供生育津贴、医疗服务和产假，维护、恢复生育妇女身体健康，并使婴儿得到照顾和哺育。原劳动部 1994 年颁布了《企业职工生育保险试行办法》（［1994］504 号），确立了生育保险的制度模式，《社会保险法》明确了生育保险覆盖范围、筹资渠道、待遇标准和支付范围等方面内容。截止到 2012 年年底全国 30 个省（区、市）出台了地方生育保险办法，其中有 19 个省份将机关、事业单位、社会团体、民办非企业、个体工商户等单位纳入生育保险覆盖范围。为了贯彻落实《社会保险法》，人力资源社会保障部与财政部拟于 2013 年出台生育保险办法，规范生育保险工作。

（一）筹资

生育保险根据“以支定收，收支基本平衡”的原则筹集资金。用人单位按照规定的比例缴纳生育保险费，职工个人不缴费。在筹资比例上，考虑到全国地区间经济情况差异，具体筹资比例由当地人民政府确定，但是最高不得超过职工工资总额的 1%。部分地区国家机关、事业单位参保，资金来源于财政拨款。

（二）生育保险待遇

生育保险待遇支付的项目主要包括生育津贴和医疗费用。

生育津贴。各地规定生育津贴支付期限一般与产假期限相一致，为 90～180 天。2011 年国家颁布《女职工劳动保护特别规定》之后，产假由原来的下限 90 天，延长至 98 天。生育津贴的支付标准有几种方式：一是按照女职工生育前工资标准给付；二是按照本单位上年度职工月平均工资计发；三是按照职工缴纳社会保险费基数计发；四是按照社会平均工资标准计发等。

生育医疗费。主要是指生育女职工以下的费用：

1. 检查费。是指女职工围产期保健过程中，定期到医疗机构进行身体检查的相关费用。大致可分为全身检查、产科检查、化验检查以及特殊检查四部分。

2. 接生费。主要是指女职工分娩时，医生或助产人员协助产妇娩出新生儿过程中所发生的费用，即医生以及助产人员提供的医疗服务的费用。

3. 手术费。手术费支付的项目主要是指分娩过程中的剖宫手术。

4. 住院费。是指产妇在分娩期间住院的床位费、取暖费等。床位费按照国家物价监督管理部门规定的普通床位收费标准支付。母婴同室以及高标准病房所付费用，不属于生育保险基金支付的范畴。

5. 药费。是指女职工从怀孕至分娩后出院，医生根据产妇需要给予的药物护理、治疗所发生的费用。产妇私自到药店购药以及购买滋补和营养品所发生的费用，不属于生育保险基金支付的范围。

6. 计划生育手术费。是指职工响应国家计划生育号召，实行避孕、节育手术所发生的费用。主要项目有放置（取出）子宫内节育器、人工流产术、引产术、绝育及复通手术所发生的医疗费用。

产假。2011 年国家颁布的《女职工劳动保护特别规定》规定，正常产假为 98 天。女职工怀孕未满 4 个月流产的，享受 15 天产假；怀孕满 4 个月流产的，享受 42 天产假。

（三）生育保险基金管理

生育保险基金是生育保险制度实施的物质基础，以国家法律法规为依据，并受法律法规的保护和监督。1999 年国家相继出台了《社会保险费征缴暂行条例》《社会保险基金财务制度》等规定，明确了社会保险基金管理办法，提出了社会保险基金纳入财政专户实行收支两条线管理，各地在生育保险基金管理工作实践中执行社会保险基金管理政策。生育保险基金由社会保险经办机构负责收缴、支付和管理，纳入财政专户，实行专款专用。生育保险基金的筹集和使用，实行财务预、决算制度，并接受同级财政、审计监督。

关键概念

养老金替代率，是指养老金与工资收入的比例。可以指养老金与个人退休前工资收入的比例，也可以指养老金与当地社会平均工资的比例。从保障效果和可比性来看，社会平均工资替代率更能反映当地退休老人在社会中的相对状况。“保基本”的制度目标在不同退休人员间应有一定的通用性，因此基于社会平均工资的社会平均工资替代率值得重视。

覆盖面，是指实际参保对象，可以用实际参保对象占相应群体的比例来衡量覆盖率。如企业职工基本养老保险中的实际参保职工人数占所有企业职工的比例。

【案例分析】养老金，“六连涨”后怎么涨（民生视线）

国务院在 2007 年 8 月份宣布，从 2008 年到 2010 年，再次连续三年提高退休人员基本养老金标准。这三年，全国月人均养老金增加额达到 350 元以上。

养老金“六连涨”史无前例。在此之前的 1998 年到 2004 年 7 年间，我国企业退休人员月养老金总共增加了 180 元，而这 6 年则上调了 600 多元。企业退休人员养老金偏低的状况得到明显改善，真正体现了共享经济社会发展成果的理念。

企业退休人员养老金“六连涨”，也缓解了企业事业单位养老金“待遇差”的矛盾。这在中西部地区表现得尤为突出。辛大妈是内蒙古包头市的一名企业退休职工，8 年前退休时每月只有 400 多元养老金。她的嫂子比她小一岁，学历相同，工龄相近，7 年前从小学教师岗位上退休，当时月养老金已超过 1 100 元。“心里真是觉得挺不公平。要知道，在岗时大家工资都差不多，怎么一退休企业和事业单位就能差出一倍多?”经过六次调整，现在辛大妈月养老金达到 1 200 元，其嫂的养老金也在增长，目前约为 1 700 元，虽然仍然要高一些，但相差幅度已明显缩小。“现在这个差距我基本能接受。”四川省泸州市的有关资料也显示，企业事业的差距从企业养老金仅占事业单位的 60%缩小至二者只差 2 元钱。

（资料来源：白天亮. 人民日报，2010-03-04.）

长期以来，企业和机关事业单位分属两套养老体系。企业参加企业职工基本养老保险，而机关事业单位则仍执行退休制度。企业和机关事业单位的养老待遇水平存在一定差距，这一问题受到社会各界的普遍关注。近年来，我们一方面积极推动事业单位养老制度改革，探索机关养老制度的改革方向；另一方面，已经连续 9 年提高企业退休人员基本养老金。多措并举，既有效保障了退休人员的基本生活，又逐步缓解了社会普遍关注的养老“双轨制”所带来的企业与机关、事业单位养老待遇差距大的矛盾。

【新闻摘录】

城乡居民养老保险将提前八年全覆盖

国务院要求，2012 年实现城乡居民社会养老保险制度全覆盖。今年时间已经过半，人力资源和社会保障部有关负责人透露，6 月份，覆盖最后一批地区的工作已经启动，中央财政的补助资金也划拨到位。这意味着养老保险年内将从制度上覆盖每一个百姓，比十七大提出的计划提前了八年。

河北省邯郸市曲周县前衙村的龙成德今年 70 岁，四个儿子每年给他和老伴的零花钱总共也不过 600 元。有了新农保后，老两口一年的养老金有 1 320 元，用他的话讲，等于“白得了八个儿子”。

为什么要提前八年实现城乡居民养老保险全覆盖？中央党校教授周天勇认为，城乡居民养老保险的普惠性要求这项制度尽早实现全覆盖。他说：“每月55元一年就是660元。全覆盖时间拖得越久，试点和非试点地区农民收入差距就越大。”

中国社会科学院世界社会保障研究中心主任郑秉文认为，城乡居民养老保险的确令人振奋，但也有两个亟待完善之处：一是如何与城镇职工基本养老保险进行衔接，二是如何进一步提高标准。

刘从龙告诉记者，人社部正在会同有关部门研究城镇职工基本养老保险与城乡居民养老保险间的衔接办法，今年底就会形成一个政策意见。“参保者缴费记入的是个人账户，衔接办法无论怎样制定，基本的原则都是不会让参保者吃亏。”刘从龙说。浙江大学教授米红也建议城乡居民应尽快参保，否则有可能“两头够不着”。

刘从龙透露，国务院有关部门正在研究建立城乡居民养老保险基础养老金的正常调整机制，也就是如何“提标”。

（徐博. 新华网，2012-07-13.）

第四节 制度比较与趋势探索

一、三类公共部门的福利与社会保险制度比较

（一）福利比较

相比保险制度而言，福利制度带有更强的普惠性，特别是在假期、优抚等制度方面，企业、机关、事业单位差距不大。当然，在一些津贴补贴方面，还存在一定的差异（见表11—2）。

表11—2 企业机关事业单位福利比较

项目	国有企业	事业	机关
休假制度	基本一致		
优抚制度	基本一致		
福利性津补贴	企业自主性较，较为灵活，企业间有一定差异	有较为严格的制度规定，不同类型事业单位有一定差异	有较为严格的制度规定，同一地区内不同单位间差异较小
住房补贴	较为灵活，各企业补贴标准不一	有较严格的制度规定，各单位标准不一	有较严格的制度规定，各单位标准不一。尚有部分福利房

（二）社会保险比较

通过上文的分析比较可知，无论从覆盖面来看，还是从保障水平来看，企业机关、事业单位在社会保险方面，还存在一定差别。具体见表11—3。

表11—3　　企业、机关、事业单位社会保险比较

项目	国有企业	事业	机关
养老保险	制度已覆盖	制度部分覆盖，试点推进中，退休金水平较高	制度未覆盖，退休金水平较高
医疗保险	制度已覆盖	制度已覆盖，保障水平较高	制度已覆盖（中央机关尚未参加），保障水平较高
失业保险	制度已覆盖	制度已覆盖	制度未覆盖
工伤保险	制度已覆盖	制度已覆盖	制度未覆盖
生育保险	制度已覆盖	部分参加	—

人类社会进入工业社会后，劳动者与土地分离开来，劳动分工趋于细化，劳动者与资本、土地等皆成为生产要素的一种，面临着较大的市场风险。社会保险带有较强的强制性，其目的在于分散个人风险、提供一定的再分配，既保障了个人的基本生活，又促进了劳动力资源的自由流动，是保护劳动者权益、促进人力资源合理配置的重要基础性制度安排，是经济社会发展的“减压阀”“稳定器”，是维护社会正常运行的重要力量。

二、我国福利制度的发展趋势

要不断完善法律法规，促进公共部门福利制度更趋制度化、规范化、法制化。彻底改变福利在公共部门公职人员全部报酬中所占比重过大的状况，从“多”“乱”走向规范。

长期以来，我国在公共部门公职人员中实行的是“低工资、多补贴、泛福利”的分配模式，相当一部分工作报酬，如住房、教育培训、文化设施等，是以非商品的形式无偿提供给公职人员的；还有一些补贴不记入工资。这在经济发展水平不高、收入普通偏低的情况下，或许是难以避免的，也可能是合理的。但在大力发展市场经济，社会主义市场经济体制逐步完善的情况下，上述状况显然与新时期的时代要求很不相称，必须加以改革：一是完善住房公积金积累与支付制度。要继续推进公共部门公职人员住房市场化、货币化步伐，逐步完善住房公积金制度。同时，住房公积金积累的比例，要随着地

区经济及公共部门公职人员收入的增长而增长，待公共部门公职人员购买住房或装修住房时，在公积金贷款或支付方面给予比较优惠、便利的政策措施。二是纳入工资范畴。要加大工资在公共部门公职人员总收入中的比重，把一些福利性补贴纳入工资范畴，作为工资的组成部分，使福利补贴在总收入中的比重适当。三是规范福利项目。在国家对公共部门公职人员的工资水平逐步提高、规范的情况下，要尽量减少对福利项目的设计；对现有的福利项目，能统一的要统一，能规范的规范；对带有部门性、自定性，单纯为提高本部门、本系统公职人员福利待遇的项目，则要逐步取消，彻底改变福利项目的“多”“乱”问题，努力杜绝福利工作上的不正之风和腐败现象。

三、我国社会保险制度的发展趋势

“十二五”规划明确提出要完善实施城镇职工和居民养老保险制度，推动机关事业单位养老保险制度改革。我们必须从我国的基本国情出发，与国民经济和社会发展相适应，统筹企业、机关、事业单位社会保障政策，逐步建立健全既符合公共部门特性，又与社会保障制度相衔接的公共部门保险制度。

（一）继续推进事业单位社会保险制度改革

根据《中共中央　国务院关于分类推进事业单位改革的指导意见》等有关文件的精神，完善事业单位及其工作人员参加基本养老、基本医疗、失业、工伤等社会保险政策，逐步建立起独立于单位之外、资金来源多渠道、保障方式多层次、管理服务社会化的社会保险体系。事业单位工作人员基本养老保险实行社会统筹和个人账户相结合，养老保险费由单位和个人共同负担，个人缴费全部记入个人账户。养老保险基金单独建账，实行省级统筹，基本养老金实行社会化发放。实行“老人老办法、新人新制度、中人逐步过渡”，对改革前参加工作、改革后退休的人员，妥善保证其养老待遇水平平稳过渡、合理衔接，保持国家规定的待遇水平不降低。建立事业单位工作人员职业年金制度。统筹考虑企业、事业单位、机关离退休人员养老待遇水平。

（二）积极探索机关公务员养老金制度改革

2012 年 5 月 2 日，国务院常务会议提出“改革机关事业单位养老保险制度”。应正确认识机关、事业单位和企业人员的工作性质、工作特征，以及与此相对应的薪酬模式。认真总结各地公务员养老保险制度改革的成熟经验，结合各地公务员录用方式的鲜活实践（如聘任制公务员），以及事业单位养老金制度改革取得的最新成效，探索未来公务员养老金制度改革的方向和方式。

（三）进一步完善企业职工社会保险制度

全面落实城镇职工基本养老保险省级统筹，实现基础养老金全国统筹，切实做好城镇职工基本养老保险关系转移接续工作，进一步做实基本养老保险个人账户，继续提高企业退休人员基本养老金水平，建立基本养老金正常调整机制。鼓励发展企业年金；完善基本医疗保险制度，逐步提高基本医疗保险最高支付限额和住院费用支付比例；强化失业保险制度保障生活、预防失业、促进就业功能，扩大失业保险基金支付范围，健全失业保险金正常调整机制；建立健全工伤预防、经济补偿、职业康复相结合的工伤保险制度体系，提高工伤职工重返就业岗位的比例；完善生育保险制度。

企业社会保险制度改革对于保障基本生活、促进人员流动、拓宽人力资源市场发挥了重要作用。未来，随着机关事业单位养老金等制度改革的稳步推进，这方面的作用和效应会愈加明显。当然，改革绝非一朝一夕之事，不可能一蹴而就，需要积极稳妥地加以推进，对此，要有清醒的认识。

思 考 题

1. 社会福利与社会保险的区别在哪里？
2. 社会福利制度的作用表现在哪些方面？
3. 如何看待欧洲国家的“福利病”？
4. 社会保险在促进人力资源配置方面的作用如何？
5. 如何看待我国企业与机关事业单位在养老与医疗等保障制度方面的差别？

第十二章

奖励与惩戒

本章导读

奖惩制度最直接、最基本的功能和作用是激励和约束。本章从理论与实践相结合的角度，阐述我国公共部门奖惩制度的基本概念、相关理论、发展历程以及奖惩制度的实施现状。分别说明我国行政机关公务员、事业单位工作人员以及国有企业人员的奖励和惩戒的依据、实施情况和基本特点。比较三类公共部门的相同点和不同点，分析奖惩制度的改革方向和发展趋势。本章共分四节。

第一节　奖惩概述

一、基本概念

（一）奖惩

奖惩是奖励与惩戒的统称，它是指组织依据法律法规政策规定的标准、条件和程序，对在工作中成绩突出的人员给予物质、精神奖励；对行为失职人员进行处罚、制裁的活动。

（二）奖惩制度

奖惩制度是公共部门对所属公职人员依法进行奖励或惩罚，包括实行奖励和惩戒的原则、条件、种类、方式、程序，以及行使奖惩权限的机关等政策规定。发挥奖惩制度的激励和约束功能，有助于引导和规范工作人员的行为，调动工作人员的积极性和主动性，有效地促进公共部门组织目标的实现。

（三）奖励

奖励，是对成绩优秀、贡献突出的公职人员，给予荣誉和物质的行为。奖励的目的在于表彰先进、鼓励有功者，以激励全体成员。在管理心理学中，奖励是对人的某种行为给予肯定与表扬，使人保持这种行为。奖励是一种激励手段或机制，它是通过满足人的物质和精神的需要，以调动其积极性，最大限度地刺激和挖掘人的潜在能力的一种有效的管理方法。公共部门公职人员的奖励是指公共部门依据相关法律法规、政策和制度规定，根据公职人员的实际工作表现，对表现突出、有显著成绩和贡献，或者有其他突出事迹的个人或集体，施行的物质或精神的鼓励。现代奖励制度以激励理论为基础，以物质奖励和精神奖励的有机结合为核心内容，以奖励为取向。

（四）惩戒

惩戒，是对工作不力或犯有过失、违反纪律的机关、公职人员进行的行政处罚或行政制裁。这是公共部门依据有关法律法规、政策和制度对违法失职的人员进行惩罚或制裁的一种管理方法，是一种监控的手段或机制。它通过强制性的处罚来约束公职人员的行为，最大限度地防范违法渎职行为的发生。

二、相关理论

需求层次理论、挫折理论、公平理论等为奖惩制度提供了理论基础，使得基于现代管理学、行为学理论基础之上的奖惩制度成为公共部门人力资源管理不可缺少的组成部分。

（一）需求层次理论

美国人本主义心理学家亚伯拉罕·马斯洛（Abraham Maslow），他在1943年所著的《调动人的积极性的理论》和1954年所著的《动机与个性》中提出了需求层次理论。马斯洛在需求层次理论中，把人的需求分成五个层次：一是生理需求，指衣、食、住、行、婚姻、疾病治疗等人类最原始、最基本的维持个体生存的物质性需求；二是安全需求，是寻求依赖和保护，避免危险和灾难，维持自我生存的需求；三是社交需求，包括希望得到爱和爱他人，希望有和谐的人际关系，被团体接纳，有归属感；四是尊重的需求，包括自我尊重和社会尊重；五是自我实现需求，指自我理想的实现，追求发挥自己全部能力，这是最高层次的需求。

马斯洛认为，五种需求的排列关系是由低到高依次排成一个阶梯。当低层次的需求获得相对满足后，人们的注意力就会集中到更高一层次的需求上去，更高一层次的需求就占据了主导地位，并成为驱动行为的主要动力。不同的人、在不同时期的需求不同，但是都有一个决定他们行动方向的主导需求。

（二）挫折理论

挫折理论由美国心理学家、行为科学家亚当斯（Adanms）提出。挫折是指人类个体在从事有目的的活动过程中，指向目标的行为受到障碍或干扰，致使其动机不能实现，需要无法满足时所产生的情绪状态。使人产生挫折心理的三个必备条件为：第一，个人所得期望的目标是重要的、强烈的；第二，个人认为这种目标有可能达成；第三，在目标与现实中存在难以克服的障碍。根据不同人的心理特点，人受到挫折后的行为表现主要有两大类：第一，采取减轻挫折和满足需要的积极适应的态度。第二，采取消极态度，甚至是对抗态度，诸如攻击、冷漠、幻想、退化、忧虑、固执和妥协等。

挫折理论主要揭示人的动机行为受阻而未能满足需要时的心理状态，并由此而导致的行为表现，力求采取措施将消极性行为转化为积极性、建设性行为。作为公共部门管理者，在公共部门人力资源管理中，要重视公职人员关于奖惩制度所感受的挫折问题，采取措施防止奖惩所导致的挫折心理给公职人员本人和公共部门事务带来的不利影响。

（三）公平理论

公平理论又称社会比较理论，是美国行为科学家约翰·斯塔西·亚当斯（John Stacey Adams）提出来的一种激励理论。该理论侧重于研究工资报酬分配的合理性、公平性及其对员工生产积极性的影响。

该理论的基本要点是：人的工作积极性不仅与个人实际报酬多少有关，而且与人们对报酬的分配是否感到公平有更为密切的关系。只有公平的报酬，才能使员工感到满意和起到激励作用。而报酬是否公平，员工不是只看绝对值，而是进行社会比较，和他人比较，或进行历史比较，和自己的过去比较。报酬过高或过低，都会使员工心理上紧张不安。奖惩的公平感也会直接影响公职人员的工作动机和行为。因此，从某种意义来讲，动机的激发过程实际上是人与人进行比较，做出公平与否的判断，并据此指导行为的过程。

三、奖惩的作用

奖惩是公共部门人力资源管理中具有较强激励和约束作用的手段和措施，它有助于建立组织竞争与发展的机制，调动广大公职人员的工作积极性和创造性。奖励与惩戒具有激励与控制的双重功能，二者相辅相成。

（一）激励和约束作用

激励和约束是奖惩制度最直接、最基本的功能和作用。公平合理地对公共部门工作人员实施奖惩，能保证公职人员充满生机和活力，调动其积极性、主动性和创造性，增强其进取心和荣誉感，促使其严格要求自己，积极工作，努力向上，充分挖掘其潜能，促进自身素质的提高，增强公共部门的生机和活力，保证公共部门的高效运转。

（二）引导和示范作用

奖惩制度不仅对获得奖励或受到惩戒的人具有激励和约束的作用，而且对整个部门公职人员群体都会产生重大的引导和示范影响。通过奖惩，不仅教育、激励和约束受奖惩者，而且教育、激励和约束其他人员，进一步明确公职人员应当怎样做和不应当怎样做。以先进为榜样，激励自己努力向上，以错误为警戒，约束自己的行为。对公职人员的奖励不仅能进一步发挥个人潜能，而且还能在整个部门中树立榜样，明确方向，从而使整个部门置身于一种目标明确、积极向上的氛围中，使其向积极、健康的方向发展。

（三）促进竞争的作用

奖惩制度还具有鼓励公共部门公职人员公平竞争的功能和作用。由于受奖励的个人只是少数人，而且条件具体、明确，这会成为公职人员个人努力奋发向上的内在动力。所以，奖励制度的有效实施，必然会在全体公职人员之间产生一种竞争氛围，促使全体公职人员努力工作，争当先进，促使公职人员为了部门共同的目标和荣誉公平竞争，努力提高公共部门的绩效。

（四）吸引人才的作用

奖励制度在一定程度上为公共部门吸引人才、留用人才开辟了一条有效途径。公共部门的奖励具有其他奖励所不具有的特性，它的授予机关是国家法定机关，因而具有较大范围的社会公开性和较强的荣誉地位。这一特性使得公共部门奖励的激励作用和吸引力大大增强，在相当程度上满足了公职人员的物质需求和精神需求，提高了获奖者的社会地位，因而在吸引优秀人才、留用优秀人才方面发挥着不可替代的独特功能。

四、奖惩的原则

建立奖惩制度的目的是为了奖优罚劣，提高公共部门人力资源的工作效能。奖惩的基本原则为：是非分明，赏罚得当。因此，公共部门的奖惩制度应贯彻以下几个具体原则：

（一）客观公正的原则

公共部门的奖惩必须客观公正、公平公开，即严格以事实为依据，以工作绩效为准则，按照法定程序办事。对公职人员实施奖惩条例必须一视同仁，功过评价、奖惩实施必须做到客观公正、公平合理、在纪律面前人人平等。必须使用同一尺度进行衡量，奖惩的条件必须明确、具体，能够区分不同奖惩措施适用的范围，具有说服力，否则，奖惩就没有客观的依据。

（二）与日常行为相联系的原则

成功的奖惩制度，都特别注意奖惩的实体规范与公职人员的日常行为相联系，以使得奖惩能够成为公职人员经常性的行为准则。把奖励的标准定得过高，多数公职人员会将其视为望尘莫及的目标而放弃；如果把惩罚的标准定得过宽，甚至很少有人会受到处罚，那么惩罚对公职人员也将失去警戒意义。只有将日常行为与奖惩相联系，才可能使这一制度成为公职人员自我激励和自觉约束的行为准则。

（三）奖励与惩罚相结合的原则

奖励和惩戒必须相结合，并注重时效性。奖励和惩戒应结合起来使用，它们之间存在效应互补关系。单纯使用一方面的措施，都会削弱另一方面的作用。只惩不奖，就会削弱惩戒的作用，达不到调动公职人员积极性的目的。只奖不惩，会降低奖励的价值，影响奖励的效果。同时，奖惩措施必须注重时效。贻误奖惩的有利时机，会大大降低奖惩的功能和意义。

（四）功过分明、奖惩得当的原则

奖惩的目的是通过奖优惩劣，维护纪律，端正作风，以调动广大公职人员的积极性。奖惩必须分明，准确无误。奖惩措施必须适当和适度，该奖则奖，该罚则罚，要有力度，这样才能保证奖惩的实效。若功绩与荣誉不符，过失与处分相殊，不但不能调动起积极性，反而会影响个人或群众对公共部门组织的信赖，丧失其激励和示范作用。

（五）教育与惩罚相结合的惩戒原则

在惩罚方面，强调公正性，实现违法必究、有错必纠的法制精神。惩戒不是目的，而是一种手段，目的在于惩前毖后，教育和挽救公职人员。因此，有必要加强教育，提高公职人员的认识，从中吸取教训，努力工作。

第二节　奖惩制度的历史发展与国家奖励表彰现状

一、奖惩制度的历史发展

中国古代早有官吏奖惩制度。从秦简《为吏之道》中记载的“五善”“五失”的规定，到清代的“议叙”“处分”的制度，都是封建社会“吏治”的重要内容。新中国成立以来，为了加强法制建设和完善奖惩制度，我国陆续颁布了一系列奖惩条例，如《发明奖励条例》《自然科学奖励条例》《关于国家机关工作人员行政处分批准程序》和《关于撤销国家机关工作人员行政处分暂行办法》，1951年的《关于保守党与国家机密奖惩暂行办法》，1957年的《关于国家行政机关工作人员奖惩暂行规定》等。这些奖惩规定在很大程度上起到了激励和约束的作用，有力地激发和调动了各方面的积极性。

1952年，政务院颁布了《国家机关工作人员奖惩暂行条例》《关于国家机关工作人员行政处分暂行规定》和《关于国家机关工作人员行政处分批准程序的规定》，第一次对国家公务员的奖励与惩戒的种类、权限、程序等内容进行了系统规定。1957年，国务院公布了《国务院关于国家行政机关工作人员的奖惩暂行规定》，以法规的形式详细规定了行政机关工作人员的奖惩事宜，取代了1952年的《国家机关工作人员奖惩暂行条例》。1980年11月，国家人事部发出了《关于贯彻执行1957年颁布的〈国务院关于国家行政机关工作人员的奖惩暂行规定〉的通知》，进一步推动了行政惩戒制度的发展。1987年，劳动人事部发布了《国家行政机关工作人员职级奖惩暂行处理办法》，分别对升级奖励、升职奖励、降级处分、降职处分和撤职处分作了详细规定。1988年9月13日，国务院发布《国家行政机关工作人员贪污贿赂行政处分暂行规定》，对于行政处分进行了详细规定。

1993年，《国家公务员暂行条例》专章对行政机关公务员的奖励制度和纪律惩戒作了规定。1994年人事部发布《关于加强对国务院工作部门授予部级荣誉称号工作管理的通知》，1995年原人事部发布《关于实行部级荣誉称号评审表彰计划申报制的通知》（人核培发［1995］57号），以规范和加强部级国家机关、事业单位表彰奖励管理工作，发挥表彰奖励的激励作用。1995年，人事部依照《国家公务员暂行条例》又发布了《国家公务员奖励暂行规定》，对公务员奖励的权限、程序作了比较具体的规定，为我国的公务员奖励制度奠定了基础。

1997年，第九届全国人大常委会颁布了《行政监察法》，对公务员违反行政纪律惩戒的条件、种类、程序等问题作了比较广泛的规定。2000年6月23日，中共中央办公厅印发的《深化干部人事制度改革纲要》指出，要“对经营业绩和工作实绩突出，为企业发展作出重要贡献的领导人员，给予物质和精神奖励。……完善专业技术人才奖励表彰制度”。“建立国有企业重大决策失误追究制度。凡是由于企业领导人员失职、渎职给企业造成重大损失的，要依法追究其责任，并不得继续担任或易地担任国有企业领导职务。”

2006年1月1日，《公务员法》开始施行。这一法律对公务员奖惩进行了专门规定，第八章为奖励，第九章为惩戒。与此同时，国务院于1957年10月26日公布的《国务院关于国家行政机关工作人员的奖惩暂行规定》、1993年8月14日公布的《国家公务员暂行条例》被同时废止。2007年《行政机关公务员处分条例》实施，初步形成了行政惩戒制度的法律规范体系（同时废止1988年的《国家行政机关工作人员贪污贿赂行政处分暂行规定》）。2008年，中央组织部、人事部发布《公务员奖励规定（试行）》并实施，对公务员奖励的原则、管理机构、条件、种类、权限、程序、实施和监督作了详细规定。

2012年8月31日，人力资源社会保障部及监察部联合公布了《事业单位工作人员处分暂行规定》，明确了事业单位人员处分的具体种类及使用情况。该规定于9月1日起正式实施。

二、表彰奖励的主要种类

表彰和嘉奖为国家和社会作出突出贡献的杰出人士，授予其永久性的荣誉称号，颁发不同层级的勋章、奖章，这种制度化和程序化的做法和过程即构成一个国家功勋荣誉制度的主要内容。由国家主席根据全国人大的决定和全国人大常委会的决定，授予国家的勋章和荣誉称号，是国家最高层次的奖励。对作出卓越贡献、品德高尚、堪称全社会楷模的人物，通过严格的法律程序，以国家的名义给予最高奖励。国家勋章的授予，即是其中之一。《宪法》规定，全国人民代表大会常务委员会行使下列职权：规定和决定授予国家的勋章和荣誉称号；中华人民共和国主席根据全国人民代表大会和全国人民代表大会常务委员会的决定，授予国家的勋章和荣誉称号。

我国已经开展多种形式的奖励表彰，奖励表彰的种类繁多，覆盖领域非常广泛。经过清理和规范，全国评比达标表彰工作协调小组于 2011 年 5 月公布了中央机关等单位和各省区市的评比达标表彰保留项目，要求各有关单位严格按照公布的项目名称和周期组织开展评比达标表彰活动，自觉接受社会监督。中央机关等单位评比达标表彰保留项目名录，包括中央党群系统和中央国家机关等单位评比达标表彰保留项目名录。依据各省区市评比达标表彰保留项目名录，可以了解各省市自治区获得保留的评比达标表彰项目。

【阅读链接】

国家公务员局：关于公布评比达标表彰保留项目的通告

附件：中央机关等单位评比达标表彰保留项目名录

各省区市评比达标表彰保留项目名录

奖励制度是由多层次不同种类的奖励项目构成的体系。目前我国比较有影响力的主要奖励种类有：全国性先进称号、科技类荣誉称号或奖励、先进工作者奖励、人才类奖励等，随着科学发展观的进一步深入人心，近些年，关于环境保护方面的表彰奖励如“母亲河”奖、绿色中国年度人物奖等越来越受到关注。

（一）国家级表彰奖励

目前，国家级表彰奖励主要包括定期开展的全国劳动模范和先进工作者表彰以及不定期开展的临时性国家级表彰奖励活动。1989 年以来，国务院一般每五年召开一次全国劳动模范和先进工作者表彰大会，对全国各行各业涌现出的先进人物予以表彰，授予工人、农民、企业管理人员等“全国劳动模范”荣誉称号，授予机关事业单位工作人员“全国先进工作者”荣誉称号。不定期开展的专项表彰工作，根据工作需要和表彰对象的不同，由党中央、国务院、中央军委单独或者联合开展表彰，荣誉称号、奖励方式等视具体情况而定。如 1999 年授予“两弹一星功勋奖章”、汶川抗震救灾表彰、北京奥运会残奥会表彰、青海玉树抗震救灾表彰、上海世博会表彰等。

（二）省部级表彰奖励

省部级表彰主要包括中央和国家机关各部门授予部级荣誉称号和各省（区、市）授予省级荣誉称号，目前已形成了一套比较规范的做法。中央和国家机关各部门一般授予“全国××系统先进集体”“全国××系统先进工作者”“全国××系统劳动模范”荣誉称号；各省（区、市）一般授予“××省（区、市）先进集体”“××省（区、市）先进工作者”“××省（区、市）劳动模范”荣誉称号。同时，也根据工作需要，适时开展省部级专项表彰活动。如，对1998年抗洪救灾、抗击非典以及三峡工程建设、青藏铁路建设等工作中涌现出来的先进集体和先进个人，都及时进行了授予省部级荣誉称号表彰。

此外，还有全国总工会“全国五一劳动奖章”、共青团中央“五四青年奖章”、全国妇联“三八红旗手”等人民团体授予的表彰奖励，但都不属于国家表彰奖励的范畴。

（三）科技类荣誉称号或奖励

1. 中国院士制度

院士是国家设立的科学技术方面的最高学术称号，为终身荣誉。院士在中国，原来称为学部委员，就是在某一领域内的资深专家。现在的院士评选需要提名，提名资格一般为：国家科技进步二等奖，自然科学二等奖以上。需要经过至少三轮评选才能成为院士。中国科学院院士和中国工程院院士的职责，是积极促进科学技术的研究、开发和应用，努力创新，不断作出成绩；提倡科学精神，维护科学道德，发扬优良学风，起表率作用；积极培养人才，推动科学技术人才队伍建设；承担两院组织的咨询、评议任务，促进科学技术与国民经济、社会发展相结合，推动科学技术领域的国际交流与合作等。

2. 国务院政府特殊津贴

1990年，党中央、国务院决定，给作出突出贡献的专家、学者、技术人员发放政府特殊津贴。政府特殊津贴选报人员包括两类，一类为专业技术人员，一类为高技能人员。1991年6月，中共中央、国务院发出《关于给作出突出贡献的专家、学者、技术人员发放政府特殊津贴的通知》，确定了政府特殊津贴选拔的数量、范围、条件和程序待遇等内容。1995年，人事部发出《关于从1995年起实行政府特殊津贴发放办法改革的通知》，规定国务院向新选拔的享受政府特殊津贴人员一次性发放5 000元；1990—1994年选拔的人员，仍按原逐月发放的方式发给政府特殊津贴。同时制定了《政府特殊津贴工作暂行办法》，进一步明确了政府特殊津贴选拔的范围、条件、数量、程序和待遇。2001 年 6 月，中共中央、国务院发出《关于对作出突出贡献的专家、学者、技术人员继续实行政府特殊津贴制度的通知》，决定今后十年每年选拔 3 000 名左右在社会主义现代化建设中作出突出贡献的专家、学者、技术人员享受政府贴殊津贴，并一次性发放 10 000 元。

(四) 科技类奖项

自 1978 年 3 月全国科学大会以来，我国恢复和重建了国家科学技术奖励制度，这项制度有力地激励了科技人才的创造热情。

1. 国家最高科学技术奖

国家最高科学技术奖授予在当代科学技术前沿取得重大突破或者在科学技术发展中有卓越建树，在科学技术创新、科学技术成果转化和高技术产业化中创造巨大经济效益或者社会效益的科学技术工作者，国家最高科学技术奖每年授予人数不超过 2 名。

2. 国家自然科学奖

国家自然科学奖是奖励在数学、物理、化学、天文学、地球科学、生命科学等基础研究和信息、材料、工程技术等领域的应用基础研究中，阐明自然现象、特征和规律，作出重大科学发现的中国公民。国家自然科学奖不授予组织。

3. 国家技术发明奖

国家技术发明奖授予运用科学技术知识做出产品、工艺、材料及其系统等重大技术发明的中国公民。国家技术发明奖不授予组织。

4. 国家科学技术进步奖

国家科学技术进步奖授予在技术研究、技术开发、技术创新、推广应用先进科学技术成果、促进高新技术产业化，以及完成重大科学技术工程、计划等过程中作出突出贡献的中国公民和组织。

5. 中华人民共和国国际科学技术合作奖

中华人民共和国国际科学技术合作奖，简称国际科技合作奖（China International Science and Technology Cooperation Award）。1993 年 7 月经全国人大常委会八届二次会议通过的《中华人民共和国科学技术进步法》指出：国际科技合作奖是国务院设立的国家级科技奖励。到目前为止，此项奖励在国内外享有较高的声誉。

6. 其他科技奖励

除了上述影响力比较大的科技奖励外，我国还有国务院各部门以及行业协会、社团组织所进行的科技类奖励表彰。比如：有中国青少年科技创新奖、全国优秀科技工作者、中国青年科技奖、中国青年女科学家奖、中华全国工商业联合会科学技术进步奖、国防科学技术奖、民营科技发展贡献奖、神农中华农业科技奖、中华医学科技奖、电子信息科学技术奖等。

（五）人才类奖励

我国对人才工作越来越重视，人才类奖励近年来受到关注。目前，六支人才队伍中，党政人才、专业技术人才、企业管理人才、高技能人才、农村实用人才都已经有相关的奖励表彰。从中央机关等单位评比达标表彰保留项目名录和各省区市评比达标表彰保留项目名录来看，党政人才的奖励主要有：全国优秀共产党员、全国人民满意的公务员和公务员集体等；专业技术人才的奖励主要有：全国杰出专业技术人才（含全国留学回国人员和中国优秀博士后），北京市有突出贡献的科学、技术、管理人才，湖北省杰出人才奖、宁夏高层次创新人才等；企业管理人才奖励主要有：中国医药企业管理协会企业管理优秀奖、中国企业管理科学基金会袁宝华企业管理金奖、河北省企业管理金奖和企业管理创新奖、浙江省中小企业管理创新奖；高技能人才奖励主要有：中华技能大奖和全国技术能手评比表彰，北京有突出贡献的高技能人才奖、湖北“省技能大师”和“省技术能手”、安徽高技能人才、江西省优秀技能人才等；农村实用人才奖励主要有：全国农村优秀人才、湖北省优秀农村实用人才、黑龙江全省农村优秀人才奖、贵州全省拔尖乡土人才、云南全省科技兴乡和农村乡土人才评选表彰、宁夏农村优秀人才等。

三、评比达标表彰的规范管理

公共部门的评比达标表彰活动实行申报制度。除党中央、国务院决定开展的评比达标表彰活动外，党的机关、人大机关、行政机关、政协机关、审判机关、检察机关、人民团体及其所属单位和经国务院批准免予登记的社会团体举办的面向各地区各部门或者本系统本行业的各类评比达标表彰活动，均需按管理权限归口报党中央、国务院或省级党委、政府审批。已经中央批准保留的项目调整或者变更，也要按规定再行专项申报。未经批准，不得开展各类评比达标表彰活动。另外，年度考核、绩效考核、目标考核、责任制考核，属业务性质的资质评定、等级评定、技术考核，以本单位内设机构和人员为评选对象的评比达标表彰项目等不必申报。

评比达标表彰工作实行中央和省（自治区、直辖市）两级审批制度。党中央、国务院负责审批中央和国家机关、人民团体、有关社团的评比达标表彰项目以及各省（自治区、直辖市）的省级评比达标表彰项目。各省（自治区、直辖市）党委、政府负责审批本地区省级以下评比达标表彰项目。审批权限不得擅自下放或者变相下放。

为了进行评比达标表彰的规范管理，我国确定了评比达标表彰活动的相关要求。各地区各部门在组织开展评比达标表彰活动过程中，须把握四点要求。一是严格按批准的项目内容开展评比达标表彰活动，未经批准不得变更，不得冠以“中国”“中华”“全国”等字样。二是坚持自下而上、逐级审核推荐。对于推荐的机关事业单位干部按干部管理权限，征求组织人事、纪检监察等部门意见；对于推荐的企业和企业负责人，征求工商、税务、纪检监察、安全生产等部门意见。三是评选条件、评选办法和评选结果等要在适当范围内公示，一般不评选副司局级或者相当于副司局级以上单位和干部、县级以上党委或者政府，严格控制县处级干部所占比重。四是严格遵守财经纪律和财务规定，主办单位不得以任何方式向参评单位和个人收取费用或者变相收费。

第三节　公务员的奖励与惩戒

一、公务员奖励制度

（一）奖励的依据

公务员奖励的依据主要是《公务员法》和《公务员奖励规定（试行）》。首先，公务员奖励有法可依，这就是2006年开始施行的《公务员法》，其中第八章对公务员奖励进行了专门规定。其次，2008年中央组织部、人事部发布并实施的《公务员奖励规定（试行）》，为公务员奖励提供了原则、管理机构、条件、种类、权限、程序、实施和监督等方面的具体依据。

（二）奖励的条件

公务员奖励是指对工作表现突出，有显著成绩和贡献，或者有其他突出事迹的公务员、公务员集体，依据相关规定给予奖励。《公务员法》和《公务员奖励规定（试行）》明确了10种奖励条件。（1）忠于职守，积极工作，成绩显著的；（2）遵守纪律，廉洁奉公，作风正派，办事公道，模范作用突出的；（3）在工作中有发明创造或者提出合理化建议，取得显著经济效益或者社会效益的；（4）为增进民族团结、维护社会稳定作出突出贡献的；（5）爱护公共财产，节约国家资财有突出成绩的；（6）防止或者消除事故有功，使国家和人民群众利益免受或者减少损失的；（7）在抢险、救灾等特定环境中奋不顾身，作出贡献的；（8）同违法违纪行为作斗争有功绩的；（9）在对外交往中为国家争得荣誉和利益的；（10）有其他突出功绩的。

（三）奖励的种类

对公务员个人和公务员集体的奖励，其奖励的种类都是同样的，一共有五种：嘉奖、记三等功、记二等功、记一等功、授予荣誉称号。

（1）嘉奖。对表现突出的，给予嘉奖；一般结合年度考核进行，年度考核被确定为优秀等次的，予以嘉奖。

（2）记功。包括记三等功、记二等功、记一等功。对作出较大贡献的，记三等功，一般结合年度考核进行，年度考核连续三年被确定为优秀等次的，记三等功；对作出重大贡献的，记二等功；对作出杰出贡献的，记一等功。给予记二等功、记一等功和授予“人民满意的公务员”“人民满意的公务员集体”荣誉称号，一般每五年评选一次。

（3）授予荣誉称号。对功绩卓著的，授予“人民满意的公务员”“人民满意的公务员集体”或者“模范公务员”“模范公务员集体”等荣誉称号。

“人民满意的公务员”“人民满意的公务员集体”荣誉称号的授予，一般每五年评选一次。“人民满意的公务员”是公务员的最高荣誉。人民满意的公务员有一个共同的追求，就是全心全意为人民服务，坚持一心一意为人民办实事、做好事、解难事；都有一个共同的目标，就是让人民满意。人民满意的公务员必须是勤奋学习的模范、努力工作的模范和清正廉洁的模范。

对在处理突发事件和承担专项重要工作中作出显著成绩和贡献的，应当及时给予奖励。其中，符合授予荣誉称号条件的，授予“模范公务员”“模范公务员集体”等荣誉称号。对符合奖励条件的已故人员，可以追授奖励。给予公务员、公务员集体奖励，对于因同一事由已获得上级机关奖励的，下级机关不再重复奖励。

(四) 奖励的权限

奖励权限，是指不同级别的公务员主管部门享有不同奖励种类的审批权限。从奖励工作的职能分工来看，中央公务员主管部门负责全国公务员奖励的综合管理工作。县级以上地方各级公务员主管部门负责本辖区内公务员奖励的综合管理工作。上级公务员主管部门指导下级公务员主管部门的公务员奖励工作。各级公务员主管部门指导同级各机关的公务员奖励工作。

奖励的审核权限。给予公务员、公务员集体的奖励，经同级公务员主管部门或者市（地）级以上机关干部人事部门审核后，按照下列权限审批：嘉奖、记三等功，由县级以上党委、政府或者市（地）级以上机关批准；记二等功，由市（地）级以上党委、政府或者省级以上机关批准；记一等功，由省级以上党委、政府或者中央机关批准；授予荣誉称号，由省级以上党委、政府或者中央公务员主管部门批准；由市（地）级以上机关审批的奖励，事先应当将奖励实施方案报同级公务员主管部门审核。

其他部门的权限。审批机关给予公务员、公务员集体奖励，必要时，应当按照干部管理权限，征得主管机关同意，并征求纪检机关（监察部门）和有关部门意见。

奖励执行的权限。公务员、公务员集体的奖励证书、奖章和奖牌，按照规定的式样、规格、质地，由省级以上公务员主管部门统一制作或者监制。中央公务员主管部门会同国务院财政部门，根据国家经济社会发展水平，及时调整公务员奖金标准。

撤销奖励的权限。撤销奖励由原申报机关按程序报审批机关批准，并予以公布。如涉及国家秘密不宜公布的，经审批机关同意可不予公布。必要时，审批机关可以直接撤销奖励。公务员主管部门和有关机关应当及时受理对公务员奖励工作的举报，并按照有关规定处理。

(五) 奖励的程序

奖励程序。公务员奖励的程序包括评定、申报审批、公示执行这三个阶段。首先是评定，所在机关（部门）在征求群众意见的基础上，对公务员、公务员集体作出显著成绩和贡献需要奖励的，提出奖励建议；其次是申报审批，公务员或公务员集体所属机关填写奖励申报表，附上相关材料，按照规定的奖励审批权限上报；最后是公示执行，审核机关（部门）审核后，在一定范围内公示 7 个工作日。如涉及国家秘密不宜公示的，经审批机关同意可不予公示。审批机关批准，并予以公布。

奖励方式。对获得奖励的公务员、公务员集体，由审批机关颁布奖励决定，颁发奖励证书。获得记三等功以上奖励的，同时对公务员颁发奖章，对公务员集体颁发奖牌。对获得奖励的公务员，按照规定标准给予一次性奖金（见表12—1)。其中对获得荣誉称号的公务员，按照有关规定享受省部级以上劳动模范和先进工作者待遇。对受奖励的公务员集体酌情给予一次性奖金，作为工作经费由集体使用，原则上不得向公务员个人发放。公务员奖励所需经费，应当列入各部门预算，予以保障。对获得奖励的公务员、公务员集体，可以采取适当形式予以表彰。表彰形式应当庄重、节俭。

表12—1　　公务员奖金标准

奖励种类	奖金数额（元）
嘉奖	800
记三等功	1 500
记二等功	3 000
记一等功	6 000
授予荣誉称号	10 000

存档。“公务员奖励审批表”存入公务员本人档案，“公务员集体奖励审批表”存入获奖集体所在机关文书档案。

（六）奖励撤销

为加强对公务员奖励的监督，相关法律法规特别设定了撤销奖励的规定。撤销奖励的情形为：（1）申报奖励时隐瞒严重错误或者弄虚作假，骗取奖励的；（2）严重违反规定奖励程序的；（3）获得荣誉称号后，公务员受到开除处分、劳动教养、刑事处罚的，公务员集体严重违法违纪、影响恶劣的；（4）法律、法规规定应当撤销奖励的其他情形。

公务员获得的奖励被撤销后，审批机关应当收回并公开注销其奖励证书、奖章，停止其享受的有关待遇。撤销奖励的决定存入公务员本人档案。公务员集体获得的奖励被撤销后，审批机关应当收回并公开注销其奖励证书和奖牌。公务员主管部门和有关机关应当及时受理对公务员奖励工作的举报，并按照有关规定处理。对在公务员奖励工作中有徇私舞弊、弄虚作假、不按规定条件和程序进行奖励等违法违纪行为的人员，以及负有领导责任的人员和直接责任人员，根据情节轻重，给予批评教育或者处分；构成犯罪的，依法追究刑事责任。

二、公务员惩戒制度

（一）惩戒的依据

公务员惩戒的依据主要是《公务员法》《行政监察法》和《行政机关公务员处分条例》。首先，公务员惩戒有法可依，一是2006年开始施行的《公务员法》，其中第九章对公务员惩戒进行了专门规定。二是1997年公布并施行的《行政监察法》和2004年公布并施行的《行政监察法实施条例》。其次，由国务院发布、自2007年6月1日起施行的《行政机关公务员处分条例》，为公务员惩戒提供了具体细则方面的操作依据。

（二）公务员应受惩戒的违法违纪行为

行政机关公务员依法履行职务的行为受法律保护，非因法定事由、非经法定程序，不受处分。处分的原则为：给予行政机关公务员处分，应当坚持公正、公平和教育与惩戒相结合的原则；应当与其违法违纪行为的性质、情节、危害程度相适应；应当事实清楚、证据确凿、定性准确、处理恰当、程序合法、手续完备；行政机关公务员违法违纪涉嫌犯罪的，应当移送司法机关依法追究刑事责任。

在《公务员法》中，公务员应受惩戒的违法违纪行为有16项。主要为：(1) 散布有损国家声誉的言论，组织或者参加旨在反对国家的集会、游行、示威等活动；(2) 组织或者参加非法组织，组织或者参加罢工；(3) 玩忽职守，贻误工作；(4) 拒绝执行上级依法作出的决定和命令；(5) 压制批评，打击报复；(6) 弄虚作假，误导、欺骗领导和公众；(7) 贪污、行贿、受贿，利用职务之便为自己或者他人谋取私利；(8) 违反财经纪律，浪费国家资财；(9) 滥用职权，侵害公民、法人或者其他组织的合法权益；(10) 泄露国家秘密或者工作秘密；(11) 在对外交往中损害国家荣誉和利益；(12) 参与或者支持色情、吸毒、赌博、迷信等活动；(13) 违反职业道德、社会公德；(14) 从事或者参与营利性活动，在企业或者其他营利性组织中兼任职务；(15) 旷工或者因公外出、请假期满无正当理由逾期不归；(16) 违反纪律的其他行为。

公务员执行公务时，认为上级的决定或者命令有错误的，可以向上级提出改正或者撤销该决定或者命令的意见；上级不改变该决定或者命令，或者要求立即执行的，公务员应当执行该决定或者命令，执行的后果由上级负责，公务员不承担责任；但是，公务员执行明显违法的决定或者命令的，应当依法承担相应的责任。

（三）处分的类别

公务员因违法违纪应当承担纪律责任的，依照法律法规给予处分；违纪行为情节轻微，经批评教育后改正的，可以免予处分。处分的类别分为：警告、记过、记大过、降级、撤职、开除。公务员在受处分期间不得晋升职务和级别，其中受记过、记大过、降级、撤职处分的，不得晋升工资档次。受处分的期间为：警告，6 个月；记过，12 个月；记大过，18 个月；降级、撤职，24 个月。受撤职处分的，按照规定降低级别。处分期最长不得超过 48 个月。

行政机关公务员受开除处分的，自处分决定生效之日起，解除其与单位的人事关系，不得再担任公务员职务。行政机关公务员违法违纪，已经被立案调查，不宜继续履行职责的，任免机关可以决定暂停其履行职务。被调查的公务员在违法违纪案件立案调查期间，不得交流、出境、辞去公职或者办理退休手续。

（四）处分决定

处分决定与管理权限。对行政机关公务员给予处分，由任免机关或者监察机关（以下统称处分决定机关）按照管理权限决定。处分决定机关认为对公务员应当给予处分的，应当在规定的期限内，按照管理权限和规定的程序作出处分决定。处分决定应当以书面形式通知公务员本人。给予行政机关公务员处分，应当自批准立案之日起 6 个月内作出决定；案情复杂或者遇有其他特殊情形的，办案期限可以延长，但是最长不得超过 12 个月。

处分决定应包括的内容为：被处分人员的姓名、职务、级别、工作单位等基本情况，经查证的违法违纪事实，处分的种类和依据，不服处分决定的申诉途径和期限，处分决定机关的名称、印章和作出决定的日期。

（五）相关权益

陈述和申辩权益。公务员违纪的，应当由处分决定机关决定对公务员违纪的情况进行调查，并将调查认定的事实及拟给予处分的依据告知公务员本人。公务员有权进行陈述和申辩。

不服处分的申诉权利。受到处分的行政机关公务员对处分决定不服的，依照《公务员法》和《行政监察法》的有关规定，可以申请复核或者申诉。

解除处分。公务员受开除以外的处分，在受处分期间有悔改表现，并且没有再发生违纪行为的，处分期满后，由处分决定机关解除处分并以书面形式通知本人。解除处分后，晋升工资档次、级别和职务不再受原处分的影响。但是，解除降级、撤职处分的，不视为恢复原级别、原职务。

【阅读参考】

当前，全国广泛开展“人民满意的公务员”和“人民满意的公务员集体”的评选表彰工作，积极营造学先进、赶先进、争做人民满意公务员的和谐社会氛围，不断加强公务员队伍的思想建设、作风建设、能力建设。

2009年1月6日上午，辽宁省委、省政府在沈阳召开了第四届“人民满意的公务员”及记一等功公务员表彰大会，表彰近5年来在振兴辽宁老工业基地中作出突出贡献的25名“人民满意的公务员”和110名记一等功公务员。评选出的人民满意公务员获颁证书、奖章和一次性奖金10 000元，享受省部级劳动模范和先进工作者待遇（退休时提高退休费10%）；评选出的记一等功公务员获颁证书、奖章和一次性奖金6 000元。

2010年年底，河南省委办公厅、省政府办公厅转发了《河南省人力资源社会保障厅、省委组织部、省委宣传部、省公务员局关于深入开展争创人民满意的公务员和人民满意的公务员集体活动的实施意见》，至此，河南省开展做人民满意的公务员活动的长效机制正式建立。河南把开展争做人民满意的公务员活动和在基层党组织和党员中正在开展的创先争优活动有机结合，省委、省政府每三年表彰20个“人民满意的公务员集体”、50名“人民满意的公务员”。为使表彰的集体和个人始终保持先进性，从2013年起，各地各部门实施先进典型的动态竞争机制，研究探索人民满意的公务员与干部培养使用相结合的激励机制。

2011年1月13日，北京市召开了人民满意公务员表彰大会，市委、市政府授予臧汝奇等30名同志北京市“人民满意的公务员”荣誉称号，授予北京市公安局西城分局府右街派出所等10个单位北京市“人民满意的公务员集体”荣誉称号。

2011年5月19日，四川省委、省政府在成都举行了第四届四川省“人民满意的公务员”表彰大会，隆重表彰“人民满意的公务员”“人民满意的公务员集体”和“记一等功公务员”“记一等功公务员集体”。

三、公务员奖励制度的特点和趋势

（一）公务员奖励制度的特点

我国公务员奖励制度是在借鉴和总结了国内外奖励制度的基础上，结合当前我国社会主义现代化建设状况，依据干部人事制度改革以及干部奖励工作的实际情况制定的。与我国以前的奖励规定及各国的奖励规定相比，有两个基本特点。

首先，设专章和条例对公务员的奖励进行专门规定。突出了奖励制度在公务员制度中的地位，显示了国家对公务员奖励工作的重视。国外很少有关于奖励的单项规定。

其次，奖励公务员的两类行为："工作表现突出"和"有其他突出事迹"。从总体上确认了对公务员进行奖励的两类行为：一是在本职工作中表现突出，有显著成绩和贡献的。所谓工作表现突出，是指在工作过程中具有超越一般的表现，如在工作中事事处处领先，起到明显的模范带头作用，或者在忠于职守、遵守纪律、廉洁奉公、作风正派、办事公道等方面表现特别优秀等。所谓有显著成绩和贡献，是指作出了明显的、超越一般的成就，如在工作中取得显著经济效益或者社会效益的发明创造，或者提出了取得显著经济效益或者社会效益的合理化建议等。二是在本职工作以外有其他突出事迹的。所谓有其他突出事迹，是指在其他方面做出了先进事迹，如在抢险、救灾、制止严重违法犯罪行为等特定环境中，为了保护国家和人民群众的财产或者人身安全，奋不顾身，光荣负伤等。这是符合我国实际情况的中国特色的公务员奖励制度。

（二）公务员奖励制度的趋势

《公务员法》将公务员的范围从行政机关工作人员扩大到中国共产党机关、人大机关、政协机关、审判和检察机关以及民主党派机关的工作人员。目前，我国公务员奖励相对比较整齐划一，对需求不同的公务员采取同样的奖励手段与方式，忽视了岗位职责的差异性。因此，应根据不同岗位、不同职责实行差别奖励，从而对公务员实施与之适应的激励，使奖励措施发挥最大功效。

第四节 事业单位的奖励与惩戒

一、相关法律法规、政策及制度

长期以来，我国事业单位工作人员属于国家工作人员，奖惩制度也与国家机关工作人员基本一致。新中国成立以来的《发明奖励条例》《自然科学奖励条例》以及1957年的《国务院关于国家行政机关工作人员的奖惩暂行规定》，在事业单位长期得到执行。1989年，最高人民法院、最高人民检察院共同发布了《关于当前处理企业事业单位、机关、团体投机倒把犯罪案件的规定》，规定了单位投机倒把构成犯罪的条件、如何处罚的问题。1992年，人事部、国家计委、财政部共同发布了《关于适当调整国家机关和部分事业单位工作人员奖励工资（奖金）标准的通知》，通知规定了事业单位工作人员的奖励工资（奖金）标准。1992年，人事部发布了《全民所有制事业单位辞退专业技术人员和管理人员暂行规定》，规定了事业单位辞退专业技术人员和管理人员的条件、救济途径、补偿费用等。

公务员制度建立以来，公务员奖惩制度逐渐成形并越来越清晰，操作办法也越来越多。但是，至今为止，事业单位工作人员奖励没有单独的法律法规予以规定，有的直接适用于荣誉表彰制度，有的参照公务员奖惩制度，有的在事业单位单项法规中体现。1995年，人事部发布了《事业单位工作人员考核暂行规定》，在事业单位工作人员考核结果的使用中提出“考核结果的使用，应与事业单位评选先进活动、开展奖励表彰工作紧密结合”。1999年，人事部发布了《关于国家机关工勤人员和事业单位工作人员受行政纪律处分工资问题处理意见的通知》，对国家机关工勤人员和事业单位工作人员受行政纪律处分后其工资如何处理的相关问题作了详细规定。

2006年12月，人事部、监察部发布的《关于行政机关任命的事业单位工作人员违反纪律处分问题的通知》，规定对行政机关任命的事业单位工作人员违反纪律的处分办法，参照《公务员法》的有关规定办理。待国务院对事业单位及其工作人员的专门管理规定出台后，再适用新的规定。

参照公务员管理的事业单位工作人员，其奖惩也参照公务员执行。《行政机关公务员处分条例》规定：对法律、法规授权的具有公共事务管理职能的事业单位中经批准参照《中华人民共和国公务员法》管理的工作人员给予处分，参照国务院发布、自2007年6月1日起施行的《行政机关公务员处分条例》的有关规定办理。

2007 年 1 月 1 日起施行的《国家科技计划实施中科研不端行为处理办法(试行)》(科学技术部第 11 号)，由于这一政策的主要使用对象是科研人员，可以看成是事业单位工作人员奖惩的重要依据。

2012 年 8 月 31 日，中组部、人力资源和社会保障部、监察部发布《事业单位工作人员处分暂行规定》，对事业单位工作人员处分的情形、种类、适用程序、权限等做出了全面规定。

二、奖惩的实施

(一) 奖励的实施

1. 奖励的种类

对事业单位工作人员的奖励没有一个统一的法规予以规范，对事业单位工作人员的奖励在实践中呈现多样化特征。目前，事业单位奖励既有国家荣誉表彰奖励，也有行业奖励，还有部门奖励、单位奖励等。

首先，从国家荣誉表彰来看，有各种先进称号，如劳动模范、“五一劳动奖章”、“五一劳动奖状”、全国“三八”红旗手等。从科技类荣誉称号或奖励来看，有中国院士制度、国务院政府特殊津贴等。从科技类奖项来看，1978 年 3 月全国科学大会以来，国家科学技术奖励制度有力地激励了科技人才的创造热情，主要有：国家最高科学技术奖、国家自然科学奖、国家技术发明奖、国家科学技术进步奖、中华人民共和国国际科学技术合作奖等。

从行业奖励来看，各行各业都有本行业的奖励和表彰。比如，2011 年 10 月 25 日，国家海洋局发布了《国家海洋局关于评选全国海洋统计先进集体和先进工作者的通知》，通知指出国家海洋局党组研究决定评选表彰一批全国海洋统计先进集体和先进工作者，以调动广大海洋统计从业人员的积极性和创造性，进一步做好新时期海洋统计工作；又如，2012 年 1 月 13 日，国家知识产权局 2011 年度表彰会召开，会议评选表彰了在 2011 年度考核中被确定为优秀等次的职工，并分别授予 1 个处室和 1 名职工全国专利系统先进集体和先进工作者荣誉称号。

从部门奖励来看，几乎所有的国家和地方政府部门的直属事业单位都要参与主管部门的考核，根据考核结果，事业单位工作人员获得部门奖励和表彰。

从单位奖励来看，除年度考核奖励表彰之外，根据事业发展状况，各事业单位经主管部门批准确定奖励办法，设立奖励表彰项目，如项目创新奖、勤奋工作奖、突出贡献奖等。

2. 事业单位行政奖励表彰的报批程序

申报计划。行政系统开展奖励表彰活动，均须提前向同级政府人力资源社会保障部门申报表彰计划，申报时间为每年3月底以前。未按规定时限申报的，当年一律不得进行系统奖励表彰活动。因特殊情况需要及时进行表彰的，可采取一事一报的办法进行。

申报程序。申报以政府名义开展系统奖励表彰活动的，主办部门向政府写出请示，由政府批交同级人力资源和社会保障部门审核提出意见，提交政府有关会议研究决定。申报以政府工作部门名义开展系统奖励表彰活动的，主办部门向政府人力资源社会保障部门写出申请，由政府人力资源社会保障审核部门批准。

部署实施。凡经批准的行政系统奖励表彰计划，属以政府名义表彰或以政府人力资源和社会保障部门与有关部门名义联合表彰的，由政府人力资源和社会保障部门会同有关部门行文部署实施；以政府工作部门名义单独表彰的，由政府工作部门自行部署实施。以政府名义实施的奖励表彰事项，由政府发布表彰通报。以政府工作部门名义实施的奖励表彰事项，由政府工作部门发布表彰通报。

（二）惩戒的实施

1. 惩戒的依据

2012年8月22日，人力资源和社会保障部和监察部联合公布《事业单位工作人员处分暂行规定》，该规定于9月1日起正式实施。这一规定弥补了事业单位工作人员惩处规定缺位的问题。在此之前，《人事部、监察部关于行政机关任命的事业单位工作人员违反纪律处分问题的通知》（国人部发［2006］150号）规定，在国务院对事业单位及其工作人员的专门管理规定出台前，对行政机关任命的事业单位工作人员违反纪律的处分办法，参照《公务员法》的有关规定办理。如前所述，对参照公务员的事业单位工作人员的惩戒，依据《行政机关公务员处分条例》。

《事业单位工作人员处分暂行规定》明确：对行政机关任命的事业单位工作人员，法律、法规授权的具有公共事务管理职能的事业单位中不参照《公务员法》管理的工作人员，国家行政机关依法委托从事公共事务管理活动的事业单位工作人员给予处分，适用本规定；对法律、法规授权的具有公共事务管理职能的事业单位中经批准参照《公务员法》管理的工作人员给予处分，参照《行政机关公务员处分条例》的有关规定办理。

另外，《事业单位工作人员考核暂行规定》（人核培发［1995］153号）对考核成绩不良的结果应用有相关规定。第四章考核结果的使用规定，年度考核被确定为不合格等次的，按照下列规定处理：（1）当年考核被确定为不合格等次的，不发年终奖金，并予以批评教育；（2）连续两年考核被确定为不合格等次的，根据不同情况，可予以降职、调整工作、低聘或解聘；（3）连续两年考核被确定为不合格等次，又不服从组织安排或重新安排后年度考核仍不合格的，予以辞退；（4）对年度考核实行告诫的人员，暂不兑现考核结果，待告诫期满，依据所定等次办理。

原人事部《关于在事业单位试行人员聘用制度意见的通知》中，其解聘辞聘制度在一定程度上规范了事业单位聘用人员的管理。其第6条规定，对于违反工作纪律的聘用人员，受聘人员有下列情形之一的，聘用单位可以随时单方面解除聘用合同："连续旷工超过10个工作日或者1年内累计旷工超过20个工作日的；未经聘用单位同意，擅自出国或者出国逾期不归的；违反工作规定或者操作规程，发生责任事故，或者失职、渎职，造成严重后果的；严重扰乱工作秩序，致使聘用单位、其他单位工作不能正常进行的；被判处有期徒刑以上刑罚收监执行的，或者被劳动教养的。"

2. 处分的类别

事业单位人员违法违纪，应当承担纪律责任，依照《事业单位工作人员处分暂行规定》给予处分，处分的种类包括警告、记过、降低岗位等级或者撤职、开除等4类。其中警告时限为6个月，记过时限为12个月，降低岗位等级或者撤职时限为24个月。

事业单位工作人员的处分与岗位管理的关系为：事业单位工作人员受到警告处分的，在受处分期间，不得聘用到高于现聘岗位等级的岗位；受到记过处分的，在受处分期间，不得聘用到高于现聘岗位等级的岗位；受到降低岗位等级处分的，自处分决定生效之日起降低一个以上岗位等级聘用，按照事业单位收入分配有关规定确定其工资待遇，在受处分期间，不得聘用到高于受处分后所聘岗位等级的岗位。

事业单位工作人员的处分与考核管理的关系为：事业单位工作人员受到警告处分的，在作出处分决定的当年，年度考核不能确定为优秀等次；受到记过处分的，在受处分期间，年度考核不得确定为合格及以上等次；受到降低岗位等级处分的，在受处分期间，年度考核不得确定为基本合格及以上等次。

事业单位工作人员的处分与专业技术职务管理的关系为：事业单位工作人员受到记过以上处分的，在受处分期间不得参加本专业（技术、技能）领域专业技术职务任职资格或者工勤技能人员技术等级考试（评审）。应当取消专业技术职务任职资格或者职业资格的，按照有关规定办理。

3. 应受处分的违法违纪行为

依据《事业单位工作人员处分暂行规定》，事业单位工作人员应受处分的违法违纪行为包括：违反政治纪律的行为，违反工作纪律失职渎职的行为，违反廉洁从业纪律的行为，违反财经纪律的行为，严重违反职业道德的行为，严重违反公共秩序、社会公德的行为。

第一，违反政治纪律的行为。主要包括：散布损害国家声誉的言论，组织或者参加旨在损害国家利益的集会、游行、示威等活动的；组织或者参加非法组织的；接受境外资助从事损害国家利益或者危害国家安全活动的；接受损害国家荣誉和利益的境外邀请、奖励，经批评教育拒不改正的；违反国家民族宗教法规和政策，造成不良后果的；非法出境、未经批准获取境外永久居留资格或者取得外国国籍的；携带含有依法禁止内容的书刊、音像制品、电子读物进入国（境）内的行为等。

第二，违反工作纪律失职渎职的行为。主要包括：在执行国家重要任务、应对公共突发事件中，不服从指挥、调遣或者消极对抗的；破坏正常工作秩序，给国家或者公共利益造成损失的；违章指挥、违规操作，致使人民生命财产遭受损失的；发生重大事故、灾害、事件，擅离职守或者不按规定报告、不采取措施处置或者处置不力的；在项目评估评审、产品认证、设备检测检验等工作中徇私舞弊，或者违反规定造成不良影响的；泄露国家秘密的；泄露因工作掌握的内幕信息，造成不良后果的；采取不正当手段为本人或者他人谋取岗位，或者在事业单位公开招聘等人事管理工作中有其他违反组织人事纪律行为的；其他违反工作纪律失职渎职的行为等。

第三，违反廉洁从业纪律的行为。包括：贪污、索贿、受贿、行贿、介绍贿赂、挪用公款的；利用工作之便为本人或者他人谋取不正当利益的；在公务活动或者工作中接受礼金、各种有价证券、支付凭证的；利用知悉或者掌握的内幕信息谋取利益的；用公款旅游或者变相用公款旅游的；违反国家规定，从事、参与营利性活动或者兼任职务领取报酬的行为等。

第四，违反财经纪律的行为。主要包括：违反国家财政收入上缴有关规定的；违反规定使用、骗取财政资金或者社会保险基金的；擅自设定收费项目或者擅自改变收费项目的范围、标准和对象的；挥霍、浪费国家资财或者造成国有资产流失的；违反国有资产管理规定，擅自占有、使用、处置国有资产的；在招标投标和物资采购工作中违反有关规定，造成不良影响或者损失的行为等。

第五，严重违反职业道德的行为。主要包括：利用专业技术或者技能实施违法违纪行为的；有抄袭、剽窃、侵吞他人学术成果，伪造、篡改数据文献，或者捏造事实等学术不端行为的；利用职业身份进行利诱、威胁或者误导，损害他人合法权益的；利用权威、地位或者掌控的资源，压制不同观点，限制学术自由，造成重大损失或者不良影响的；在申报岗位、项目、荣誉等过程中弄虚作假的；工作态度恶劣，造成不良社会影响的行为等。

第六，严重违反公共秩序、社会公德的行为。主要包括：制造、传播违法违禁物品及信息的；组织、参与卖淫、嫖娼等色情活动的；吸食毒品或者组织、参与赌博活动的；违反规定超计划生育的；包养情人的；有虐待、遗弃家庭成员，或者拒不承担赡养、抚养、扶养义务的行为等。

4. 处分的决定

依据《事业单位工作人员处分暂行规定》，给予事业单位工作人员处分，应当自批准立案之日起 6 个月内作出决定；案情复杂或者遇有其他特殊情形的可以延长，但是办案期限最长不得超过 12 个月。处分决定应当包括的内容为：受处分事业单位工作人员的姓名、工作单位、原所聘岗位（所任职务）名称及等级等基本情况；经查证的违法违纪事实；处分的种类、受处分的期间和依据；不服处分决定的申诉途径和期限；处分决定单位的名称、印章和作出决定的日期。

5. 权益保障

《事业单位工作人员处分暂行规定》还明确了事业单位工作人员受处分时的权益。受到处分的事业单位工作人员对处分决定不服的，可以自知道或者应当知道该处分决定之日起 30 日内向原处分决定单位申请复核。对复核结果不服的，可以自接到复核决定之日起 30 日内，按照规定向原处分决定单位的主管部门或者同级事业单位人事综合管理部门提出申诉。受到处分的中央和地方直属事业单位工作人员的申诉，按照干部人事管理权限，由同级事业单位人事综合管理部门受理。原处分决定单位应当自接到复核申请后的 30 日内作出复核决定。受理申诉的单位应当自受理之日起 60 日内作出处理决定；案情复杂的，可以适当延长，但是延长期限最多不超过 30 日。复核、申诉期间不停止处分的执行，事业单位工作人员不因提出复核、申诉而被加重处分。

在处分所依据的事实不清、证据不足，违反规定程序，影响案件公正处理，超越职权或者滥用职权作出处分决定等情况下，要撤销处分决定。在适用法律法规规章错误、对违法违纪行为的情节认定有误，或处分不当的情况下要变更处分决定。事业单位工作人员的处分决定被变更，需要调整该工作人员的岗位等级或者工资待遇的，应当按照规定予以调整；事业单位工作人员的处分决定被撤销的，应当恢复该工作人员的岗位等级、工资待遇，按照原岗位等级安排相应的岗位，并在适当范围内为其恢复名誉。被撤销处分或者被减轻处分的事业单位工作人员工资待遇受到损失的，应当予以补偿。

【案例分析】“长江学者”因学术不端被撤销奖励

2007 年 12 月，西安交大陈永江等 6 位老教授实名举报教育部“长江学者”特聘教授李连生在申报“往复式压缩机及其系统的理论研究、关键技术及系列产品开发”获奖项目中存在造假、侵占他人学术成果进行拼凑和包装等严重学术不端问题。

2010 年 3 月 21 日，西安交通大学作出决定：鉴于该校教授、长江学者李连生严重学术不端行为，取消其教授职务，并解除其教师聘用合同。2011 年 2 月，科技部和科学技术奖励工作办公室发布通告，经调查核实，2005 年国家科学技术进步奖二等奖获奖项目“涡旋压缩机设计制造关键技术研究及系列产品开发”的推荐材料中存在代表著作严重抄袭和经济效益数据不实的问题。决定撤销“涡旋压缩机设计制造关键技术研究及系列产品开发”项目所获 2005 年国家科学技术进步奖二等奖，收回奖励证书，追回奖金。

三、事业单位人员奖惩制度的完善

(一) 放宽奖励政策空间

事业单位分布广、情况复杂，对奖励条件的设定应当坚持宜粗不宜细，增大奖励条件的包容性。在具体条件的设定上：一是要充分体现事业单位工作的专业特点，与公务员奖励条件适当区分；二是要突出事业单位的公益性特点，与对企业劳动者的表彰进行必要的区分；三是要在制度设计上，为各地区、各部门制定实施细则预留一定的政策空间。

(二) 突出事业单位公益性特点

事业单位工作人员以自身的专业知识和技术提供专业化公共服务，对事业单位工作人员的奖励要注意体现与公务员奖励的联系和区别，特别是奖励和处分的条件以及奖励和处分种类上应充分体现事业单位的特点。

（三）坚持分级分类管理

事业单位覆盖面广、门类繁多、情况复杂，不同层级、不同行业的事业单位都有各自不同的实际情况，因此要注意对奖励的审批权限实行分级管理，在奖励条件的表述上注意兼顾事业单位各行各业的特点；对不同层级的人员和不同层级的处分实行分级审批管理。

改革开放以来，各地区的各类事业单位进行了大量的奖惩制度改革试点，取得了丰富的经验。如重庆市根据中共中央办公厅《深化干部人事制度改革纲要》和中共中央组织部、国家人事部《关于加快推进事业单位人事制度改革的意见》，制定了《事业单位奖惩办法》，适用于本市全民所有制事业单位的工作人员，集体所有制事业单位工作人员奖惩工作参照执行。

第五节　国有企业的奖励与惩戒

一、相关法律法规、政策及制度

1978 年改革开放前，直至 20 世纪末，国有企业一直是政府支持和扶植的对象。为增强国有企业职工的国家主人翁责任感，鼓励其积极性和创造性，维护正常的生产秩序和工作秩序，提高劳动生产率和工作效率，中共中央、国务院相继制定了一系列有关国有企业职工纪律惩戒的法律法规、政策和制度。

1982 年，国务院发布了《企业职工奖惩条例》，该条例规定了给予企业职工奖励的条件、权限，并规定在给予奖励时，可以发给一次性奖金。还规定了职工处罚的条件、处罚限额。国务院 1986 年发布的《国营企业辞退违纪职工暂行规定》中规定了辞退国有企业职工的条件、程序以及救济途径。1987 年，劳动人事部印发了《〈国营企业辞退违纪职工暂行规定〉若干问题解答》的通知，该通知明确了《国营企业辞退违纪职工暂行规定》的适用范围、审批权限以及其他具体情况的实施办法。2008 年 1 月，国务院第 516 号令对包括《企业职工奖惩条例》在内的 92 件行政法规被废止或宣布失效。自此，这部条例被《劳动法》和《劳动合同法》代替。

1994 年，劳动部发布《国有企业厂长（经理）奖惩办法》，该办法明确规定了对厂长奖惩的原则，并规定对厂长的奖励分为荣誉奖励和物质奖励，对厂长的处罚分为行政处罚和经济处罚。2003 年 6 月，国务院《企业国有资产监督管理暂行条例》正式公布并实施，该条例第八章法律责任中规定了对国有及国有控股企业负责人违纪行为的惩戒措施。2003 年年底，国务院国有资产监督管理委员会正式颁布《中央企业负责人经营业绩考核暂行办法》，专章对企业负责人的奖惩做了详细规定。2004 年中央纪委、中央组织部、监察部、国务院国资委联合发布的《国有企业领导人员廉洁从业若干规定（试行）》指出国有企业领导人员违反本规定的将追究相应责任，造成经济损失的，还将承担经济赔偿责任。

二、国有企业职工奖惩的现状

国有企业既有一般企业的奖惩措施，还有一部分要参照党政干部和公务员的奖惩制度。国有企业奖惩的主要依据是《劳动法》和《劳动合同法》。

（一）员工的奖惩

1995 年《劳动法》就确立了市场用工的理念，即企业根据需要自行招聘员工，员工进入企业后必须遵守企业相应的规章制度并完成公司规定的任务。《劳动法》和《劳动合同法》确定了劳动合同用工的方式，即企业与员工签订劳动合同，倘若员工有过错，或违反了相应的规章制度，或没有完成相应的任务，公司可以依据内部的规章制度与其解除劳动合同。

企业自行制定奖惩办法。奖惩办法属于企业用工自主权的体现，应当由企业根据自身情形自行制定。长期以来，我国部分企业是以国家规定来管理企业内部员工，基本没有结合企业自身情况制定企业内部的奖惩办法，与企业的自身实际严重脱节。依据《劳动法》和《劳动合同法》的规定，企业需要依据自身的经营特点，根据企业的需要制定合适的奖惩办法，企业的规章制度必须保证其合法性。

（二）国有企业领导人员惩戒制度

国有企业领导人员违纪，要受到企业制度规定的相应处罚。另外，国有企业领导人员是党员的，还将按照《中国共产党纪律处分条例》追究其法律责任。

目前，我国国有企业实行经营者年薪制，经营者年薪制是建立经营者收入分配激励和约束机制的重要内容，也是深化国有企业改革，建立与现代企业制度相适应的收入分配制度的必然要求。经营者年薪收入分为两部分，即基本收入和效益收入。基本收入按地区和企业平均工资的一定倍数确定，多数地区在政策上规定为6倍以内，少数地区规定的6～10倍。近年来，实际兑现的多在3～6倍。基本收入部分一般采取分月预付办法发放。效益收入主要同经营者的经营管理业绩挂钩，考核国有资产保值增值率、实现税利、资本效益率等指标完成情况，年终考核兑现。经营者年薪收入一般从企业支付，部分地区从地方财政列支。经营者除获取年薪收入外，一律不得再从企业取得各种奖金、津贴等工资性报酬。经营者年薪收入坚持先考核、后兑现的原则。

我国从20世纪末开始引入职工持股制度，先是在中小企业和民营企业中推行，取得了积极的成效，进而在大中型企业和国有企业的改制中引入职工持股制度。把员工现在的工作绩效与企业的长远利益紧密相连，既能调动员工的积极性，努力做好现有的工作，又能将员工的个人目标与企业的长远目标结合，更有利于留住和吸引高素质人才，提高企业的竞争力。2008年10月，国资委为规范国有企业职工持股行为，下发了《关于规范国有企业职工持股、投资的意见》。

我国对国有企业高层经理人员还实行股票期权奖励。股票期权（executive stock options，ESO），是指标的资产或商品是股票的期权。股票期权是期权的一种形式，有着期权本身的内涵。期权是一种标准化的衍生性合约，赋予持有人在未来的一定时间内，也可以是未来某一特定的日期，以一定的价格向对方购买或出售一定数量的特定标的物，但是不负有必须购买或者出售的义务。股票期权通常的做法是企业的所有者给予企业的经营者一种权利，允许他们在特定的时期内，一般3～5年，按照某一预先设定的价格——即所谓的执行价格，购买本企业普通股。这种权利不能转让，但是所购股票可以在市场上出售。并且，股票期权只允许高级经营管理人员享受股票升值所带来的利益增长权，一般不向经营管理人员支付股息。

三、三类公共部门的比较分析与发展趋势

（一）三类公共部门奖惩制度的异同

从三类公共部门奖惩制度的相同点来看，首先，都坚持奖惩客观公正原则。三类公共部门的奖惩制度都规定了对公共部门工作人员实施奖励或惩罚必须遵循客观、公正原则，即严格以事实为依据，以工作绩效为准则，按照

法定程序，一视同仁地对所有公共部门工作人员实施奖励、惩罚条例。其次，都坚持物质奖励与精神奖励相结合原则。三类公共部门都在奖励工作中实行物质奖励和精神奖励相结合的原则，坚持精神奖励为主、物质奖励为辅的原则。最后，都具有激励和约束作用。对公共部门工作人员实施奖惩，能保证工作人员充满生机和活力，调动其积极性、主动性和创造性，增强其进取心和荣誉感，促使其严格要求自己，积极工作，努力向上，充分挖掘其潜能，促进自身素质的提高，增强公共部门的生机和活力，保证公共部门的高效运转。

关于三类公共部门奖惩制度的区别。首先，法律依据的不同。公务员的奖励依据是《公务员奖励规定》，公务员的处分依据是《行政机关公务员处分条例》；事业单位工作人员的奖励没有明确的法律依据，事业单位工作人员的处分依据是2012年8月31日人力资源和社会保障部发布的《事业单位工作人员处分暂行规定》；国有企业职工的管理适用于《劳动法》和《劳动合同法》，其奖励与惩罚规定一般由企业内部规定。其次，接受处分的违法违纪行为规定不一样，事业单位工作人员接受处分的违法违纪行为，按照六个类别进行了详细规定，尤其是关于剽窃学术成果、限制学术自由等行为的限制，具有事业单位的明显特征。而关于公务员应受惩戒的违法违纪行为，只有16项比较概括的规定，有必要进一步细化以提高其适用性。最后，处分相关配套制度的衔接不一样。事业单位工作人员处分的结果与岗位管理和职称制度相衔接，具有事业单位人员管理的明显特征，对于事业单位人事管理的体系化具有重要意义。

（二）评比达标表彰的清理规范

评比达标表彰活动过多过滥，需要进行清理规范。1996年，国务院办公厅印发了《中共中央办公厅、国务院办公厅关于严格控制评比活动有关问题的通知》（厅字［1996］10号），之后一段时期，各地区、各部门清理整顿各类评比达标活动，取得了一定成效。由于利益驱动等多种原因，进入21世纪以来，一些地方和单位热衷于搞评比达标表彰活动，评比达标表彰活动过多过滥，突出表现为：有的未经批准擅自举办评比达标表彰活动；有的直接向基层、企业和群众收费或变相摊派，谋取小团体的利益；有的评比达标表彰活动不切实际，演变成为一些干部谋取政绩的“形象工程”“政绩工程”；还有的表彰项目设置随意性大、奖励面过宽。过多过滥的评比达标表彰活动，干扰了各地区、各部门的正常工作秩序，影响了企业正常的生产经营管理活动，加重了基层、企业和群众负担，需要对评比达标表彰活动进行纠正和清理。

2006年12月，国务院办公厅转发监察部等部门《关于清理评比达标表彰活动意见的通知》(国办发［2006］102号)，明确了清理范围、清理原则、清理要求、清理方式和实施步骤。中办、国办先后于2007年和2008年发出通知，组织对全国行政系统和党群系统评比达标表彰活动进行了清理和规范。各地区、各部门标本兼治、综合治理，采取措施对各类评比达标表彰活动进行了全面清理。2006—2009年，由中央纪委牵头，人力资源和社会保障部等部门参与，全国共清查出各种评比达标表彰项目148 405个，保留了4 218个项目，总撤销率为97.16%。目前，保留项目已经向社会公布，评比达标表彰活动过多过滥问题得到有效遏制。为进一步巩固清理规范成果，2011年10月，中共中央办公厅、国务院办公厅印发了《评比达标表彰活动管理办法(试行)》，年底成立了全国评比达标表彰工作协调小组，以加强对评比达标表彰活动的监督管理，建立健全规范评比达标表彰活动的长效机制。

(三) 公共部门奖惩制度的总体趋势

1. 功勋奖励，研究建立国家荣誉制度

国家有必要通过更加制度化、更加权威的方式，鼓励公民更多地追求卓越荣誉，而不仅仅是追求现实物欲。党的十七大报告中明确提出要“设立国家荣誉制度”，我国政府将“建立国家功勋奖励制度”作为我国人才激励机制和奖励制度体系的重要组成部分。原人事部非常重视建立国家荣誉制度工作，已经会同有关部门对国家勋章的分类、授予条件、授予程序等问题进行研究，取得了一系列重要的研究成果。

2. 综合激励，奖励方式多样化

三类公共部门应注重综合运用多种奖励方式，物质奖励包括发放绩效工资、奖金、津贴、福利等；精神奖励是员工奖励的重要内容，精神奖励的方式可以是授予某种象征意义的称号，也可以是对行为、价值观的认可和赞赏，职务晋升、荣誉称号授予、成果的评价及对员工的信任尊重等，以满足员工的精神需要，从而激发其工作积极性。

3. 注重实效，实行差别奖励

健全和完善奖励制度，对于公共部门人力资源管理与开发具有重要意义。奖励要重视实效性，不流于形式。完善奖励制度，要将奖励措施并入有关实体法规的条文中，使奖励与实际工作结合起来，易于执行，效果较好。要依据三类公共部门的工作性质、岗位职责等因素设计，实行差别奖励，以满足不同员工的不同需求，从而取得更好的激励效果。

4. 制度建设，完善惩戒法规

及时制定和完善公共部门奖惩工作实践急需的法规制度，是法规工作与时俱进的重要体现。目前，《行政机关公务员处分条例》已经实施，《事业单位工作人员处分暂行规定》已经出台。由于各部门情况千差万别，在坚持法制统一的前提下，还需要根据《行政机关公务员处分条例》和《事业单位工作人员处分暂行规定》的原则精神，制定和完善符合本部门特点的法规制度。

5. 加强激励，奖惩与考核的结合

要发挥奖惩的激励作用，奖惩必须与考核紧密结合，公共部门应依据公职人员的考核结果给予其相应的奖惩，将绩效考核与工资奖励等激励机制挂钩，形成公共部门绩效考核奖惩激励机制。公务员奖励涵盖公务员和公务员集体，也就是说，奖惩不仅仅要关注个人绩效，还要关注组织和团队的绩效考核。要注重公职人员平时考核的奖惩，避免团队或个人的短期行为，形成奖惩激励的长效机制。

思考题

1. 与奖惩相关的基本理论有哪些？
2. 奖励与惩戒有什么作用？
3. 公务员奖惩制度的特点是什么？
4. 为什么要规范评比达标表彰活动？
5. 事业单位工作人员的处分有哪些种类？
6. 国有企业职工奖惩制度的实施现状如何？
7. 国有企业职工奖惩制度存在哪些问题？

第十三章

权益保障

本章导读

公共部门人力资源身份具有双重性，其合法权益应当受到保护。本章重点阐述了权益与权益保障的概念以及做好工作部门人力资源权益保障工作的重要性，并简要介绍我国公共部门人力资源权益保障的立法进程。从权益救济视角提出我国公共部门人力资源权益保障的现状，探讨完善我国公共部门人力资源权益救济的途径和措施。

第一节　权益保障概述

一、权益与权益保障

（一）权益

对于权益的概念目前并没有法律上的界定，在会计学上是资产的另一种表达形式，而在日常生活中一般指公民享有的权力和利益的统称。受到法律承认并加以保护的权益称之为合法权益，《法学大辞典》[①] 中对合法权益的定义如下："合法权益是指法律确认的并受法律保护的一定的社会权力和利益。维护合法权益是法律调整的出发点和目的。"通常情况下，权益在使用的过程中就是指法律所承认和保护的合法权益。在本书中，公共部门人力资源权益是指公共部门人力资源受法律保护的合法权利和利益，但公务员、事业单位和国有企业工作人员的权益既有共性又有个性，具体而言包含以下几个方面：

① 邹瑜，顾明. 法学大辞典［M］. 北京：中国政法大学出版社. 1991.

根据我国相关的法律法规规定，公务员享有的权益主要包含在以下方面：身份和职务保障权；依法获得履行职责时所必需的权力；政治方面的权利；获得劳动报酬、享受福利保险、申请退休金和经济补助等方面的权利；申请补救的权利、监督权、接受培训、依法辞职和休假的权利。事业单位人员享有平等就业的权利、选择职业的权利、取得劳动报酬的权利等权益。综合来看，我国国有企业职工同样享有《劳动法》规定的如下权利：平等就业的权利、选择职业的权利、取得劳动报酬的权利、获得劳动安全卫生保护的权利、休息的权利、社会保险和福利的权利。

（二）权益保障

权益保障，是指国家为保证劳动者的合法权益不受侵害，依法对劳动者在职期间享有的各种权利的保障。公共部门人力资源权益保障是指国家依法采取适当措施保障公共部门工作人员在政治、经济、文化、社会等方面的权利得到实现，以及确保公共部门工作人员在合法权益受到侵害后能够有一个恰当的途径和程序加以补救。对公共部门工作人员的合法权益进行保障，可以解除他们的后顾之忧，激发他们工作的积极性和主动性，提高他们完成工作的效率和质量。

（三）权益救济

权益救济包含行政、仲裁和司法救济。行政救济主要指行政机关内部的申诉复核。人事争议仲裁是具有中国特色的权益救济制度，是国家一项重要的法律制度，是基于争议当事人的申请，法定专门机构居中作出调解意见或仲裁裁决的活动，具有快捷、灵活、低成本的优势。司法救济主要指依据诉讼程序起诉，司法救济是各种救济中最基本、最重要的救济。人事争议仲裁也是一种司法救济。人事争议仲裁是对当事人双方合法权益保护的司法补救措施，是对人事争议仲裁机构行使仲裁权的支持和司法认可，也是对争议仲裁机构工作的监督与审查，是防止发生错案的唯一有效的司法补救途径。

关键概念

权益指的是公民依法享有的，受法律法规保护的权利和利益。权益保障指的是国家为保证劳动者的合法权益不受侵害，依法对劳动者在职期间享有的各种权利的保障。

二、权益保障的重要意义

（一）保障权益是民主化政治建设的重要内容

人类历史的发展就是一个从奴隶社会到社会主义社会，从义务本位到权利本位的发展史。民主化政治建设要求维护人的平等、自由，实现人的基本权利和利益，如果权利得不到保障，就会沦为一纸空谈，因此，建设民主化政治的基本要求之一就是切实保障劳动者的权益，尊重每个劳动者的合法权利和切身利益。保障权益是社会文明的体现，是社会理性的标志。

（二）权益保障是建设和谐社会的基本要求

我国越来越重视改善劳动关系，建立法治劳动关系，构建和谐社会。社会主义和谐社会提倡建立一个充满创造活力的社会。党的十六大报告提出了“尊重劳动、尊重知识、尊重人才、尊重创造”的“四个尊重”重要思想。而实现“四个尊重”的重要前提正是切实维护好广大劳动者的合法权益，权益保障是实现尊重的前提和基础，是关乎和谐社会构建和持久维持的基本要求。因此权益保障是建设和谐社会的基本要求。

（三）权益保障是实现劳动者自身价值的前提条件

广大的劳动者，包括脑力劳动者和体力劳动者，都是社会主义现代化建设的中坚力量，承担着建设社会主义的历史使命，是经济发展和社会稳定的重要因素。劳动者的自身价值一方面体现在其创造的劳动成果上，另一方面则反映在自身的权利和利益中，如获得的劳动报酬、保险福利等。如果劳动者的基本权益得不到保障，势必会挫伤劳动者的工作积极性，因此，切实保障劳动者的权益，才可以实现劳动者的自身价值。

三、权益保障的发展历程

（一）公务员权益保障的立法进程

在 1993 年《国家公务员暂行条例》颁布之前，没有关于公务员的单独立法。党政机关工作人员、事业单位工作人员以及国有企业的管理干部都统称为国家工作人员，因此，权益保障相关法规政策对象也是国家工作人员。新中国成立之初，在相关的政策和法规中，对国家工作人员的权益保障和权益救济就有所体现。从新中国成立到改革开放期间，我国先后颁布了《国家工作人员奖惩暂行条例》(1952 年 8 月)、《关于惩戒工作中应注意的几个问题》(1954 年 3 月)、《关于国家监督机关处理公民控诉工作的暂行规定》(1957 年 10 月)、《关于中共中央接待和处理人民来访的几项规定》(1963 年 8 月)、《关于加强处理控告、申诉案件工作的意见》(1965 年 7 月)，这些政策和法规对国家工作人员申诉控告的流程和细节作出了具体的规定，为国家工作人员权益救济工作的开展奠定了基础。

改革开放以来，我国加快了建设法制社会的进程，对国家工作人员的管理也有了越来越多的法律法规依据，相关权益维护也在相关的法律法规中得到体现。如《行政监察条例》明确提出检察机关要依法受理国家工作人员不服行政处分而进行的申诉。《检察机关处理不服行政处分申诉的办法》中对检察机关审理国家工作人员申诉的原则和程序及具体细节都作出了明确的规定，推动了检察机关审理申诉案件的规范化和法制化。

1993 年 8 月，《国家公务员暂行条例》颁布之后，我国公务员制度开始形成，公务员的申诉控告权利也在《国家公务员暂行条例》中得到体现。《国家公务员申诉控告暂行规定》标志着公务员申诉控告制度的规范化和法制化。1995 年人事部印发《国家公务员申诉控告暂行规定》以公正、及时地处理国家公务员的申诉、控告，保障国家公务员的合法权益。尽管有国家公务申诉控告的规定，但处理相关争议还是统一按照 1997 年发布的《人事争议处理暂行规定》执行，这一规定明确其适用范围包含“国家行政机关与工作人员之间因录用、调动、履行聘任合同发生的争议”。同时，《行政监察法》、《检察机关审理政纪案件的暂行办法》《行政监察法实施条例》等法律和条例中都对公务员的申诉和控告权作出了具体的规定。

2006 年，《公务员法》由全国人大通过并开始实施，这一法规成为公务员管理制度的主要法规，内容完备、翔实、全面。主要包括总则，公务员的条件、义务与权利，职务与级别，录用，考核，职务任免，职务升降，奖励，惩戒，培训，交流与回避，工资福利保险，辞职辞退，退休，申诉控告，职位聘任，法律责任，附则。为了配合本法的实施，国家又制定了相应的实施细则。

2007 年，人事部发布《人事争议处理规定》(国人部发［2007］109 号)，在适用范围中规定，“实施公务员法的机关与聘任制公务员之间、参照《中华人民共和国公务员法》管理的机关（单位）与聘任工作人员之间因履行聘任合同发生的争议”适用于这一规定。

2008年，中组部、人力资源和社会保障部出台《公务员申诉规定》（试行）（人社部发［2008］20号），这是关于公务员权益保障的明确规定。公务员若不服处分、辞退或取消录用、降职、定期考核定为不称职、免职、申请辞职或提前退休未予批准、未按规定确定或者扣减工资福利待遇等人事处理，可申请复核或者提出申诉、再申诉。公务员不服人事处理，由原处理机关复核。公务员不服所在机关的人事处理，可向同级公务员主管部门申诉。公务员不服同级公务员主管部门的申诉决定，可向本级党委、人民政府或者上一级公务员主管部门再申诉。受理公务员申诉的机关将组成公务员申诉公正委员会，公正委员会一般由受理机关中相关工作机构的人员组成。

（二）事业单位工作人员权益保障的变迁

如前所述，在1993年以前，事业单位工作人员的权益保障基本涵盖在国家工作人员的相关法规政策中。1997年8月8日人事部发布《人事争议处理暂行规定》，尽管其适用范围仍然涵盖很广泛，但明确提出"事业单位与工作人员之间因辞职、辞退以及履行聘任合同或聘用合同发生的争议"适用于这一规定，事业单位工作人员权益保障明确体现在具体法规之中，表明事业单位的人事争议仲裁制度的初步确立。

我国在2002年正式提出对事业单位进行人事制度改革。2002年7月6日发布《关于在事业单位试行人员聘用制度的意见》（国办发［2002］35号），明确人事争议仲裁是解决人事争议的途径。规定：为"维护聘用单位和受聘人员双方的合法权益，要建立和完善事业单位人事争议仲裁制度，及时公正合理地处理、裁决人员聘用中的争议问题。受聘人员与聘用单位在公开招聘、聘用程度、聘用合同期限、定期或者聘期考核、解聘辞聘、未聘安置等问题上发生争议的，当事人可以申请当地人事争议仲裁委员会仲裁。仲裁结果对争议双方具有约束力"。

2002年7月12日，人事部发布关于修改《人事争议处理暂行规定》和《人事争议处理办案规则》有关条款的通知，明确了事业单位人事争议的处理管辖机构。规定："人事部设立中央国家行政机关在京直属事业单位人事争议仲裁委员会。"还规定："国务院各部委、直属机构在京直属事业单位以及国务院直属事业单位的人事争议由中央国家行政机关在京直属事业单位人事争议仲裁委员会处理。"2003年9月5日以前，人事争议仲裁委员会的裁决结果不具有法律强制力，裁决结果完全由双方自愿履行，对于要求事业单位当事人履行的裁决，调解可能能够实现，对于要求个人履行的裁决、调解结果如何履行等方面没有规定，在没有和国家司法接轨的情况下，这种裁决就没有多大意义，因此，前往人事争议仲裁委员会申请人事争议仲裁的并不多。

2003年9月5日，最高人民法院法释［2003］13号《最高人民法院关于人民法院审理事业单位人事争议案件若干问题的规定》，解决了我国事业单位人事制度改革中所面临的基本法律问题：一是确定了人事争议案件的基本主体即事业单位、事业单位的工作人员；二是界定了人事争议案件的争议范围，即因辞职、辞退及履行聘用合同所发生的争议；三是设立了人事争议仲裁后可到人民法院起诉的司法救助制度，对生效的仲裁裁决赋予法律强制力，对裁决或判决结果可以申请法院强制执行，改变了以前事业单位中干部编制的员工权益保障缺位的局面。适用这一规定，在事业单位里属于干部编制的工作人员权利可受到很大的保护。法释［2003］13号使人民法院审理人事争议案件有了依据，人事争议从原来的“一裁终局”变为“一裁两审”，司法解释把仲裁和司法进行了衔接，法院除对生效裁决要强制执行外，还要监督纠正仲裁机关的仲裁活动。

2004年5月9日，《最高人民法院关于事业单位人事争议案件适用法律等问题的答复》（法函［2004］30号），在最高人民法院出台人事争议仲裁司法解释、确定人事争议仲裁制度与司法制度关系的基础上，针对各地在人事争议处理过程中，遇到的有关《劳动法》适用、法院管辖、法院立案案由等问题，对人民法院在审理事业单位人事争议案件时的有关问题进一步作出明确规定，这是关于事业单位人事争议处理的一个重要法律性文件，对于进一步确认人事争议仲裁的法律性质和地位，指导相关法律法规的正确运用，具有十分重要的作用。

2007年，人事部发布《人事争议处理规定》（国人部发［2007］109号），在适用范围中规定，“事业单位与工作人员之间因解除人事关系、履行聘用合同发生的争议”适用于这一规定。2007年10月1日起施行《人事争议处理规定》后，1997年人事部发布的《人事争议处理暂行规定》（人发［1997］71号）同时废止。2011年8月，人力资源社会保障部会同中组部、解放军政治部重新修订并发布了《人事争议处理规定》，将第十三条第一款修改为“中央机关、直属机构、直属事业单位及其在京所属单位的人事争议由北京市负责处理人事争议的仲裁机构处理，也可由北京市根据情况授权所在地的区（县）负责处理人事争议的仲裁机构处理”。2009年1月1日，人力资源和社会保障部公布《劳动人事争议仲裁办案规则》，并且自公布之日起施行。这一办案规则使用范围较广，其中也适用事业单位与工作人员之间因除名、辞退、辞职、离职等解除人事关系以及履行聘用合同发生的争议。2010 年 1 月 27 日，人力资源和社会保障部发布《劳动人事争议仲裁组织规则》，从上到下统一了劳动人事争议仲裁机构，解决了仲裁机构统一性和加强仲裁员管理的问题。

（三）国有企业职工权益保障的历史沿革

改革开放以来，国有企业历经了巨大的发展和转变。我国 1987 年恢复劳动争议仲裁制度，在不同的历史时期，国家也出台了一些相应的政策，用于指导企业在重组、并购或者破产过程中对于工作人员的安置办法。如 1986 年颁布了适用于国有企业破产的一般性法律规范《企业破产法（试行）》。1987 年 7 月 31 日，国务院发布了《国营企业劳动争议处理暂行规定》，在这个暂行规定中明确了该条例的适用范围为国营企业，规定了劳动争议的受案范围包括因履行劳动合同发生的争议及因开除、除名、辞退违纪职工发生的争议，构建了处理劳动争议的基本程序，即调解、仲裁和诉讼，亦即“一调一裁两审”的处理机制。对于保护劳动者合法权益，维护企业生产秩序起到了积极作用。从 1994 年开始，国务院陆续发布了一些行政规范，包括《关于在若干城市试行国有企业破产有关问题的通知》《关于在若干城市试行国有企业兼并破产和职工再就业有关问题的补充通知》；1996 年，国家经贸委、中国人民银行也发布了《关于试行国有企业兼并破产中若干问题的通知》；1998 年 8 月 3 日，劳动和社会保障部、国家经贸委、财政部、教育部、国家统计局和全国总工会联合下发的《关于加强国有企业下岗职工管理和再就业服务中心建设有关问题的通知》。

1993 年 7 月 6 日，《中华人民共和国企业劳动争议处理条例》发布（1993 年 6 月 11 日国务院第五次常务会议通过，1993 年 7 月 6 日中华人民共和国国务院令第 117 号发布）。该条例将适用范围扩大到了境内所有的企业与职工之间的劳动争议；将受案范围扩大到因执行国家有关工资、保险、福利、培训、劳动保护的规定发生的争议；确立了劳动争议处理的三个原则，“着重调解、及时处理，在查清事实的基础上，依法处理，当事人在适用法律上一律平等”；明确了劳动争议的当事人为企业与职工；规定了调解委员会的设置及工作程序；详细规定了仲裁机构的设置、仲裁管辖、仲裁时效、仲裁的基本程序等。对于保护劳动者的合法权益，稳定和协调劳动关系，维护社会的稳定方面发挥了巨大作用。

1994 年 7 月 5 日，全国人大常委会颁布《中华人民共和国劳动法》，自 1995 年 1 月 1 日起施行。《劳动法》的出台，首次将计划经济时代的劳动政策上升到法律规范的层次。在一定程度上起到了规范市场经济条件下劳动关系和维护劳动者权益的作用。《劳动法》提出：劳动者享有平等就业和选择职业的权利、取得劳动报酬的权利、休息休假的权利、获得劳动安全卫生保护的权利、接受职业技能培训的权利、享受社会保险和福利的权利、提请劳动争议处理的权利以及法律规定的其他劳动权利。

2007 年 6 月 29 日，全国人大常委会通过并公布《劳动合同法》，自 2008 年 1 月 1 日起施行。这是规范用人单位与劳动者权利义务的法律，倾向于对弱势的劳动者予以保护，有许多新规定。如用人单位不与劳动者签订书面劳动合同，劳动者可获得双倍工资；劳动者试用期受保护；拖欠工资劳动者可申请支付令；劳动合同终止可要求用人单位依法支付经济补偿等。这一法律的现实意义，是以国家意志的形式，体现对劳动者基本权利的保护，促进社会和谐、良性发展。

2007 年 8 月 30 日，全国人大常委会通过并公布《中华人民共和国就业促进法》，自 2008 年 1 月 1 日起施行，这是保障劳动者就业权利的法律。该法强调劳动者依法享有平等就业和自主择业的权利。劳动者就业，不因民族、种族、性别、宗教信仰等不同而受歧视。

2007 年 12 月 29 日，全国人大常委会通过并公布《中华人民共和国劳动争议调解仲裁法》，自 2008 年 5 月 1 日起施行，这是实现劳动者权利的程序性法律，是新中国成立以来首次制定的处理劳动争议的程序法，该法开始了处理劳动争议有程序法可依的时代。该法不仅适用于所有用人单位与劳动者发生的劳动争议，国有企业、民营企业以及事业单位实行聘用制的工作人员与本单位发生的劳动争议，也依照这一法律。部分案件实行有条件的“终局裁决”；作为核心制度，鼓励和解、强化调解、加快仲裁、衔接诉讼；延长了申请仲裁时效；缩短了仲裁机构审理案件时限；实行争议仲裁不收费；法律有关程序适用于人事争议处理，从法律体系上对劳动、人事争议调解仲裁两大系统进行了资源整合。

第二节　公务员的权益保障和救济

公共部门人力资源的权益保障是指为了维护公共部门的日常运营而对公共部门从业人员在职期间以及离职期间相关利益进行的保护。保障公共部门履职人员权益，既能够解除工作人员的后顾之忧，使其全身心地投入所从事的工作当中，又能够在很大程度上起到保持社会安定和谐的重大作用。本文中的公共部门工作人员主要包含三类人员，即公务员、事业单位工作人员以及国有企业职工。目前我国对于这三类公共部门的人员保障立法并不相同。

有句著名的法律格言叫做“无救济则无权利”。如果仅仅对权利进行了规定而没有涉及权利的救济方式，那么就没有真正的权利。公共部门人力资源的权益救济指的是公共部门依职权对管辖范围内的人员作出人事等处理决定后，如果公共部门人员对该决定不服或者认为该决定侵犯了其自身的合法权益，可以通过法定的途径和方式寻求相关帮助，维护自己的合法权益不受侵犯。有关公共部门的人力资源权益救济方式，我国的一系列法律法规都进行了规定。

一、公务员的权益保障

《公务员法》的总则中，对于立法宗旨进行了如下阐述：“为了规范公务员的管理，保障公务员的合法权益，加强对公务员的监督，建设高素质的公务员队伍，促进勤政廉政，提高工作效能，根据宪法，制定本法。”在法律的具体实施方面，对公务员的权益保护贯彻到公务员管理的各个环节。《公务员法》规定公务员享有 8 项基本权利，如在公务员入口方面实行公开招聘，择优录取的原则，不得有任何的歧视和偏见；在公务员工作过程中对工资、福利、保险等进行保障，并对公务员进行适度的培训；在公务员的出口环节上主要包含辞职、辞退和退休等环节。

《公务员法》对有关公务员申诉的问题规定如下：对公务员的有关人事处理决定，应以书面形式通知其本人；处分公务员须听取本人的陈述和申辩；公务员对涉及本人的人事处理决定不服时可提出申诉，并进一步扩大了申诉的范围，对省级以下机关作出的申诉处理决定不服还可以再申诉；公务员对侵犯其合法权益的机关及其领导人员可提出控告等。

二、公务员的权益救济

对于侵犯公务员权益的行为，我国公务员主要通过行政救济途径维护自身权益。《公务员法》规定：“对于人事处理不服的，可以自知道该人事处理之日起三十日内向原处理机关申请复核；对复核结果不服的，可以自接到复核决定之日起十五日内，按照规定向同级公务员主管部门或者作出该人事处理的机关的上一级机关提出申诉；也可以不经复核，自知道该人事处理之日起三十日内直接提出申诉。”涉及公务员本人的人事处理，包括：处分，辞退或者取消录用，降职，定期考核定为不称职，免职，申请辞职、提前退休未予批准，未按规定确定或者扣减工资、福利、保险待遇，法律、法规规定可以申诉的其他情形。

公务员对省级以下机关作出的申诉处理决定不服的，可以向作出处理决定的上一级机关提出再申诉；行政机关公务员对处分不服向行政监察机关申诉的，按照《行政监察法》的规定办理；公务员认为机关及其领导人员侵犯其合法权益的，可以依法向上级机关或者有关的专门机关提出控告。此外，《公务员法》还建立了人事争议仲裁制度，聘任制公务员与所在机关之间因履行聘任合同而产生的争议，先由人事争议仲裁机构调解和裁决，当事人对裁决不服的，可以向人民法院提起诉讼。

第三节　事业单位工作人员的权益保障和救济

一、法律法规

为了规范事业单位的人事管理，保障工作人员的合法权益，国务院法制办2011年11月24日公布《事业单位人事管理条例（征求意见稿）》，面向社会各界征求意见，如果本条例出台，则是事业单位人员管理立法中的一大进步。

2002年，《关于在事业单位试行人员聘用制度意见》（国办发［2002］35号）的出台，规范了事业单位人员聘用工作，保护单位和职工的合法权益。在第一部分“聘用制度的基本原则和实施范围”中规定，建立和推行事业单位人员聘用制度，要保证职工的参与权、知情权和监督权；在第四部分“规范聘用合同的内容”中，规定了聘用合同必须具备的聘用合同期限、岗位及其职责要求、岗位纪律、岗位工作条件、工资待遇、聘用合同变更和终止的条件、违反聘用合同的责任等条款，同时规定了合同期限；在第五部分“建立和完善考核制度”中，要求聘用单位对受聘人员的工作情况实行年度考核，必要时增加聘期考核，考核结果是续聘、解聘或者调整岗位的依据；在第六部分“规范解聘辞聘制度”中，规定了聘用单位、受聘人员可以解除或不可以解除聘用合同的情形。

二、权益救济

在计划经济体制下，事业单位工作人员属于统一安排的具有国家干部身份的人员，受当时的社会状况和历史条件的影响，基本上没有所谓的侵权意识和救济途径。但是随着改革开放以及向市场经济体制的转变，事业单位工作人员的管理由行政管理转向合同管理，目前我国事业单位工作人员的人事争议处理主要包括诉讼通道和非诉通道。

（一）诉讼通道

事业单位人员的人事争议诉讼渠道的主要法律依据，是《劳动法》以及《劳动合同法》中有关劳动争议问题的规定。《劳动合同法》第 2 条规定：国家机关、事业单位、社会团体和与其建立劳动关系的劳动者，订立、履行、变更、解除或者终止劳动合同，依照本法执行。第 96 条规定：事业单位与实行聘用制的工作人员订立、履行、变更、解除或者终止劳动合同，法律、行政法规或者国务院另有规定的，依照其规定；未作规定的，依照本法有关规定执行。2002 年，国务院转发人事部《关于在事业单位试行人员聘用制度的意见》就属于本条所称“国务院另有规定”的依据，除此之外，如果没有其他法律或者行政法规可以依据，那么再回来使用《劳动合同法》。

（二）非诉通道

事业单位人员的人事争议还有其他非诉讼渠道，即通过单位内部的申诉或协商解决，以及涉及第三方的调解和仲裁。非诉讼模式较之于诉讼模式更有利于矛盾的化解和争议的和平解决。人事争议仲裁制度属于准司法救济手段。

《关于在事业单位试行人员聘用制度的意见》（国办发［2002］35 号）的第七部分“关于人事争议的处理工作”，要求建立和完善事业单位人事争议仲裁制度，及时公正合理地处理、裁决人员聘用中的争议问题。受聘人员与聘用单位在公开招聘、聘用程度、聘用合同期限、定期或者聘期考核、解聘辞聘、未聘安置等问题上发生争议的，当事人可以申请当地人事争议仲裁委员会仲裁。仲裁结果对争议双方具有约束力。

在 2003 年 9 月 5 日以前，人事争议仲裁委员会的裁决结果不具有法律强制力，裁决结果完全由双方自愿履行，对于要求事业单位当事人履行的裁决，调解可能能够实现，对于要求个人履行的裁决、调解结果如何履行等方面没有规定，在没有和国家司法接轨的情况下，这种裁决就没有多大意义，因此，到人事争议仲裁委员会申请人事争议仲裁的人并不多，造成大量的人事纠纷积压。

事业单位实行聘用制的工作人员与本单位发生劳动争议的，依照《劳动争议调解仲裁法》执行。劳动争议仲裁不适用仲裁法，《劳动争议调解仲裁法》不是仲裁法上一般意义的仲裁。劳动争议仲裁适用的是劳动方面的法律，比如《劳动合同法》《企业劳动争议处理条例》等。而仲裁法，是一般意义上经济纠纷仲裁，必须有当事人达成的仲裁协议方可。仲裁委员会和劳动争议仲裁委员会的比较见表13—1。

表13—1　　仲裁委员会和劳动争议仲裁委员会的比较

	仲裁委员会（民商）	劳动争议仲裁委员会
适用对象	不解决有关职工与用人单位之间关于劳动合同、工资、报酬、福利等方面的劳动纠纷	解决法律、法规规定的劳动争议：因确认劳动关系发生的争议；因订立、履行、变更、解除和终止劳动合同发生的争议；因除名、辞退和辞职、离职发生的争议；因工作时间、休息休假、社会保险、福利、培训以及劳动保护发生的争议；因劳动报酬、工伤医疗费、经济补偿或者赔偿金等发生的争议；法律、法规规定的其他劳动争议
是否公开	仲裁不公开进行。当事人协议公开的，可以公开进行，但涉及国家秘密的除外	劳动争议仲裁公开进行，但当事人协议不公开进行或者涉及国家秘密、商业秘密和个人隐私的除外
法律依据	《中华人民共和国仲裁法》	《中华人民共和国劳动争议调解仲裁法》
设立层级	是常设性仲裁机构，一般在直辖市，省、自治区人民政府所在地的市设立，也可以根据需要在其他设区的市设立，不按行政区划层层设立	劳动争议仲裁委员会按照统筹规划、合理布局和适应实际需要的原则设立。省、自治区人民政府可以决定在市、县设立；直辖市人民政府可以决定在区、县设立。直辖市、设区的市也可以设立一个或者若干个劳动争议仲裁委员会。劳动争议仲裁委员会不按行政区划层层设立

非诉通道还有一种就是申诉。1995年人事部《事业单位工作人员考核暂行规定》和2012年中组部、人力资源和社会保障部、监察部发布的《事业单位工作人员处分暂行规定》分别对考核、处分方面的争议设立了申诉这种权益救济途径。

（三）非诉通道与诉讼通道的衔接

2003年9月5日，最高人民法院法释［2003］13号《关于人民法院审理事业单位人事争议案件若干问题的规定》以司法的形式确定了人事争议处理机制。指出：事业单位与其工作人员之间因辞职、辞退及履行聘用合同所发生的争议，适用《中华人民共和国劳动法》；还规定，当事人对依照国家有关规定设立的人事争议仲裁机构所作的人事争议仲裁裁决不服的，自收到仲裁裁决之日起15日内向人民法院提起诉讼的，人民法院应当依法受理。一方当事人在法定期内不起诉又不履行仲裁裁决的，另一方当事人向人民法院申请执行的，人民法院应当依法执行。这一解释解决了我国事业单位人事制度改革中所面临的基本法律问题，对于处理人事争议具有重要的现实意义。为完善现行劳动争议处理制度，2007 年 12 月 29 日第十届全国人民代表大会常务委员会第三十一次会议通过了《中华人民共和国劳动争议调解仲裁法》，这是建立健全劳动争议调处机制、体制的重要法律，它的颁布实施进一步完善了劳动争议调解仲裁制度，为当事人、特别是劳动者提供高效公正的法律救济，对发展和谐稳定的劳动关系具有重大意义。

第四节 国有企业职工的权益保障和救济

一、法律法规

目前就国有企业职工的管理问题，没有单独的特别立法，而是集中规定在《劳动合同法》《劳动法》以及《劳动合同法实施条例》等法律法规中。国有企业职工对于侵犯自身权益的行为，可以向劳动监察部门举报，或向劳动争议仲裁机构申请仲裁。不予受理时可以直接向人民法院提起诉讼，维护自身的合法权益。这些规定都在《劳动合同法》《劳动法》《劳动争议调解仲裁法》等法律法规中进行了详细的阐述与规定。

二、权益救济

(一) 国有企业劳动争议的特点

与民营、外资企业相比，国有企业中的劳动相关争议的特点为：时间跨度大、群体争议较多、以历史遗留问题为主。

国有企业内的劳动争议时间跨度较大。实际上，相对于民营企业存在的劳动合同不规范、恶意拖欠工资、劳动时间长、钻法律空子等问题，国有企业管理相对比较规范。受到经济体制及历史条件的影响，国有企业中的劳动关系较之于一般的民营、外资企业存续时间长、时间跨度大，有时候甚至达二三十年之久，而国有企业在近几十年来发展变化较多，进行了一些改革或改制，相应的规章政策变化较大，企业方与员工方对于争议内容的理解存在较大差异，同时还存在诉讼时效或者取证困难等一系列问题。

国有企业内群体争议较多。国有企业改制过程中遗留了一系列的问题，对于职工安置安排、退休金、养老金等问题上的争议大多具有个性化，而是以群体争议为主。群体性争议导致解决问题的花费巨大，一般企业难以承受其经济压力，但是群体性争议如不妥善解决则会造成社会安定的隐患。

国有企业内劳动争议以历史遗留问题为主。国有企业内劳动争议的存在，一般的调解手段难以起到良好的效果。其原因主要在于，国有企业内的劳动争议主要集中于历史遗留因素，本身的争议时间就可能过长，从而造成争议出现时一般的调解手段难以发挥作用。

（二）救济方式

国有企业职工对于侵权行为根据参与主体的数量，可以分为双方参与的救济和三方参与的救济。双方参与的救济实际上就是劳动者与国有企业间的双方协商，即自力救济方式。三方参与的救济主要包括协商、调解、仲裁和诉讼。

双方参与的救济，指劳动争议的主体依靠自身力量而非第三方力量解决纠纷，维护自身的合法权利，即双方协商的方式。《劳动法》第 77 条规定："用人单位与劳动者发生劳动争议，当事人可以依法申请调解、仲裁、提起诉讼，也可以协商解决。"2011 年人力资源和社会保障部实施的《企业劳动争议协商调解规定》第八条规定："发生劳动争议，一方当事人可以通过与另一方当事人约见、面谈方式协商解决"。这为国有企业中劳动争议的协商解决提供了法律依据。双方协商的意义在于互相做出让步从而得出双方都能接受的解决结果，这样有利于矛盾的化解，达到双方满意的效果。

三方参与的救济也包括协商的方式，只是协商的主体中除了劳动者和用人单位之外还有第三人参与代为协商。《企业劳动争议协商调解规定》第九条规定："劳动者可以要求所在企业工会参与或者协助其与企业进行协商。工会也可以主动参与劳动争议的协商处理，维护劳动者的合法权益。劳动者可以委托其他组织或者个人作为其代表进行协商"。但是正如上文中所述，国有企业内劳动争议双方的对立情绪比较严重，协商的可能性和成功率较少，在实际中运用较少。三方参与救济方式中还有调解方式，即出现劳动争议时，任意一方当事人可向企业内部或社区街道内设立的劳动争议调解委员会、行政部门或司法部门的调解委员会等组织申请调解。双方在自愿的基础上可以达成调解协议，但是调解协议与协商协议一样，不具有法定的强制执行力，任意一方不履行协议只能再申请仲裁或起诉。

三方参与救济的另外两个方式是仲裁和诉讼。我国实行"劳动争议仲裁前置原则”，对劳动争议处理实行“先裁后审”，除几类特殊的简易案件，一律要先到劳动争议仲裁委员会实行仲裁，仲裁机构不予受理或者当事人对仲裁裁决不服时，才可向人民法院提起诉讼，不得不经过仲裁而直接向人民法院提起诉讼。仲裁程序是解决劳动纠纷的最重要手段之一，它在法律程序上比调解严格，但是比诉讼更为方便灵活，有利于纠纷的快速解决。诉讼属于所有纠纷解决机制中法律效力最高的方式，但是诉讼程序烦琐且周期较长。国有企业劳动争议的处理流程如图 13—1 所示。

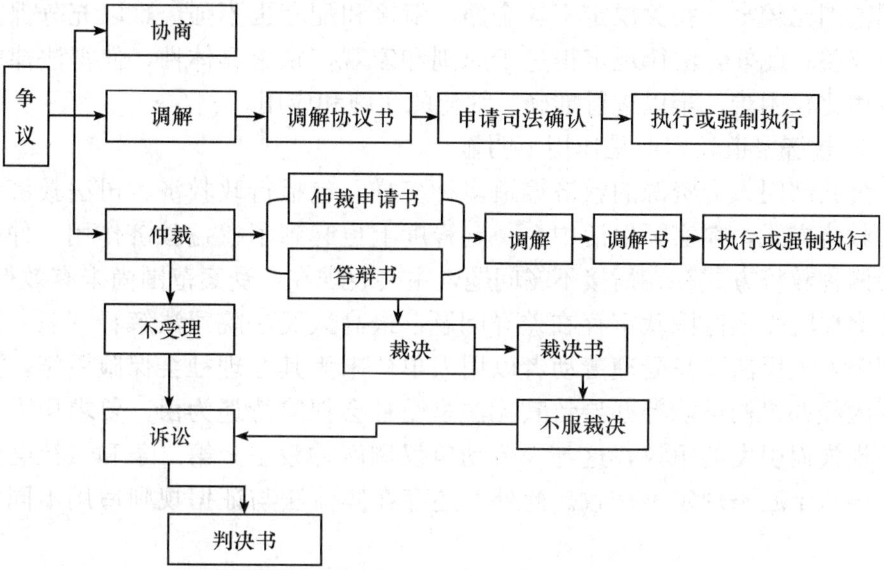

图 13—1　国有企业劳动争议的处理流程

综上所述，国有企业职工的纠纷解决机制灵活多样，选择性较强，但是实际应用中各有利弊，非诉纠纷解决机制受国有企业特殊环境的制约不能充分发挥其应有的作用，同时企业工会监督职能缺位，调解效果并不理想。国有企业在用人过程中处于强势地位，诉讼过程中举证困难、胜诉难，争议周期的加长给劳动者带来生活成本的负担。国有企业作为国民经济的支柱，理应起到榜样和表率作用，慎重和妥善处理劳动争议，切实维护好广大职工的利益。

三、比较分析与发展趋势

将国有企业职工的权益保障与公务员和事业单位工作人员的权益保障情况进行比较和分析，可以发现，他们之间存在一些共性的特征，同时也有一些个性特点。总体发展趋势都是最大限度地保障权益。

(一) 共性特征

1. 有法可依但呈现碎片化倾向

公共部门人力资源权益保障的相关法律法规在我国并不是完全处于空白状态，无论是公务员、事业单位工作人员还是国有企业职工，其人力资源的权益保障都有法可依或有章可循。但是这些法律法规往往呈现碎片化倾向，适用范围比较窄，相关规定不够全面，衔接和配套也不强，难以充分保护劳动者权益。此外，法律规定得过于原则和宏观，缺乏具体性，使得法律的实际应用比较困难，难以进行准确、细化的实施和应用。

2. 救济渠道较多但是作用不明显

公共部门人力资源的救济渠道多种多样，包括行政救济、司法救济等一系列救济方式，在实际生活中在一定程度上也起到了权益救济作用。仲裁与诉讼两种救济方式存在衔接不畅问题，主要表现在：受案范围尚未有效衔接，如社会保险受案范围裁审存在差异问题。最高人民法院司法解释（三）第一条规定，人民法院只受理劳动者以用人单位未为其办理社会保险手续，且社会保险经办机构不能补办导致其无法享受社会保险待遇为由，要求用人单位赔偿损失而引发的争议，这与《劳动争议调解仲裁法》第二条和《社会保险法》第八十三条规定不一致。此外，还存在实体法与证据规则适用不同等问题。

3. 劳动者与用人单位双方平等但地位有别

无论是政府机关、事业单位还是国有企业，与劳动者在法律规定上都属于平等自愿的“雇佣与被雇佣的”关系，然而，由于公共部门的行政隶属关系明显，劳动者与公共部门间的关系貌似平等但实则有别。双方地位的差别和劳动者的依赖性心理很容易使劳动者处于被动地位，难以在权益保障纠纷中获得应有的救济。

(二) 个性特点

公务员权益保障及救济制度历经了较长一段时间的发展，在《公务员法》出台后也取得了较大的发展和进步，但是仍然存在法律制度、救济渠道以及救济程序上的诸多问题；事业单位由于自身的特性，对于知识产权等方面保护具有迫切要求，目前事业单位人员权益保障及救济制度尚不够完善，不能满足事业单位发展的需要；国有企业职工权益保障和救济的相应法律法规较为丰富和健全，但是由于国有企业的特殊性，具有主要为群体劳动争议、存在历史遗留问题，以及难以进行协商解决等一系列问题。

（三）发展趋势

1. 完善法律法规，全方位保障权益

应当注意吸收和借鉴发达国家的相关经验，加紧人大立法建立健全相关法律法规，完善具体操作步骤和实施程序，强化对公共部门工作人员的基本权益保障，使权益保障和救济制度不断走向法制化和规范化。对公共部门工作人员权益保障要做出明确、细化的规定，切实做到“有法可依，有法必依”。同时，作为一个成文法国家，应当注意法律的滞后性和现实生活的复杂性，切实做好法律规定与现实变化的衔接，对法律及时做出相应的修改、修正、完善和整理，满足社会生活变化的需要。

2. 促使现有救济渠道发挥作用，解决劳动争议

目前，公共部门救济渠道比较多，救济效果不明显，有必要发挥司法救济的作用，执法必须严格公正，促使现有救济渠道规范化。使得行政救济与司法救济双管齐下，发挥各自的作用，将权益保障救济手段落到实处，解决公共部门工作人员的权益保障后顾之忧。同时，应当注重建设纠纷非诉解决机制，强化协商、调解、仲裁等纠纷解决方式的应用，以最少的成本化解矛盾，在最短的时间解决纠纷。此外，还需要积极探索适合我国国情的纠纷解决机制，促使救济渠道更为通畅。

3. 转变思想意识，最大化保障权益

新中国成立以来，中国的法律发展史就是一个从义务本位到权利本位的发展历史。一个国家的权益发展程度标志着其社会文明和法律建设的进步程度。在公共部门人力资源的权益保障和救济制度建设过程中，要切实转变观念，注重权益保护，最大范围地维护广大人民群众的合法利益。虽然我国在公共部门人力资源权益和社会保障方面取得了长足发展，但是同实践需要相比还有很大差距，在今后的制度建设中，应当更加重视私权的维护，协调公权与私权的和谐发展。

【阅读参考】圆桌仲裁体现以人为本

山东省烟台市芝罘区劳动争议仲裁委员会对一起工资拖欠案以圆桌仲裁的方式成功调处。新的仲裁模式体现了“调解为主”“和谐仲裁”的宗旨，受到了职工和企业的好评。据悉，劳动争议仲裁的“圆桌仲裁”模式

在全省尚属首次。改变劳动争议仲裁模式，就意味着转变仲裁思路，芝罘区在全省首次推出“圆桌仲裁”，具有破冰意义。

首先，圆桌仲裁有利于缓和气氛。该模式将高高在上的方形审判台换成圆桌，申请人、被申请人、仲裁员围坐圆桌，双方举证、质证、答辩、协商，非常符合人性化的特点。和高高在上的矩形仲裁席相比，审判区摆放椭圆形的审判台，圆桌上摆放着花草，这样的布置更像会议室，有利于调节双方心理上的压力。

其次，圆桌仲裁更体现平等原则。对比棱角割据式仲裁模式，圆桌仲裁表面上是将割据变成圆桌，实则是有效地完成了一种转变——圆桌无论从哪一个人以起点看，都是平等的一个圈，就将“自上而下”的问答方式换成了讨论式开庭。圆桌仲裁，将包括仲裁员在内的任何人，先从形式上做到了平等，这样更有利于引导双方当事人充分发表意见，有利于仲裁庭调查、调解和法律宣传，有利于双方当事人协商、和解。

最后，圆桌仲裁形式上有所变化，但本质依然是有效解决问题。从芝罘区仲裁的案件效果来看，“圆桌审判”的调撤率远远超过传统庭审的模式。这说明，圆桌仲裁具有一种魅力：能营造一种相对宽松、缓和的庭审气氛，从而让双方当事人“敞开心扉”“互诉苦衷”，然后由仲裁员居间“权衡利弊”，经引导疏通后“和谐结案”。

总而言之，圆桌仲裁不仅是仲裁形式的改变，更是“以人为本”仲裁理念的体现，值得推广。

（资料来源：烟台日报，2010-12-03.）

思考题

1. 公共部门权益保障的含义是什么？
2. 公共部门权益保障的意义是什么？
3. 我国目前在公共部门权益保障方面有哪些主要立法？
4. 公共部门权益救济的主要途径有哪些？
5. 怎样实现公共部门权益保障的合理化及最大化？

参考文献

[1]《中央关于加强干部管理工作的决定》，1953 年。

[2]《中华人民共和国发展国民经济第一个五年计划（1953—1957)》，1955 年。

[3]《关于 1954 年国家决算和 1955 年国家预算的报告》，1955 年。

[4]《国务院关于编制管理的暂行办法（草案)》，1963 年。

[5]《国家编制委员会关于划分国家机关、事业、企业编制界限的意见（草案)》，1965 年。

[6]《中华人民共和国宪法》，1982 年。

[7]《关于领导班子“四化”建设的八年规划》，1983 年。

[8]《关于改革干部管理体制若干问题的规定》，1983 年。

[9]《关于建立省部级后备干部的管理意见》，1983 年。

[10]《中共中央关于经济体制改革的决定》，1984 年。

[11]《关于进一步扩大国营工业企业自主权的暂行规定》，1984 年。

[12]《国家工作人员法》，1984 年。

[13]《中华人民共和国民族区域自治法》，1984 年。

[14]《中华人民共和国兵役法》，1984 年。

[15]《关于教育体制改革的决定》，1985 年。

[16]《关于科技体制改革的决定》，1985 年。

[17]《关于实行专业技术职务聘任制度的规定》，1986 年。

[18]《全民所有制工业企业厂长工作条例》，1986 年。

[19]《国有企业试行劳动合同制暂行规定》，1986 年。

[20]《中华人民共和国企业破产法（试行)》，1986 年。

[21]《中华人民共和国全民所有制工业企业法》，1988 年。

[22]《中华人民共和国企业法》，1988 年。

[23]《国家行政机关工作人员贪污贿赂行政处分暂行规定》，1988 年。

[24]《中华人民共和国传染病防治法》，1989 年。

[25]《企事业单位评聘专业技术职务若干问题暂行规定》，1990 年。

[26]《关于在劳动计划和统计中划分企业、事业、机关单位的暂行规定》，1990年。

[27]《中华人民共和国残疾人权益保障法》，1990年。

[28]《中国共产党基层组织选举工作暂行条例》，1990年。

[29]《行政监察条例》，1990年。

[30]《检察机关处理不服行政处分申诉的办法》，1991年。

[31]《全民所有制企业聘用制干部管理暂行规定》，1991年。

[32]《关于全民所有制企业评聘专业技术职务工作的原则意见》，1991年。

[33]《全民所有制工业企业转换经营机制条例》，1992年。

[34]《中华人民共和国妇女权益保障法》，1992年。

[35]《中华人民共和国工会法》，1992年。

[36]《中华人民共和国注册会计师法》，1993年。

[37]《国家公务员暂行条例》，1993年。

[38]《中华人民共和国劳动争议处理条例》，1993年。

[39]《中华人民共和国企业法人登记管理条例》，1994年。

[40]《国家公务员录用暂行规定》，1994年。

[41]《国家公务员考核暂行规定》，1994年。

[42]《关于加强对国务院工作部门授予部级荣誉称号工作管理的通知》，1994年。

[43]《关于实行部级荣誉称号评审表彰计划申报制的通知》，1995年。

[44]《事业单位工作人员考核暂行规定》，1995年。

[45]《中华人民共和国法官法》，1995年。

[46]《中华人民共和国劳动法》，1995年。

[47]《中华人民共和国检察官法》，1995年。

[48]《关于加强国有企业领导班子建设的意见》，1995年。

[49]《国家公务员出国培训暂行规定》，1995年。

[50]《中华人民共和国注册建筑师条例》，1995年。

[51]《关于加强职称改革工作统一管理的通知》，1995年。

[52]《企业职工培训规定》，1996年。

[53]《中华人民共和国律师法》，1996年。

[54]《中共中央办公厅、国务院办公厅关于严格控制评比活动有关问题的通知》，1996年。

[55]《关于事业单位机构改革若干问题的意见》，1996年。

[56]《国务院关于建立统一的企业职工基本养老保险制度的决定》，1997年。

[57]《中华人民共和国国防法》，1997年。

[58]《关于重申离退休人员不再评审专业技术职务任职资格的通知》，1997年。

[59]《关于做好国有企业领导班子考核建设工作的通知》，1997年。

[60]《中华人民共和国行政监察法》，1997年。

[61]《人事争议处理暂行规定》，1997年。

[62]《中华人民共和国公司法》，1997年。

[63]《事业单位管理登记条例》，1998年。

[64]《中华人民共和国执业医师法》，1998年。

[65]《关于调整在京中央国家机关和事业单位工作人员福利费标准的通知》，1998年。

[66]《事业单位登记管理暂行条例》，1998年。

[67]《国务院关于建立城镇职工基本医疗保险制度的决定》，1998年。

[68]《失业保险条例》，1999年。

[69]《中华人民共和国公益事业捐赠法》，1999年。

[70]《国有资本金绩效评价规则》，1999年。

[71]《深化干部人事制度改革纲要》，2000年。

[72]《关于加快推进事业单位人事制度改革的若干意见》，2000年。

[73]《21世纪中国专业技术人才发展规划》，2000年。

[74]《关于深化卫生事业单位人事制度改革的实施意见》，2000年。

[75]《关于深化高等学校人事制度改革的实施意见》，2000年。

[76]《关于加快培育企业经营管理人才市场的意见》，2000年。

[77]《国有大中型企业建立现代企业制度和加强管理的基本规范》，2000年。

[78]《国有重要骨干企业领导人员任职和公务回避暂行规定》，2001年。

[79]《国民经济和社会发展第十个五年计划纲要》，2001年。

[80]《军队转业干部安置暂行办法》，2001年。

[81]《人事人才发展“十五”规划纲要》，2001年。

[82]《2003—2005年全国人才队伍建设规划纲要》，2002年。

[83]《2002—2005年全国人才队伍建设规划纲要》，2002年。

[84]《关于在事业单位试行人员聘用制度的意见》，2002年。

[85]《党政领导干部选拔任用工作条例》，2002年。

[86]《关于进一步加强和完善党政机关考试录用工作的通知》，2003年。

[87]《中共中央关于完善社会主义市场经济体制若干问题的决定》，2003年。

[88]《中共中央、国务院关于进一步加强人才工作的决定》，2003年。

[89]《企业国有资产监督管理暂行条例》，2003年。

[90]《党政领导干部选拔任用监督检查试行办法》，2003年。

[91]《党的地方委员会全体会议对下一级党委、政府领导班子正职拟任人选和推荐人选表决办法》，2004年。

[92]《党政领导干部辞职暂行规定》，2004年。

[93]《关于党政领导干部辞职从事经营活动有关问题的意见》，2004年。

[94]《工伤保险条例》，2004年。

[95]《公开选拔党政领导干部工作暂行规定》，2004年。

[96]《党政机关竞争上岗工作暂行规定》，2004年。

[97]《事业单位公开招聘人员暂行规定》，2005年。

[98]《北京城市总体规划（2004—2020年）》，2005年。

[99]《中华人民共和国公务员法》，2006年。

[100]《关于事业单位分类及相关改革的试点方案（征求意见稿）》，2006年。

[101]《国家中长期科学和技术发展规划纲要（2006—2020年）》，2006年。

[102]《劳动和社会保障事业发展“十一五”规划纲要》，2006年。

[103]《关于完善职称外语考试有关问题的通知》，2006年。

[104]《关于机关事业单位离退休人员计发离退休费等问题的实施办法》，2006年。

[105]《关于公务员工资制度改革和事业单位工作人员收入分配制度改革实施中有关问题的意见》，2006年。

[106]《关于清理评比达标表彰活动意见的通知》，2006年。

[107]《干部教育培训工作条例（试行）》，2006年。

[108]《关于行政机关任命的事业单位工作人员违反纪律处分问题的通知》，2006年。

[109]《国家科技计划实施中科研不端行为处理办法（试行）》，2007年。

[110]《中华人民共和国就业促进法》，2007 年。
[111]《“十一五”全国人事干部教育培训规划》，2007 年。
[112]《关于进一步做好军队转业干部安置工作的意见》，2007 年。
[113]《职工带薪年休假条例》，2007 年。
[114]《机关事业单位工作人员带薪年休假实施办法》，2007 年。
[115]《地方各级人民政府机构设置和编制管理条例》，2007 年。
[116]《事业单位岗位设置管理试行办法》，2007 年。
[117]《〈事业单位岗位设置管理试行办法〉实施意见》，2007 年。
[118]《中华人民共和国劳动合同法》，2008 年。
[119]《中华人民共和国仲裁法》，2008 年。
[120]《公务员职务任免与职务升降规定（试行）》，2008 年。
[121]《关于深化行政管理体制改革的决定》，2008 年。
[122]《公务员培训规定（试行）》，2008 年。
[123]《关于做好义务教育学校教师绩效考核工作的指导意见》，2008 年。
[124]《关于印发事业单位工作人员养老保险制度改革试点方案的通知》，2008 年。
[125]《公务员奖惩规定（试行）》，2008 年。
[126]《劳动人事争议仲裁办案规则》，2009 年。
[127]《公务员辞退规定（试行）》，2009 年。
[128]《中央企业领导人员管理暂行规定》，2009 年。
[129]《2010—2020 年深化干部人事制度改革规划纲要》，2009 年。
[130]《中共中央关于加强和改进新形势下党的建设若干问题的决定》，2009 年。
[131]《党政领导干部选拔任用工作责任追究办法（试行）》，2010 年。
[132]《党政领导干部选拔任用工作有关事项报告办法（试行）》，2010 年。
[133]《地方党委常委会向全委会报告干部选拔任用工作并接受民主评议办法（试行）》，2010 年。
[134]《市县党委书记履行干部选拔任用工作职责离任检查办法（试行）》，2010 年。
[135]《2010—2020 年深化干部人事制度改革规划纲要》，2010 年。
[136]《国家中长期人才发展规划纲要（2010—2020 年）》，2010 年。

[137]《首都中长期人才发展规划纲要（2010—2020年）》，2010年。

[138]《中国科协科普人才发展规划纲要（2010—2020年）》，2010年。

[139]《关于进一步规范事业单位公开招聘工作的通知》，2010年。

[140]《国家中长期教育改革和发展规划纲要（2010—2020年）》，2010年。

[141]《劳动人事争议仲裁组织规则》，2010年。

[142]《中华人民共和国社会保险法》，2010年。

[143]《评比达标表彰活动管理办法（试行）》，2011年。

[144]《中华人民共和国国民经济和社会发展第十二个五年规划纲要》，2011年。

[145]《人力资源和社会保障事业发展“十二五”规划纲要》，2011年。

[146]《专业技术人才队伍建设中长期规划（2010—2020年）》，2011年。

[147]《企业经营管理人才队伍建设中长期规划（2010—2020年）》，2011年。

[148]《农村实用人才和农业科技人才队伍建设中长期规划（2010—2020年）》，2011年。

[149]《关于分类推进事业单位改革的指导意见》，2011年。

[150]《2011—2015年行政机关公务员培训纲要》，2011年。

[151]《事业单位工作人员处分暂行规定》，2012年。

[152]《关于进一步加强党管人才工作的意见》，2012年。

[153] 中央人才工作协调小组办公室，中共中央组织部人才工作局.《国家中长期人才发展规划纲要（2010—2020年）》学习辅导百问[M]. 北京：党建读物出版社，2010.

[154] 中共中央组织部研究室（政策法规局）. 干部人事制度改革[M]. 北京：中国方正出版社，2004.

[155] 事业单位岗位管理课题组. 关于事业单位岗位管理问题研究[J]. 天津行政学院学报，2005（3）.

[156] 中共中央组织部. 中国共产党组织工作教程[M]. 北京：党建读物出版社，2006.

[157] 中共中央组织部. 党政领导干部公开选拔和竞争上岗考试大纲（2009年9月修订）[M]. 北京：党建读物出版社，2010.

[158] 中共中央组织部干部监督局. 干部监督工作通讯[M]. 北京：党建读物出版社，2011.

[159] 中共中央组织部研究室（政策法规司）. 组织工作研究文选（上）[M]. 北京：党建读物出版社，2009.

[160] 公共部门人力资源管理编写组. 公共部门人力资源管理 [M]. 北京：中国国际广播出版社，2002.

[161] 中共中央组织部干部教育局. 干部教育培训制度改革创新专题研究报告汇编 [M]. 北京：党建读物出版社，2008。

[162] 中共中央组织部干部教育局.《干部教育培训工作条例（试行）》学习辅导 [M]. 北京：党建读物出版社，2006.

[163] 专业技术职称评聘操作指南编写组. 专业技术职称评聘操作指南 [M]. 北京：中国人事出版社，2009.

[164] 国资委政策法规局. 关于《中央企业负责人经营业绩考核暂行办法》的解读，http：//www. sasac. gov. cn/n1180/n1566/n11183/n11260/6918600. html.

[165] 边慧敏. 公共部门人力资源管理 [M]. 成都：西南财经大学出版社，2003.

[166] 陈浩，刘民慧. 我国执业资格制度体系框架研究——国家专业技术人员管理方式的转变 [J]. 科研管理，1999 (9).

[167] 陈天祥. 公共部门人力资源管理及案例教程 [M]. 北京：中国人民大学出版社，2008.

[168] 陈昌文. 公共部门人力资源开发与管理 [M]. 成都：四川人民出版社，2000.

[169] 陈雨田. 新时期干部教育学习转型 [M]. 北京：党建读物出版社，2009.

[170] 丛建阁. 公共部门人力资源开发与管理 [M]. 北京：中国财政经济出版社，2002.

[171] 董秀华. 专业市场准入与高校专业认证制度研究 [M]. 上海：上海人民出版社，2007.

[172] 杜波. 事业单位职员权利救济机制研究 [D]. 西南政法大学，2008.

[173] 郭延栋. 国有企业员工激励问题研究 [J]. 交流研讨，2010 (4).

[174] 龚大来，王丛漫，李中斌. 公共部门人力资源管理与开发 [M]. 北京：经济科学出版社，2005.

[175] 胡八一. 国有企业人力资源管理实务. 北京：电子工业出版社.

［176］ 黄永前. 公务员职位分类管理研究：以上海市为例［D］. 上海交通大学公共管理（MPA）论文.

［177］ 黄恒学. 我国事业单位管理体制改革研究［M］. 哈尔滨：黑龙江人民出版社，2000.

［178］ 黄达强. 各国公务员制度比较研究［M］. 北京：中国人民大学出版社，1990.

［179］ 蒋冠庄. 事业单位岗位管理实用指南［M］. 北京：中国人事出版社，2009.

［180］ 刘帮成，胡近. 公共部门人力资源开发与管理［M］. 上海：上海交通大学出版社，2009.

［181］ 刘俊生. 公共人事管理比较分析［M］. 北京：人民出版社，2001.

［182］ 刘黔. 构建人事编制管理的法律保障体系［J］. 广西社会科学，2003（6）：83—85.

［183］ 刘俊生. 公共人事制度［M］. 北京：中国人民大学出版社，2009.

［184］ 李源潮. 建设以人为本执政为民的公务员队伍［EB］. 中国共产党新闻网，http：//cpc. people. corn. cn/GB/64093/64094/13912914. html，2011-02-14.

［185］ 李德志. 公共部门人力资源管理与开发［M］. 北京：科学出版社，2008.

［186］ 李和中. 中国公务员制度概论［M］. 武汉：武汉大学出版社，1997.

［187］ 李健等. 事业单位登记管理暂行条例释义［M］. 北京：中国法制出版社，1999.

［188］ 李和中，常荔. 公共部门人力资源开发与管理［M］. 武汉：武汉大学出版社，2007.

［189］ 李中斌，郑文智，董燕. 培训管理［M］. 北京：中国社会科学出版社，2008.

［190］ 李德志. 公共部门人力资源管理与开发（第二版）［M］. 北京：科学出版社，2008.

［191］ 李珍. 社会保障理论（第二版）［M］. 北京：中国劳动社会保障出版社，2007.

［192］ 李珍，王海东. 基本养老保险个人账户收益率与替代率关系定量分析［J］. 公共管理学报，2009（4）.

［193］李珍，王海东．我国基本养老保险替代率下降的机理分析［J］．人口与经济，2010（6）．

［194］李珍，王海东．基本养老保险目标替代率研究［J］．保险研究，2012（2）．

［195］李珍，王海东．金融危机下的中国失业人口经济保障应急政策研究［J］．经济体制改革，2009（6）．

［196］李荣贵，唐永志．从《国家公务员暂行条例》到《公务员法》——浅析我国公务员制度的借鉴、继承、肯定、突破、创新和完善．中共石家庄市委党校学报，2005（10）．

［197］罗民．日本的职业资格制度和考试［M］．北京：中国人民大学出版社，1997．

［198］罗俊梅，冯媛媛．浅论我国公务员权利救济制度之完善［J］．云南行政学院学报，2006（2）．

［199］蓝欣．美国职业能力评价制度研究及其启示［J］．职业技术教育，2004（19）．

［200］吕凤太．编制管理学［M］．北京：科学出版社，1995．

［201］廉茵．公共部门人力资源管理［M］．北京：对外经济贸易大学出版社，2006．

［202］孟艳．论国有企业员工激励机制的建立［J］．学理论，2009（24）．

［203］倪星．公共部门人力资源管理［M］．大连：东北财经大学出版社，2008．

［204］彭正龙．公共部门人力资源管理［M］．上海：同济大学出版社，2007．

［205］裴蕾．我国转型期国有企业的薪酬制度研究［D］．西南财经大学硕士学位论文．

［206］钱其智．事业机构编制管理教程［M］．郑州：河南人民出版社，1992．

［207］任月勇．事业单位现行奖励制度探析［J］．运城高专学报（哲学社会科学版），1997（2）．

［208］舒放，王克良．国家公务员制度教程［M］．北京：中国人民大学出版社，2005．

［209］孙琳．事业单位人事制度改革及争议处理法律机制研究［D］．华东政法学院，2006．

[210] 孙柏英，祁光华. 公共部门人力资源管理（第三版）[M]. 北京：中国人民大学出版社，2009.

[211] 孙柏英，祁光华. 公共部门人力资源管理 [M]. 北京：中国人民大学出版社，1999.

[212] 孙柏英，祁光华. 公共部门人力资源开发与管理 [M]. 北京：中国人民大学出版社，2004.

[213] 孙柏英，祁光华. 公共部门人力资源管理（第三版）[M]. 北京：中国人民大学出版社，2010.

[214] 石金涛. 培训与开发（第二版）[M]. 北京：中国人民大学出版社，2009.

[215] 唐志敏. 人才配置与人才市场 [M]. 北京：党建读物出版社，2008.

[216] 唐静，程云. 人力资源培训与开发 [M]. 北京：电子工业出版社，2010.

[217] 滕玉成，于宪忠. 公共部门人力资源管理 [M]. 北京：中国人民大学出版社，2003.

[218] 滕玉成，于萍. 公共部门人力资源管理（第二版）[M]. 北京：中国人民大学出版社，2008.

[219] 汤继伦. 现阶段中国公共部门人力资源权益和社会保障研析 [D]. 吉林大学，2004.

[220] 吴江. 建设世界人才强国 [M]. 北京：党建读物出版社，2011.

[221] 吴江，蔡学军等. 中国职称制度改革 [M]. 北京：中国人事出版社，2011.

[222] 吴江. 人才强国战略论 [M]. 北京：党建读物出版社，2008.

[223] 吴江. 绩效南通——让人民满意 [M]. 北京：党建读物出版社，2011.

[224] 吴江. 第一资源（第 13 辑）[M]. 北京：党建读物出版社，2011.

[225] 吴江. 公共部门人力资源管理 [M]. 北京：中共中央党校出版社，2003.

[226] 吴德贵. 人事管理制度改革与创新 [M]. 北京：党建读物出版社，2008.

[227] 王雷保. 公务员职位分类教程 [M]. 北京：机械工业出版社，1989.

[228] 王铁. 阳光流程——干部选拔任用“五个常态化”机制探究 [M]. 北京：党建读物出版社，2009.

[229] 王塔. 欧亚五国职业资格制度比较研究 [D]. 首都经贸大学硕士论文，2005.

[230] 徐颂陶，孙建立. 中国人事制度改革三十年 [M]. 北京：中国人事出版社出版，2008.

[231] 萧鸣政. 人力资源开发与管理——在公共组织中的应用（第二版）[M]. 北京：北京大学出版社，2009.

[232] 肖鸣政. 人力资源开发与管理 [M]. 北京：北京大学出版社，2007.

[233] 余兴安等. 公共部门人力资源管理 [M]. 北京：中国国际广播出版社，2002.

[234] 杨士秋. 公务员制度与管理 [M]. 北京：中国劳动社会保障出版社，2012.

[235] 张柏林. 中华人民共和国公务员法教程 [M]. 北京：中国人事出版社，2005.

[236] 张再生，张廷君. 基于中国公务员能力素质结构模型的 MPA 课程 [J]. 学位与研究生教育，2008 (08).

[237] 张燕娣，李旭旦. 我国公务员初任培训体系的设计——以上海市徐汇区为例 [J]. 中国人力资源开发，2010 (7).

[238] 张德，曲庆等. 人力资源管理 [M]. 北京：中国发展出版社，2003.

[239] 张觉文. 现代政府与公务员制度 [M]. 成都：四川人民出版社，2000.

[240] 张树华，潘晨光. 中外功勋荣誉制度 [M]. 北京：中国社会科学出版社，2011.

[241] 张力. 试论企业管理的员工激励机制 [J]. 商场现代化，2010 (4).

[242] 张望军，彭剑锋. 中国企业知识型员工激励机制实证分析 [J]. 科研管理，2001 (6).

[243] 赵曼，陈全明. 公共部门人力资源管理（第二版）[M]. 北京：清华大学出版社，2010.

[244] 赵曼. 人力资源开发与管理 [M]. 北京：中国劳动社会保障出版

社，2002.

［245］周光明. 职业资格许可制度研究［J］. 湖南社会科学，2006（2）.

［246］甄源泰. 企业人力资源管理技术［J］. 行政人事管理，1998（11）.

［247］朱玉明，李慧超，何辽勤. 招聘选拔在国有企业的实践与思考［J］. 石油教育，2008（4）.

［248］朱安丽. 国企改制中职工权益保障问题的探讨［D］. 湖北工业大学，2011.

［249］朱仁显. 当前事业单位改革的若干问题［J］. 东南学术，2004（增刊）：65—68.

［250］邹瑜，顾明. 法学大辞典［M］. 北京：中国政法大学出版社，1991.

［251］［美］詹姆斯·W. 沃克. 人力资源战略［M］. 吴雯芳译. 北京：中国人民大学出版社，2001.

［252］［日］万成博，杉政孝. 产业社会学［M］. 杨杜，包政译. 杭州：浙江人民出版社，1986.

［253］［英］尼古拉斯·巴尔. 福利国家经济学［M］. 郑秉文，穆怀中译. 北京：中国劳动社会保障出版社，2004.

［254］Freidson，Eliot. （1994），Professionalism Reborn：Theory，Prophecy，and Policy，Polity Press.

［255］Abbott，Andrew. （1997），The System of Professions：An Essay on the Division of Expert Labor，The University of Chicago Press，Chicago and London.

［256］Hollings，Robert&Pike—Nase，Christal（1997），Professional and Occupational Licensure in The United Stated，Greenwood Press，West—port，Connecticut and London.

［257］Young，S. David. （1987），The Rule of Experts：Occupational Licensing in America，CATO Institution.

后　记

公共部门是指被国家授予公共权力，并以社会的公共利益为组织目标，管理各项社会公共事务，向全体社会成员提供法定服务的公共组织。具体而言，我国的公共部门主要包括政党机关、人民团体、事业单位、国有企业。本教材涉及的公共部门人力资源主要是指国家公务员、事业单位工作人员和国企员工。公务员是指依法履行公职、纳入国家行政编制、由国家财政负担工资福利的工作人员，公务员职位类别按照公务员职位的性质、特点和管理需要，划分为综合管理类、专业技术类和行政执法类等类别。事业单位是指国家为了社会公益目的，国家机关举办或者其他组织利用国有资产举办的，从事教育、科技、文化、卫生等活动的社会服务组织。国有企业包括国有独资企业，国有控股企业及其分支机构。

本书作为人力资源社会保障系统和其他政府人事部门及事业单位、国有企业人事部门干部培训教材，围绕公共部门人力资源开发与管理的主要工作内容进行撰写。各章基本结构为：从概念界定开始，陈述基本原则和作用意义，系统梳理历史沿革，对公务员、事业单位和国有企业的现状做法分别进行阐述，最后进行三类公共部门的比较，探讨其相同点和不同点，展望未来发展趋势。

本书由人力资源和社会保障部副部长何宪主编，中国人事科学研究院院长吴江副主编。本书编写分工如下：全书由吴江进行总体设计和全书统稿，袁娟参与统稿。第一章由石凯执笔，第二章由苗月霞执笔，第三章由汪怿、庞诗执笔，第四章由童伟宏、魏建新执笔，第五章由姬养洲、吴帅执笔，第六章由时宏明、田永坡执笔，第七章由黄珍珍执笔，第八章由汪怿执笔，第九章由袁娟执笔，第十章由岳颖执笔，第十一章由姬养洲、王海东执笔，第十二章由王艳秋、袁娟执笔，第十三章由袁娟执笔。另外，实习研究生沙磊、冯义纲、田华、龚成承担了本书相关资料收集工作，参加了第九章、第十二章和第十三章的编写工作。在本书统稿过程中，国家公务员局及人力资源和社会保障部有关司局对相关章节进行了审读修改，最后由何宪审定。

本书出版之际，谨向所有参与编写工作的单位和有关人员表示感谢。由于公共部门人力资源开发与管理内涵丰富、问题复杂，书中疏漏与不足在所难免，恳请读者指正。

2013 年 6 月